国家级教学成果二等奖系列

亚非语言文学国家级特色专业建设点系列教材

MODERN VE ÇAĞDAŞ TÜRK EDEBİ ESERLERİNDEN SEÇMELER

土耳其现当代文学作品选读

丁慧君　彭　俊◎编著

世界图书出版公司

广州·上海·西安·北京

图书在版编目（CIP）数据

土耳其现当代文学作品选读 / 丁慧君，彭俊编著
. -- 广州：世界图书出版广东有限公司，2018.3
ISBN 978-7-5192-4493-4

Ⅰ. ①土… Ⅱ. ①丁… ②彭… Ⅲ. ①土耳其语－高
等学校－教材②文学欣赏－土耳其－现代 Ⅳ. ①H512

中国版本图书馆 CIP 数据核字（2018）第 048804 号

书　　　名	土耳其现当代文学作品选读	
	TUERQI XIANDANGDAI WENXUE ZUOPIN XUANDU	
编 著 者	丁慧君　　彭　俊	
策 划 编 辑	刘正武	
责 任 编 辑	张东文	
出 版 发 行	世界图书出版广东有限公司	
地　　　址	广州市海珠区新港西路大江冲 25 号	
邮　　　编	510300	
电　　　话	020-84451969　84459539	
网　　　址	http://www.gdst.com.cn/	
邮　　　箱	wpc_gdst@163.com	
经　　　销	新华书店	
印　　　刷	广州市怡升印刷有限公司	
开　　　本	787 mm × 1092 mm　　1/16	
印　　　张	22.25	
字　　　数	495 千字	
版　　　次	2018 年 3 月第 1 版　　2018 年 3 月第 1 次印刷	
国 际 书 号	ISBN 978-7-5192-4493-4	
定　　　价	48.00 元	

前 言　ÖNSÖZ
>>>>>>>>>>

　　《土耳其现当代文学作品选读》为中国非通用语教学研究会会长、解放军外国语学院亚非语系主任、博士生导师钟智翔教授主持的国家级教学成果二等奖系列教材之一，也是国家外语非通用语种本科人才培养基地暨亚非语言文学国家级特色专业建设点建设教材。

　　本教材的编写目的在于帮助学习者了解土耳其现当代文学的基本架构和发展脉络，提高学习者的文学素养，扩充学习者的语言知识，培养学习者分析和鉴赏土耳其现当代文学作品的能力。

　　《土耳其现当代文学作品选读》以土耳其现当代文学发展史为脉络，选取了土耳其现当代文坛极具代表性的 28 位作家的作品，编为 28 课。体裁以短篇小说、长篇小说（节选）为主，兼有诗歌、话剧和随笔等。作品以创作年代为序，同时兼顾选文的体裁和语言特征等进行了适当的调整，以便学习者更好地了解和把握土耳其现当代文学的发展历程。

　　本教材每课均由作品导读、作品原文、生词注释、作者简介和练习等 5 部分组成。其中作品导读主要介绍作家的基本情况和选文的内容要点、创作风格等；作者简介主要介绍作者的生平、创作历程以及艺术风格等。作为土耳其语专业本科教材，《土耳其现当代文学作品选读》适合本科三、四年级学生使用。同时，本教材也可供土耳其语自学者以及从事中土文化交流的相关人士使用。教师在教学过程中可根据本校实际情况做适当调整。

　　本教材由丁慧君、彭俊合作编写，其中丁慧君负责教材的整体构思以及第 1 至 14 课的撰写工作，彭俊负责第 15 至 28 课的撰写工作。

《土耳其现当代文学作品选读》在编写过程中，得到了解放军外国语学院亚非语系教材建设委员会、解放军外国语学院亚非语言文学二级学科博士学位授权点以及中国出版集团世界图书出版广东有限公司的大力支持。土耳其语教研室的各位同仁也对本教材的编写提供了很多帮助，在此一并表示衷心的感谢！

由于编者水平有限，疏漏、不当之处在所难免，恳请各位读者和专家同仁不吝批评指正。

编　者
2018 年 1 月 30 日
于解放军外国语学院

目录
IÇINDEKILER

DERS BİR   İNCE MEMED ················· 1

DERS İKİ   KAZAN TÖRENİ ················ 23

DERS ÜÇ   VAPUR ····················· 31

DERS DÖRT   KAÇAKÇI ŞAHAN ············ 48

DERS BEŞ   TUTUNAMAYANLAR ············ 57

DERS ALTI   ANAYURT OTELİ ············· 67

DERS YEDİ   BİR GÜN TEK BAŞINA ········· 78

DERS SEKİZ   HER GECE BODRUM ·········· 92

DERS DOKUZ   BİR DÜĞÜN GECESİ ········· 104

DERS ON   BOĞAZİÇİ ŞINGIR MINGIR ········ 122

DERS ON BİR   GECENİN ÖTEKİ YÜZÜ ······· 129

DERS ON İKİ   SEVGİLİ ARSIZ ÖLÜM ········ 144

DERS ON ÜÇ   BİTMİŞ ZAMANA DAİR ········ 157

DERS ON DÖRT   BİR ERKEĞİN DAYANILMAZ BİLİNÇALTI TUTKUSU · 171

DERS ON BEŞ   ÖLÜ ERKEK KUŞLAR ········· 187

DERS ON ALTI   PENTİMENTO ···························· 204

DERS ON YEDİ   GÖLGESİZLER ························· 215

DERS ON SEKİZ   ELMA HIRSIZLARI ················· 226

DERS ON DOKUZ   ADI AYLİN ························ 237

DERS YİRMİ   KAR KOKUSU ························· 253

DERS YİRMİ BİR   UZUN HİKAYE ···················· 265

DERS YİRMİ İKİ   MUTLULUK ························ 270

DERS YİRMİ ÜÇ   İSTANBUL: HATIRALAR VE ŞEHİR ········· 283

DERS YİRMİ DÖRT   ŞU ÇILGIN TÜRKLER ··············· 299

DERS YİRMİ BEŞ   AŞK ······························ 312

DERS YİRMİ ALTI   DÜĞÜMLERE ÜFLEYEN KADINLAR ········· 327

DERS YİRMİ YEDİ   MEMLEKETİMİ SEVİYORUM ··········· 338

DERS YİRMİ SEKİZ   YARIN GECE ···················· 346

DERS BİR

İNCE MEMED

雅萨尔·凯马尔（1923—2015），原名雅萨尔·萨德克·哥克切利，出生于阿达纳省的一个库尔德家庭。他五岁丧父，因家境窘迫，初中尚未读完便被迫辍学。雅萨尔从事过很多职业，雇农、拖拉机手、工头、图书管理员、教师、记者……不过，青年时代经历的坎坷和磨难为他日后的创作打下了坚实的基础。

　　早在初中时雅萨尔便显露出了很高的文学天赋，那时他所创作的诗歌就已经在文学杂志上发表。1952 年雅萨尔出版了第一部短篇小说集《炙热》，开始在文坛崭露头角。不过，真正为雅萨尔带来巨大声誉的是他的第一部长篇小说《瘦子麦麦德》。1955 年《瘦子麦麦德》一问世便轰动了土耳其文坛，并于翌年荣获土耳其"财富"小说奖。截至目前，《瘦子麦麦德》已被译成近四十种文字，再版超过百余次。

　　长篇小说《瘦子麦麦德》为我们展现了一幅 20 世纪二三十年代生活在安纳托利亚地区的穷苦农民不堪忍受地主阶级的残酷剥削和压迫，进而觉醒反抗的壮丽画卷。小说的主人公麦麦德受尽了地主老爷阿布迪的欺凌，走投无路，最后只得落草为"寇"，并最终杀死了仇人阿布迪。小说既表现了穷苦农民对剥削阶级的憎恨，也热情歌颂了像麦麦德这样的"强盗"们。一开始这些"强盗"的动机只是为了复仇，不过随着斗争意识的升华，他们的目标变成了推翻剥削阶级，打破旧制度，并最终带动了整个农民阶级的觉醒和反抗。整部小说描写细腻，语言生动，既反映、批判了现实，又不乏浪漫主义色彩，具有很强的艺术感染力，不愧为一部具有世界

影响力的作品。

"İNCE MEMED" ROMANINDAN SEÇMELER

10

Kapı usul usul vuruluyor. Korka korka... Bir zaman duruyor, yeniden başlıyordu. Kadın, kocasını uyandırdı:

Kalk hele, dedi. Kalk. Kapı vuruluyor.

Uykulu erkek birkaç kere kalkmaya davrandıktan sonra, başını yastığa geri koydu. Kapı, bu sefer biraz daha hızlı vuruldu. Kadın yineledi:

Kalk hele bre, dedi, biri kapıyı dövüyor.

Erkek, homurdanarak kalktı. Sallana sallana kapıya vardı:

Kim o? diye seslendi.

Dışardaki:

Benim, dedi. Sesi karıncalanıyordu. Boğazını temizledi.

Sen kimsin?

Aç hele kapıyı. Tanırsın beni.

İçerdeki, kapıyı açtı:

Gel içeri, dedi. Öyleyse...

İçeri, sendeleyerek girdi. Karanlıktı içerisi...

Adam, karısına:

Karı, şu ışığı yakıver, dedi. Misafir geldi.

Az sonra ışık yandı. Işığı yaktıktan sonra, kadın yanlarına geldi. Misafirin üstünden sular sızıyordu. Giyitleri bedenine yapışmıştı. Bu misafire hayretle baktılar. Su içinde misafir. Kadın, nedense, misafirden gözünü bir türlü alamıyordu.

Durdu, baktı. Boyuna baktı. Gözlerine, saçlarına baktı, bulamadı:

Bu misafiri gözüm ısırıyor ya, dedi sonunda... Çıkaramıyorum.

Adam, gülümseyerek, her zaman gülümserdi:

Benim de, dedi. Benim de gözlerim artık almıyor ya, gene de gözüm ısırıyor misafiri. Kestiremiyorum.

Konuğun omzuna elini bastırdı, baktı:

Bilemeyeceğim. Tanıdığım bir surat ama, bilemeyeceğim.

Karısına:

Karı, dedi, öyle görüyorum ki misafir üşümüş. Islak. Bir ateş yakıver.

Misafire:

De bakalım misafir sen kimsin? Gözüm ısırdı ya, bilemedim.

Misafir:

Emmi, dedi, ben İnce Memedim.

Süleyman, öteki gözden odun getirmekte olan karısına seslendi:

Avrat, dedi, bak hele gelen kimmiş! Bak hele!

Kadın:

Kimmiş? diye heyecanla sordu.

Bizim İnce Memed. Maşallah tosun gibi olmuş. Babayiğit. Ben de bugünlerde duruyor duruyor senin lafını ediyordum. Noldu bu çocuğa? diyordum. Demek yüreğime doğuyormuş.

Kadın:

Yaaa yavrum, dedi, bugünlerde hep Süleyman emmin durup durup seni anıyordu.

Süleyman çok yaşlanmıştı. Kaşları uzamış, püskül püskül, apak olmuş, gözlerinin üstüne düşmüştü. Sakalı da çok uzundu. Bir pamuk yığını gibi. Bu hal, Süleymana heybet veriyordu.

Kadın, bir kat erkek çamaşırı getirdi, Memedin önüne attı:

Soyun da yavrum, bunları giy, dedi. Sonra satlıcan olursun.

Memed, evin karanlık bir köşesine gitti, orada soyundu. Geldi, don gömlekle ocağın başına oturdu.

Süleyman:

Eeee? dedi.

Memed:

Sizi çok göresim geliyordu ama, nidersin! Köycülük.

Süleyman, Memede takıldı:

O köye daha gidemedin mi Memed? dedi.

Memed, acı acı gülerek:

Gidemedik, derken kafasının karanlığında bir top sarı ışık şavkıdı.

Süleyman:

Sormak acep olmasın. Bu gece bu ne hal Memed?

Memed:

Anlatırım, dedi. Derdime bir çare bulursun diye sana geldim. Dünyada senden başka tanıdığım kimse yok. Bana yardım edecek hiç kimsem yok senden başka.

Kadın:

Üşümüşsün yavru, dedi: Bir çorba koyayım da iç. Üşümüşsün.

Memed, sıcak çorba tasını eline alınca, yıllar önce aynı ocağın, aynı köşesinde gene böyle üşürken çorba içişini anımsadı. O zaman yalnızdı. O zaman korkuyordu: Her şeyden korkuyordu. Orman üstüne üstüne geliyordu. Korkuyordu. Şimdi cesur. Karar vermiş.

Dünyası yırtılmış, geniş. Hür olmanın tadını tadıyor. Yaptığından hiç de pişman değil:

Kadın:

Siz oturun konuşun. Ben gidip yatacağım.

Kadın gittikten sonra:

De anlat bakalım Memedim, dedi, Süleyman.

Memed:

Abdiyi de öldürdüm, yiğenini de, diye başlayınca, Süleyman:

Ne zaman? diye hayretle sordu.

Memed:

Bugün karanlık kavuşurken.

Süleyman:

Doğru musun Memed? diye inanmaz inanmaz sordu. Hiç adam öldürmüş hali yok sende.

Memed:

Oldu bir kere. Ne yapalım, kader böyle imiş.

Olanı biteni inceden inceye Süleymana anlattı. Şafağın horozları ötüşüyorlardı. Bitirdikten sonra Süleyman:

Ellerine sağlık yavrum, dedi. İyi yapmışsın. Eee şimdi ne yapmak niyetindesin bakalım yavrum?

Memed:

Gidip hükümete teslim olmayacağım her halde. Dağa çıkacağım.

Süleyman:

Sen bugün yat hele, gerisini yarın düşünürüz.

Memed:

Burada kıstırmasınlar beni?

Süleyman:

Kimsenin aklına gelmez. Adam vurup da gidip burnunun dibindeki köyde saklanacağın kimsenin aklına gelmez.

Memed:

Öyle, dedi.

Süleyman:

Onlar seni ararlarsa eğer, uzak köylerde, dağlarda ararlar...

Duvara dizi dizi nakışlı çuvallar dayalıydı. Süleyman, Memedi çağırdı:

Gel de Memed, dedi, şu çuvalları beri alalım. Ne olur ne olmaz, gene biz tedbirimizi alalım. Çuvalların arkasına sana yatak yapacağım.

Bir zaman uğraşa terleye ikisi, çuvalları duvardan bir insan sığacak kadar ayırdılar.

Arkasına Süleyman, bir yatak yaptıktan sonra:

De gir yat, dedi. İstersen bir ay yat. Kimse şüphe etmez buradan. Şimdi üstüne bir de çul çektim miydi... Ha yat, de yat.

Memed, ona hiçbir şey söylemeden yatağa girdi.

Süleyman kapıyı iyice sürmeledikten sonra, yatağına geldi. Karısı uyumuştu. Uyandırdı:

Bana bak, dedi, Memedin yatağını çuvalların arkasına yaptım. Geline, oğlana, hiç kimseye Memedin bize geldiğini söylemeyeceksin.

Kadın:

Olur, dedi, başı yastığa düştü.

Memed, yatakta bir zaman Hatçeyi düşündü. Abdinin kıvranıp düşmesini getirdi gözlerinin önüne. Abdi, hiç beklemiyordu bunu. Nişanlının bağırmasını, elleriyle toprağı yırtışını, dişlerini ağaçlara, toprağa kıvranarak geçirişini ve sonra birdenbire çözülüp yere, kanlar içinde serilişini... Bir adam görmüştü o sırada. Herkes, ona kurşun sıkarken, bu adam başını elleri arasına almış, bir kütüğün üstüne oturmuş, efkarlı efkarlı sallanıyordu. Büyük bir keder içinde kıvrandığı belli oluyordu. Buna bir türlü akıl erdiremedi. Kimdi bu?

Sonra her şeyi unuttu. Yeniden doğmuş gibi kafasının içi tertemizdi. Işıklıydı. Hiçbir şey olmamış gibi uyudu. Çok neşeli uyandı. Olacak olmuştu. Dün geceyi düşünürken, o iki iğne ucu gibi ışık geldi gözlerine yine çakıldı.

Süleyman:

Bana bak! dedi. Ben sabahleyin kalktım köyü kolaçan ettim. Abdinin vurulma haberi gelmiş bile. Belki burayı da ararlar. Bu gece seninle dağa çıkıp eşkıyaları arayacağız.

Memedin, buna sevindiği yüzünden belliydi.

Süleyman:

Deli Durdu bize akraba gelir. Benim çok iyiliğimi gördü. Seni korur. Onun yanında üç aydan fazla eğleşme. İtin biri. Onu çok yaşatmazlar dağda. Bir gün nasıl olsa vurulacak. Onun gibi bir eşkıyanın bir yıldan fazla dağda kaldığı görülmemiş amma, bunda bir şey var. Gene de benim bildiğime göre çok yaşamaz. Yerini yap, onun yanından ayrılmaya bak. Zaten, seninki bir iki aylık bir deneme, alışma. Ondan sonra kendine bir çete kurarsın. Bak! Sana tekrar söylüyorum o itle dolaşma uzun boylu. Eşkıya değil soyguncu, hırsız... Sen olmasan yüzüne bakmazdım o itin. Bir taraftan da Deli Durdu iyi çocuk. Onu köylüleri bozdu. Köyüne misafir gitmiş bir gün, kendi köylüsü ona delice yedirip candarmaların tuzağına düşürmüşler. Zor bela kurtulmuş. İşte ondan sonra azdı. Her neyse... Bir iki ay idare et sen.

Memed:

Deli Durdunun çetesi büyük mü? diye sordu.

Süleyman:

Ne kadar it varsa buralarda onun başında. İpten kazıktan kurtulmuşun hepsi onun başında. Bak, daha çok gençsin. Ama, pişeceksin. Uzun zaman dağda kalır mısın, kalmaz mısın onun orasını Allah bilir. Dediklerimi iyi dinle. İşine yarar sanırsam. Eşkıyalarla çok düştüm kalktım. Bilirim. Çoğunun akıbetini gördüm. Varır varmaz çeteye öyle hemen herkesle can ciğer olma. Onlar, hemencecik seninle arkadaş olmak isterler, sana karşı hoş, yumuşak görünürler, arkadaş görünürler, seninle çok ilgilenirler, derdi olan derdini açar sana, insanlar böyledir. Sen kendini hiçbir zaman açmayacaksın. Kapıp koyuvermeyeceksin. Tesirin o zaman iyi olur üzerlerinde. Ağırbaşlı davranacaksın. Eşkıyalıkta yanındakilere tesir şarttır. Ha ne diyordum, hemencecik hepsiyle tanışıp, ahbap olayım deme. Bir zayıf damarını keşfederlerse ömrünün sonuna kadar rahat edemezsin. Onların yanlarında on paralık onurun kalmaz. Gün geçtikçe hepsini iyice tanırsın. İnsanları sözleriyle değil, hareketleriyle ölç! Ondan sonra da arkadaş olabileceğin insanı seç. İpin ucunu bir verirsen ellerine yandığın günün resmidir. Hapishaneyle dağın birbirlerinden zerrece farkı yoktur. İki yerde de reisler var, geriye kalanlar reislerin kullarıdır. Hem de ne aşağılık kullar... Reisler insan gibi yaşarlar, ötekiler köpek gibi... Sen reis olacaksın. Ama ötekileri köle gibi kullanma. Senin yaşamayın sırrı bu olsun. Varır varmaz şimdi, Deli Durdu sana bir mavzer verir. Öteki silahları, sen gün geçtikçe temin edersin. Ben, şimdi gideyim de Deli Durdu nerelerde geziyor, onu öğreneyim.

Köylülerden biri Deli Durdunun yataklığını yapardı. Süleyman onun evine gitti. Ondan, Deli Durdunun yerini yurdunu öğrendi. Durdu, karşıdaki Aksöğüt köyündendi. Süleyman onu çocukluğundan beri tanırdı. Babası, harbe gitmiş, bir daha da dönmemişti. Azıcık akraba oldukları için Süleyman ona, anasına yardım etmişti. Daha doğrusu açlıktan ölmemelerine sebep olmuştu. Çocukluğunda da ele avuca sığmaz itoğlu itin biriydi.

Beş yıldır da dağdaydı. Yakmadığı ev, yıkmadığı yuva kalmamıştı. Bu taraf köylüler, elinden zar ağlıyorlardı. Yollardan kimse geçemez olmuştu. Yakaladığını, nesi var; nesi yok, çırılçıplak soyuyor bırakıyordu. Her şeyini, ama her şeyini; donunu bile alıyordu. Dostluk, ahbaplık bilmezdi Deli durdu. Kardeşini, anasını, babasını dinlemezdi.

Doğrusu bu ya, Süleyman Memedi ona götürmeye korkuyordu. Aklına bir eserse, çocuğu vuruverirdi.

Süleyman Memede:

O deli itin yerini öğrendim, dedi. Duman tepesinde imiş. Biz, Duman tepesine çıkıp üç el ateş edeceğiz, Deli Durdunun adamları gelip bizi alacaklar. Ben bu deliye çok çok da güvenemiyorum ya... Neyse... Benim hatırımı çok sayar. Bu yanlarda başka çete olsa... Yok.

Gün battıktan sonra, Süleyman önde, Memed arkada yola çıktılar. Köyü çıkınca Süleyman arkasına döndü:

Bre Memed, dedi, sen şimdi eşkıya oluyorsun gayri, gelip de bizim evi basma e mi?

Önce sizin evi soyarım. Eşkıyalığın şanındandır. Ben, Deli Durdu çetesinden değil miyim?

Süleyman, kahkahayla gülerek:

Hele! Hele! dedi.

Memed:

Doğru söylemiyor muyum? diye sordu.

Süleymanın yüzü değişti:

Memedim, dedi, kötü bir şey yapsaydın, başka herhangi bir adamı öldürseydin, seni götürür elimle hükümete teslim ederdim.

Memed:

Ben de başka insana kıyamazdım zaten, dedi.

Süleyman, olduğu yerde zınk diye durdu. Memedin yakasından tuttu. Gözlerini gözlerine dikti:

Bana bak! Oğlum İnce Memed, dedi. Suçsuz adamı, az suçu olan adamı, parası için adam öldürürsen iki elim yakanda olsun.

Memed, dingin:

Bundan sonra insan öldürmeyeceğim.

Süleyman, yakasını bırakmadan:

Eğer bir Abdi Ağaya daha rastlarsan, onu da öldürmezsen gene iki elim yakanda olsun. Yüz tane Abdi Ağa görürsen, yüzünü de öldür...

Memed, gülerek:

Söz, dedi. Yüz tane bulursam, yüzünü de...

Yağmur, sabahleyin kesilmişti. Ova çamurdu. Ama şimdi dağa tırmanıyorlardı. Bastıkları yer küçücük taşlıydı. Taşlar, ayaklarının altında kayıyordu. Hava çürük ağaç, acı çiçek, ot kokuyordu. Gökteki yıldızlar iri iri... Her birinin yöresini aydınlık bir halka çevirmiş... Bir kuş vardır oğlak gibi meler, işte arada bir de o meliyordu. Biraz daha yukarlara çıkınca bir yusufçuk kuşu öttü. Yusuuufcuuuuuuuk!

Dumantepenin sivrisinin altına gelince Süleyman:

İnce Memed, dedi, çıkar da tabancanı üç el ateş et!

Soluk soluğa toprağa çöktü. Soluğu taşıyordu:

Oooof? dedi, ooof kocalık... Vay gençlik vay!

Memed, bu sırada havaya üç el boşalttı.

Ta uzaktan, kayalıkları yankılandıran bir el silah karşılık verdi.

Süleyman:

Vay vay dizlerim, diye inleyerek kalktı. Haydi yavrum oraya doğru yürüyelim.

Memed, Süleymanın koluna girdi.

Tam yanlarında, bir el daha ateş edilince durdular.

Süleyman:

Ne o, it dölleri beni mi vuracaksınız? diye bağırdı.

Genç bir ses gürledi:

Kim o?

Süleyman:

Gel ulan, gel de beni Deliye götür.

Sağlarındaki kayanın arkasından bir adam çıktı:

Siz miydiniz ateş eden? diye sordu.

Süleyman, tok bir sesle:

Bizdik, dedi. Deli nerede? Deliyi göster bana.

Adamın sesi şaşkındı:

Durdu Ağaya kim gelmiş diyelim?

Süleyman:

Kesme köyünden Süleyman emmi de.

Adam, birden:

Kusura kalma Süleyman emmi, sesinden tanıyamadım.

Süleyman:

Kocalık yavrum, dedi. Sesi de değiştiriyor. Sen kimsin yavrum? Seni de tanıyamadım.

Ben, dedi, Karacaörenden Mustuğun oğlu Cabbarım. Hani size semer yaptırmaya gelirdik babamla. Bize hem semer yapar, hem türkü söylerdin.

Süleyman:

Acaip, dedi. Sen de mi eşkıya olduydun? Hiç duymadımdı.

Oldu, bir kere, dedi. Durduya bağırdı:

Kesme köyünden Süleyman emmi imiş...

Ses kayalara çarpa çarpa dağıldı.

Mağaraya benzer büyük bir kaya kovuğunun önünde bir ateş yanıyordu. Yedi sekiz kişi ateşin yöresine sıralanmış, tüfeklerini temizliyorlardı. Üstlerindeki kaya bir kavak gibi uzayıp gidiyordu. Yanan kocaman ateş kayanın üstüne türlü, korkunç biçimler çiziyordu. Memed kayayı, adamları, silahları, ateşi böyle çırılçıplak görünce içine bir garipseme çöktü. Karanlıktaki ayak seslerini duyunca, ateş başındaki adamlardan biri ayağa kalktı. Uzun boyluydu. Gölgesi, upuzun biçimlerle oynaşan kayanın üstüne düşüp sallanmaya başladı. Adam, onlara doğru geldi.

Süleyman:

Sanırım ki bu gelen bizim Deli, dedi.

Cabbar:

Öyle, dedi. Durdu Ağam...

Durdu bağırdı. Sesi zil gibi ötüyordu:

Hoş geldin Süleyman emmi! Ne o bu gece vakti? Bize karışmaya mı geldin Süleyman emmi?

Süleymanın eline sarıldı öptü.

Duydum ki ulan Deli, dedi, duydum ki bu dağların padişahı olmuşsun. Astığın astık, kestiğin kestik...

Durdu:

Olduk Süleyman emmi, dedi. Vallahi şu aşağı yollardan insan geçirmiyorum. Bu yakınlardan adam geçmesini yasak edeceğim. İnsan ayağı değmeyecek bundan sonra bu topraklara. Buradan Maraşa kadar da ne kadar yol varsa, haracını ben alacağım. Tanısın beni Aksöğüt köyü. Tanısın kimmiş Deli Durdu.

Süleyman:

Gene deli deli söylenmeye başladın, dedi.

Durdu:

Eğer daha çok canımı sıkarlarsa, o Aksöğüt köyünü yakar yıkarım, yerle bir eylerim. Yerine de eşek inciri dikerim.

Süleyman:

Kes böyle lafları deli! diye çıkıştı.

Durdu:

Senin haberin yok öyleyse benden, diye söylendi. Senin haberin yok!

Süleyman:

Var, dedi. Var deli bok. Eşkıyalığı da beş paralık ettiniz.

Durdu:

Birkaç yıl daha geçsin. Ben yükümü tutayım. Sen eşkıyalık nasıl yapılır görürsün.

O zamana kadar ben ölürüm. Göremem senin eşkıyalığını. Şimdilik hırsızlığının ünü dünyayı tuttu.

Deli Durdu:

Görürsün görürsün, dedi.

Süleyman kızdı:

Böyle giderse, bu ağızla gidersen seni vururlar deli! dedi.

Ancak senin ölünü görürüm. Gençliğine yazık. Seni bilirsin ki çok severim deli!

Durdu:

Bilmem mi beni sevdiğini, bilmem mi sanıyorsun. Sor arkadaşlara, her gün söylerim, kemiğim Allahtansa, etim Süleyman emmimindir, derim.

Arkadaşlarına döndü sordu:

Öyle değil mi arkadaşlar?

Öyle, dediler.

Süleyman:

Ben senin hiç yoktan eşkıya çıkmanı istemedim. Peki, söylesene sen niye dağa çıktın? Fiyaka için. Olmaz Durdu. Bu, delilik işte.

Durdu:

Otur hele Süleyman emmi, dedi; otur da bir çay iç.

Süleyman, ellerini dizlerine dayayarak oturdu:

Bu gençlik geçer mi ele, dedi, it südükleri, siz dağlarda çürütün gençliği. Sonra, Durduya baktı gülümsedi: Canının kıymetini de bilirsin deli, dedi, bu peryavşanları da nereden buldun?

Bütün ateşin yöresi, bir harman yeri büyüklüğünde fırdolayı peryavşanlarla çevrilmişti. Kalın döşekler gibi yumuşacık sermişlerdi peryavşanları. Geceye, tatlı bir peryavşan kokusu yayılıyordu. Otu gibi, kokusu da yumuşacık, bayıltıcıydı peryavşanın.

Durdu kabardı:

Sayende buluruz Emmi, dedi. Bu dağlar bizim.

Süleyman, bir kahkaha attı:

Hay, deli hay! dedi. Demek peryavşan tarlasının da tapusunu çıkardın?

Memed dikkat ediyordu. Eşkıyaların hepsi de kırmızı fes giymişti. Kırmızı fes dağlarda adetti. Kırmızı fes eşkıyalığın alametidir. Kasketli, şapkalı eşkıya görülmüş değildir. Olmaz. Fesi kim icat etti bu dağlarda belli değil. Kim kullandı şapka devriminden sonra, o da belli değil. Belki, şapka devrimi olduğunda dağda eşkıyalar vardı, onlar fesi çıkarmak gerekliğini duymadılar. Ondan sonra da her dağa çıkan fes giydi başına.

Süleyman oturunca, bütün eşkıyalar geldiler, hoş geldin, dedikten sonra teker teker elini öptüler. Memede de tuhaf tuhaf bakıyorlardı. Memed, Süleymanın arkacığına oturmuş, başını omuzları arasına gömmüş, küçücük kalmıştı.

Bu çocuğu sorarsanız, adı İnce Memed. Elinden bir katil çıkmış. Size getirdim, diye Memedi takdim etti. Memed bu sırada, başını yere dikmiş, biraz da küçülmüş gibiydi.

Durdu, bir çocuğa, bir Süleymana baktı. Hayretle sordu:

Bizimle beraber mi gezecek?

Süleyman:

Eğer kabul ederseniz... Etmezseniz de tek başına gezecek.

Durdu:

Süleyman emmi! dedi, başımızın üstünde yeri var. Sen getirdikten sonra...

Arka çantasından bir fes çıkardı, Memede attı. Dalgın gibi duran Memed, fesi havada kaptı.

Al bakalım yiğidim giy şunu! Benim eski festir bu ya, başkası yok şimdi. Sonra iyisini buluruz.

Süleymana döndü, bıyık altından güldü:

Çok da genç maşallah.

Süleyman, buna alındı:

Çok genç ama, kırk yıllık Abdi Ağayı yedi. Eşek hırsızlığından dolayı çıkmıyor dağa.

Durdu:

Abdi Ağayı mı? diye dehşetle sordu. Abdi Ağayı ha? Vay anasını!

Süleyman:

Ne belledin ya, dedi.

Durdu, Memede inanmaz, hayret dolu gözlerle bakarak:

Tüfeğin yok herhalde kardaş, dedi. Abdi Ağayı hakladığına iyi yapmışsın. Eline sağlık. Beş köyün kanını emiyormuş. Aynen sülük gibi...

Sonra Cabbara döndü:

Cabbar, dedi, şu son baskından aldığımız tüfek vardı ya, onu gömdüğün yerden çıkar da getir. Bir iki fişeklik de getir. Mermi de getir.

Bir lokma, incecik çocuğun Abdi Ağayı vurduğuna bir türlü inanamıyordu. Bu sebepten de ona şüpheli şüpheli bakıyordu.

Bunu sezen Süleyman:

Yalnız Abdi Ağayı değil, yiğenini de beraber öldürdü. Anladın mı Durdu?

Durdunun şaşkınlığı bir kat daha arttı:

Demek yiğenini de beraber ha!

Memed, bu sefer iyice büzülmüş, ocağın başında küçücük kalmıştı. Üşür gibi bir hali vardı.

Sıcak çayı, ince belli bardaklara doldurup Süleymanla Memede verdiler.

Süleyman, bir baba şefkatiyle Memedin üstüne eğildi:

Eşkıyalık başlıyor İnce Memed, sıkı dur!

Ateşe boyuna odun üstüne odun atıyorlardı. Ateş gittikçe büyüyordu. Sıcak çoğaldıkça peryavşanlar daha hoş, daha keskin kokuyordu. Ateşin ışığından gökteki yıldızlar küçücük küçücük, iğne ucu gibi görünüyorlardı.

Durdu:

Sen korkma Süleyman emmi, dedi. Ben varken onun kılına hile gelmez.

Süleyman, Durduyu tepeden tırnağa acıyarak süzdü:

Sen, dedi, Durdu, dosdoğru ölüme gidiyorsun.

Durdu:

Neden Emmi? diye güldü.

Süleyman:

Eşkıya olan eşkıya dağın tepesine böyle ateş yakmaz. Düşmanın karıncaysa da hor bakma. Bu, açık açık ölüme gitmek demektir.

Durdu, Süleymanın bu lafına da kahkahayla güldü:

Bre Emmi, dedi, kim var bu dağın başında? Kim görür?

Bir gün görmez, iki gün görmez... Çekirge gibi...

Durdu:

Hiç görmez. Görse de Deli Durdunun üstüne candarma mı gelebilir. Vay Emmi vay! Sen daha bilmiyorsun Deli Durduyu. Deli Durdu bu dağların kartalı gayri. Kim uğrayabilir Deli Durdunun semtine?

Süleyman:

Görüşürüz, dedi.

Durdu, lafı değiştirmek için Memede sordu:

Abdi Ağaya kurşun sıkarken elin titremedi mi hiç?

Memed:

Yoooo, dedi. Hiç titremedi.

Durdu:

Neresine nişan aldın?

Memed:

Göğsüne... Tam yüreğinin olduğu yere...

Bunu söyledikten sonra, tarif edilmez bir yalnızlık duydu içinden. Yöresindeki her şey silindi gitti. Bu deli Durduyu hiç sevemedi. İçindeki gariplik bundan mı geliyordu ola? Karşıdaki ateş karardı. Silah temizleyenlerin yüzleri karanlığa karıştı gitti. Kayadaki gölgeler devleştiler, sonra da ortadan yok oldular. Esen yel, yalımları günbatıya doğru yatırıyordu. Birden Süleymana gözü takıldı. O, neşeliydi. Ak sakallı yüzü ateşin yalımında türlü türlü oluyor, değişip duruyordu.

Memed düşündü ki, Süleyman kendisine çok güveniyor. Garipsemesi azıcık azaldı. Sonra da dayanılmaz bir uyku bastırdı onu. Olduğu yerde kıvrılakaldı.

Süleyman:

Çocuklar, dedi. Şuraya ben de kıvrılayım. Bizim oğlan uyudu.

Durdu:

Emmi, dedi, benim sağlam bir asker kaputum var, onu örtün üstüne.

Süleyman:

Getir, dedi.

Kaputun bir köşesini Memedin üstüne örten Süleyman, onun yanına kıvrıldı. Sonra, öteki eşkıyalar da yattılar. Bir tanesi nöbetçi kalmış, kayanın sivrisinde bekliyordu.

Memed taş gibi uyandı. Donmuş kalmıştı sanki. Daha gün doğmamıştı. Şimdilik doğacağı da yoktu. Alacakaranlıkta, ocağın kıyısına sıralanıp uyumuş, hala horlayan eşkıyaları gördü. Gözü nöbetçiyi aradı yöride, hiç kimseyi göremedi. Ortalıkta horultudan geçilmiyordu. İçleri rahat uyumayanlar horlar. Doğrudur. Memedin içine, birkaç günden beri ilk defa korku girdi. Şimdi, ikicik, iki tek kişi gelse, bu horul horul uyuyanların hepsini bir çırpıda vurur, bıyığını da bura bura giderdi. Tüfeğinin ağzına kurşun verdikten sonra, nöbete durdu.

İlkin Durdu, arkasından da ötekiler uyandılar. Süleyman da uyandı onlarla birlikte.

Durdu, gözlerini ovuşturarak:

Nöbetçi, diye seslendi:

Memed:

Buyur Ağam, diyerek kayadan indi. Hiçbir şey yok. Kimseyi de görmedim, diye tekmil haberini verdi.

Durdu:

Sen misin İnce Memed? diye sordu. Nöbetçi sen misin?

Benim.

Durdu:

Daha şimdi geldin. Dur hele, daha vakit var nöbete. Dur hele...

Memed:

Uykum gelmiyordu da, gittim arkadaştan aldım nöbeti.

Durdu:

Öyle olur, dedi. İlkin adamın dağda, bir hafta uykusu gelmez. Yüreğine bir gariplik, bir çaresizlik çöker. Dünyada yalnız kalmış gibi olur.

Süleyman uykulu uykulu:

Bak hele şu bizim deliye, bakındı hele, neler de biliyor! diye alay etti.

Durdu:

Bre Süleyman emmi, dedi, sen de bana hiçbir şeyi yakıştıramıyorsun. Nolacak bu benim halim?

Ortalık yavaş yavaş aydınlanıyordu. Daha güneş görünmemişti. Ama, karşı dağın doruğuna gün vurmuştu. Doruk ışık içinde, dağın geriye kalan yerleriyse karanlıktı. Doruktan, gün yavaş yavaş aşağılara indi. Biraz sonra da karşıki sırtın arkasından güneş çıktı.

Süleyman, hiç cevap vermedi Durduya:

Sağlıcakla kalın, dedi, Memedi alnından öpüp yürüdü:

Durdu:

Süleyman emmi, bir çayımızı iç de öyle git, diye arkasından koştu. Bir çayımızı... Vallahi içmeden bir yere salmam seni.

Süleyman:

Sağol yavrum. Ziyade olsun.

Ceketinin kolundan yakalamıştı:

Bir çayımızı içmeden seni göndermem, diyordu. Bin yılın bir başı dağıma gelesin de... Bir çay içmeden ha!.. Salar mıyım seni?

Süleyman, kendi kendine:

Bu deliden kurtuluş yok, dedi. Döneyim bari, dedi. Boynunu büktü.

Durdu:

Ateşi iyice yakın! diye emir verdi.

Süleyman:

Şimdi de dumanı görünür.

Durdu:

Ne yapayım? Ateş yakmayayım da ne yapayım? Onu da sen göstersene bana.

Süleyman:

Ben sana hiçbir şey öğretemem oğlum, dedi. Bütün çarelerini kendin yaratacaksın.

Deli Durdu düşündü. Başını bir iki kere salladı. Fesin altından kara kakülleri çıkmış, kıvrışarak alnına dökülmüştü.

Süleyman sözünü sürdürdü:

Fakir fıkaraya zulmetmeyeceksin. Haksızlara, kötülere istediğini yap. Cesaretine hiç güvenmeyeceksin. Kafanı işleteceksin. Yoksa yaşayamazsın. Burası dağdır. Demir kafese benzer.

Çay çabuk pişti. İnce belli bardağın ilkini gene Süleymana verdiler. Çay buğulanıyordu sabah soğuğunda...

Süleyman ayrılırken:

Memedin size yardımı dokunabilir. İlk günler hoşça görün Memedimi. İncitmeyin. Kendi haline bırakın. Birkaç günde alışır.

Ayrıldı. Elindeki değneğe çöke çöke inmeye başladı. Beli bükülmüştü ama, gene de çabuk çabuk, bir delikanlı gibi dağdan iniyordu. Memedin gözleri yaşardı o giderken. İçinden, kim bilir ne zaman görürüm bir daha onu, dedi. Belki de hiç göremem. Gözleri dolu dolu oldu. Dünyada, diyordu, kendi kendine, şu dünyada ne iyi insanlar var.

Güneş iyice yekinmiş, ortalığı ısıtıyordu. Durdu, bir taşın dibinde oturup kalmış İnce Memedi çağırdı:

Gel bakalım İnce Memed, şu yeni tüfeğini bir tecrübe et! Sen, hiç böyle bir tüfekle ateş ettin mi?

Memed:

Birkaç kere.

Durdu:

Bak şu kayada bir leke var...

Memed:

Var.

Durdu:

İşte ona nişan alacaksın...

Memed, tüfeğini omzuna çekti. Nişan aldı. Beyaz lekeye ateş etti.

Durdu:

Ne bileyim ben, diye omuzlarını silkti. Vuramadın işte. Memed, dudaklarını geviyordu. Bu sefer tüfeği iyice omzuna yerleştirdi. Biraz daha nişan aldı. Tetiğe çöktü.

Durdu:

İşte bu sefer tamam, dedi. Ortasından. Beyaz lekenin oradan hafif bir duman çıkıyordu.

Memed, şaşkın şaşkın:

Peki öteki neden değmedi ya? diye sordu.

Durdu:

Peki, dedi, İnce Memed, sen her attığını vurur musun?

Memed:

Bilmem, dedi, gülümsedi.

Durdunun uzun yüzü gerildi. Genç olmasına karşın, Durdunun yüzü kırışık içindeydi. Ağzı çok büyük, dudakları incecikti. Sağ yanağının üstünden saçlarının içine kadar, uzun bir yanık izi vardı. Çenesi sivriydi ama, çok güçlü görünüyordu. Daima gülerdi. Gülüşünde bir acılık vardı.

İnce Memed, sende iş var yavrum.

İnce Memedin utangaç bir çocuk gibi yüzü kızardı. Önüne baktı. Arka arkaya üç defa ıslık çalındı aşağıdan. Kulak kabartıp dinlediler.

Cabbar:

Haberci geliyor Ağam, diye seslendi.

Az sonra da haberci soluk soluğa çıktı geldi. Daha soluğunu alamadan:

Aşağıdan, Çanaklının düzünden Akyola doğru beş kadar atlı gidiyor. Hepsinin de üstü başı düzgün... Paralı adamlara benziyorlar.

Durdu, hazırlanmakta olan adamlarına:

Haydi çabuk hazırlanın, herkes bolca kurşun alsın, diye emir verdi. Birkaç ocak daha söndürecek Deli Durdu.

Sonra Memede:

Bak, dedi, İnce Memed!

Beyaz yere nişan aldı. Kaya duman içinde kaldı, açıldı.

Öğündü:

Nasıl İnce Memed?

Tam ortasından.

Öteki:

Yaa ortasından, diye gülümsedi.

Sonra ortaya bir göz kırptı:

Bu ilk avındır İnce Memed. Sıkı dur.

Memed, buna cevap vermedi.

Durdu:

Tamam mı arkadaşlar?

Ötekiler:

Tamam.

Sık meşeler arasından geçen yola indiklerinde gün öğle oluyordu. Yolun bir yanına elli adım elli adım arayla siperlendiler. Bir tanesi de çok ileriye gözcü durdu.

Az sonra yolun ortasında, önünde zayıf, bacakları bacaklarına dolanan boz bir eşek bulunan karmakarışık, gök kır sakallı, uzun bıyıkları bütün ağzını örtmüş, bıyıklarının ucu sigara dumanından sapsarı kesilmiş, sarılığı ta uzaktan belli olan gözlerinin yöresi kırış kırış, kocaman, ayakları toza belenmiş, yamalı şalvarı yalpa vurarak birisi göründü. Usuldan, oynar gibi yürüyerek, bir türkü söylüyordu. Kendi kendine oyunlar yapıyordu küçük küçük. Gülümseyerek türküyü dinlediler:

Çamdan sakız akıyor

Kız nişanlın bakıyor

Koynundaki memekler

Turunç olmuş kokuyor

Aman aman kara kız

Zülüfünü tara kız

Baban bekçi tutmaz mı

Koynundaki nara kız

Durdu:

Teslim, diye bağırdı. Yakarım. Türkü kesiliverdi. Adam olduğu yerde kalakaldı.

Teslimim baba, dedi. Teslimim. Ne var yani?

Deli Durdu, siperinden yola atladı:

Soyun!

Adam, şaştı kaldı:

Neyi soyunayım Ağam?

Durdu:

Üstündekileri...

Adam güldü:

Şaka etme Allahaşkına. Benim elbiseleri ne yapacaksın? Bırak da beni gideyim. Çok yorgunum. Tabanlarımın sızıltısından yıkılacak gibiyim. Bırak beni güzel Ağam...

Durdu:

Sen soyun soyun hele, diye kaşlarını çattı.

Adam; şüpheli şüpheli, yüreği ikircikli, şaka mı ediyor, yoksa ciddi mi diye Durdunun gözlerinin içine yaltaklanan bir köpek sevimliliğinde gülümseyerek bakıyordu.

Durdu, sertçe:

Haydi haydi bekleme, diye çıkıştı.

Adam, hala inanmayarak gülümsüyordu. Durdu kaşlarını çatıp, adamın bacağına şiddetli bir tekme attı. Adam, acıdan bağırdı.

Durdu:

Çıkar diyorum sana. Çıkar!

Adam, yalvarmaya başladı:

Paşa efendi, ben senin ayaklarını öperim. Ellerini de öperim. Benim hiç elbisem yoktur ki... Ben çırılçıplak kalırım. Anadan doğma...

Şahadetparmağını ağzına soktu sonunda, çıkardı:

Aha işte böyle çıplak, böyle rut... Yoktur başka Paşa efendi. Senin ellerini öperim. Ayaklarını da... Alma benim elbiseleri... Sen çok büyük bir paşa efendisin. Ne yapacaksın benim partallarımı? Ellerini öperim, ayaklarını da...

Durdu:

Ulan it oğlu it, çıkar diyorum sana. Paşa efendi! Paşa efendi! Adam, durmadan yalvarıyordu. Sonra da ağlamaya başladı:

Ben beş aylık gurbetten geliyorum. Çukurovadan. Çalışmadan geliyorum.

Durdu sözünü kesti:

Demek paran da var?

Adam, çocuk gibi burnunu çeke çeke ağlıyor:

Beş aylık gurbette ölmüşüm... Çukurovanın sinekleri öldürmüştür beni...

Durdu tekrar etti:

Demek paran da var?

Adam:

Azıcık var, dedi. Şu ihtiyar halimle çeltikte çalıştım. Çamurun içinde, öldüm Çukurovada. Şimdi evime gidiyorum. Etme bunu efendim. Çırılçıplak gönderme beni çoluk çocuğumun arasına...

Durdu, daha çok kızdı:

Daha iyi ya. Çıkar çıkar...

Adam, kıvranıyordu. Durdu, hançerini çekti. Hançer pırıl pırıl etti güneşi görünce... Ucunu azıcık adama batırdı. Adam, havaya hopladı, bağırdı:

Öldürme beni, dedi. Çoluk çocuğumu göreyim. Çıkarayım elbiseleri. Senin olsun.

Siperliktekiler gülüyorlardı. Bu işe yalnız Memed içerlemişti. O yırtıcı kaplan ışığı gözlerine gelip çakılmıştı. Durdudan tiksindi. Adam, telaşla, korkuyla elleri birbirine dolaşarak ceketini, şalvarını çıkarırken Durdu:

Ha şöyle işte, diyordu. Ha şöyle... Adamı ne üzersin bre adam?

Adam elleri titreye titreye elbiselerini çıkarıp bir tarafa koydu.

Durdu:

Donu da, gömleği de çıkar, diyerek bağırdı. Hançerin ucunu da bir daha batırdı.

Adam, hem titriyor, hem gömleğini çıkarıyordu:

Peki Ağam, Paşam öldürme beni. Hepiciğini çıkarayım.

Gömleği de çıkardı, elbiselerinin üstüne koydu. Mintanı yoktu zaten.

Durduya, bu sefer yalvarırcasına, boynunu büktü baktı.

Durdu:

Haydi haydi, dedi. Bakma gözlerimin içine. Donu da çıkar.

Adam, donu da güç bela çıkarabildi. Titremekten elleri uçuyor gibiydi. Elleriyle önünü kapatarak koşa koşa eşeğine doğru gitti. Eşek, yolun kıyısında durmuş otluyordu. Sol eliyle yularından tuttu çekti. Bacakları çöp gibi ince, kıllıydı. Bacak adaleleri kemik gibi sert dışarı çıkmıştı. İçeri doğru çekik karnı kırış kırış, aynen bir pösteki gibi...

Göğsünün kılları ağarmıştı. Kirliydi. Saman kiri. Kamburdu. Omuzları da düşmüştü. Bütün teni de pire, böcek yeniği ile doluydu, Kırmızı kırmızı. Büyük lekeler kaplamıştı her yerini. Hasır gibi. İşte Memed, önünden geçen yolcuyu böyle görüp bir kat daha acıdı.

Bu sırada yolun öteki ucuna diktikleri nöbetçi:

Geliyorlar, diye onlara koşuyordu.

Durdu:

Atlılar geliyor, dedi.

Siperdekiler, hala bir eliyle önünü kapatmış, yavaş yavaş gitmekte olan pörsümüş vücutlu ihtiyara gülüyorlardı. Adam beş on adım gidiyor, sonra dönüyor, hasretle, korkuyla elbiselerine bakıyordu. Gidiyor, gidiyor, durup bakıyordu.

Durdu, ona seslendi:

Gel, dedi. Gel de al öteberini. Bizim avlar geliyor. Kurtardın yakayı...

O, büzülmüş, bitmiş gibi görünen ihtiyar, kendinden beklenilmyen bir çeviklikle koşa koşa geldi bir paçavra yığını olan, kayış gibi kirlenmiş elbiselerini kucakladı. Koşa koşa geri döndü. Eşeğin önünde, habire koşuyordu. Memedin yüzü kapkara kesilmişti. Elleri de titriyordu. Elindeki tüfeğin içinde ne kadar kurşun varsa, bir tanesini araya vermeden hepsini Durdunun kafasına boşaltmak istiyordu. Yani boşaltmamak için kendini zor tutuyordu.

Durdu, bu sefer daha gür:

Teslim, diye bağırdı.

Gelen beş atlının beşi de birden, atlarının başını çektiler.

Bir adım daha atar, kıpırdarsanız yakarım. Alimallah yakarım.

Siperdekilere seslendi:

Ben, onların yanına gidiyorum. Davranacak olurlarsa, hepiniz her yerden ateş edeceksiniz.

Sallana sallana, ortada hiçbir şey yokmuş gibi atlıların yanına vardı.

İnin atlardan, dedi.

Ötekiler, hiç ses çıkarmadan atlardan indiler.

Atların takımları gümüş savatlıydı. Adamların hepsi de iyi giyinmişti. İki tanesininki şehirli giyimiydi. Beş atlıdan birisi on yedi yaşlarında gösteren bir çocuktu.

Durdu, siperdekilere yeniden seslendi:

Üç kişi daha gelsin.

Tam bu sırada on yedi yaşlarında gösteren çocuk, yüksek sesle ağlamaya başladı:

Beni öldürmeyin nolursunuz? Ne isterseniz alın. Beni öldürmeyin.

Durdu çocuğa:

Aslanım, dedi, çırılçıplak, anadan doğma olacak, ondan sonra gidebileceksin.

Çocuk, birden bir sevinç çığlığı attı:

Öldürmeyeceksiniz ha?

Elbiselerini çabuk çabuk soyarken:

Demek öldürmeyeceksiniz? diye minnetle soruyordu. Göz açıp kapayıncaya kadar, elbiselerini, gömleğini, iç gömleğini, donunu her şeyini çıkardı. Durduya getirdi:

Al! dedi.

Hiçbir şey söylemeden ötekiler de soyundular. Üzerlerinde, yalnız donları kaldı.

Durdu:

Donları da çıkaracaksınız ağalar, dedi. Esas don gerek bana!

Adamlar, gene hiç ağızlarını açmadılar. Donlarını da çıkarıp önlerini elleriyle kapattılar, yola düştüler.

Atları, elbiseleri, neleri varsa her şeylerini aldılar. Dağa doğru yöneldiler.

Dağa çıkarlarken Durdu Memede:

Talihin varmış İnce oğlan. Bugün kısmetimiz iyi gitti. Üzerlerinden de tam bin beş yüz lira çıktı. Atları, elbiseleri de cabası... Çocuğun elbiseleri sana iyi gelir. Daha yepyeni. Nasıl da bağırıyordu it oğlu it! Canı şekerden tatlı...

Karanlıkkayasının dibine geldiklerinde, Durdu attan iner inmez, çocuğun elbisesini Memede giydirdi. Baktı baktı da:

Bre İnce Memed, dedi, sana ne kadar da yakıştı, bu it oğlu itin elbisesi... Aynen mektepli gibi oldun...

Memed, üzerindeki yabancı elbiseyle içinde bir küçülme, bir ezilik duydu. Boğulur gibiydi. Nereye gideceğini, ne yapacağını bilemiyordu. Yoldan beri içinde tuttuğu, bir türlü sormaya cesaret edemediği soruyu, ortaya atıverdi bu anda:

Her şeylerini alıyoruz almaya ya bunların. Peki, donlarını neden alıyoruz? Bunu anlamadım...

Bunu söyleyince içinde bir hafiflik duydu. Bir an için olsa da üstündeki yabancı elbiseyi unuttu.

Durdu, Memedin bu sorusuna güldü:

Şan olsun memlekete diye, alıyoruz donlarını, dedi. Deli Durdudan başka eşkıya don almaz. Bilsinler ki bu soyulanları Deli Durdu soydu...

⭐ KELİMELER（生词注释）

sendelemek	踉跄	giyit	衣服，服装
avrat	妻子，老婆	tosun gibi	强壮的，结实的
emmi	叔叔，伯伯	püskül püskül	（眉毛）浓的
heybet	威严	satlıcan	胸膜炎

şavkımak	发光，发亮	kıstırmak	围堵，截住
sürmelemek	锁，插上插销	efkarlı	悲伤的
kolaçan etmek	暗中查访，巡查	eğleşmek	停留，逗留
mavzer	毛瑟枪	zınk diye durmak	嘎的一声停住
yusufçuk	欧斑鸠	döl	子孙，后辈
semer	鞍	haraç	保护费
fiyaka	炫耀	fırdolayı	周围
takdim etmek	介绍，推荐	yalım	火焰
tekmil	完工，结束	kakül	刘海儿
yekinmek	一跃而起	gevmek	咀嚼，咬
siperlenmek	躲避，进入掩体	belemek	把……涂上
yalpa vurmak	颠簸，摇晃	ikircikli	怀疑的，忧郁的
yaltaklanmak	谄媚，奉承	içerlemek	窝火，憋气
mintan	无领衫，坎肩	pösteki	羊皮
pörsümek	起褶皱	savatlı	用乌银镶嵌装饰的
cabası	免费地，额外地		

⭐ YAZAR HAKKINDA（作者简介）

Yaşar Kemal, 1923 doğumlu yazar. Asıl adı Kemal Sadık Göğceli'dir. Nobel Edebiyat Ödülü'ne aday gösterilen Kemal, uluslararası bir üne sahiptir. Türkiye'de ve dünyada en çok ilgi gören romanı "İnce Memed" olmuştur.

Yaşar Kemal, 1923 yılında Osmaniye, Adana'da doğdu. Annesi Nigar Hanım, babası ise bir çiftçi olan Sadık Efendi'ydi. İlkokulu Kadirli Cumhuriyet İlkokulu'nda okudu. Kemal'in edebiyata karşı olan ilgisi ise ortaokul yıllarında başladı. O yıllarda halk edebiyatı ilgisini çekiyordu. 1940'lı yıllarda yazdığı şiirler "Çığ Dergisi"nde yayımlandı. Daha sonra eserleri "Ülke", "Millet", "Kovan" ve "Beşpınar" gibi dergilerde yayımlandı.

Kemal, öğrenim hayatını ortaokulda sona erdirmek zorunda kaldı. Bekçilik, amelebaşılık, öğretmenlik gibi geçici işlerde çalıştı. Henüz 17 yaşındayken politik nedenlerle tutuklandı. 1950'de 142. maddeye aykırı davranmak suçundan hapse atıldı. 1951'de hapisten çıkınca İstanbul'a yerleşme kararı aldı. Cumhuriyet Gazetesi'nde röportaj yazarlığı yapmaya başladı, bazen de makale yazıyordu. Bu dönemde yaptığı röportajı "Dünyanın En Büyük Çiftliğinde Yedi Gün", Gazeteciler Cemiyeti'nin düzenlediği yarışmada Özel Başarı Armağanı'nı kazandı.

Kemal, Cumhuriyet Gazetesi'ndeki görevini 1963'e kadar sürdürdü. Bu tarihten sonra kendini tamamen romancılığa verdi. 1962 yılında Türkiye İşçi Partisi'nde görev yaptı. 1967 yılında "Ant" adlı dergiyi çıkarmaya başladı ve bu derginin eklerinden biri yüzünden 18 ay hapse mahkum oldu ancak karar Yargıtay tarafından bozuldu. 1995'te Almanya'da yayımlanan "Der Spiegel" adlı dergide çıkan yazısı dolayısıyla 20 ay ceza aldı ancak bu ceza da ertelendi.

Yaşar Kemal'in çalışmalarının karşılığı 1950'li yıllarda gelmeye başladı. Bu yıllarda öyküleri "Dükkancı", "Memet ile Memet", "Sarı Sıcak" yayımlandı. Türk Edebiyatı'nda çok önemli bir yeri bulunan "İnce Memed" adlı romanını 1955'te piyasaya sürdü. Bu roman aynı yıl Varlık Roman Armağanı'nı kazandı. Bunun dışında 1974 tarihli "Demirciler Çarşısı Cinayeti" romanı Madralı Roman Ödülü'nü, 1977 tarihli "Yer Demir Gök Bakır" Fransa'da "Yılın En İyi Yabancı Romanı" ödülünü aldı, aynı zamanda yazara 1982'de Del Duca Ödülü ve 1984'te Fransa'dan "Légion D'Honneur" nişanı verildi.

Yaşar Kemal'in eserleri 39 dile çevrilmiş, uluslararası arenada büyük ilgi görmüştür. Yapıtlarında genellikle çocukluğunu geçirdiği yer olan Çukurova'yı, buradaki hayatların acı-tatlı her yönünü, kan davalarını, ağalığı, ekonomik sıkıntıları anlatmıştır. 1970'ten sonra yazdığı romanlarda kentli insanın da anlatıldığı görülmektedir. Ayrıca masallardan ve efsanelerden de yararlanmıştır. Yaşar Kemal, PEN yazarlar derneğinin bir üyesidir. Nobel Edebiyat Ödülü'ne aday gösterilmiştir. Birçok eseri tiyatroya uyarlanmıştır.

Yaşar Kemal, 1952 yılında Tilda adında bir İspanyol göçmeniyle evlendi. Eşi 2001 yılında öldü. Raşit Gökçeli adında bir oğlu vardır. 1 Ağustos 2002 tarihinde Ayşe Semiha Baban ile evlendi. Yaşar Kemal, son günlerde yaşadığı solunum sorunları nedeniyle 14 Ocak 2015 tarihinde İstanbul Üniversitesi Çapa Tıp Fakültesi Hastanesi'nde tedavi altına alındı. Bir süre tedavi gördüğü hastanede 28 Şubat 2015 tarihinde yaşamını yitirdi.

⭐ ALIŞTIRMALAR（练习）

1. Yaşar Kemal ile ilgili kısa bilgiler derleyerek arkadaşlarınızla paylaşınız.

2. Bu parçaya göre Süleyman emmi nasıl bir insan, Durdu ile arası nasıl?

3. Durdu neden soyulanların donlarını bile alıyor?

DERS İKİ

KAZAN TÖRENİ

阿齐兹·内辛（1915—1995）出生于伊斯坦布尔的一个移民家庭，自幼家境贫寒。内辛十几岁时便进入军校学习，毕业后留在部队服役。三十岁时，内辛离开部队，开始从事文学创作。内辛是位多产的作家，一生之中创作了小说、诗歌、回忆录、童话、戏剧等各类作品共计百余部，其中代表作品有《狗尾巴》、《房顶上有个疯子》、《架锅庆典》、《哨子先生》、《闪开，社会主义来了》、《祖国万岁》、《你好，我的七十岁》、《现在的孩子真神奇》、《流放者的回忆》、《阿齐兹爷爷的童话》、《抓住我的手，罗夫尼》等。内辛的作品幽默讽刺，贴近生活，深受读者的喜爱，曾荣获土耳其语言协会优秀剧

作奖、玛达拉勒长篇小说奖、意大利金棕榈奖、保加利亚金刺猬奖等诸多奖项，在世界范围内都享有盛誉。

《架锅庆典》是内辛1957年创作的一部短篇小说，曾在意大利举办的世界幽默小说大赛中荣获金棕榈奖。小说描写的是一家发电厂为了庆祝第四座锅炉安装到位而举办的一场庆典。香槟、美食、鼓乐……庆典的场面十分奢华，前来参加庆典的宾客也很多。来宾们都是各类庆典的常客，彼此都很熟识。大家用千篇一律的贺词相互道喜，却不知道这喜究竟从何而来。领导的发言一如既往的冗长、不知所云，宾客中已经有人吃完准备提前离席了。当然，离席之前他没有忘记和其他人相约第二天在另外一场庆典上再见。小说通篇都是对话，构思颇为独特。语言虽然简洁，但文风犀利、寓意深刻，对当时社会上泛滥的庆典之风进行了无情的讽刺和鞭挞。

KAZAN TÖRENİ

Biri — Buyurun efendim, rica ederim, böyle buyurun! Bizim gazetecilere karşı son derecede şeyimiz vardır. Yaaa...

Başka biri — Tebrik ederim beyefendi.

İkincisi — Teşekkür ederim. Ama anlayamadım, neyi tebrik ediyorsunuz?

Başka biri — Yeni kazanınızı...

— Haaa.. Evet, evet... Kazanı değil mi? Kazanımız olmuyor Beyefendi... Kazan çok mühim...

— Büfeye buyursanıza... Bir aperitif... Vali bey de teşrif edecekler. Neredeyse, bir yerden çıkar gelirler.

Üçüncü — Zâtiâlinizle bir yerden tanışıyoruz, ama nereden?

Başka Üçüncü — Simanız bana da hiç yabancı gelmiyor. Sizi bir yerden gözüm ısırıyor. Durun bakayım, siz Mezbahaya yeni yapılan kapının açılış törenine teşrif etmiş miydiniz?

— Maalesef... Efendim, törenleri aynı güne getiriyorlar, yetişemiyoruz. Bendeniz o gün, cam fabrikasına yeni bir baca ilavesi dolayısiyle yapılan törene gitmiştim.

— Ah beyefendi, ben o törene maalesef gelemedim. Arkadaşlar söylediler, bir Çerkestavuğu varmış, anlata anlata bitiremediler. Efendim, insan her tarafa birden yetişemiyor.

— Durun, durun... Sizi şimdi çıkardım, siz Japonya'dan satın alman geminin...

— Tamam, geminin davetine gelmiştim. Ben de sizi hatırladım. Hatta o gün hep kremalı turta yiyordunuz da, dikkatimi çekmiştiniz.

— Evet, evet... Pek severim kremalı turtayı. Efendim, daha evvel şeydeki ziyafette biraz fazlaca kaçırdığımdan, o canım etlere el süremedim.

Daha başka biri — Bu koydukları ne kazanıymış?

Daha daha başka biri — Vallahi bilmem... Kazan işte... Çamaşır kazanı değil herhalde...

— Üzerinize afiyet, midemden çok muztaribim. Hazımsızlık başladı...

— Bendeniz de öyleyim Beyefendi. Son zamanlarda herkes midesinden şikayetçi. Sâri bir hastalık oldu. Ben yanımda karbonat taşıyorum, isterseniz bir avuç vereyim, yutun.

— Ah, teşekkür ederim. Bundan sonra öyle yapmalı. Ben de yanımda bulundurayım. Öö...Ööö...

— Yaradı beyefendi... Geğirmek iyidir.

—Öö...Öööö...Üüüüü... Aman hindi kızartması pek nefis olmuş. Buyursanıza!...

— Teşekkür ederim, ben börekleri tercih ederim.

İçlerinden biri — Bu şişman zat kim?

İçlerinden öbürü — Hangisi? Viski içen mi?

— Hayır öbürü.

— Hani muzu ısırıyor, o mu?

— Öteki...

— Soğuk et yiyor hani?..

— Onun arkasında, elini mayonezli levreğe uzatmış...

— Haaa... Bilmem, hep görürüm ama...

Bir adam — Maksat tören mören değil... Bütün bu ziyafetler filan hep görüşmemize vesile...

Adamın biri — Tabi, ona ne şüphe... Bu ziyafetler de olmasa, görüşmiyeceğiz vallahi... Efendim, eskiden, bendeniz çocukken, peder merhum, bendenizi elimden tutar, her gün bir tekkeye götürürdü. Pazartesileri üsküdar'da bir Rüfaî dergâhına giderdik. Salı günleri Kasımpaşa'daki Nakş–i bendî tekkesine, Çarşambaları, Çürüklük'teki Kadiri tekkesine, Perşembeleri, Mevlânakapıdaki Mevlevîhaneye... Her Allah'ın günü bir tekkeye... Evet, evet... Biz de öyle... Orada lokma ederdik. Gani gani yemekler... Bakır siniler dolar, dolar boşalırdı.

— Maksat yemek değil, muhabbet...

— Elbetteee... Ciğerden almıyorsunuz...

— Bendeniz dolmaya bayılırım da... Güzel de yapmışlar.

— Burası ne fabrikası beyefendi?

— Vallahi iyice bilemiyorum ama, galiba...makinelere filan bakılırsa, bir makine fabrikası olacak.

— Maşallah çok büyük bir fabrika...

— Efendim, ne de olsa medeniyet ilerliyor tabii...Tavsiye ederim, uskumru dolmaları pek güzel...

— Mersi. Buradan çıkınca şeydeki törene gideceğim de...

— O zamana kadar hazmolur beyefendi. Tören mi dediniz? Ben de geleyim bari...

— Aaaaa... Tabi... Buyurun...

— Efendim, insan takip edemiyor, bazı törenleri kaçırıyoruz ne de olsa...

— Maalesef... Geçenlerde gazeteler, Amerika bize atom tesisatı verecekmiş diye yazdı. Sakın burası yeni atom fabrikamız olmasın...

— Şurada kazan mazan diye laf ediyorlar.

— Kazanmalı, kazanmalı beyefendi, çalışıp kazanmak lâzım.

Bir insan — Kurdela kesilmiyecek mi?

Başka bir insan — Vali Beyefendiyi bekliyorlar.

— Bu fabrikanın sahibi kim beyefendi?

— Amerikalıların olacak...

— Hiç zannetmem. Amerikalılar böyle ziyafet miyafet vermezler adama... Fabrika bizim olmasına bizim ya, acaba Tekel İdaresinin mi, Sular İdaresinin mi?

— Amma yaptınız. Fabrikada su yapılır mı? Ne fabrikası burası?

— Kazan fabrikası...

— Öyleyse Tekelindir. Herhalde rakı kazanları... Şu adamı her törende görürüm.

— Şu baştakiler kim?..

— Davetli mebuslar... Yarın şeydeki açılış törenine gelmiyor musunuz?

— Tabi... Gitmesem ayıp olur. Bademler bayat, farkında mısınız?

Bir kişi — Memleketin kalkınması her şeyden evvel fabrikalara dayanır birader...

İkinci biri — Keşke her gün bir fabrika açılsa... İstakozlar pek güzelmiş...

— Siz İstakozu, dünkü törende verilen ziyafette yiyecektiniz. Bu küçük kim? Mahdum mu? Allah bağışlasın.

— Cümleninkini...

— Al oğlum, bak elma mı istersin, portakal mı? Pasta mı? Al yavrum...

— Şişşşt!... Beyefendi geldi...

— Kim o?

— Bilmem... Fabrikanın sahibi galiba... Yoksa Bakan mı?

— Umum müdür olmasın... Şey... Bendeniz zâtıâlinizi bu kadar zamandır tanırım, her törende, her şölende buluşuruz da, sorması ayıp olmasın ama, zâtıâlinizin ne iş yaptığını bilmem...

— Bendeniz mi?.. Şey... Beyefendi açış nutkuna başlıyor galiba...

— Muhterem vatandaşlar!.. Bugün (çatal bıçak sesleri) açılış törenini yaptığımız Tezgâhtarağa Elektrik santralımızın dördüncü kazanının yerine konması münasebetiyle, hepinizi tebrik ederim. Bu kazanı, Amerikadan hiçbir yardım görmeden, kendi kendimize yerine koyduk. Macar millî takımının 3 — 1 yenen azmimiz, enerjimiz, heyecanımız burada da kendini göstermiş, kazanın tam ocağın üstüne konulmasında, Amerikalı mütehassıs, iki mühendis, dört ustabaşından başka hiçbir yabancı kuvvete lüzum gösterilmeksizin, kazan-ı mezkûr, mahall-i mahsusuna kendi kuvvetlerimiz tarafından vazedilmiştir. Ancak kazan yerine konulduktan sonra, içindeki suyun bir türlü kaynamadığının sebebi araştırılınca, ocağın altı metre kadar kazandan geride kaldığı görülmüştür. Kazan ağır olduğundan, altına ayrı bir ocak yapılmasına teknisyenler lüzum görmüşlerdir. Bu kazan, Yakın Doğu, Orta Doğu ve Balkanların en büyük kazanıdır. Aynı zamanda kalaylıdır ve bakırdır. Kalaylı ve bakır olmakla beraber yalnız iki yerinden deliği olup, bu delikler, hiçbir Amerikan yardımına lüzum görülmeden kendi tarafımızdan üstüpü, eczalı pamuk ve kara sakızla tıkanmıştır. Deliklerden akan sular kazanın altındaki ocağı söndürmeyecek kadar cüz'i bir hale getirilmiştir. Eğer Terkos suları kesilmemiş olsaydı, şimdi gözünüzün önünde tecrübesini yapardık.

Bu kazan, Kabakçı Mustafa isyanında Yeniçerilerin kaldırdığı kazan olup, oradan Sadrazam Kırkayak Halil Paşanın konağına götürülmüş ve bu konakta uzun zaman aşure kazanı olarak kullanılmıştır. Sonradan yandan çarklı araba vapurunun kazanı olarak uzun yıllar vazife görmüştür. Kazanın dokuz kulpu vardır. Biz ona yeni bir kulp uydurarak fabrikaya koyduk. Bu kazanın...

Birisi — Birader, bu kazan uzun sürer ben gidiyorum.

Başka biri — Ben de... Yarın şeydeki törende buluşalım,

— Olur, eyvallah...

— Güle güle...

— Bu kazan...

KELİMELER（生词注释）

aperitif	开胃酒	teşrif etmek	光临，莅临
zâtiâliniz	尊驾，您	sima	面孔，面容
mezhaba	屠宰场	bendeniz	在下
turta	蛋糕，馅饼	ziyafet	宴会，宴席
muztarip	痛苦的，患病的	sâri	传染的
karbonat	小苏打	merhum	已故的
Rüfaî	鲁法伊（托钵修会）	Nakş-i bendî	纳格什班迪教团
Kadiri	卡迪里教团	Mevlevîhane	莫拉维教团
gani	大量的	sini	托盘
muhabbet	友谊	uskumru	鲭花鱼
mebus	议员	mahdum	（旧、口）儿子
muhterem	尊敬的	mezkûr	上述的
üstüpü	（填缝用的）麻屑	cüz'i	少的
kulp	环状耳，把手		

YAZAR HAKKINDA（作者简介）

Aziz Nesin, 1915 doğumlu değerli gazeteci ve yazar. Mizah, kısa öykü, tiyatro oyunu ve şiir dallarında pek çok yapıtlarıyla yurtiçinde ve yurtdışında birçok ödüle layık görülen Nesin, 1972'den beri hizmetlerini sürdüren Nesin Vakfı'nın da kurucusudur.

'Aziz Nesin' adıyla tanınan Mehmet Nusret, 20 Aralık 1915'de Giresun'da dünyaya geldi. 1935'de Kuleli Askeri Lisesi'nden mezun oldu ve 1937'de Ankara Harp Okulu'nu asteğmen olarak bitirdi. Aynı anda Güzel Sanatlar Akademisi Süsleme Bölümü'ne de devam eden Nesin, 1939'da Askeri Fen Okulu'nu bitirdi. Asteğmen olarak orduya katılan Nesin, İkinci Dünya Savaşı sırasında Trakya'daki çadırlı ordugahta 2 yıl görev aldıktan sonra, 1942'de atandığı Erzurum Müstahkem Mevkii İstihkam Taburu Bölük Komutanlığı'nda bir bomba kazasında yaralandı. 1944'de Ankara'da Harp Okulu'nda açılan ilk tank kursuna katılan Nesin, o yıl Zonguldak'ta uçaksavar top mevzileri yaptırmakla görevlendirildi ve üsteğmen rütbesinde iken görev ve yetkisini kötüye kullandığına dair bir suçlamayla askerlikten uzaklaştırıldı.

Gazeteciliğe başlayan Aziz Nesin, 1945'de Sedat Simavi'nin çıkardığı Yedigün Dergisi'nde redaktörlük ve yazarlık yapmaya başladı. Profesyonel olarak oyun yazarlığı yapan Nesin, Karagöz gazetesinde çalıştıktan sonra Tan gazetesinde köşe yazarlığına başladı. Cumartesi adında haftalık bir magazin dergisi çıkarmaya başladı fakat derginin 8 sayı sonra sona ermesinin ardından, Vatan gazetesinde çalışmaya başladı ve ilk bağımsız yapıtı olan 'Parti Kurmak Parti Vurmak' adlı 16 sayfalık bir broşürü yayımladı.

Yine 1946'da Sabahattin Ali ile 'Markopaşa' isimli ses getiren bir mizah gazetesi çıkarmaya başladı. Dergi, dönemin politikacılarına yaptıkları eleştiriler sonucu kapatılmalarla ve birçok davayla karşılaşmasına rağmen yüksek satış rakamlarına ulaştı, fakat Aziz Nesin, 'Nereye Gidiyoruz' başlıklı yazısı nedeniyle 12 Ağustos 1947'de on ay ağır hapis ve 3 ay 10 gün Bursa Emniyet-i Umumiye Nezareti altında bulundurulma cezası aldı.

Nesin, 1948'de taşlama türündeki Azizname isimli ikinci kitabını yayımladı. Bu kitabı yüzünden 4 ay boyunca tutuklu olarak yargılanan Nesin, bu davada ceza almadı fakat 1949 yılında Mısır Kralı Faruk, İngiltere Prensesi Elizabeth ve İran Şahı Rıza Pehlevi'nin bir olarak Ankara'daki elçilikleri aracılığıyla Türkiye Dışişleri Bakanlığı'na aşağılandıkları gerekçesiyle resmen başvurmaları üzerine açılan dava sonucu 6 ay hapis cezası aldı.

1952'de Levent'te Oluş Kitabevi'ni açtı ve 1953'de ise bir ortakla Beyoğlu'nda 'Paradi Fotoğraf Stüdyosu'nu kurdu. 1954'te Akbaba dergisinde takma adlarla öyküler yazmaya başlayan Nesin, 1955'de İstanbul'daki azınlıkların ev ve dükkanlarının yakılıp yıkıldığı 6-7

Eylül Faciası nedeniyle, suçlu olduğu iddia edilerek Sıkı Yönetimce tutuklandı.

Fıkra ve gülmece öyküleri, Dolmuş, Yeni Gazete, Akşam, Günaydın, Aydınlık gibi dergi ve gazetelerde yayımlanan Nesin, Çağdaş Türk edebiyatının çok önemli bir ismi haline geldi. 1956'da Kemal Tahir'le birlikte Düşün Yayınevi'ni kurdu ve 1958'de 'Dolmuş–Karikatür' dergisi ile birleşti. 1962'de 'Zübük' adlı mizah dergisini çıkarmaya başladı ve dergi 42 sayı ürettikten sonra kapandı.

Yeni Gazete, Akşam ve Tanin'de günlük köşe yazıları yazmaya devam eden Nesin, 1956'da Bordighera, İtalya'da yapılan ve 22 ülkenin katıldığı Uluslararası Gülmece Yarışması'nda 'Kazan Töreni' adlı öyküsüyle 'Altın Palmiye' ödülü kazandı.

1965'de pasaport alma hakkını elde eden Nesin, davet edildiği Berlin ve Weimar'daki Antifaşist Yazarlar Toplantısı'na katıldı ve altı ay içerisinde Polonya, Sovyetler Birliği, Romanya ve Bulgaristan'ı ziyaret etti. 1966 yılında 'Vatani Vazife' adlı öyküsüyle Bulgaristan'da yapılan Uluslararası Gülmece Yarışması'nda 1.lik ödülü olan Altın Kirpi'yi kazanan Nesin, 1968'de Üç Karagöz isimli oyunuyla Milliyet Gazetesi'nin açtığı 'Karagöz Oyunu Yarışması'nda 1. oldu. Nesin, 1969'da 'İnsanlar Uyanıyor' isimli öyküsüyle Moskova'da yapılan Uluslararası Gülmece Yarışması'nda Krokodil 1.lik ödülünü, 1970'de Çiçu adlı oyunuyla ise Türk Dil Kurumu Oyun Ödülü'nü kazandı.

1972'de yoksul ve kimsesiz çocukların bakım ve eğitimlerinin karşılanması amacıyla Nesin Vakfı'nı kuran Aziz Nesin, tüm kitaplarının gelirlerini buraya yatırdı. Vakıf, 1976–1980 boyunca her yıl, o yılın edebiyat ürünlerinden seçmelerin bulunduğu 'Nesin Vakfı Edebiyat Yıllığı'nı yayımladı.

Aziz Nesin, 1974'de Asya–Afrika Yazarlar Birliği'nin verdiği Lotus ödülünü kazandı ve ödülünü Filipinler'in başkenti Manila'da yapılan bir törenle aldı. 1976'da Bulgaristan'da düzenlenen 'Gülmece Kitabı Uluslararası Yarışması'nda 1. oldu ve Hitar Petar ödülünü kazandı. 1977'de Türkiye Yazarlar Sendikası Başkanı seçilen Nesin, 1978'de Madaralı Roman Ödülü'nü 'Yaşar Ne Yaşar Ne Yaşamaz' adlı romanıyla kazandı. 1982'de Vietnam'da yapılan Asya–Afrika Yazarlar Birliği toplantısına katılan Nesin, dönerken kalp hastalığı nedeniyle Moskova'da hastaneye kaldırıldı ve 'Kalp Hastalıkları Araştırma Merkezi'nde bir ay boyunca tedavi gördü.

1983'de Amerika Birleşik Devletleri'nde İndiana Üniversitesi'nin düzenlediği uluslararası toplantıya çağrılan fakat pasaportu geri alındığı için bu toplantıya katılamayan Nesin, 70. doğum gününü Şan Sinema Salonu'nda kutladı. 1985'te TÜYAP'ın düzenlediği 'Halkın Seçtiği Yılın Yazarı' ödülünü kazandı ve aynı yıl İngitere'de Pen Kulüp Onur Üyeliği'ne seçildi.

1989'da 'Demokrasi Kurultayı'nın toplanmasında etkin görev alan ve oluşturulan

'Demokrasi İzleme Komitesi'nin iki başkanından biri olan Nesin, yine 1989'da Sovyet Çocuk Fonu tarafından ilk kez verilen 'Tolstoy Altın Madalyası'na değer görüldü.

Aziz Nesin, imza günü ve söyleşi için gittiği Çeşme, Alaçatı'da 5 Temmuz'u 6 Temmuz'a bağlayan gece sabaha karşı geçirdiği kalp kriziyle vefat etti. 6 Temmuz'da Çeşme Cumhuriyet Savcısı'nın isteğiyle otopsi yapılmak üzere İstanbul Çapa Tıp Fakültesi'ne getirilen Nesin, 7 Temmuz günü, vasiyeti gereği hiçbir tören yapılmadan ve yeri belli olmayacak şekilde Çatalca'daki Nesin Vakfı'nın bahçesine gömüldü.

ALIŞTIRMALAR（练习）

1. Aziz Nesin ile ilgili kısa bilgiler derleyerek arkadaşlarınızla paylaşınız.

2. Hikaye'de geçen kazan nasıl bir kazan? Açıklayınız.

3. Aziz Nesin, bu hikayede neyi ve kimleri hicveder?

DERS ÜÇ

VAPUR

　　莱伊拉·埃尔比尔（1931—2013）出生于伊斯坦布尔，高中毕业后考入伊斯坦布尔大学英国文学系学习。为了爱情，埃尔比尔曾一度休学，并最终在大四的时候彻底放弃学业，步入了婚姻的殿堂。埃尔比尔热爱文学，高中时便在杂志上发表过诗歌。结婚之后，埃尔比尔全身心投入文学创作。1956 年，埃尔比尔在《短篇小说选集》上发表了她的第一篇短篇小说。1960年，埃尔比尔出版了她的第一部短篇小说集《梳棉工》。在这之后，埃尔比尔又陆续出版了短篇小说集《在夜里》、《旧爱》；长篇小说《奇怪的女人》、《黑暗的日子》、《侏儒》、《三头龙》、《奇怪的男人》等。埃尔比尔不囿于传统，善于创新，其作品深受读者

的喜爱。2002 年，埃尔比尔被土耳其笔会提名为诺贝尔文学奖候选人。

　　短篇小说《船》选自 1968 年出版的短篇小说集《在夜里》。小说的主角是一艘船，一艘没有船员没有乘客空无一人的船。一天夜里，这艘船驶离码头，宣布独立。政府先是否认这艘船的存在，企图掩盖事情的真相。可是这艘船故意在岸边转来转去，肆意向政府挑衅。一传十，十传百，很快全城的百姓都知道了这件事，大家纷纷涌到海边去看热闹。无奈之下，政府只得派出舰队前去镇压。一番较量过后，闹独立的船没有沉，可政府的舰队却沉了。百姓们沸腾了，纷纷为这艘船的胜利而欢呼雀跃。可即便是胜了又能怎样，又能改变什么呢？或许自己也觉得无趣吧，这艘船疯了似的沿着岸边转了一圈之后便驶离了人们的视线。整部小说既充满

了脱离现实的玄幻色彩，又处处体现着历史的厚重与真实。作者将"船"比作自由斗士，号召人们为了自由进行抗争，寓意十分深刻。

VAPUR

I

"Boğaziçinin inkişafı Şirketi Hayriye idaresinin teşekkülünden sonra başlamıştır."

"Şirketin teşkili Fuat ve Cevdet Paşalar tarafından tasavvur edilmiş ve bu işe hazırlanan layihanın, tedavi için gittikleri Bursa kaplıcalarında kaleme alındığı (Ahmet Cevdet Paşa ve zamanı) ismindeki eserde yazılıdır. Bu husus (Osmanlı devrinde son sadrazamlar)'ın 186'ıncı sayfasında dahi muharrerdir."

"Bir hissesi 300 kuruştan 1500 hisse çıkarılmış iken 500 hisse daha ilave edilerek 2000 hisse satışa arzolunmuştur."

"Hisselerden ilk 100 adedini Padişah, 50 adedini Valde Sultan satın almıştır. Başta Sadrazam Mustafa Reşit Paşa olmak üzere Serasker Damat Mehmet Ali, Tophane Müşiri Fethi, Yusuf Kâmil, Girit Valisi Mustafa Paşalar ile Mısır Vahşi Mehmet Ali Paşa'nın kızı ve Yusuf Kâmil Paşa'nın eşi Zeynep Hanım ve sarraflardan Abraham, Kevork, Mıgırdıç, İsak ve Miseyani 20'şer hisse satın aldıkları gibi daha bir hayli muteberan ve sarraflar da 20'şer ve 10 hisse ile iştirak etmişlerdir."

Vapurun iskeleden kalkışını gören olmadı. Doğrusu buydu. Günler geçip vapur özgürlüğüne ve bağımsızlığına eriştikten sonra, bir güz başı, birkaç gün öncesinde göçebe kuşların gökte anaforlaştığını gördüğümüz bir güz başı, kocamış ve gözleri hep sulanan bir balıkçı gecenin bir saatlerinde yirmi iki yıllık sandalının dipten dibe kara bir gacırtıyla titrediğini, neredeyse alabora olacağını, canını suya dar attığını, yüzerek karaya vardığını ve tam o anda sandalının gözlerinin önünde sulara gömüldüğünü söyler oldu. Bu olaydan önce de Beşiktaş iskelesinin oralarda, balıkçıya, çorapsız etlerinin oyuklarındaki kirleri her akşam kedilerin yalayarak doyduğu balıkçıya, sık sık rastlanırdı, boş ispirto şişesine sımsıkı sarılmış kaldırıma yan yatar "telgrafın tellerini" okurdu kesik kesik, annem, onun yanına yaklaşmamamızı isterdi... İşte bu balıkçının sandalı gerçekten de yok olmuştu. İkinci tanık, suçlu bir çocuktu, 11 yaşlarında var yoktu. İskeleye çekilmiş olan vapurda saklanmış olduğunu, zaten iki üç aydır hep o vapurda yatıp kalktığını anlatıyordu. Resmi olaraksa, böyle bir vapurun var olduğu kabul edilmiyordu. Olanların sayısı belli idi. 1851 yılından bu yana, yani Şirketi Hayriye'nin kuruluşu ve İngiltere'den getirtilen ilk 6 vapurdan bu yana kaç vapur gelmiş kaçı değiştirilmiş numaraları adları hep bilinirdi. (Cabir Vada No. 37'den önceki vapurlarda dümencilerin dolap sandığının iki tarafına konmuş basamaklar üstünde sandığı apış aralarına alarak hizmet gördüklerini bile bilmektedir.) Bunlara karşın bizlerin yani o sıralarda Beşiktaş'ta oturan halkın aylarca, ola ki yıllarca, oradan oraya seğirtip kıyılara biriktiğimiz, vapurun yaptıklarını bir bir gördüğümüz, bir yığın olaya tanık olduğumuz da doğruydu. Giderek bu davayı kovuşturan savcı ve davanın olmazlığına karar verip imzayı basan yargıç da bizlerle birlikte hemen hemen her akşam üzeri iş dönüşü vapurun en iyi izlendiği yer olan Beşiktaş'a, Hayrettin iskelesinin oraya uğruyor, denizin ortasında türlü şaklabanlıklar yapan vapura gözucuyla bakıp bakıp halkın alaylı ve inatçı bakışları arasında, yitiveriyorlardı (hiçbir nenden anlamaz, bilmez görünen, öldükleri vakit yerine hemen yenisi konulan acısı hiç çekilmemiş, düşük bıyıklı, suskun, kandırılmaya hazır ve sanıyorum savcıyla yargıcın da önceleri böyle sandığı ama giderek anlamaya başladığı, tek gözü şakacı kalmış olan halkın). Bir süre geçince artık savcının — ufak tefek bir bey — ve yargıcın görünmez oluşlarını neye yoracağımızı bilemediğimiz bir sırada savcı, pardösüsü, fötr şapkası, arada bir şemsiyesi, bizim bitişikte oturan Laz fırıncının kızı Havva'yla nikâhlandı. Yargıcın, mübaşirlerin, daktiloların, vapurun varlığını yadsıyan tüm kişilerin de çağırıldığı bu nikâhtan sonra herkes iyice bir pirelendi, savcının salt vapuru meraktan bu Havva'yı seçtiğini söyleyenler oldu. Havva ise fırındaki hamurculardan biri, bir on altı yaşlarında diken saçlı oğlanla sevişiyor ve nikâhlısının, o her gün beyaz gömleklerini yıkadığı ufak tefek adamın ne işe yarayacağını bir türlü kestiremiyordu. Bizler, savcıyla eşinin aramıza karıştığı komşular bu işte bir bit yeniği seziyorduk ama bilmem. Aradan yıllar geçtikten sonra bile ben bu olayı bir türlü yerine oturtamamışımdır. Evet, savcıyı eşiyle birlikte, özellikle balaylarında, hemen hemen her akşam, kıyıda yeni kalabalıkları karşılamak ve halka hizmet etmek amacıyla Beşiktaş odun deposunun sahipleri Fadıl Hüsnü kardeşlerin açtıkları çay bahçesinde el ele neşeli çaylar içerken ve vapuru seyrederken görüyorduk ama vapur o olayından bir yıl geçer geçmez kızı boşayıvermesi de ona — Havva'ya — öyle bir sevgiyle falan gelmediğini gösteriyordu, öte yandan vapura yakın olmak için evlenme külfetine katlanmak da usa yakın gelmiyor. Ola ki savcının yanılma ve halkı yanıltma çabasının bir bulunç (vicdan) sızısı biçiminde ortaya çıkmasıydı bu evlilik... ya da kim bilir halkı gelecek tehlikelerden korumak için, göz göre göre, sevdiği bir neni yadsımak erdemliliği, (ama bunda da halktan büyük olma, onlar adına karar verme yetkisindeki küçük görme vardı) ve işte yadsımanın verdiği olumsuzluk evet evet en çok yadsıyarak vardığı yerdeki yalnızlık o halktan ayrı kalmanın verdiği acı... Ama işte vapur yüzünden ortaya çıkan, vapurun yitmesiyle de savcının da yitirdiği bir bulunç vardı. Asıl söylemek istediğim, Beşiktaşlıların belleğine hemen de vapur denli kazılan bu ikinci olaydan — Laz kızının savcıyla evlenerek yükseldiği ve sonra da düştüğü yerden — sonra artık mutlu olmadığı, hamurcu sevgilisinin de onu artık istemediği ama gene de kızın komşuları arasında seçkin bir yerinin kaldığıdır. Vapurun kaçışını görenler gün günden çoğalmıştı, ve o iki kişiden başka, — biri balıkçı, biri suçlu çocuk — yüzlerce kişinin, "Ben de gördüm!" diye geceyi çeşit çeşit anlattıklarını, tüm bu karışık anlatmalara bakarak gerçeği vermenin epeyi zor olacağını, vapuru gören insanların, o ulusumuzun ensesine vurulup ağzından lokması çalınan ve nedense hep hep kıyıda köşede kalan, savaş çıktıkça anımsanılan, savaşsız yıllarda bir yolunu bulup kendini gösterememiş ama göze girmek için neler neler yapabilecek olan, hele ölüp gidecek yaşa geldiklerinde artık mutlak sapıtan, örneğin parklarda oralarını gösteren küçük kızlara, bu yüzden vapura dört elle sarılmış insanların içinden çıkıp da, "Siz değil ben biliyorum," demenin onların son günlerinin biricik yüce avutucusu olan bu anılarını ellerinden almanın haksızlığını ve sakıncalarını bile bile girişiyorum bu işe, çünkü o olayı, vapurun kaçışını ben gerçekten görmüştüm.

II

Vapur son seferini yapmış iskeleye bağlamıştır, yarın sabah 6.30'da günün ilk seferine başlayacaktır. Pruva ve pupa fenerleri yanıyordur, Borda fenerleri yanmıyordur, Davlumbazda kimse yoktur, üst güverte bomboştur, bütün gün yolcuların oturup kalktığı kanepeler, tutunduğu parmaklıklar, çıktığı indiği merdivenleri, birinci ve ikinci sınıf salonlarının basılan yerleri bomboş, dinlenmeye koyulmuşlardır. Tavandaki cankurtaranlar kollarını sarkıtıp derin bir oh çekmişlerdir, süvari evine dönmüş rakısını içmeye koyulmuştur, karısını dövmüş, oğlunu bağrına basmış mıdır? ve öyle çok gece ortalarında değil, saat yirmi sularında, yaprak oynatanın esmeye başladığı sularda, ben, annem ve ablamla Hayrettin iskelesine gezmeye çıkmışızdır, annem elinden hiç eksik etmediği örgüsüyle sırtını denize vererek evden taşıdığı küçük tabureye oturmuş, örmeye koyulmuştur. İsteyene hırka örer annem parayla, iki liraya yapar bu işi, babam hiç yanımızda olmaz, mektupları gelir bir yerlerden durmadan kaim ve şişkin zarflar, ablam, kabak çekirdeği yer ve oralarda bulduğu yaşıtı bir çocukla oynamağa başlar hemen. Ben denize bakarım, iyi yürekli büyük. Burası denize doğru uzayan genişçe tahta bir iskeledir, yanımız, önümüz takalar, mavnalar, sandallar, sıcak bir gece. Sıcak günlerin gecesinde çıkarır deniz kıyısına annem bizi, daracık ve karanlık odalarından geliriz evimizin. Abbasağa Mahallesi, Loşbahçe Sokak 35 No. Edanımın kiracısıyız. Edanım yatalaktır. Şimdi orada iskelede oturmuş Kızkulesi'ne denize yıldızlara bakıp hava alıyoruz. "Hava almak çok iyidir çocuklara" der annem, "sağlıklı olur, uyku da verir." Yanındaki kadınla böylece dertleşirken titremeye başladı deniz, oralarda bir yerlerdeki tütün deposunun (reci binası da derlerdi, bilemiyorum) lağımı akar buraya, çamur rengi iskelenin olduğu yer, o sular dönmeye köpürmeye başladı, vapurun palamarlarını kimin laçka ettiğini göremeden, vapurun iskeleden ayrıldığını gördüm, bir tornayit, bir tornistan yaptı sonra gene tornayit etti, borda fenerlerini, kırmızı ve yeşilleri yaktı, fora etti, anneme, "Vapura bak, vapura bak!" diye bağırdım, sular burada çamurlu ama orada pırıl pırıl maviydi, yalım yalım beyaz köpükler döndürüyordu geceye, havaya sıçradı iki kez, denizi zangırdatarak oturdu yerine, oraya buraya eğildi, bakındı, Kızkulesi'ne doğru çevirdi burnunu, o vakit silyon fenerlerini yaktığını gördüm, "Anne baksana!" diye bağırdım yeniden, koyu mavi bir hırkaya bakmadan vınk! vınk! vınk! ötüp duruyordu, yanındaki kadına başka hiçbir iş yapmasa günde bir hırka bitirebileceğini söyledi, bu marifetini çok beğeniyor olmalıydı, işte o anda da bağırarak köpüklerin üzerinden attı birisi kendisini denize, bu o suçlu çocuk olmalıydı, benim gördüğüm buydu ve çocuğun söylediklerini de tutuyordu. Vapur üst üste tek düdük çekmeye başladı, o vakit annem de şöyle bir baktı vapura, bana "Ne oluyorsun hiç mi vapur görmedin?" dedi. Balıkçının sandalı da o gece batmıştı.

III

Hiç nöbetçisi, vardiyacısı olmadan, adamsız bir vapur kaçar mı?

Vapur gece bağladıktan soma vardiyacılar Beşiktaş'taki Yunus'un kahvesine iskambile giderlerdi.

Vapur olur da, kopar gider de kaptanı ortaya çıkmaz mı?

Benim gemime ne oldu?

Hani benim vapurum?

Ben neyin kaptanıyım şimdi?

Şimdi ben ne olacağım diye sormaz mı?

Vapur, Sarayburnu'yla Kavaklar arasında mekik dokumaya başladı.

Vapurlar için kaptanlar mı önemlidir, kaptan için vapurlar mı? Bu vapurun alışılmış duygusallıklara karşı olduğu açıkça belli değil mi? Kendi türündeki, örneğin 74 numaralı vapurun içli bağlılığı yoktu onda. 74 numara, Şeref kaptanı yıllar yılı Boğaziçi halkına tanıtmış, sevdirmiş, öldükten sonra da tabutunu Beykoz'a taşımıştı, öteki vapurlar da severlerdi kaptanlarını: Aziz kaptan, Temel kaptan, Ömer kaptan, kaç kez vapurunu şuraya buraya çarptıran Asım kaptan, sonra Köprü–Adalarda 40 yıl usanmadan Ahmet kaptan ya da yandan çarklı ilk vapur ki amcamdı benim ve bayrağa sarılan tabutu Caddebostan'dan Köprü'ye o kırk yıllık vapur götürmüştü ve ben hiç binmem yandan çarklıya artık, sonra Yusuf kaptan ve babam. Babam neredeydi benim?

IV

Her gün her gece boğazın iki yakası insanlarla doluyordu: çocuklar, gençler, bebeleri kucaklarında emzikliler, geçkin nineler, Beyoğlu'ndan, Kadıköy'den orospular, çarşaflı, başörtülü, siyah mantolu hanımlar. Yahudiler ve Rumlar ve Ermeniler, saat 18.00'den sonra memur sınıfı, kıyılarda yeni yeni gazinolar, dürbünler, kiralık sandallar, yalılarda her gece toplantılar, davetler, kiralık dallar 25 kuruşa iki çocuk bir nine ezildi, yer kavgasında bir ölü, üç yaralı.

Halk vapuru seyretmektedir.

Vapur kimi günler kımıldamadan, şuraya buraya demirliyor, orkoz'un doğrultusuna göre yanını, önünü vererek halka, geçkin bir kraliçe denli süzülerek de seyrettiriyordu kendisini. Kimi vakit de, neden olduğu bilinmez, kıyı kıyı tutturuyordu suları, biz buna vapurun düşünmesi diyorduk, şöyle bir durur, bakınır, gözüne bir yerleri kestirir, oraya biriken halka doğru sokulur, fırdolayı döner, burnu üstüne dikilir, eteklerini kaldırır, kıçını gösterir, havada kalan pervanesiyle dalbüken yelini döver takır takır, halkın korkulu çığlıklarını sonuna dek dinler, sonra gene suya, karnı üzerine atardı kendisini — bu anlarda yaramazlık yaptığımda beni korkutmak için biraz da gerçekten çıldıran annemi anımsatırdı — biz çocukların en çok hoşumuza giden numaralarından biriydi bu, sulara vuran karnı tok ve kesik bir uğultu çıkarırdı, evrenin ilk büyük canavarı denli, hani sırtındaki yelelerinden binlerce kolları çıkan, gün günden uzayan kolları, yatarken bir ağacı anımsatan, sonsuza doğru genişlemiş, kökü dışarıda, ayağa kalkınca güneşten saçılan ateşlere değerek boynu kıvılcımlar saçan. Kuyruğunu derin denizlerden çıkarsa tüm canlıları ezebileceğini bilir mi? Yüzlerce arka ayaklarının üzerine dikildiğinde tamıyla iç içe geçebilecek olan ama gözsüz olduğundan, bir kez bile bunları yapabilecek güçte olduğunu aklına bile getirmeyen o beyaz yaratık denli. Uğultunun ardından deniz ne yapacağını şaşırır, bir o yana, bir bu yana koşar, çocuklara doğru kudurgan bir kabarıklıkla yuvarlana yuvarlana kıyının taşlı toprağına vurur kendisini, havalara atar, oradan ta tepeden üstümüze dökülürdü. Bir ağızdan bağrışırdık — "Üüy! oooy! uuuuuy! auuuuuy!" — kollarımızı saçılan köpüklere doğru kaldırır sanki o ele geçmez vapuru tutuyormuşçasına çığlıklar atardık...

Donanma gemileri günlerce ardına düştü vapurun, önceleri, iyilikle yalvardı yakardı. "Teslim ol, teslim ol," diye borularla seslenmeleri tüm kentte duyuluyordu. Gecelerce sürdü bu. Uykumuzun içinde biz kent halkı, "Teslim ol! Teslim ol!" sesleriyle sıçrayarak uyanır, vapurun boyun eğmediğini anlar, erinç içinde yeniden dalardık. Sabah olur olmaz koşuşurduk kıyıya. "Donanma bugün yakalayacakmış vapuru." Ağızdan ağıza tüm kente yayıldı bu. Önce donanmadan bir gemi ipler atarak, kancalarla, halatlarla uğraştı ama olmadı, vapur tek düdük çala çala kaçıyordu, arada bir duralıyor gemi iyice yanına varsın diye bekliyor sonra kıçından pulamp! pulamp! diye sesler çıkartıp yeniden tek düdük çeke çeke kaçmaya başlıyordu, hem bunu gemiden kurtulmak için değil de zaten o günkü gezisinde böyle seyretmek varmışçasına ne mağrur ne alçakgönüllü, ne korkak ne saygılı ne küstah olmadan yapıyordu, içimizden çoklarının, ya ya ya, şa şa şa

donanma donanma çok yaşa!

diye karşıladığımız donanmanın, neredeyse gözümüzden düşeceğini anlamış, vapuru başıboş bırakarak ve herhalde yeni bir karar ve emir için beklediğini gördük. Vapur o ara iyice içine sokulmuştu donanma kuvvetlerinin, donanmanın telsizleri, radarları harıl harıl çalışıyor, gitgeller, patırtılar, amiraller içinde büyük karara hazırlanıyordu. Vapurun içinden ise kumanda sesleri geliyor ama kimseler görünmüyordu, bacası tütüyordu, düdük çekmiyordu artık, usul usul Ortaköy açıklarına doğru geldi ve demirledi, biraz durgun görünüyordu, uzun süre müşterisiz ve örgüsüz kaldığı günlerde annemin, bizi yedirip yatırdığı ama kendisi yemediği akşamlarda, ışığı söndürerek pencerenin önüne oturduğu ve karşı damları seyrettiği vakitki kıpırtısız sarılığı içinde öyle donanmadan kopup üzerine gelmekte olan gemiyi seyrediyordu, gemi taa yanına vardıktan sonra kumandanın sesi işitildi: "Teslim ol, batırılacaksın!... Teslim bayrağını çek, iki dakika sonra batırılacaksın!"

Çıt çıkmadı vapurdan, yalılardan, köpeklerden, kestane, dut, çınar ağaçlarından, çeşme ve saraylardan, güllerden, garsonlardan, atlardan, bizlerden çıt çıkmadı, ben annemin eteklerine sarıldım ve, "Anneciğim!" diye bir çığlık attım onu batırmalarını istemiyordum, annem, "Sus!" dedi, bir tokat attı ağzıma, aynı anda gemiden ortalığı yırtan bir ses işitildi "Ateş!" Bir saniyelik bir sessizlik, erlerin, şu, içinde kimseler olmayan, kimselere kötülük etmeyen, üstelik zavallı bir kentin zavallı bir halkını avutan vapuru vurup vurmamak için karar verdikleri süreydi bu. Sonunda ateş ettiler. Kapkara bir duman sardı boğazı, vapuru göremedik ama duman silindiğinde ateş eden gemiyi gördük; direklerine iki kara küre çekmişti, üst üste dört düdük çalıyor, bağrışmalar içinde ağır ağır batıyordu, öteki donanma gemileri sulara atlamış mürettebatı topladılar, batmakta olan gemiyi yedeklerine alıp artlarına bakmaksızın gittiler ama daha Sarayburnu açıklarına varmadan geminin sulara gömüldüğünü gördük. Ardından da vapurumuz geldi, kıvançtan kuyruğunu titrete titrete çok yakınımızdan iki kıyı boyunca da gitti geldi, karanlığa dek halka selam düdükleri çalarak dolaştı, biz de:

yayaya, şa şa şa,

vapur vapur çok yaşa

diye bağırıyorduk artık.

Dönüşün annem Edanıma vapuru tutamadıklarını, onu gene seyredeceğimizi muştuladı, yoğurt içine ekmek doğrayıp verdi bize, geç vakitlere dek oturduk, vapuru konuştuk hep, kimseyi uyku tutmuyordu, annem bana bir hırka örmeye başladı o gece, başkalarından artmış yünleri biriktirmişti, her renk vardı içinde hırkamın, ablamın bu yıl eskilerinle idare edebileceğini söyledi, ama benim hiç kalmamıştı, "Elim değerse artanlardan sana da bir yelek örerim," dedi Edanıma, Edanım, "Hasan efendi nerelerde hiç görünmüyor gene?" dedi, Hasan

efendi babamdı, annem, "Mektup gönderiyor ya!" dedi. Kış geliyordu.

V

Vapura olan ilgimiz gün günden eksilmeye başladı. Onun da bir yenilik yaptığı yoktu artık, her gün aynı suları uslu uslu dolaşıyor, düdükler çekiyor, boğazı bir uçtan ötekine tarayıp duruyordu. Bıkmış mıydık, alışmış mıydık, havalar da soğumuştu, gün erkenden kararıyordu. Ne olmuştu sanki? Donanmayı yenmişti de ne olmuştu? Neye varmıştı onca patırdının sonu? Kıyıdan geçerken usumuza gelirse bir dönüp bakıyorduk göz ucuyla sonra gene evimizin yolunu tutuyorduk, çoğun ona ait geçmiş olayları anlatıyorduk biribirimize, bir de Cumartesi–Pazar günleri kaim giyinmiş üşüyen insanlar olarak toplanıp bekleşiyorduk. Öyle ilk günlerin içi içini yiyen, sinirli, sabırsız kalabalığı değildik artık, dinginliğe kavuşmuştuk iyicene. Sanki durup dururken iskeleden bir kocamış vapurun avara edip kalkması kendi kendisine, sularda aylarca kol gezmesi, halkın hoşlanacağı, şaşıracağı her marifeti göstermesi, tek başına koca donanma gemisini alt etmesi sıradan bir olaymışçasına ve çok nankörce bir dinginlik içindeydik. İşte o herkesin her nenleri doğal bulup vapurun yaptıklarını küçümsemeye yatkınlaştığı bir sırada, bir pazar günü, vapur toparlak kıç bodoslamasını indire bindire Üsküdar burnuna geldi vaktiyle padişahın ilk "biniş" yeri olan Şemsipaşa Sarayı'nın oralarda oyalandı, Beylerbeyi'ni hızla geçip İmparator Konstantinus'un diktirdiği haç yüzünden "istavroz" diye de anılan yerin önünde durakladı, oralarda vapura hiç aldırmadan yürüyen birkaç kişiye göz atıp "sıra yalılar"ı, "nakkaş burnu"nu geçip döndü, gülmeye başladı için için, eskiden Yahudi, Rum, Ermenilerin doldurduğu şimdi ise Müslümanların çokluk olduğu bu Kuzguncuk'a, yamaçlara, kırmızı kıllarıyla Fransızca şarkılar okuyan, arkadaş kocalarıyla kaçamak aşklar yapan o ekşi sıcağı kokulu kadınların ince beyaz ve çilli kemikleriyle dopdolu uzayan mezarlığa bakıp uzun uzun düdükler çekti, İbrahim Hanzade Bahçesi'ni, sonra Öküz–limanı iskelesini düdükler içinde geçerek, Murat Sultan'ın kızı olup 1054'te Melek Ahmet Paşa ile evlenen Kaya Sultan'a ait Kaya Sultan Bahçesi önlerinde yeniden durakladı, bu kadın çok şişman, yaşlı ve para yiyiciliğiyle Melek Ahmet Paşa'da nefret uyandırmıştı ve onu mutsuz kılmıştı. Karılarını sevmeyen erkeklerin arasından ne çok kahraman çıkmıştır diye düşündü vapur, Çengelköy'ü, Çayıriskelesi'ni dolaşıp Kuleli okulu açıklarında garip sesler çıkararak Selim III'ün emriyle 1204'te idam edilerek bu dünyadan göçen Nazif'in tadını çıkaramadığı yalısını da geçtikten sonra içinden gümbürtüler koparmaya başladı. Halk ise gene değişik bir pazar yaşayacağını sezerek kıyılara doluşmaya başlamıştı. Vani Efendi'ye verilmiş şu toprak parçasının üzerinde çocuklar top oynuyorlardı. Vaniköy'den geçti, Murat IV döneminde yedi gece yakılan kandiller yüzünden Kandilli denildiğini bildiği bu yerlerde vaktiyle Evliya Çelebi'ye göre bir bahçede yüz bahçıvan çalışırdı, şimdi ise şuracıkta şişman karısı, griffon d'arret â poil köpeğiyle ve şort giyerek yazları picassolaşan bir Türk ressamı Amerikan haftasonu biçimi yalısının rıhtımında dolaşıyordu. Başını sağa sola sallayarak akıntının ortasına, burna doğru uzandı, ellerinde kırmızı yeşil bayraklar tutan adama doğru üç düdük çekti. Kıbrıslının neredeyse çökecek yalısını geçerek Sultan Murat IV'ün çok sevdiği Göksu'ya geldi, şimdilerde Küçüksu Sarayı'nın olduğu burası boğazın Anadolu yakasındaki üçüncü padişah "binişi" idi. Yukarılara Küçüksu mezarlığına bir göz atarak Recaizade Ekrem'i andı, orada Ekrem'in üç oğlu Piraye, Emced ve Necat'ın sinleri vardı, kambur ve dilsiz Emced için Ekrem, "Ah! Emced! Bilirsin... Allah da bilir ki ben senin tedavinde kusur etmedim... Bilirsin ki ben seni kardeşin Necat'tan aşağı sevmedim. Bedbaht çocuk!" diyerek suçlu baba yüreğini dile getirmişti ve şimdi çay bahçeleri, okul, odun depoları, âşıklar tepesi bostanlarla donanmış bu yerlerde epeyi insan birikmiş vapuru gözetliyorlardı. Vapur, 1393 yılında Beyazıt'ın yaptırdığı Anadolu Hisarı'nın hemen dibinden seyrederek daha gerilere doğru belleğini yokladı ve o henüz dünya yüzünde yokken ve var olabileceği umulamazken Dara'nın tahtının da buralara kurulduğunu, Jüpiter'in de burada bir tapınağı olduğunu anımsadı, "İnsanlar! İnsanlar! Karınca sürüleri, kum taneleri, denli gelip göçen insanlar!" dedi, içine tüm insanlığı sığdırmak istercesine derin bir soluk aldı, bu ses koca kenti inim inim inletti, duymayan kalmadı vapurun soluğunu, biraz da kamburundan su taşan ve kendi selinden kaçan biri denli, Beykoz'a doğru daha bir açılarak ve:

Bir çetin kare sataştırdı bizi devru zaman

Oldu Beykozlu bir afet ile çeşmim giryan

diye bağırarak ve gülerek dolaştı. Sessizce suları yararak ilerledi, kıyıya yakın bir yerde 1746'da Sultan Mahmut tarafından gümrükçü İshak Ağa'ya kâgir ve sağlam yaptırılan bol sulu ve üzerinde "Sahib ül hayrat vel hasenat, es Seyyid îshak Ağa emin-i gümrük-i Asitane sene 1159" yazılmış olan çeşmenin karşısına doğru bir yerlere başını önüne eğerek ve derinden içini çekerek dolandı, istediğince kalabalığın toplanmadığına bakarak, "İnsanlar nasıl da nankördürler, ne çabuk unuturlar ama beni unutamayacaklar," dedi. Sesi çok güzel yankıladığı için koynunda sazlı sözlü cümbüşlerin yapıldığı Kanlıca'yı bir süzdü ve bacasından bir kara duman salıverdi. Döne döne İbrahim Çelebi yalısı, Emin Paşa yalısı, Süleyman Efendi yalısı, Lonkazade'nin yalısının önünden karşıda daha kırmızı ve daha büyük olarak batan güneşe baktı. Beride taa bizim oralarda Fındıklı'daki Mısır Vekili Hacı Süleyman Ağa'nın yalısını taktı aklına. Samiha Ayverdi "İbrahim Efendi Konağı" adlı kitabında, bu, Kavala Çorbacısı S. Ağa için şöyle yazar: "...Akdeniz limanlarına bilhassa İskenderiye'ye mal götürüp mal getiren, ticaret kalyonları, ailenin refahını sağladıktan başka hanlar, hamamlar ve iratlar ve de gene ailenin geleceğini teminat altına almış bulunuyordu.

Bu yalı beyaz ve siyah bir halayık, taya, lala, kavas, haremağa, uşak, aşçı, bahçıvan, arabacı, kürekçi ve yamak kadrosuyla medeniyet ve ihtişam devirlerinin son merkezlerinden biriydi..." Şu saatler Samiha Ayverdi'nin "Hacı Süleyman ağa (40 yaş) ile su damlası gibi genç karısı (13 yaş) Zekiye hanımefendi boğazın şafakla dirildiği, gurupla alev aldığı ve mehtapla vuslata vardığı sularına karşı, yalılarının penceresinde otururlardı. Bazen konuşup halleşir bazen de el pençe duran tabiatın büyüsüyle büyülenip kalırlardı…" dediği saatlerdi. Hızla dönüp Fındıklı'ya, yalıya, doğru koşmaya başladı. Birazdan Hacı Süleyman Ağa'nın karısı 13'lük Zekiye'nin — Hüsrev Paşa'nın, "Bıraksın o koca Türkü de bana gelsin," dediği — lepiska gözlü, sarı saçlı iki erkek bir kız çocukla çiçeklenerek akranlarını, o tarihte yalı gelini olan hanımefendileri çatlatan üç çifte piyadelerin âşık olduğu, doğurgan ve "su damlası" kızın yalısında gece yaşamasının başlamak üzere olduğu saatlerde, "sıra sıra el bağlamış İstanbulinlerin, önü ilikli uşaklar, emir bekleyen kavaslar, arabacılar, bahçıvanlar, yamaklar, aşçılar, çıraklar, sarı, siyah ve kumral örgüleri bellerini sarmış cariyeler, hülasa bir efendinin hizmetinde kemer bağlamış bütün bu kalabalık sınıf"… Çorbacıyla Zekiye'yi mutlu kılabilmek için gereken kalabalık şu saatlerde, vapurun çöken geceye bakıp bağrında öylelerini de barındırmıştır diye kinle tıkandığı saatlerde, ev halkı gümüş sininin başına oturmuştur: "Sinilerin ortasında meşin üstüne zerduz işlemeli yuvarlak nihali konurdu. Sofranın en cazip eşyasına gelince bunlar muhakkak ki kaşıklardı," dediği Ayverdi'nin ve bu kaşık işine vapurun çok kızdığı, "Bunlar çorba pilav, tatlı ve hoşaf kaşığı olarak altın, gümüş, sedef, fildişi, boynuz, mercan, abanoz, sombalığı, ceviz, boğa, yeşim kehruba ve yakutlu zümrütlü mücevherli, boy boy, renk renk sanat şaheserleriydi. Sonra küçük tabakların ve kâselerin içinde sabunlanmış ve gülsuyu serpilmiş elbezleri bulunurdu. Eski zamanlarda bunlara 'destmal' denirdi", diye yazdığı şu saatlerde, vapur geçmişi bir kez daha andı, güneşin yitmesiyle birlikte ucu görünen yarım ayı karartıp görünmez edene dek dumandan soluğunu boşalttı, kükrüyor, toprağı, göğü ve suyu titreterek yol almaya çabalıyordu, çocuklar bağrışarak koşuyor, herkes vapuru biribirine haber veriyordu, annem işte o sırada ablamla benim ellerimizden tutarak, sokağa fırladı koşarcasına indik Abbasağa Yokuşu'nu, Karabet'in köşesinde başka insanlarla birleşip kıyılara dağıldık, vapuru karanlığa çizdiği ince kırmızı çizgiden izliyorduk, az sonra görünmez oldu ama sesin geldiği yana doğru koşarak bekleşiyor, olanı anlamaya çalışıyorduk, "Tanrım sen koru onu, bize bağışla, kaza bela verme," diye mırıldandı annem, yarasayı andıran yakalı kara paltosunun içinde sanki çırpmıyor, sımsıkı tuttuğu elimizde kalbi tuk tuk diye oynuyordu. Elimi böyle tuttuğunu hiç görmemiştim onun, yıllar sonra bir gün Atatürk'ün cenazesini sizlere göstereyim diye bizi kapıp koşturduğu Dolmabahçe Sarayı'nda sıkışıp kaldığımızda bir de. Orada öldü annem. Kalabalık, üzerine basıp geçtik: ablam, ben, başkaları, ezdik onu. O kış başı, elinde gene bana örmeye başladığı bir yün palto vardı. Bir kolları kalmıştı örülmedik, bir paltoluk yünü nasıl biriktirmişti; sanırım biraz da çalıyordu başkalarının yünlerinden.

VI

Vapur, ansızın, Hasip Paşa yalısını gözünün önüne getirerek öfkeyle Beylerbeyi'ne yürüdü, bu yalıdaki Hasip Paşa'nın kızını başında hotozu, eteklerinde kalfaları Leman'la Suzidil olarak ve paşanın Rumeli'nden ucuza kapattığı 36 çiftliğin genel bakıcısı Cemal Efendi'nin kızı Halet Hanım ile birlikte yaşadığı günleri bir sinema şeridi denli gözlerinin önünden geçirdi. Cemal Efendi'nin karısının yirmi bin altın tutan gerdanlığını düşündü, yüzlerce yıldır tanıyorum insanları dedi, 1854'ten bu yana tanıyorum insanları ondan önce de atalarımdan dinlemişimdir, atalarım, pazar kayıkları, dört çifteler ki sadece gene halkın bindikleriydi, benim soyumda zenginleri taşımış, yardakçı, üç, iki ve tek çifte piyadeler yok. Yovakim III'ün, üç çifte piyade ile boğazda gezen insan soyunun sonuncu kişisi olduğunu düşünerek bir kahkaha attı. "Soyları kurudu," dedi. Prens Halim'in yalısındaki kayıkhanede üflesen kemikleri dökülüverecek olan son piyadeyi sevinçle düşündü. Ah Yovakim'i de, hamlacılarını da orada saklayabilselerdi diye söylendi. Hamlacıların kuşandıkları bürümcük hilali gömleğe, güllü rugan yemeniye, kaliko patiskasından dizliklerine ve fesine, ardından da Prens Halim'e uzun uzun sövdü. Emekçi bir soydan geliyorum, tek lokma haram yemedim, alnım, ak, kirli işleri biliyorum, tarih boyunca süregelen haksızlıklara tanığım ve sabrım kalmadı, onlara hizmet etmeden yaşama onurunu taşıyorum, böyle olmayı kabul etmem çok doğal görünüyor onlara. Onlara — insanlara — böyle olmayabilirim de demek istedim, onları korkutmak, üzerime düşürmek istedim, kıyılar adam almıyor, beni seyretmeye geliyorlar, donanmayı yendim, bana buyurulan işi yüzgeri ettim, başıma buyruk olduğumu tanıttım, ama tüm bunlarla bir tek kendimi kurtardım, üstün olduğumu gösterdim, üstelik yapıma uymayan, ters, soytarıca davranışlarda bulundum, şimdi de yalnızım işte, yapayalnızım, arkadaşlarımsa bugün de kahır içindeler, yaşamları değişmedi, kurtaramadım onları, şimdi de horlanmış halkı taşıtıyorlar onlara, bir kendimi başkalaştırdım diyerek başını sulara dövdüren vapura Beylerbeyi kıyılarındaki halk kahkahalarla güldü. Vapurun bu çok gücüne gitti, ben onlar için kendimi ateşe atarken, onlar benimle eğleniyorlar, bu yalnızlığa nasıl dayanacağım diyerek sıçradı ve karşıya Hünkâr sularına attı kendisini. Ah artık bu sulardan da o koskoca tarihin görkemli anılarından da bıktım, elimde olsa tüm tarihi değiştirirdim, insanlığı en başından başlatırdım, şimdi ne yapmam doğru olur diye Sarıyer'e dik dik baktı, düşünceli ve solgun Tarabya'ya seyirtti. Ey Tarabya, Terapiye, dedi. XVII ve XVIII'inci yüzyıllarda buralarda salt varlıklı kişiler otururmuş, neden? Evliya Çelebi yazmış: "Bu kasabanın yerinde evveleri leb–i deryada bir balık dalyanı olup ondan gayrı bir şey yok imiş... Selim'i Sani leb–i deryada teferrûç ederken bu saydı mahi mahalline uğrayıp günagûn mahiler saydettirip orada bulunan bir çok servi ağaçlarının sayesinde pişirip zevküsafa ile ekil buyurdular. Badehu ol mahalle Tarabiye namiyle bir kasaba ve zatı şahanelerine mahsus bir de çimenzarı safa bina ve inşa olunması için Veziriazam Sokullu Mehmet Paşaya ferman eder..." İşte şu gün bile kıyılar zenginlerin malıdır, bu insanlar insan değil de vapur sanki! Göz göre göre de katlanılmaz ki! Bu ne sabır, bu ne sabır, "ölüm ölüm bir ölüm", "müşkül şudur ki ölmeden evvel ölür kişi", "ölme eşeğim ölme", "pir sultan ölür dirilir" de ne yapar, ölümsü, ölümcül, ölümsüzlük, ey insanlar yürek yok mu sizde, yürek! Ödlekler, ama biliyorum suç sizin değil, ama artık bezdim ve görmek istiyorum, ölmeden önce görmek istiyorum, gözüm açık gitmek istemiyorum, diye de bir imdat düdüğü çekti, karnı üzerinde tepine tepine, başım ve kıçım yumruklayarak, ne vakit göreceğim, ne vakit ha? Ey yangınlar, ey depremler, su baskınları, fırtınalar, soracağım soracağım sizlere, ey imparator kentleri, tekfur sarayları, padişah mezarları, papazlar, türbeler, camiler, çarşılar, kiliseler, sarnıçlar, binbirdirek, suyabatan, at meydanı ki 60.000 insan başından utku anıtları dikilmiştir üzerine, ey paşalar, Atik Ali Paşa, Cibali, Nişancı Mehmet Paşa, Hafız Ahmet Paşa, yıllık geliri 200 kese altın olan padişah yaptırması camiler, ey Kadırga, Zindankapı, Baba Cafer, Unkapanı, Ahırkapı Feneri, Langa, Çingeneler, Kürtler, dönmeler, Gürcüler, Lazlar, Çerkesler, Tatarlar, Arnavutlar, ey Mevlevihane Yenikapısı üzerinde şöyle yazar:

"Konstantinos, Theodos'un emri üzerine bu suru iki ay zarfında yaptırmıştır..."

Kimlere yaptırmıştır seni hey!

Yapanlar kimlerdir ey! Kalkın geri alın ey!

Ey insanlar, kıyımlar, hamamlar, tekkeler, Aynalı Kasrı, Kanuni Sultan Süleyman, Yahudi Mahallesi, Galata, Hasköy, Ermeniler, hey Bakırköy taş ocakları, Bizans çağında taş ocakları, Osmanlı çağında taş ocakları, Theodos'un kentin surlarını da yaptırttığı taşın ocakları, nasıl? Murat II taşköprüleri, Erzincanlı Kot Karabet, Balıklı'da Bizans saatleri, Leon I'in inşa ettirdiği ve Justinianus'un genişlettirilmesini emir buyurduğu nakışlattırdığı tarihi olaylara sahne olmuş kiliseyi işleyenler hey! Ey Edimekapısı'ndan padişah sarayına kadar çok uzun ve geniş caddeyi yapanlar, o caddeyi tepelerin üzerinden geçiren kemikler, kurukafalar kalkın ey! Porta Kaligariye, Porta Basilica, Topkapı, Eremya Çelebi İnciciyan der ki: "Topkapı Sarayı yapıldıktan ve padişah oraya geçtikten sonra, Eski Saray ölen padişahların haremine tahsis edilmiştir, bu sarayda kalan kadınlardan bilâhare Valide Sultan olanlar, büyük merasimle Yeni Saraya nakledilirler, zengin kadınlar kocaya varıp hürriyetlerini elde ederler, ihtiyar ve fakirler ise, haremağalarının sıkı nezareti altında ömürlerini bu dört duvarın içinde bitirirlerdi."

Ey o kadınlar kalkın hey! Ey Eski sarayı, — eski sarayın çevresi 2000 adım, kulesiz olan duvarın yüksekliği 15 toise'dır — yapan kollar, bilekler, eller, ey şimdi toprak olan, ey kalkın oy!

Ey Saray mutbaklarında ramazanın on beşinci gecesi 10.000 yeniçeriye baklava yapan, ey Baklava, ey Mermer Köşk 1518'de Defterdar Abdüs–selam tarafından yapıldığı söylenen, Ey Balkan Harbi, Enver Paşa, Mahmut Şevket Paşa, Cermen ticareti, Çanakkale, Galiçya, Kafkasya, Filistin ve Irak, kalkın hep bir olun geri alalım ey!

Ey ben bu bilinci ne yapayım, nasıl doyurayım (annem büsbütün sıkmıştı elimi). Ey 1914, aç İstanbul, vagon ticareti, harp zenginleri, köylüler! Ne der Samiha Ayverdi Hanımefendi sizler için kulak verin hey!

"Memleket için bu 1914 muharebesi, gerçekten büyük ve telafisiz bir musibet idi. Zira cepheler masum Anadolu köylüsünü tarla biçercesine erittiği gibi, gelecek günlerin idare ve mesuliyetini, eline alacak münevverler sınıfını da bu arada yok etmişti. Koca bir imparatorluğun yerle bir olmasından mühim olan, asıl bu elit zümrenin kıranı idi..." Hey kendinize gelin doğrulun geri alın ey! Bıktım ey! Bıktım ey! Bıktım ey! Görmek istiyorum ölmeden, anaları, babaları çocukları, halkı görmek istiyorum Hey!... İşte vapurun bizlere ulaşan son sözleri bunlardı.

VII

Vapurun uçarcasına yol aldığını anlıyorduk, ola ki vapur da değildi artık, karanlıkta arada bir önümüzde çakan ve yiten bir kırmızı çizgi, ardından bağrışıp çağrışmalar, çocukların cıyak cıyak ağlayışı, gırtlağı paralanırca böğrüşen erkek sesleri ve haykıran kadınlar. Vakit vakit geliyordu bu sesler kulaklarımıza, ardından gene bir kırmızı çizgi, karanlık ve haykırmalar, ne olduğunu bilmeden bizim de katıldığımız haykırmalar.

Boğazın iki yanına birikmiş tüm halkın sesiydi bu, çığlıklarımızın yankısı boğazı örten o zifiri katılığı parçalıyordu. Halk, yani bizler ne olduğunu anlamadan coşmuştuk, ola ki kötülükler yapıyordu vapur ama biz biraz da sevinç naraları atıyorduk. Vapuru neden seviyor, neden güveniyorduk ona? Onun da bizi sevdiğine, bizlerin iyiliği için çabaladığına inanmıştık, sabaha dek sürdü bu, çılgınca koşuşarak eğlendik, hiç tanımadığımız insanlarla kucaklaşıp öpüşüyor, dirsekleşiyor, zıplayarak bir ağızdan marşlar söylüyorduk, sabaha karşı puslu soluk bir güneşin aydınlığı atarken biribirimizi seçmeye başladığımızda, vapurun, Kızkulesi açıklarından bu yana kavaklar yönüne doğru sık sık halkı selamlayarak ve delice marşlar, ezgiler söyleyerek ilerlediğini gördük. O ezgiler sonradan, yani vapur hemen ertesi günü birdenbire yok olduktan sonra artık, kulağımızda ve dilimizde kaldığınca söylediğimiz o ezgiler, bugüne dek gelmiştir, bileceksiniz:

vi ya vi ya fı çı man ya he ya he ya hey

sa ka la la la ta ka ta ya mo la mo la hey

he ya mo la he ya ye sa ya sa ma sa hey

ha ha ha hah ha ha ha hah ha ha ha hah hey

Bu ezgiye hep birden katıldık o sabah, vapurun danslar ederek dönmesine de katıldık, güvertesine, küpeştesine tırmanmış, kılkuyruklar, karabataklar, şeytanminareleri, tarak, yalıçapkınları, martılar, su tavukları, yelkovan, sakalar, mayna kuşları, yılan balıkları, yosunlarla birlikte. Kıvanca boğulmuş coşkudan yorgunluğumuzu, uykusuzluğumuzu unutmuş onunla birlikte dönüyor, sanki bugüne değin yasaklanmış ama yüzyıllardır özlenmiş bir bayramı kutluyorduk. Sonra neden olduğunu bilmeden kaçmaya başladık. Birtakım adamlar halkı dağıtarak geliyorlardı, yüzlerce insanı yaralamış, öldürmüş, tutuklamışlardı, bu kötülüğü neden bize yaptıklarını hiç anlamadım. Annem, ablamı ve beni yakalayıp eve koşturdu, soluk soluğa çıktık yokuşu, önümüzde Havva'yla savcı kaçıyorlardı. Annem Edanıma kıyıdaki yalıların yakılıp yıkıldığını, konakların köşklerin yerle bir olduğunu, çok kimselerin öldüğünü, hükümetin bunu halktan bildiğini, oysa bu işi yapsa yapsa "vapurun yapabileceğini" anlattı. "Kimsenin bir kapı tokmağına bile dokunduğunu görmedim," dedi, korkusuna başkaldırma karışmış, çatallı bir sesle böyle dedi. Edanım, "Hasan efendi nerelerde hiç görünmüyor," dedi, annem de, "Bugünlerde döner artık," dedi. Vapuru o günden sonra gören olmadı. Babam da hiç gelmedi bir daha!

<h2 style="text-align:center">VIII</h2>

Boğazda hiçbir nenleri değiştirmeksizin salt hokkabazlık edip çevreyi güldürdüğünü sanarak, salt insanların temel yaşamalarını bozmayıp arada bir eğlendirdiği, avuttuğu için, bir bakıma kandırdığı, başkaldırmaya değil de boyun eğmeye doğru itelediği için onları, çaresiz tek, umutsuz olduğunu sandığı için, kıymış mıdır kendisine vapur?

Gecenin ortasında, yıkma ve yakmalarını çığlıklarını nasıl yankıladığımızı, duymuş, bilmiş, umutsuzluğa düşmenin gereksizliğini kavramış, yapabileceğinin ne olduğunu çok iyi bilen bir taş parçası denli yeni bilinçler yaratmak üzere, başka ülkelere doğru yola çıkmamış mıdır? Sevinçten gözleri yaşarmış mıdır?

Uykularımızın içinde bugün bile düdük sesleri duyarak uyandığımızı biliyor mudur?

Annemin ölene dek öncekilerden daha hızlı ve severek ördüğünü bilir mi?

Karnına, göğsüne basa basa öldürdüğümüz annemin?

Hiç vardiyacısı, nöbetçisi olmadan bir vapur bağlar mı?

Vapur olur da, kopar gider de kaptanı ortaya çıkmaz mı?

Hani benim kaptan köşküm, serdümenim?

Davlumbazımı çok özledim, diye ağlamaz mı?

Şimdi ben ne olacağım, diye haykırmaz mı?

Neden savcı Havva'yı vapur yok olur olmaz boşamıştı?

Babam kimdi benim ve neredeydi?

⭐ KELİMELER（生词注释）

inkişaf	发展，组织；出现	tasavvur	构想
layiha	草案，草稿	muharrer	书面的，成文的
sarraf	货币兑换商	muteberan	名人
alabora	倾覆	kovuşturmak	审讯，侦察
şaklabanlık	滑稽，诙谐	mübaşir	法院执行员
pirelenmek	起疑心	pruva	船首
pupa	船尾	bordo	船舷
taka	小帆船	mavna	驳船
palamar	缆绳	fora etmek	升帆
silyon feneri	导航灯	vardiyacı	值班员
orkoz	逆流	pervane	桨叶
muştulamak	报喜，带来好消息	avara etmek	驶离
bodoslama	船首柱，船尾柱	istavroz	十字，十字架
griffon d'arret â poil köpeği	格里芬犬	bedbaht	不幸的
kalyon	西班牙大帆浆船	irat	收入；不动产，产业
halayık	侍女	taya	奶妈
lala	男仆	kavas	保安
haremağa	太监	yamak	帮工
gurup	日落	hülasa	简而言之
zerduz	锦缎的	yarasa	蝙蝠
hotoz	头饰	toise	突阿斯（长度单位，约为 1.95 米）
mesuliyet	责任	münevver	知识分子
zümre	阶层	kıran	消失
kılkuyruk	针尾鸭	karabatak	鸬鹚
şeytanminaresi	蟹守螺	tarak	扇贝

yalıçapkını	翠鸟	su tabuğu	骨顶鸡
yelkovan	鱼嘴海雀	saka	金翅雀
mayna	八哥	yılan balığı	鳗鱼

YAZAR HAKKINDA（作者简介）

Leyla Erbil, 1931'de İstanbul'da üç kız kardeşten ortancası olarak doğmuştur. Annesinin adı Emine Huriye, babasının adı Hasan Tahsin'dir. İlkokulu Esma Sultan'da, ortaokulu Beşiktaş İkinci Kız Ortaokulu'nda okudu. Lise eğitimine Beyoğlu Kız Lisesi'nde başlayan Erbil, daha sonra Kadıköy Kız Lisesi'ne nakledildi ve ilk şiirleri de lise yıllarında bir taşra dergisinde çıktı. 1950 yılında Kadıköy Kız Lisesi'nden mezun oldu. Liseden sonra girdiği İstanbul Üniversitesi Edebiyat Fakültesi İngiliz Filolojisi Bölümü'nde öğrenime başladı.

Leyla Erbil, 1951 yılında Aytek Şay ile evlenerek üniversite eğitimine ara verdi. Ama bu evlilik kısa sürdü ve boşandılar. Üniversite eğitimine devam etmeye başladı. Bu arada öğrenci iken 1953 yılında İskandinav Hava Yolları'nda sekreter ve çevirmen olarak çalışmaya başladı. Hem öğrencilik hem iş devam ederken ikinci eşi olacak Mehmet Erbil'le de burada tanıştı. Üniversite son sınıftayken 13 Mayıs 1955 tarihinde evlenerek okulu bıraktı.

Leyla Erbil, yazarlığa hikâyeler yazarak başladı. 1956 yılında ilk yayımlanan hikâyesi 'Uğraşsız'; Seçilmiş Hikâyeler dergisinde çıktı. Yazarın hikâye ve yazıları sonraki yıllarda da Dost, Dönem, Türk Dili, Türkiye Defteri, Yeni Dergi, Yeni Ufuklar gibi dergilerde çıktı.

Leyla Erbil, kendinden önce yerleşmiş olan yazın akımlarına bağlı kalmadı; roman, hikâye ve düz yazı metinlerinde Ortodoks Markşçı'ların karşısında yer almasıyla tanındı. Psikanilizin özgürleştirici yöntemlerinden yararlanarak, dinin, ailenin, okulun, toplumsalın ürettiği tabularla dolu ideolojilere karşı geldi. Yeni bir biçim ve biçem geliştirdi. Yapıtlarında yaşama biçimlerine, değer yargılarına, evlilik, aile ve kadın cinselliğine sert, alaycı ve eleştirel tutumla yaklaştı.

1961'de Türkiye İşçi Partisi üyesi olan Erbil, Türkiye İşçi Partisi'nin Sanat ve Kültür Bürosu'nda görev aldı.

1967 yılında Zürih'e giden Leyla Erbil, burada bir yıl kaldı ve konsolosluktak katip olarak çalıştı. İstanbul'a döndüğünde çeşitli yerlerde çevirmen ve sekreter olarak çalışan yazar, Edebiyatçılar Birliği yönetim kurulunda görev aldı.

Leyla Erbil, 1970'te Türkiye Sanatçılar Birliği, 1974'te ise Türkiye Yazarlar Sendikası'nın kurucuları arasında yer aldı. Aziz Nesin'in önerisi üzerine, Asım Bezirci ve diğer arkadaşlarıyla birlikte TYS tüzüğünü hazırladı. Aynı zamanda PEN Yazarlar Derneği üyesiydi.

2002 yılında, PEN Yazarlar Derneği tarafından Nobel Edebiyat Ödülü'ne Türkiye'den ilk kadın yazar adayı olarak gösterildi. Leyla Erbil, 19 Temmuz 2013 tarihinde İstanbul'da 82 yaşında ölmüştür.

ALIŞTIRMALAR（练习）

1. Leyla Erbil ile ilgili kısa bilgiler derleyerek arkadaşlarınızla paylaşınız.

2. Vapur özgürlüğe kavuştuktan sonra ne yaptı? Halk ve hükümet buna nasıl tepki gösterdi?

3. Yazar bu öyküde ne anlatmak istiyor? Açıklayınız.

DERS DÖRT

KAÇAKÇI ŞAHAN

作品导读

　　贝齐尔·耶尔德兹（1933—1998）出生于乌尔法。从印刷学校毕业后，耶尔德兹便前往德国务工。回国后，耶尔德兹一边开办实业，一边在杂志社打工，从事文学创作。1966 年，耶尔德兹的第一部长篇小说《土耳其人在德国》问世。这部小说深刻反映了在国外务工的土耳其人所面临的困境，广受读者好评。在这之后，耶尔德兹又陆续创作了《莱索老爷》、《黑色车厢》、《盲鸽》、《鹰之谷》、《走私犯沙罕》、《白色民歌》、《德国面包》、《痛苦的孩子们》等作品，其中有不少还被改编成了戏剧和电影。

　　短篇小说《走私犯沙罕》是耶尔德兹最为知名的代表作品之一，创作于 1970 年，并于翌年荣获萨伊特·法伊克短篇小说奖。小说的主人公名叫沙罕，靠在土叙边境走私养活一家老小。一次，他将货物贩至阿勒颇，换得两块金子。返回途中，沙罕为了躲避宪兵的检查走进地雷阵。这一次，不幸的沙罕没能避开地雷。他被炸断了双腿，并被闻声赶来的宪兵击毙。弥留之际，沙罕拼尽全力将金子吞入口中。宪兵将沙罕的尸体运回村里让大家辨认，可村里人连同沙罕的亲人都不敢相认。因为一旦相认，沙罕的家人也将受到牵连。直到半夜，沙罕的父亲才偷偷潜入哨所，从儿子的口中取回了金子。原来沙罕早就料到会有这么一天，已经和父亲做了约定。小说的主题鲜明、语言质朴、感情真挚，作者以沙罕的命运为主线展开叙述，细腻地刻画出土耳其东南部地区底层人民的艰辛和无奈。整部小说笼罩着浓浓的悲情，尤其是沙罕死后其家人陷入巨大悲痛但又不敢认尸的部分感人至深，催人泪下。

KAÇAKÇI ŞAHAN

Durdu. Durmasıyla dünya, sesten, canlılıktan yana kurudu sanki. Ayakları altındaki gürültüye yeniden kavuşmak istedi. Yürüdü. Sessizlikten korkuyordu. Çünkü o gece, bozkırda sessizlik, devden büyüktü.

Şahan, Halep'te kazandığı parayı altına çevirmişti. Şimdi onun iki altını vardı. İşler böyle denk düşerse, birkaç kez daha gidip gelecek, sonra bu işten elini ayağını çekecekti. Çünkü kaçakçılığa kabarık değildi hevesi.

Uzaktan it ulumaları duyuldu. Şahan adımlarını ufalttı. Çevresine bakındı. Sonra başını yukarı verdi. Ay'ın yarısı yoktu.

İyice durdu. Ay, sanki koşuyordu. Şahan şaşırdı. Başını iki yana salladı. "Hey mübarek," dedi ve ağzından çıkan bu kelimeleri kulakları işitti. Böylece yanında biri varmış gibi geldi ona. Ürperdi. O, hiç kimseyi, hiç bir şeyi istemiyordu şimdi. Biricik amacı, az ötedeki huduttan geçip köyüne girivermekti. Çömeldi. Bir cigara sarıp ateşi, avuçları arasında körleterek yaktı. Yoğun bir kaç nefes çekti. Aklı bir solukta ocağına sıçradı. Karısı, çocukları uyuyordu şimdi. Nedense küçük oğluna gönlü aktı. Onu çok seviyordu. Kıvırcık saçlarını mı, kara gözlerini mi, yoksa çükünü sallıya sallıya koşuşunu mu ötekilerden ayırdığını pek bilmiyordu Şahan. Ama sevginin sıcağı, bolu onundu işte.

Şahan başını öne düşürdü. "Bu eniği kaçakçı etmiyecağam, onu böylesi korkulara bulaştırmıyacağam" diye geçirdi içinden. Sonra cigarasının gözünü toprağa gömüp ayağa kalktı. Hududa doğru yürümeğe başladı. Şimdi daha yakından duyulan it ulumaları, gecenin karnına sıkılan mermi gibiydi. Şahan, ulumaların batısına yöneldi.

Beş on dakika sonra kurbağa seslerinin şenlendirdiği ince bir çaya ulaştı. Yemenilerini çıkarıp eline aldı. Suyu inciltmek istemiyormuş gibi yavaş yavaş yürüyüp karşı yamaca geçti. Çayın oyuğundan aşıp düzlüğe kavuşunca önce oturdu, sonra yüzükoyun yattı. Birkaç minare boyu sürünerek yol aldı. Biraz daha süründeceğini sanıyordu. Oysa aldandığını kavradı. Nişan koyduğu, kolu kanadı kurumuş ağacın yanıbaşına gelmişti çünkü.

Ağacı görür görmez, birdenbire, benzin gibi parlayan nefesine ciğerleri dar geldi. Canı sıkıldı. Başını sakınmadan öne düşürdü. Dudakları toprağa değdi. Korku, Şahan'ın canındaydı. Ne ettiyse onu toprağa gömemedi. Başını kaldırdı. "Allah," dedi duyulur bir sesle. "Ya korkuyu al, ya canımı..." Aklına ikinci kez kıvırcık saçlı, kara gözlü oğlu geldi. Utandı ondan. "Olur mu ya?" dedi kendi kendine. "Olur mu korkmak? Kaçakçılık yiğit işidir... Ya Allah..."

Ve "Allah" der demez ayağa kalktı. Yavaş yavaş mayın döşeli tarlaya girdi.

Şahan'ın hayatı şimdi yokla var arasındaydı. Toprağa basan ayağında hayat, havada korkuyla titriyen öteki ayağında ise ölüme, yok olmaya hazırlanış vardı. Üç beş saniyelik duraklamadan sonra havadaki ayağını da toprağın karanlık suratına koydu. Bekledi. Şimdi iki ayağının altında ölüm yoktu. Sevinir gibi oldu. Fakat bu sevinci, inceden esen yel, hemencecik ötelere taşıdı sanki.

Nedense Şahan, ölümün yer yer gizlendiği böyle bir tarladan geçerken, daha önceki geçişlerde duymadığı bir korkuya kapılıyordu bu kez.

Yaşamayı, hayatta kalmayı, kısa bir süre bile olsa garantilediği ayaklarını, yerinden ölümün tepesine bastırmaya cesaret edemiyordu. Fakat geriye, Suriye topraklarına dönmek kendisine hiç bir şey kazandırmayacaktı. O, bunu da çok iyi kavrıyordu. Önemli olan, iki altını anayurduna geçirmekti. Bu altınlarda, çoluk çocuğunun yaşama umudu asılıydı. Kanlı, hileli, ölüme bulaşmış bile olsalar...

Bedenini boydan boya hafifçe sağa kırıp sol ayağını kaldırdı. Sonra toprağı, usulca, sabırla, fakat korkuyla yokladı. Toprak, sevdiği adam tarafından hazla okşanan kadın gibi huysuzlanmadı. Şahan cesaretlenip bu sokuluşu daha öteye götürdü. Ayağını tümden basıp bedeninin ağırlığını öne doğru aktardı. Fakat sağ ayağını öne atmaya fırsat bulamadan havaya uçtu.

Yere sırtüstü düştüğünde ne kadar eksildiğini hissedemedi. Korku ve şaşırdık içinde bir süre kıpırdıyamadan öylece kaldı. Ancak bu sıra kendisiyle beraber, adeta yerden gökyüzüne fışkıran toz toprak yavaş yavaş suratına yağdı. Gözlerini kapamayı akıl ettiğinde, birisinin eksik olduğunu anladı. Çünkü kırptığı gözlerinden biri, kapanmak için hareket alamamıştı. Sağ elini güçlükle yüzüne götürdüğünde, yumuşak, sıcak, yuvarlağı bozulmuş bir şey ellerine bulaştı. "Gözümün biri akmış," dedi içinden. Sonra karanlık bir korkunun boşluğuna yuvarlanır gibi oldu. Bedeni hafifledi. Sırtına değen toprak sert değildi şimdi, ölüme düğümlenmiş bir sesle: "Heyvağ, gidiyem" dedi. "Ya Hûda birazcık nefes daha."

Kıvırcık saçlı, kara gözlü oğlu geçti gene, ufalanan aklının bir kıyıcığından.

Geriye kalan, toz toprak yağmış gözünü güçlükle açtı. Bozkırın pak karanlığından, üzerine doğru bir tutam ışık boşaldı. Işık parlak değildi. Kırık kırıktı. Fersizdi. Aklını silkeledi. Işık kayboldu bu sıra. "Göğe çekiliyem," diye geçirdi içinden. Dudak büktü bu yücelişine. "Kaçakçı kısmına iki cihan da kapalı" diye düşündü. Fakat kırık, fersiz ışıklar tekrar gözüne ulaştı. Başını hafifçe sağa sola çevirdi. Az ötedeki jandarma karakolundan yola çıkmış jeepti bu. Üzerine doğru geliyordu. Patlıyan mayın, jandarmaları harekete geçirmişti.

Şahan'ın aklına hemencecik şalvarının bir cebinde, kesesine düğümlediği iki altın geldi. Yerinden doğrulmayı sınadı. Beceremedi. Az önce gördüğü fersiz ışıklar, her soluk başı biraz daha kuvvetlenip jeep'in farlarına bağlanıyordu. Son bir çaba gösterdi. "Ya Allah," dedi, "çoluk çocuğumun yüzü suyu hürmetine." Oturdu. Fakat yekinip kalkamadı. Sağ ayağında dayanılmaz bir sızı duydu bu sıra. Elinin birini uzattı. Bacağını aradı. Bulamadı. Ancak eline sıcak bir yapışkanlık bulaştı. Bacağının yarısı yoktu. Ve durmadan akan kan, canını her an biraz daha azaltıyor, başına balyoz yemiş domuzun debelenmesi yerine, bacağından sızan kan, onu ölüme, ölümü ufalta ufalta yaklaştırıyordu.

Bu ara, az ötede duran jeepten bir tutam ışık geldi. Çevresi yer yer aydınlandı. Ve bu aydınlığın bir bölümünde, kopan bacağını gördü Şahan. Farkında olmadan ellerini uzattı. Yerde yatan bacağını alıp bedenine yerleştirmek istedi sanki, iyice şaşırmıştı. Başını güçlükle geriye çevirdi. Jeep pek uzakta değildi. Jandarmalar vardı çevresinde. Elinde olmadan bedeni toprağa düştü.

Jandarmalardan biri Şahan'ı gördü:

"Na orda," dedi arkadaşına, dürterek. Sonra bağırdı: "Kimdir o?"

Şahandan ses gitmedi.

Öte jandarma öfkeli öfkeli:

"Kaçakçı itidir," dedi.

"Ses vermedi!..."

"Gebermiştir belki..."

"Uykumuzu böldü pezevenk."

"Yürü, gidek..."

"Ya gebermemişse?"

"Sabaha kadar geberir nasıl olsa. Gündüz gözüyle gelip alırız."

"Sağlam kazığa bağlıyalım. Geçen seferki gibi."

Şahan, konuşulanları, bölük pörçük duyuyordu. Onun jandarmalarla alıp vereceği kalmamıştı zaten. Canı tükendi, tükenecekti. Son bir umutla, sağ elini şalvarının cebine soktu. Ölüm bu kertiğe geldiğinde, geriye, dua etmek ve altınlarını yutmak kalıyordu. Hileli ellerden kurtarmalıydı onları. Güçlükle para kesesini aldı. Canı, şimdi parmaklarında titriyordu. Keseyi dişleriyle çözdü. Ağzına boşalttı iki altını. Yutmaya çalıştı.

Bu sıra jandarmalardan biri mavzerini, jeepin farları altında kıpırdanan insan lekesine doğru rasgele boşalttı.

Şahan'ın canı, bedenine giren mermilere hiç direnmedi. Hemencecik bitti.

Altınlardan biri boğazına kaydı. Ötekisi henüz ağzındaydı. Neyse ki çenesi düşmedi ve az sonra, dişlerinin gerisinde altınlar, çelik bir kasadaymış gibi kalakaldı.

Ancekent köyünde, horozlar unutulmuştu. Güneş, nerdeyse köyün tepesine varacaktı. Ancak, kirli suratlarında sineklerin oynaştığı pek küçük çocuklar, orda burda dolaşıyor, köy meydanında olup bitenleri izlemiyorlardı.

Şahan toprağın yüzüne rasgele atılmıştı. Yanıbaşında da kopuk ayağı duruyordu.

Bedenine vuran güneş, boşalan göz oyuğundan yüzüne, saçlarına akan kanı kurutmuştu. Saçları yer yer dikelmiş, birleşen dudakları arasındaki ince kan yolu, ağzına vurulmuş mühür gibi duruyordu. Ve sinekler, cirit atıyordu bu kanlı alanda.

Köylülerin başı öne yıkılmıştı. Hepsinin gözü, toprağa ve kana bölenmiş Şahan'ın üzerindeydi. Ama pek azının aklı, buradaydı. Çoğu, kendi içlerindeki öz mezarlarıyla konuşuyor, dertleşiyordu. Kiminin yüreği baba, kiminin kardeş ya da oğlunun ateşiyle tutuşmuştu. Hele karıların yufka yüreği, yeni boğazlanmış tavuk gibi parpazlanıyordu.

Teğmen bağırdı:

"Avratlar gitsin!"

Kadınlar, yavaş yavaş dağılmaya başladı. Tanrı bu kadınlardan ağlamayı bile esirgemişti. Ölenin kim olduğunu ele vermemek yasalarında vardı çünkü. Ölen kaçakçının evi aranmasın, soyu mimlenip ikide bir sorgu sualin ağzına sürülmesin diye.

Şahan'ın karısı buruşuk bir suratla, kocasına son kez baktı. Üzerine atılmak, "Heyvağ..." diye dövünebilmek için canını bile vermeğe hazırdı. Fakat aklına çocukları düşüyor, onların geleceği ve hısımlarının ekmek parasına kan doğramaya cesareti kıt geliyordu. Boynu bükük, tek göz damına doğru, yağ içmiş gibi yürüdü. Bir an önce ağlayabilmek için başka çıkar yol yoktu. Damına girmeden, kıvırcık saçlı, kara gözlü çocuğunu gördü. Önü ardı açıktı. Sidiğiyle ıslattığı toprağı, küçücük elleriyle karıyordu. Anasını görünce güldü. Kadın eğilip kaptı onu. Çocuk, oyundan koparıldığı için mızmızlandı.

Az sonra odaya giren kadın, çocuğun üzerine kapandı. Ana oğul beraber ağlaştılar.

Teğmen, yanındaki jandarmalardan birisine sinirli ve sabrı tükenmiş bir sesle bağırdı:

"Sıraya geçir şunları!"

Buyruğu alan jandarma, Şahan'ın çevresindekileri hem itiştiriyor hem de söyleniyordu:

"Uzağa, daha uzağa... Ard arda... Ha şöyle..."

Ancekentli erkekler sıraya girdi. Onlar alışıktılar, ölüyü hiç tanımadıklarını söylemeye.

Teker teker teğmenin yanına gelmeye başladılar. Başları öndeydi. Gözleri kısık fakat sert çizgiliydi.

Teğmen, hep aynı soruyu tekrarlıyordu:

"Tanıyor musun?.."

Soruyu duyan Şahan'ı ilk kez görüyormuş gibi bakıyor, düşünüyor sonra başını iki yana sallayıp:

"Heç görmemişem Teğmenim..." diyordu.

Gene aynı soru. Bu kez bir başkasına:

"Tanıyor musun?.."

"Töbe ki görmemişem..."

Teğmen, kimsenin tanış çıkmayışına kızıyor, fakat bir başkasına, gene de sormadan edemiyordu:

"Tanıyor musun? Doğru söyle ama. Bak, burada ikimizden başkası yok."

Adam tanımaya çalışıyormuş gibi eğilip bir süre Şahan'a bakıyor, bu sıra akmış gözünün çukurluğunda kümeleşen sinekler havalanıp vızırdıyorlardı. Ve Şahan'ı tanımaya çalışan adam belki onun duvar komşusu, belki de düğünlerde halay çektikleri, can ciğer arkadaşıydı. Fakat gene de başını iki yana sallayıp aynı cevabı tekrarlıyordu:

"Töbeki heç görmemişem."

Teğmen, sıcaktan bunalmıştı. Bozkırın dağlıyan güneşinin aşağılara inip başının üzerine oturduğunu sandı. Bir an önce işin sonunu almak istiyordu artık. Geriye kalan birkaç kişiye doğru bağırdı:

"Haydi çabuk. Sırası gelen sallanmasın."

Sıra ihtiyar bir adamdaydı. Teğmenin buyruğuna aldırış etmeden Şahan'a doğru ağır ağır yürümeye başladı.

Teğmen köpürdü.

"Çabuk olsana babalık!"

İhtiyar adam istifini gene bozmadı. Adımlarına değirmen taşı takılıydı sanki. Teğmen ona doğru yürüdü. Kolundan tutup çekti:

"Ağzımdan çıkanı duymadın mı!"

İhtiyar adam sızdı bir sesle:

"Eskimişem, hastayam ha!" dedi.

"Uzattın ama,"

Sonra Şahan'ın yanına geldiler. İhtiyar adamın, eti çekilmiş elleri titriyordu. Günlerden beri tıraşlanmamış yüzündeki sakallar dikelmiş, çukura kaçan gözleri daha da ufalmıştı. Fakat bu eskimiş yüzde diriliğini ve heybetini kaybetmemiş biricik canlılık parmak kalınlığına ulaşan kaşlarıydı.

İhtiyar adam çömeldi. Şahan'ı daha yakından görmek istiyordu. Bu arzu Şahan'ı ele vermek için değildi. Anceket köyünde, belki herkes onun kim olduğunu söyleyebilirdi ama, bu ihtiyar adam, Şahan'ın Şahan olduğunu söylemiyecek biricik insandı. Çünkü o, Şahan'ın öz babasıydı.

Teğmen omuzuna dürttü:

"Haydi herif, yeter çömeldiğin," dedi, "tanıdınsa söyle."

İhtiyar adam, yavaş yavaş ayağa kalktı. Şahan'ın az öteye kayan bacağına uzandı. İki eliyle kavrayıp oğlunun eksikliğini tamamladı. Uzaklaşırken ihtiyar sesi zar zor duyulabildi:

"Tanımıyam. Heç görmemişem."

O gün Anceket köyünde az konuşuldu, az yenilip, az içildi.

İhtiyar adam, gecenin ilk ağzından beri jandarma karakolunun bir ucunda oturmuş, oğlunun yanına sokulabilmek için fırsat kolluyordu. Yerinden kalktı. Karanlığa nerdeyse aydınlık karışacaktı.

Boyunu ufaltarak yürümeğe başladı. Karakola iyice sokuldu. Oğluyla arasında üç beş adım kalınca çömeldi. Çevresini taradı, dinledi. Ne bir kıpırdanış, ne de ses vardı. Bedenini dikmeden bacaklarını hareket ettirip Şahan'ın yanına vardı. O, örgüsü yer yer dağılmış eski bir hasırın altındaydı. Gömme ruhsatı için, ilçeden hükümet doktoru gelmediğinden, bir gün sonraya kalmıştı, toprağın altına girmesi.

İhtiyar adam iyice eğildi. Hasırın ucunu kaldırdı. Şahan'ın ayakucunda olduğunu anladı. Çok ince dilimlere bölünmüş zamanı, boşuna tüketmemek için, hemencecik Şahan'ın başucuna geçti. Bir eliyle hasırı kaldırdı, öteki eliyle de çözülmeye başlıyan karanlığın içinde, oğlunun yüzünün arayıp buldu.

Kaçağa gitmeden, oğluyla konuştuklarına boyun eğerek gelmişti... Altınları alacaktı. Parmaklarıyla oğlunun ağzını buldu. Fakat birdenbire yüreğinde bir sarsıntı oldu. Bu, sevginin iyice depreşmesiydi. Elini, Şahan'ın ağzından çekip tüm yüzünde dolaştırdı. Gönlündeki sevgiyi, oğlunun kanlı yüzüne yaydı. Ve farkında olmadan gözleri yaşardı. Elini çekip olduğu yere oturdu. ölüsüne sahip çıkamıyan bir insan olarak utancından bin parça oldu sanki. Savuşup gitmek istedi buradan. Fakat gelinine eli boş gitmek, oğlunun çok sevdiği kara gözlü, kıvırcık saçlı torununa, babasının hayatı pahasına elde ettiği altınları götürmemek de onu başka yönden küçültüyordu. "Yoksulluk yere girsin," diye geçirdi içinden. Sonra başını iki yana sallıyarak, "Ne olurdu Şahan'ın biraz daha tendirisli olsaydın ya," dedi. Fakat oğlunu bu kadarcık da olsa suçladığı için haksızlık ettiğine inandı bir solukta. "Kara yazı," dedi. "Mayın gavur icadı."

Böylesine düşüncelerin sonunu getiremiyordu ki, sabırsız birkaç horoz öttü az ötedeki köyde.

Fakat yapamıyordu bu işi. Bütünlüğü zaten yeterince bozulmuş ölüsüne, daha fazla eziyet etmeye kıyamıyordu. Bir süre bekledi. Elleri titriyordu. Ayağa kalktı. Eğer oğlu: "Babey canım yere düşerse, altınlar sana emanettir ha! Onları önce ağzımda, sonra karnımda aramalısın." dememiş olsaydı belki de yürüyüp gidecekti. Gidemedi ama. Aklındaki tüm düşünceleri bir yana dürüp çömeldi. Ve oğlunun çenesini ayırdı...

KELİMELER（生词注释）

ufaltmak	使变小，使变轻	enik	幼崽
yüzükoyun	脸朝下	Huda	真主
şalvar	灯笼裤	sınamak	尝试
yüzü suyu hürmetine	看在……的面子上	balyoz	铁锤
debelenme	挣扎，打颤	cirit atmak	肆虐
mimlenmek	被记录，被列入名单	hısım	亲属
mızmızlanmak	哭闹	dağlamak	灼伤，晒伤
depreşmek	重现	savuşmak	悄悄离去
dürmek	卷起来		

YAZAR HAKKINDA（作者简介）

Bekir Yıldız, Türk roman ve öykü yazarı. 1933 yılında Urfa'da doğdu. Çocukluğu polis olan babasının görevi nedeniyle Anadolu'da çeşitli yerlerde geçti. Adana Sanat Enstitüsü'nde başladığı orta öğrenimini Mersin ve İstanbul Sanat Enstitüsü'nde tamamlayarak 1951'de mezun oldu. İstanbul Matbaacılık Okulu Dizgi Bölümü'nü bitirdi. Dizgi operatörlüğü, ardından bir firmanın matbaacılık kursunda, dizgi operatörlüğü öğretmenliği yaptıktan sonra Almanya'ya işçi olarak gitti. Türkiye'ye döndükten sonra Asya Matbaası'nı kurdu.

İlk kısa öyküsü Tomurcuk adlı çocuk dergisinde çıktı. Edebiyata Almanya'daki yıllarının gözlem ve deneylerinden yola çıkarak yazdığı ilk romanı Türkler Almanya'da ile girdi. Öyküleri konusunu ağırlıkta Güneydoğu insanlarının yaşantılarından aldı. Başlıca temaları ağa–köylü ilişkileri, kan davası, kadının ezilmişliği, kaçakçılık gibi konular teşkil eder.

Yeditepe, Mayıs, Halkın Dostları, Yazko Edebiyat gibi bir çok dergide yazıları, gazetelerde röportajları çıktı. Bedrana ve Kara Çarşaflı Gelin öyküleri sinemaya uyarlandı. Kara Vagon ile 1968 May Edebiyat ödülü'nü, Kaçakçı Şahan ile de 1971 Sait Faik Hikaye Armağanı'nı kazandı.

ALIŞTIRMALAR(练习)

1. Bekir Yıldız ile ilgili kısa bilgiler derleyerek arkadaşlarınızla paylaşınız.

2. Köylüler neden Şahan'ı tanımadıklarını söylediler?

3. Öykünün sonunda ihtiyar adam neden oğlunun çenesini ayırdı?

DERS BEŞ

TUTUNAMAYANLAR

奥乌兹·阿塔伊（1934—1977）出生于卡斯塔莫努。大学就读于伊斯坦布尔技术大学建筑学院，毕业后在伊斯坦布尔国立建筑工程学院①任教。在教书之余，阿塔伊还积极从事文学创作，先后发表了长篇小说《逃离者》、《危险游戏》、《一个科学家的故事》，短篇小说集《等待恐惧的时候》等。1977 年 12 月，阿塔伊因患脑瘤于伊斯坦布尔病逝。

长篇小说《逃离者》是阿塔伊的处女作，出版于 1972 年，曾荣获"土耳其广播电视台长篇小说奖"。这部小说在阿塔伊生前并未受到太多关注，直到他去世后才为世人所追捧，并被誉为"土耳其现代主义文学的巅峰之作"。小说的主人公图尔古特是一名生活安逸的工程师。一天，他在报纸上看到自己的朋友赛利姆自杀身亡的消息，大为震惊。为了弄清楚赛利姆自杀的原因，图尔古特决定对他的生活展开调查。通过和赛利姆的生前好友进行交流、阅读赛利姆生前创作的作品和日记，图尔古特开始理解赛利姆，埋藏在图尔古特内心深处的"本我"也被悄然激活。他对自己的世界观、人生观、价值观以及长久以来的生活状态进行了深刻的反思，并最终决定向赛利姆学习，放弃现有的生活，去追求心灵的安宁。小说看似叙事，实则写人，构思别具匠心，语言讽刺诙谐。作者运用了内心独白、意识流以及想象等多种写作技巧，将西化过程中土耳其知识分子所面临的矛盾和痛苦刻画得淋

---

① 现更名为"耶尔德兹技术大学"。

漓尽致，让读者感同身受。

"TUTUNAMAYANLAR" ROMANINDAN SEÇMELER

1

Olay, Yirminci Yüzyılın ikinci yarısında, bir gece, Turgut'un evinde başlamıştı. O zamanlar daha Olric yoktu, daha o zamanlar Turgut'un kafası bu kadar karışık değildi. Bir gece yarısı evinde oturmuş düşünüyordu. Selim, arkasından bir de herkesin bu durumlarda yaptığı gibi, mektuba benzer bir şey bırakarak, bu dünyadan birkaç gün önce kendi isteğiyle ayrılıp gitmişti. Turgut, bu mektubu çalışma masasının üstüne koymuş, karşısında oturup duruyordu. Selim'in titrek bir yazıyla karaladığı satırlar gözlerinin önünde uçuşuyordu. Harflerin arasında arkadaşının uzun parmaklarını seçer gibi oluyor, okuduğu kelimelerle birlikte onun kalın ve boğuk sesini duyduğunu sanıyordu.

O zamanlar, henüz, Olric yoktu; hava raporları da günlük bültenlerden sonra okunmuyordu. Henüz durum, bugünkü gibi açık ve seçik, bir bakıma da belirsiz değildi.

"Bu mektup, neden geldi beni buldu?" diye söyleniyordu hafifçe. Demek, hafifçe söylenme alışkanlığı, o zamana kadar uzanıyordu. Demek, kendi kendine konuşma o gece yarısı başlamıştı. Çevresindeki eşyaya duyduğu öfkenin ifade edilemeyen sıkıntısıyla bunalıyordu. Selim, belki bu yaşantıyı, önde bir salon-salamanje, arkada iki yatak odası, koridorun sağında mutfak-sandık odası-banyo, içerde uyuyan karısı ve çocukları, parasıyla orantılı olarak yararlandığı küçük burjuva nimetleri onu, nefes alamaz bir duruma getirmişti diye tanımlayabilirdi. Turgut, anlamsız bakışlarla süzüyordu çevresini henüz. Duvarlar, resim yaptığı dönemden kalma 'eserler'le doluydu. Nermin çerçeveletmiş hepsini; benimle öğünüyor. "Resimlerini çerçeveletmişsin, iyi olmuş," demişti Selim. "Ben değil, karım," diye karşılık vermişti. Karısı odada yoktu. Bir resim aşağıda, bir resim yukarıda; bir duvar resimle doldurulmuş, bir duvarın yarısı boş: simetriyi bozmak için. Efendim? Efendim, derdi Selim olsaydı son heceye basarak. Ev sahibi de kızmıştı duvarların bu renge boyandığını görünce ama belli etmemişti. Tavana kadar aynı renk, böylece düzlemler daha kesin beliriyor, modern sanatın burjuva yaşantısına katkısı. Efendim? Oysa, ne güzeldi eskiden: tavana bir karış kala, bir parmak kalınlığında koyu renk, yatay bir çizgi çizilirdi; duvarın rengi orada biterdi işte. Selimlerin Ankara'daki evinde öyleymiş. Tek parti devrinin kalıntısı, fazla askerî bir düzen. O günlerde tavana kadar yükselen kitaplıklar yoktu herhalde; yatay çizgi kaybolurdu kitapların arkasında böyle olsaydı.

İsteksiz bir kımıldanışla yerinden kalktı, kitaplığının karşısına geçti. Selim'e özenerek alınan kitaplar; yüzlerce kitap, çoğu hiç okunmamış duruyordu öylece. "Hiç evden çıkmadan beş yıl sürekli okusan, belki biter bu kitaplar," demişti Selim. Ne demek? İçinde birden, hepsini okuyup bitirme ateşi yandı: kitapları her görüşünde yanan eski ateş. Kaç sayfa eder hepsi? Bin sayfa, beş bin sayfa, on bin sayfa. Bir sayfa kaç dakikada okunur, yemek ve uyku saatleri çıkarılırsa geriye günde kaç saat kalır, Cumartesi, Pazar ve bayramlar için daha uzun süre konursa... istersem yutarım hepsini. Okuldaki günleri aklına geldi: böyle, hırsla eline aldığı kitapların beş on sayfasını okuduktan sonra içinin bir balon gibi nasıl söndüğünü hatırladı. Bir kitabı bırakır ötekine saldırırdı. Bu ümitsizce çırpınış, bütün kitapların yüzüstü bırakılmasıyla sona erer, büyük bir utanç ve hayata dönüş buhranları gelirdi arkasından.

Kitaplığının önünden zorla ayırdı kendini: oyuna gelmeyelim yeniden. Aynı zamanda yatak olabilen kanepeye oturdu ve bir düğmeye basınca içinden sahte ağızlıklara sokulmuş sigaralar çıkan kutudan bir sigara alıp Alâettin'in lâmbası biçimindeki çakmakla yaktı. Durum, ümit verici değildi: yerdeki halı, mobilyalara hiç uymuyordu. Düğün hediyesi. Ne yapalım, istediğimiz gibi halı alacak paramız yoktu. Sigarasını, yaprak biçimi gümüş tablada söndürdü. Karım kızacak. Bu tablalar neden duruyor öyleyse? Bilinmez. Çalışma masasına yaklaştı. Kaya'nın ayrı bir çalışma odası var. Orada ne çalışıyor? Bilinmez. Ben ne çalışıyorum? Mektubu okuyorsun ya! Öyle ya. Selim'in yazdığı satırlara eğildi yeniden.

Olay, böyle bir ortamda başlamıştı. Aslında, buna olay bile denemezdi. Turgut, yani bir bakıma bir zamanlar onun en iyi arkadaşı, olayı gazeteden, yani olayları veren bir 'organ'dan öğrendiği için, olay diye adlandırılabilirdi bu durum. Turgut yeni uyanmıştı: her sabah kapıcının kapının altından attığı gazetenin hışırtısını bekliyordu. Sesi duyunca, karısını uyandırmamaya çalışarak, uyuşuk hareketlerle terliklerini aramış, sonra, yavaşça 'olay'a doğru bilmeden yönelmişti. Yedinci sayfada, bir cinayet haberinin sonunu ararken birden çarpmıştı 'olay' gözüne. Sonra karısı, yatakta sarılarak onu teselli etmişti. Bu gece de erken yattı beni rahatsız etmemek için; rahmetliyi dilediğim gibi düşünebilmem için. Kendine düşeni yaptı fazlasıyla. Erken yatmasının başka bir nedeni de yarınki direksiyon kursu. Ben de yatıp uyumalıyım; herkes yatıp uyumuştur. Benden başka kimse, bu mektubun anlamını düşünmüyor. Kaya şimdi çalışma odasında olsaydı ne yapardı? Üniversiteli kızların soyunmasını seyrederdi. Hele bir tanesi varmış; her gece, her gece bacaklarını duvara dayayıp... Karısından gizli, yani kaçamak. Ben de kaçamak yapıyorum şimdi: karımdan gizli, Selim'i düşünüyorum. Hayır, gizli değil; biliyor kimi düşündüğümü. Gene de bir gizlilik var: ne düşündüğümü, nasıl düşündüğümü bilmiyor. Selim'i ve kızların bacaklarını... Selim de olsaydı seyrederdi, ben de seyrederdim. Olmuyor; düşünce suçları, kaçamaklar artıyor. Ayağa kalktı, salondan çıktı, koridorun duvarına tutunarak karanlığı geçti. Yatak odasının kapısını itti; uyuyan karısını seyretti ışığı yakmadan. "Hayır, hayır." İpek yorgan hışırdadı, karısı uyanır gibi oldu. "Uyusaydın artık," diye mırıldandı, yorganın içinden. "Biliyorsun..."

Biliyordu: kaçamak sona ermeliydi artık. Turgut, o sırada tehlikeyi göremiyordu: gene de bitmesi gerektiğini seziyordu bu olaya olan ilgisinin. Kaya'nın, karşı binadaki yarı aralık kırmızı perdelerin arkasını merak etmesinden öte, daha büyük bir tehlikeydi bu. Çıplak bir bacağın görüntüsüyle yatışan ilgiden daha keskin bir şey: bir düşünce, geriye doğru giden bir merak. Selim olsa, sabaha kadar uyumaz, düşünür dururdu. Ben olsam yatardım. Üniversitede okurken de ben, gece yarısı olunca yatardım; o, çalışmasını sabaha kadar sürdürürdü. "Saçların dökülüyor, uykusuz çalışmaya dayanamıyorsun; oğlum Turgut, ihtiyarlıyorsun." "Uykusuz kalabilmen sinir kuvvetinden. Benimki adale kuvveti." Kollarıyla Selim'i soluksuz bırakıncaya kadar sıkardı: "Sen birden çökeceksin Selim. Çünkü neden? Çünkü için boş senin. Birden, kollarımın arasında için boşalacak: birden, üçüncü boyutunu kaybedip bir düzlem olacaksın ve ben de seni duvarda bir çiviye asacağım." Havaya kaldırdığı Selim'i duvara sürüklerdi. Siyah saçlarından yakalayarak başını duvara dayar: "Dökülmeyen saçlarından asacağım seni," diye bağırırdı. "Erkeğin kılları göğsündedir, oğlum Selim." Hemen gömleğini çıkarır ve boynuna kadar bütün gövdesini kaplayan kıllarını gösterirdi Selim'e. "İğrençsin Turgut. Sen onları, üniversite kantinindeki kızlara göster. Kapat şu ormanı." Bir erkeğin yanında soyunmasından sıkılırdı Selim. "Beni, aşağılara çekiyorsun Turgut. Senden kurtulmalıyım." Turgut, pantolonunu da çıkarır, kollarını açarak bağırırdı: "Ben, senin bilinçaltı karanlıklarına ittiğin ve gerçekleşmesinden korktuğun kirli arzuların, ben senin bilinçaltı ormanlarının Tarzan'ı! Yemeye geldim seni. Benden kurtulamazsın. Ben, senin vicdan azabınım!" "Bağırma, anladık. Benim vicdan azabım bu kadar kıllı olamaz. Ruhbilimci Tarzan, lütfen giyin."

Karısına karşılık vermeden yavaşça yatak odasından çıktı, kapıyı kapadı. Koridorda yürürken kollarını havaya kaldırdı: "Esir, Selim, esir," diye mırıldandı. Selim'in, zevkle bağıran sesini duyar gibi oldu: "Yenildin demek, koca ayı. Evet, yenildin. Bu yenilginin tarihini hep birlikte bir kez daha yaşıyoruz. Kurtuluş Savaşı'nın ateş ve dehşet dolu günlerinden biriydi. Mühendishane'yi Berrii Hümayun'un üçüncü sınıfında talebeyken gönüllü olarak askere yazılan genç mülazım Selim Efendi, Afyon dolaylarında, Kartaltepe mevkiinde, tek başına mevzilenmişti. Düşman kurnaz bir kalabalıktı. Mülazımıevvel Selim, boynunda bir kayışla asılı duran dürbünü eldivenlerini çıkarmadan eline aldı; gözüne götürdüğü bu optik aletin oküllerini iki parmağının iki zarif hareketiyle çevirerek, görüş alanı içine aldığı düşmanın görüntüsünü netleştirdi. Artık bütün hazırlıkları tamamdı; düşman hatlarını gözetliyordu. Üsküdar'da, Soğanağası'nda, minimini bir çocukken ahşap konaklarının tavan arasında hayal etmiş olduğu an, nihayet gelip çatmıştı. 'Sadece üç bin kişi' diye söylendi. Sonra, Tarzan gibi 'Uuu..' diye üç kere bağırdı, yumruklarıyla göğsünü dövdü. Düşman neye uğradığını şaşırmıştı. Silahlarını yere atarak kaçıyorlardı. Askerin başındaki

Yunan zabiti, Türkün, bu gücünü göstermesi karşısında, yerinden bile kımıldayamamıştı; kollarını havaya kaldırdı. Avuçlarının içinde eldivenin kapamadığı iki delikten teni görünüyordu." Turgut: "Yesir, yesir..." diye bağırdı. Bir yandan da işaret parmağıyla, muhayyel eldivenin boş bıraktığı avuç içi derisini gösteriyordu.

L. biçimi salona döndü, maroken taklidi plastikle kaplı rahat koltuğuna oturdu; bir düğmeye basarak koltuğu geriye itti. Yakalandın Turgut, kendini ele verdin. Neden, Selim? Nasıl olur, tam şirketin muhasebecisinden on bin peşin yirmi beş bine bir araba almak üzereyken, tam direksiyon kursuna başlayacakken, tam bir kat parası biriktirmenin gerekliliğini düşünürken... beni kandıramazsın Selim, işime burnunu sokamazsın. Ben, soğukkanlılığımı korumasını bilirim. Sen söylemez miydin 'utanmadan, duygusuzluğumla öğündüğümü'. On yıl önce olsaydı, belki biraz daha düşünürdüm; belirsiz tehlikelerden korkmazdım. On yıl önce olsaydı, Oblomov'u okuduktan sonra beden hareketlerine başlamam gibi, gene bu sarsıcı olayla kımıldardım yerimden belki. Kımıldardım da ne yapardım? Hiç. Biraz huzursuzluk duyardım herhalde. Eski bir yara yerinin sızlaması gibi bir şey. Oblomov'u ve beden hareketlerini unuttum. Kendimi çabuk toparladım. Bilinmeyen yüz binlerce kız içinde, üniversite kantininden birini seçtin kendine ve ona okuduğu kitapları sordun ve karşında oturup susmasını seyrettin. Evet; öyle oldu Selim; ne kötülük görüyorsun bu davranışımda? Bir şey dediğim yok, Turgut. Evlenirken de bir şey söyledim mi? Bize çok uğramadın evlendikten sonra. Size mi? Siz kimsiniz? Ben, Nermin, çocuklar... Ben sizi bilmiyorum, seni tanıyorum. Evinize alışamadım herhalde. Eşyalarınıza alışamadım, yadırgadım onları. Salon-salamanjeyi, deniz gibi büyük ve kauçuk köpüklü yatağı olan karyolayı, aynı takımın yaldızlı gardrobunu ve gene aynı takımın şifonyerini ve gene aynı takımın tuvaletini sevemedim. Evinizde Türkçe bir şey kalmamıştı. Bana anlayış gösterecek yerde büfeyi gösterdin. Kelime oyunu yapıyorsun Selim. Benim bütün işim oyundu, bunu biliyorsun Turgut. Hayatım, ciddiye alınmasını istediğim bir oyundu. Sen evlendin ve oyunu bozdun. Bütün hayatımca nasıl oynayabilirdim? Sen de dayanabildin mi? Sen de ürkütücü bir gerçekle bozdun bu oyunu. Herkesin belirli bir işle uğraştığı bu kocaman dünyada yalnız başına oradan oraya sürüklendin canım kardeşim benim. Necati'nin işi oyun yazmaktı. Küçük burjuva alışkanlıklarını yeren son oyununu hatırlıyor musun? Oyunun yarısında çıkmıştım. Sen bütün oyunların yarısında çıktın aslında. Necati'nin oyunu dört yüz elli kere oynandı ve Necati de bir kat aldı kazandığı parayla. Senin işin neydi onların arasında? Ne yapıyordun? Hiçbir işim yoktu. Bu nedenle sevmezlerdi seni işte. Bu nedenle aldırmadılar sana. Senin ne işin vardı orada? Herkesin işine karıştın, işin olmadığı halde. Ölmek bile, kendilerine böyle bir görev verilenlerin işidir. Kendine oyunlar buldun: başkalarının katılıp katılmadığına aldırmadığın oyunlar. Herkesi yargıladın bu oyunlarda. Bu arada beni de yargıladın, bana da haksızlık ettin. Ben de bir oyun yazsam, sonunda haklı çıkmak için kendini öldürdüğünü söylesem... Bu oyunu sevmedim Turgut. Ben, oyunlarda bana saldırılmasını sevmem. Ben oyun istemiyorum artık; ne oyun ne de gerçek, senin ölmen gibi bir gerçek, beni sarsmamalı Selim. Ayağa kalktı. İnsan gerçeklere karşı durur: yaşar ve olduğu gibi olmayı sürdürür Selim. Ayrıca, bu mektubu bana yollamadın, bana böyle bir görev verilmedi. Benim işim değil bu. Benim işim değil. Mektubunu on kere okudum, bir sonuca varamadım. Başka türlü bir yaşantın olabilirdi Selim. Seni istemeyenlerin dışında bir düzen kurabilirdin.

"Bu sözlerimle belki birşeyler kaybediyorum Selim," diye yüksek sesle söylendi. Saat üçe geliyordu; Turgut'un kafası karışıyordu. Olayın iyi başlamadığını seziyordu. Neye göre iyi? Bilemiyordu. "Benim işim değil," diye mırıldanarak yatak odasına doğru yürüdü.

2

Turgut ertesi sabah çok erken uyandı. Güneşin ilk ışıkları odaya yeni doluyordu. Sıkıntılı rüyalar görmüştü. Neler gördüğünü toparlamaya çalıştı; Selim'le ilgili bir olay hatırlayamadı. Bütün gece uğraşmış olduğu bir konunun rüyasına girmemesi garip geldi ona. "Sersem gibiyim. Biraz daha uyusam," diye düşündü. Yanında yatan karısına baktı: Nermin'in vücudu, yorganın kıvrımları arasında kaybolmuştu; yalnız saçları görünüyordu. Yorgan hafifçe inip kalkmasa, yatakta canlı bir varlık olduğunu anlamak zordu. Belki de gerçekten yoktur; yanımda yatan, bir saç demetinden ibarettir. Yorganın altından elini uzatarak karısının tenine dokundu. Yazık; insanlar düşüncelerimize uygun biçimler almıyor. Karısına sırtını döndü, kolunu yataktan aşağı sarkıttı. Hayat, düşünceleri tutan bir hapishanedir. İnsan, can sıkıcı bir saç demetidir, ben de akılsız bir robotum. Uyuyakaldı.

O kısa sabah uykusunda, çok uzun bir rüya gördü. Rüyasında, büyük bir çayırda bekliyordu. Yoksa, bir tarla mıydı? Belki de bir meydandı; çünkü büyük bir saatin altında duruyordu. Hayır meydan değildi, çayırdı; çünkü, her yandan papatyalar açmıştı. Papatyaları çok iyi hatırlıyordu. Elinde bir karanfil demeti, birini bekliyordu. Nermin'le daha evlenmemişti. Evet, onu bekliyordu. "Nermin gene geç kaldı," diye düşündü. Oysa Nermin hiç geç kalmazdı. Güneş, ekinlerin saplarında ışıldıyordu. O halde bir tarla olmalıydı. Çevresine baktı: uzakta koyu bir orman vardı, gökyüzü parlak ve bulutsuzdu. Koyu renk elbisesini giymişti. Kendini görüyordu. Koyu renkli orman, uçsuz bucaksız buğday tarlasının içinde –demek bir buğday tarlasıydı– bir leke gibi duruyordu. Birdenbire, ormanın içinden bir kalabalık çıktı: koyu renk bir kalabalık; Turgut gibi onlar da koyu renk elbiselerini giymişler. Sonra, ekinlerin arasında kayboldular. Elindeki demeti yere atarak, kayboldukları yöne doğru koşmaya başladı. Nedense çok yorgundu; bir türlü ormana ulaşamıyordu. Birden karşısına çıktılar. Yüksek ekinlerin arasından Turgut'a doğru gelmişlerdi demek. Ellerinde, kayışlarla tuttukları bir tabut vardı. "Demek bugün gömeceksiniz?" dedi onlara. Adamlar tabutu yere bıraktılar. Ceplerinden kara mendiller çıkarıp terlerini sildiler. Turgut yüzlerini hatırlayamıyordu bu adamların. Bir süre karşı karşıya durup konuşmadılar. Sonra, adamlardan biri; "Bu kadar paraya yapılmazdı bu iş," dedi. "Bize bu kadar ağır olduğunu söylememiştin." "Ben de bilemedim," diye çekinerek karşılık verdi Turgut. "İnsan ölünce çok daha hafif olur sanmıştım." Turgut'a bakmadan konuşuyorlardı sanki. "Onu bilemeyiz," dedi bir başkası. "Artık gömmek de sana düşüyor beyim. Geç kaldık zaten. Haşim Beyin cenazesi kalkacak daha. Karısı yeşiller giymemizi istiyor. Gidip bir de elbise değiştirmek var." İri yarı olanları dönüp gittiler. Onların çekilmesiyle, Turgut'un daha önce göremediği çok küçük birkaç adam ortaya çıktı birdenbire; kısa boylu ve şişman adamcıklar. "Hüküm okunuyor," diye bağırdı içlerinden ince sesli biri. Herkes ceketini ilikleyerek tabutun çevresini sardı. Keskin güneşin sertliğine rağmen yüzler seçilmiyordu. Belli belirsiz kıpırdanmalarından, bir hazırlık yaptıkları anlaşılıyordu. "Ne hükmü? Ölen adamdan daha ne istiyorsunuz?" diye bağırdı Turgut, ya da ona bağırıyormuş gibi geldi; sesini duyduklarından kuşkuluydu. Cebinden bir kâğıt parçası çıkarmaya çalışan adama doğru atıldı. Ayağı tabuta takıldı, yere düştü. Tabut, bu çarpmayla yerinden oynadı ve hemen yanındaki çukura yuvarlandı. Demek çukur varmış. Demek, Turgut'un düşündüğünün, bilmeden istediğinin tersine, hep dışarda, güneşin altında ve papatyaların arasında kalamayacaktı Selim. "Tabut ne kadar hafifmiş," diye düşündü. "Yalancı herifler. Boş yere yarım bırakıp gittiler işi." Ayağa kalktı. Küçük adamlar da kaybolmuştu. Çukura baktı: derin, karanlık ve biçimi belirsiz bir çukurdu bu. Tabut görünmüyordu. Bu karanlık kuyunun çevresinde dolandı. Yeni kazılmış toprağın çimenlerle birleştiği yere bir taş dikilmişti. Taşın üstünde kabartma bir yazıt vardı. "Hiç olmazsa yazıt koymayı düşünmüşler bu çarpık taşın üstüne. Düzgün bir yazı olsa." Taşa yaklaştı, okumaya çalıştı. Kargacık burgacık harfleri zorlukla söktü: "TURGUT ÖZBEN 1933–1962." Geriye sıçradı: "Hayır! Olamaz!" İçinin boşaldığını hissetti birdenbire: göğsünden midesine, oradan da bacaklarına doğru bir kayıp gitme. "Hayır! Selim olmalı! Ben, Nermin'le buluşacaktım." Birden yanında Selim'i gördü, tarifsiz bir korkuya kapıldı: acaba? Bütün gücüyle çenesini oynatmaya çalıştı: "Doğru mu bu, Selim? Nasıl olur? Sen de biliyorsun ölmediğimi, değil mi? Yoksa ikimiz de öldük mü?" Selim başını salladı. Nasıl anlamamıştı. "Demek tabut bunun için hafifmiş. Ama ben o kara adamları gördüm, konuştum onlarla." Selim gene başını salladı: "Onlar seni görmediler ki." "Parayı az bulduklarını söylediler ama..." "O sözler sana değildi. Cenaze memuruyla konuşuyorlardı." Kendi ölümüne üzülmekle birlikte, Selim'i gördüğüne sevinmişti. "Belki o da ölmemiştir," diye düşündü. "Peki, hüküm neydi Selim? Kimin hakkındaydı? Benim mi, senin mi?" "Bilmiyorum," dedi Selim: "Her zaman söylemezler. Zaten, bilinen, beylik sözlerdir. Her hükümden birkaç kopya çıkarırlar. Aynı günde gömülenler için okurlar. Çok merak ediyorsan, Haşim Beyin törenine gider öğreniriz." "Hayır, sen anlat." Selim omuzlarını silkti: "Hepsi aynıdır, dedim ya." Turgut, içinde ifade edemediği tatlı bir duygunun varlığını duyarak direndi: "Hayır, sen gene anlat Selim. Sen başka türlü söylersin. Sen anlatınca beylik olmaz." Selim, gözlerini, ileriye, çimenlere, papatyalara ya da onlardan öteye, hiçbir şey görmüyormuş gibi, hep Turgut'un onu hatırladığı gibi dikerek kısa bir süre sustu. Sonra, parmaklarını saçlarının arasında gezdirdi ve yarım bıraktığı bir sözü tamamlıyormuş gibi konuşmaya başladı: "Bizim için hüküm hep aynıdır. Kısa bir hükümdür: beklediğimiz ve inanamadığımız bir hüküm. Yalnız bizim için çıkarıldığını sandığımız, oysa sayısız kopyası olan ve ayrıntılara inmeyen bir hüküm. Biraz para verilince, biraz tatlı davranınca yumuşayan ve gene de aslında hiçbir biçiminin bizim için önemi olmadığını bildiğimiz bir hüküm." Turgut kendine acıyordu. Ölümün getirdiği durgunluğu yırtmak istiyordu: "Bir yararı dokunuyor mu bizlere?" Selim başını salladı: "Öldükten sonra neyin yararı dokunur ki?" "Doğru." Durumu kabul etmeye başlamıştı; kendine ve bilemediği, tanımlayamadığı şeylere acıması artıyordu. Bir yandan da bu durumdan kurtulmak için yüreğini acıtan bir çaba göstermeye çalışıyordu. "Papatyalar..." diye söylendi Selim. "Papatyalar... burada o kadar çok var ki..."

Ter içinde uyandı. Görünmeyen iplerle bağlandığı yataktan kendini ayırmak için, ona dayanılmaz ve ümitsiz gelen bir çırpınma, bir hayata dönme isteğiyle kıvranıyordu; ya da kıvrandığını sanıyordu. İçinde bir yerde, artık hiç hareket edemeyeceğini hissediyordu. Gene içinde bir yer, bir duygu, kendini bütünüyle bırakmasına engel oluyordu. Bir kıpırdayabilse tekrar yaşayacaktı. Birden, bir oluştan başka bir oluşa geçmenin ölçülemeyen süresi içinde kendine geldi. Hiçbir şey düşünemedi. Güneş odayı doldurmuştu. Göz ucuyla yanına baktı: karısı kalkmıştı. Yarı aralık kapıdan çocuklarının sesleri geliyordu. Bu sesler ve odayı kaplayan güneş, onu yavaş yavaş ısıttı. Ne oldukları pek anlaşılmayan, fakat hayata ait sesler, rüyanın verdiği katılığı yumuşattı. Yattığı yerden doğruldu, henüz başka bir ülkenin kolayca kırılabilen bir varlığı olmanın endişesiyle yavaşça kalktı. Pencereye yaklaştı, perdeyi hafifçe aralayarak dışarı baktı: karşı evlerin Turgut'a sırtını dönmüş arka cepheleri; çizgilerini yumuşatmayı bilememiş kütleler; çirkinliklerini, rüyadan yeni uyanmış bir insana, sadece var olmalarıyla unutturan gerçek hacimler... Turgut, bütün bunları o sırada mı düşündü, yoksa sonradan, o anı hatırladığı zaman, öyle düşündüğünü mü sandı? Bilemedi: çünkü o zaman henüz Olric yoktu. Henüz durum bugünkü gibi açık ve seçik, bir bakıma da belirsiz değildi. Bir cümle kaldı yalnız aklında: "Güzel bir gün ve ben yaşıyorum."

KELİMELER (生词注释)

boğuk	嘶哑的	salamanje	餐室
simetri	对称	düzlem	平面
Mühendishane'yi Berri Hümayun		(奥斯曼帝国时期的) 军事技术学院	
mülazım	尉官；少尉	mülazımıevvel	中尉
öküler	目镜	muhayyel	虚构的
maroken	摩洛哥皮革	yadırgamak	觉得陌生
kauçuk	橡胶的	şifonyer	小衣柜
yermek	嘲讽	papatya	洋甘菊
karanfil	丁香	iliklemek	系，扣

YAZAR HAKKINDA (作者简介)

Oğuz Atay, 12 Ekim 1934'te İnebolu'da doğdu. Babası Cemil Atay eski bir milletvekili aynı zamanda da bir hukukçuydu. 5 yaşındayken ailesiyle birlikte Ankara'ya gelen Atay, Ankara Maarif Koleji'ne, ardından da İTÜ İnşaat Fakültesi'ne girdi. 1957 yılında üniversiteyi bitirdikten sonra inşaat branşında akademisyenlik yapmaya başladı. İstanbul Devlet Mühendislik ve Mimarlık Akademisi'nde çalıştı.

Atay, akademisyenliğe devam ettiği sırada çeşitli gazete ve dergilerde yazılar yayımlamaya başladı. İlk romanı, Atay'ın çarpıcı tarzını ortaya koyan "Tutunamayanlar" oldu. Roman, 1970'te bitti ancak 1972'ye kadar yayımlanamadı. 1970'te "Tutunamayanlar"la TRT Roman Ödülü'nü kazandı. Romanı ve anlatım biçimi birçok kesimden övgü topladı.

1973 yılında yazar, "Tehlikeli Oyunlar" adlı ikinci romanını yayımladı. Bunu 1975 tarihli "Bir Bilim Adamının Romanı" izledi. Bu roman, Atay'ın 1911–1967 yıllar arasında yaşamış hocası Prof. Mustafa İnan'ın hayatını anlatır. Yine 1975'te "Korkuyu Beklerken" adlı öyküsü, 1985'te "Oyunlarla Yaşayanlar" adlı oyunu yayımlanmıştır. 1987'de "Günlük", 1998'de ise "Eylembilim" kitapları çıkmıştır. Bunların dışında 1975'te doçentlik ünvanı alan Atay, aynı yıl "Topografya" adlında bir kitap yazdı.

Atay, beynindeki tümör nedeniyle bir süre Londra'da yaşadı ve burada tedavi gördü. Ancak 13 Aralık 1977'de İstanbul'da öldü. Bu sırada "Türkiye'nin Ruhu" adlı kitabını

yazmaktaydı.

Ölümünden sonra Atay'ın hayatı üzerine yayınlanan kitaplar; "Oğuz Atay'da Aydın Olgusu" (Yıldız Ecevit–1989), "Oğuz Atay'ın Dünyası" (Tatjana Seyppel–1989) ve "Ben Buradayım" (Yıldız Ecevit–2005) idi. Sağlığında Atay'ın kitapları pek ilgi görmemişti ancak ölümünden sonra durum tam tersine döndü.

Oğuz Atay romanlarında toplumun içinde hep varolan ancak daha önce cesurca irdelenememiş karakterleri anlatır. Cümlelerine Batılılaşma sürecindeki bireylerin yaşamları, toplumdan kopuşları ve özellikle iç çelişkiler mükemmel bir şekilde sindirilmiştir. Yapıtları eleştiri, mizah ve ironi barındırır.

ALIŞTIRMALAR（练习）

1. Oğuz Atay ile ilgili kısa bilgiler derleyerek arkadaşlarınızla paylaşınız.
2. Örneklerle yazarın bu parçada kullandığı anlatım tekniklerini açıklayınız.

DERS ALTI

ANAYURT OTELİ

尤素甫·阿特尔甘（1921—1989）出生于玛尼萨。高中毕业后考入伊斯坦布尔大学土耳其语言和文学系学习，师从阿赫迈德·哈姆迪·唐珀纳尔、哈利代·埃迪普·阿德瓦尔等土耳其文坛巨匠。他在军校教过书，回乡务过农，还在出版社当过编辑和译员，大学毕业后阿特尔甘从事过不少职业，经历可谓坎坷。因为参加左翼组织，他还曾有过短暂的牢狱之灾。1958 年，阿特尔甘创作的第一部长篇小说《闲人》在"尤努斯·纳迪小说奖"的评选中荣获第二名。在这之后，阿特尔甘又陆续创作了诗歌《死水》、《离别》，短篇小说集《低矮的尖塔那边》，长篇小说《故乡旅店》等。1989 年，长篇

小说《罪恶之地》尚未完成，阿特尔甘便因突发心脏病，与世长辞。

《故乡旅店》是阿特尔甘 1973 年创作的一部长篇小说，1986 年土耳其著名导演欧麦尔·卡乌尔根据这部小说拍摄的同名电影在安塔利亚金橙电影节、威尼斯电影节、瓦伦西亚电影节等国际知名电影节上屡获大奖。小说的主人公叫泽贝尔杰特，在小镇上经营着一家小旅店。泽贝尔杰特的性格十分孤僻，生活单调乏味。一天，一个俏女郎住进了旅店。泽贝尔杰特像是着了魔似的迷恋上了她。俏女郎只住一夜便离开了，但泽贝尔杰特的生活却被彻底地改变了。从那以后，泽贝尔杰特再也无心经营旅店，终日期盼着和俏女郎再次重逢。在日复一日的等待中，泽贝尔杰特渐渐变得失望。为了发泄心中的相思之苦，泽贝尔杰特强奸了店里的女服务员，并残忍地将其杀死。最后，内心充满绝望和自责的泽贝尔杰特在俏女郎曾经住过的

房间里结束了自己的生命。整部小说情节简单，语言平实，作者通过大量的细节以及心理描写将人物的性格弱点和精神状态刻画得淋漓尽致。

"ANAYURT OTELİ" ROMANINDAN SEÇMELER

İstasyona yakın Anayurt otelinin katibi Zebercet üç gün önce perşembe gecesi gecikmeli Ankara treniyle gelen kadının o gece kaldığı odaya girdi, kapıyı kilitledi, anahtarı cebine koydu. Işık yanıyordu. Sırtını kapıya dayayıp çevresine baktı. Kadının bıraktığı gibi duruyordu her şey: yatağın ayakucuna doğru atılmış yorgan, kırışık yatak çarşafı, terlikler, sandalye, başucu masasındaki gece lambası, bakır küllükte bitmeden söndürülmüş iki sigara, tepside çaydanlık, süzgü, çay bardağı, kaşık, küçük bir tabakta beş şeker (altı şeker koymuştu o gece bir çay içebilir miyim acaba demişti odaya girince üçlük çaydanlıkta demlemişti çayı bir elinde tepsi kapıyı vurmuştu girin yatağın kıyısında oturuyordu paltosunu çıkarmış kara kazağı iri yuvarlaklı gümüş kolyesi bakmıştı zahmet oldu size sonra o köye nasıl gidileceğini sormuştu öyleyse saat sekizde uyandırın beni lütfen olağan birşeymiş gibi nüfus kağıdım yok demişti... Kokuyu ertesi sabah o gittikten sonra odaya girerken duydu; kapıyı çabucak kapadı; ışığı söndürmemişti giderken. Karyola demirindeki havluya, yatağın ayakucuna atılmış yorgana, kırışık yatak çarşafına, terliklere, sandalyeye, başucu masasındaki gece lambasına, bakır küllükte bitmeden söndürülmüş iki sigaraya, tepsideki çaydanlığa, süzgüye, çay bardağına, tabaktaki şekerlere baktı, saydı: "Tek şekerli içiyor çayı." Ama o koku yoktu; belki dün gece de yoktu; oysa kadın [o sabah küçük deri valizini yere bırakıp çantasını açarken ne kadar borcum diye sormuştu üstü kalsın yüzüksüzdü elleri çok teşekkür çay için de valizini aldı gitti] gideli kapısı hep kapalıydı, kilitli, anahtarı cebinde; yalnız bütün gün bekledikten, dışarıdakiler döndükten, sokak kapısını kilitleyip demirledikten sonra geceyarısı [çalınmıştı kapı gidip açmıştı paltosunun önü açık valizi elinde cantası omzuna asılı odanız var mı yürümüş anahtarı almıştı askıdan] salonun ışığını söndürüp odaya giriyordu üç gecedir), karyola demirinde kadının unuttuğu havlu, sırma püsküllü vişneçürüğü perde, lavabonun üstünde duvara asılı iki ucu çiçekli değirmi aynada gördü kadının gittiği sabah yüzünü her şey aşağıya çekikti yüzünde; kaşlarının uçları, ağzının iki kıyısı, burnu. Uzun süre baktı; oysa haftada üç kere tıraş da olurdu. Küçük, dört köşe bıyığı. Kadının baktığı işte bu yüzdü o gece [çay tepsisini bırakıp çıktıktan, dış kapıyı bir daha kilitleyip demirledikten sonra çalar saati her sabah altıda uyandığı halde altıya kurdu; ışığı söndürdü; saat elinde kapının önünden geçip muşamba kaplı merdivenleri gıcırdatmadan çıkarak tavanarasındaki iki odanın biri ‹ ortalıkçı kadının odası; ter kokar. Çok uyur kadın, erkenden yatar. Sabahları sarsa sarsa kaldırır. Çoğu geceler bu odaya girer, kadının yanına uzanırdı. Çıkarırken uykusu bozulmasın diye donsuz yatar, bacaklarını da biraz aralardı kadın. Okşarken, üstündeyken bile uyanmazdı. Kimi zaman memesini ısırırdı; "of köpek" ya da "hoşt köpek" derdi uykusunda. Üstünden ininci bir mendille silerdi kadının orasını ⟩ ne, kendi odasına girdi; saati başucuna koyup soyundu, yattı. Az sonra caddeden geçen bir arabanın titrettiği yatağında doğruldu: ayaklarını yıkamayı unutmuştu. Her gece yatmadan ayaklarını yıkardı. Kalktı, ayaklarını yıkayıp döndü; bir süre yatağın kıyısında oturdu. "Kilitlemediyse kapısını, biri açarsa yanlışlıkla." Giyindi, çıktı. Merdivenleri gıcırdatmadan indi, kadının kapısı önünde durdu. Anahtar deliği karanlıktı; soluğunu tutup dinledi, yüreği çarpıyordu. Yuvarlak, kaygan tutamağı yavaş yavaş, dura dura sağa doğru çevirdi, omzuyla yokladı kapıyı: kilitliydi. Soluğu düzeldi. Tutamağı gene yavaş yavaş, dura dura sola doğru çevirdi, bıraktı. Merdivenleri ağır ağır çıktı; ortalıkçı kadının odasına girdi, ışığı yaktı. Yorgan kıpırtısızdı; beriki ucunda iri ayakları dışardaydı, tabanları karamsı. Işığı söndürüp çıktı, kapıyı kapadı. Odasına girip soyunmadan yatağa uzandı; bütün gece, uyumadan, saat calmayabilirdi, uyuyakalırdı belki] ve o sabah. Sekize doğru çay suyunu ispirto ocağına koydu. Tam sekizde kapıya yaklaştığında durdu, biraz daha uyuttu; kapıyı vurdu. "Evet, kalkıyorum." Çayı demledi. Boyunbağının düğümünü düzeltti, koltuğuna oturdu. Önünde kalın kayıt defteri duruyordu. Adını soramazdı artık, gidiyordu. Odanın kapısını çekip kapamış yaklaşıyordu: kara saçları, önü açık kahverengi paltosu, duman karası çorapları, kısa topuklu ayakkabıları. Küçük deri valizini yere bırakıp çantasını açarken "Ne kadar borcum?" diye sormuştu. "Üstü kalsın." Yüzüksüzdü elleri, uzun tırnakları açık pembe. "Çok teşekkür; çay için de." Valizini almış gitmişti. Kadın dış kapıdan çıkınca o adam girmişti, elinde küçük deri valizi. Kemiksiz gibiydi yüzü. "Odanız var mı?" "Evet." "İyice bir oda olsun lütfen. Şu giden kadının kaldığı odayı..." "Odasını bırakmadı efendim, kalacak daha." "Peki, başkası olsun." Cebinden nüfus kağıdını çıkarıp defterin üstüne koydu. "İşiniz?" "Emekli subay yazın." Askıdan anahtarı alıp uzattı: "iki numara, ikinci katta, merdiveni çıkınca solda." Üç gündür öğle sonları, geceleri salonun köşesinde oturup gazete, kitap okuyordu adam; sigara içiyordu. Kapının her açılışında kısaca bakıyordu. Geceleri on birden sonra çıkıyordu odasına. Dün gece küllüğü döküp yanına bıraktığında soracak gibi olmuş, sormamıştı. Bu gece sordu. Geç dönmüştü dışarıdan; geçerken önünde durdu; rakı kokuyordu. Yüzüne baktı. "Bıyığınız yakışıyordu size." Alay mı ediyordu? Bu sabah tıraş olurken bıyığını kesememişti. Gülümsedi. "O kadın çıkmıyor mu odasından?" "Hangi kadın?" "Şu benim geldiğim sabah, Cuma sabahı kapıda..." "O mu? Gitti efendim, dün sabah." "Gitti mi? Nereye?" "Söylemedi; bilmiyorum", aynanın sağındaki askıda otelin havlusu, tavanda kurşun borunun ucundaki abajur, sağ duvarın ortasındaki kalın çerçeveli resim: Geniş, süslü bir sedire uzanmış, tüller içinde, iri kalçalı, iri memeli bir kadın; iki yanında ellerinde yelpaze yarı çıplak iki zenci kız. "Çalımına bak şu sömürgeci kapatmasının" demişti Dişçi. Eskiden birgün babası bitpazarından alıp getirmiş, buraya asmıştı. "Oğlum Zebercet, ben ölünce olur olmaz kimselere vermezsin bu odayı. Bir otelde böyle bir oda gerek." Sırtını kapıdan çekip yürüdü, resmin önündü durdu; bir süre baktı. Dönüp aynaya yaklaştığında o adamın kaldığı üstteki odadan tıkırtılar geliyordu. Dinledi: tahta gıcırtısı, su sesi. "Yüzünü yıkıyor olmalı. Kustu mu?" Sesler kesildi. Aynaya baktı: bıyığı yerindeydi; ama burnu biraz yukarı kalkmış gibiydi. Geri dönüp yatağa doğru yürüdü, başucu masasının yanında durdu. Yastık örtüsünde karamsı lekeler vardı. Ne yapmaya gitmişti o köye? Bir kesiklik duydu dizlerinde; karyola demirine tutunurken elini çekti; yürüdü. Işığı söndürmeden kapıyı açtı, çıkıp kilitledi. Merdivenleri çıkarken ikinci kattaki iki yataklı odada bir adam horluyordu. Üçüncü katta sofanın ışığını söndürdü; 6 numaranın kapısı önünde durdu, içeriyi dinledi; ses yoktu. Tavanarasına çıktığında karşıda, yerde bir çift göz parlıyordu: otelin kedisiydi bu.

Kasaba:

Ya da kent. Doğudan geliniyorsa, gündüzse, tren yavaşladığında karşısındakiyle konuşan ya da gazete okuyan biri nereye geldiklerini görmek için başını sola çevirdiğinde birden ürperir: yarı belinden sonra yükselen dimdik kayalarıyla koskoca bir dağ trenin üstüne devriliyor gibidir. Kasaba (ya da kent) minareleri, ağaçlı, geniş sokaklarıyla bu dağın eteğinde yayılır. (Geniş sokakları, parkları, arsaları oluşunun nedeni 'Yangın'dır. 1922 yılı Eylül ayı başlarında Yunanlılar giderayak burayı yaktılar. Yaşlı adamlar "Her mahalleden eli silahlı bir tek erkek çıksaydı yanmazdı burası" derler. Çoğu dağa kaçtı; bütün gün bütün gece aşağıdaki büyük yangını seyretti.) Önünde, kuzeyinde yeşilli sarılı bir ova uzanır; bu ovadan yazın ağır ağır, döne döne, kışın yayıla yayıla, bulana bulana bir ırmak akar. Üzüm bağları, pamuk, buğday tarlaları ve büyük köyler vardır ovada.

Otel:

İstasyonun arkasındaki alandan ana caddeye çıkan sokağın karşısında, eskiden zengin rumların da oturduğu bir semtte olduğu için yanmadan kalmış yapılardan biri, üç katlı bir eşraf konağı. (Keçecilerin Rüstem Bey Yangın'dan bir süre sonra İzmir'e yerleşince eskiden nüfus katibi olan Ahmet Efendi'nin üstelemesiyle konağı otel yaptı. Zamanla her kata ayakyolu, odalara lavabo yapıldı; salonun, sofaların, odaların tahta tabanları, merdivenler kalın muşambayla kaplandı. Yıldan yıla o kasaba oteli kokusu da sininece içine eski konak bir otel oldu. Rüstem Bey'in anlattığına göre konağı geçen yüzyılda dedesi Keçeci Zade Malik Ağa yaptırmış. Kapı kemerinde, şimdi otel levhasının altında kalan, ak mermer üstüne kabartma bir yazı varmış. O zamanlar kasabanın ileri gelenlerinin doğan cocukları, ölen yakınları için tarihler düşürüp birkaç kuruş kazanan bir yerli ozan, konak yapıldığında 'ebced'le birşeyler uyduramadığından olacak, ölçüsü ne aruza ne heceye uyan tuhaf bir tarih yazmış:

Bir iki iki delik

Keçeci Zade Malik

Arap rakamlarıyla "bir, iki, iki delik" bin iki yüz elli beş ediyor; şimdiki tarihle bin sekiz yüz otuz dokuz.) Caddeye bakan yüzü aşı boyalı. Üç mermer basamakla çıkılan dış kapı iki kanatlı, yarıdan yukarısı camlı, demir parmaklıklı, kapının iki yanındaki iki büyük pencerede parmaklıklı; öteki katların pencerelerinde parmaklık yok. Kapının üstündeki kemerde koyu yeşil üstüne ak yazılı büyük teneke levha: ANAYURT OTELİ. (Düşman elindeyken belirli bir direnme göstermemiş kasaba ya da kentlerde kurtuluşun ilk yıllarındaki utançlı yurtseverlik coşkusunun etkisi belki.) Kapıdan girince karşıda ikinci kata çıkan oymalı tahta korkuluklu merdiven, solda sandık odası–kiler–çay ocağı olarak kullanılan küçük bir oda. (Eskiden tek yataklı odalardan biri de buydu. Gecikmeli Ankara treniyle gelen kadının gittiği köyden Rüstem Bey'in bir tanıdığının Zebercet'le yaşıt oğlu ortaokulda, lisede okurken kışları bu odada kalırdı. Sonraları, Zebercet askerdeyken babası indi buraya. Gerçekten de otel katibi için en uygun oda burası; ama babası ölünce Zebercet buraya geçmedi; bir zamanlar boş kaldıkça kiralık kitap okuduğu, lise avlusunda beden eğitimi yapan kızları düşünüp abaza çektiği eski odasında kaldı.) Bununla merdiven altı arasında yarımay biçimi, tek basamaklı yüksek masa ve bir koltuk. (Uzak ilçelerin birinden bir siyasal partinin yıllık toplantılarına geldiğinde bir iki gece otelde kalan iri yarı, konuşkan dişçi buna "Zebercet Efendi'nin kürsüsü" der.) Bunun yanında dar uzun bir masada duvara dayalı demir kasa. Merdiven altında avluya açılan camlı kapı; salonda dört köşe iki alçak masa, çevrelerinde kara meşin kaplı dörder koltuk; tavandan sarkan kurşun boruların ucunda iki abajur; sağ duvarda Mustafa Kemal Paşa'nın bir boy resmi asılı; merdivene çıkmadan sağda büyük bir kapı; üstünde 1 yazılı. Kapılar, duvarlar fildişi yağlıboya. Dış kapının sağındaki duvarda dikdörtgen bir karton asılı: *Kapı gece '12'de kapanır.* İkinci kata çıkınca solda tek yataklı ve üç yataklı iki oda, sağda ayakyolu, iki ve üç yataklı iki oda. Üçüncü kat aynı. Üç katın merdiven dönemeçlerinde avluya bakan üç pencere. Tavanarasında sağda banyo, mutfak, solda eğri tavanlı iki oda. Küçük pencereleri yandaki yapının damına bakıyor. Otelin arkasında yüksek taş duvarlarla çevrili avlunun sol duvarı boyunca uzanan bir sundurma var. Ortalıkçı kadın haftada bir çamaşır yıkar burda; yağışlı havalarda boydan boya gerili iki kalın ipe serer çarşafları, çamaşırları. Paslanmış, kararmış büyük demir kapı arka sokağa açılıyor. Sağda, duvar kıyısında ahır, arabacı, uşak odaları var. (İstasyon alanından otele çıkan sokağın başında bir çam ağacının gövdesine tenekeden kesilmiş, koyu yeşil üstüne ak harflerle OTEL yazılmış ok biçimi bir gösterge çakılı, ama yıllar sonra çivilerden biri çürüyüp kopunca okun ucu aşağıya dönmüş toprağı gösteriyor, otelin yeraltında olduğu sanısını veriyor insana.)

Zebercet:

Orta boylu denemez; kısa da değil. Askerliğindeki ölçülere göre boyu bir altmış iki, kilosu elli dört. Şimdilerde, otuz üç yaşında, gene don gömlek kantara çıksa elli altı ya da elli yedi kiloyu bulur. İki yıldır karın kasları gevşemeye başladı. Başı bedenine göre büyükçe, alnı geniş; saçları, kaşları, gözleri, bıyığı koyu kahverengi; yüzü kuru, biraz aşağıya çekik ama gecikmeli Ankara treniyle gelen kadının gittiği sabah aynaya baktığında gördüğü kadar değil. Elleri küçük, tırnakları kısa; omuzları, göğsü dar. Yedi aylık doğmuş. 1930 yılı Kasımının 28'inde akşama doğru ağrıları tutmuş anasının. Önce biraz beklemiş; bakmış olacak gibi değil, başını örtüp aşağıya inmiş, merdiven başından bağırmış: "Ebeye koş Ahmet Efendi." Evindeymiş ebe, çabuk gelmişler; sağdaki odanın yatağına yatırmışlar. "Vaktime iki ay var; gene mi düşecek ebanım?" demiş anası. "Çık da su ısıt sen" demiş ebe babasına. Dış kapıyı kilitledim. Suyu koydum. Isınırken iki kere mi ne bağırdı. Kapı aralandı, suyu istedi ebe, "Bir oğlun var" dedi. Az sonra odaya çağırdı. Belemiş, avcuna almış, el kadar birşey. "Pamuğa sarıp inci kutusuna yatırılır bu; Zebercet koyun adını" dedi. Hemen kulağına eğildim... Böylece bu pek rastlanmayan ad konmuş çocuğa. O gece otelde ilçelerin birinden bir yakınlarının Ağırcezadaki duruşmasına gelmiş dört adam kalıyormuş; akşam yemeğinden dönünce sırayla Ahmet Efendi'nin elini sıkıp "Ömrü uzun olsun" demişler.

Bu yedi aylık doğuş anasının, babasının sağlığında ara sıra başına kakılırdı:

1. Sabah. Okula gidecek. Salona iner. Babası o zamanlar salonda yakılan kömür sobasının külünü boşaltıyor.

Zebercet: Baba, yirmi beş kuruş verir misin?

Babası: Ne Olacak?

Zebercet: Defter alıcam.

Babası kürekteki külü kovaya döker; küreği gene sobanın deliğine sokar.

Zebercet: Hadi baba, geç kaldım.

Babası: Patlama oğlum; şu külü alayım. Ananın karnında yedi ay nasıl durdun?

2. Öğleyin okuldan dönmüştür. Yukarı çıkar. Anası mutfakta bir tabağa marul doğruyor. Tencere gaz ocağında.

Zebercet: Karnım acıktı.

Anası: Şimdi pişer yemek, sabret biraz. Ne oğlan! Karnımda bile sabredemedi dokuz ay.

(Bu doğumda gerçekten sabırsızlık diye birşey varsa sabırsızlık edenin ana karnındaki dölüt olduğu düşünüleceği gibi anası olduğu da düşünülebilir. İkinci olasılık daha akla yakındır. Ana karnındaki dölütten doğmuş büyümüş bir insan davranışı beklemek saçmadır; ama ilerlemiş yaşta, kırk dört yaşında gebek alan bir kadın böyle bir sabırsızlığa kapılabilir; üstelik bu kadın bundan önce biri iki, biri iki buçuk, biri üç aylık üç çocuk düşürmüşse. Gene de, haksız da olsa, bu suçlamalar Zebercedi olumlu yönde etkiledi: Büyüdükçe sabırlı, ağırbaşlı bir insan oldu.)

İlkokulu bitirdiği yaz sünnet oldu. Gene o yaz anası öldü. Ortaokula göndermedi babası; askere gidinceye değin sekiz yıl birlikte çekip çevirdiler oteli. Askerliğini bitirip geldikten iki ay sonra öldü babası; otel başka ellere düşmesin diye onun dönüşünü bekleyip de ölmüştü sanki. Altmış üç yaşındaydı. Bir ilkyaz sabahı yarım ay biçimi yüksek masanın arkasındaki koltukta otururken öldü. Ölü kaldırıcılar bulundu. Avluda yıkadılar. Gömüldükten sonra imam ninesinin adını sordu. Bilmiyordu. Aşağıda ya da yukarıda bir karışıklık olmasın diye uydurma bir ad vermedi. Başını eğdi, kızardı. "Zarar yok oğlum, hepimizin anası bir" dedi imam.

O akşam telgrafı alan Rüstem Bey ertesi sabah geldi. Baş sağlığı diledi, birikmiş hesabı aldı, giderken "Otel sana teslim; bir de kadın al buraya" dedi. Zebercet sordu: "Ninemin adını hiç duydunuz mu babamdan?" "Duymadım. Nüfusuna baksana." "Kasaya, ceplerine baktım; nüfus kağıdı yok."

Ortalıkçı kadın:

Saçları kumral, gözleri koyu mavi. Yüzü uzun, burnunun ucu kalkık, ağzı büyükçe, biraz dişlek, dudakları kalın. Orta boylu, balık etinde; bacakları az eğri. Otuz beş yaşlarında. On yıl önce uzak köylerin birinden dayısı olduğunu söyleyen bir adam getirdi kadını, bohçası koltuğunda. "Recep Ağa söyledi, kadın gerekmiş." Aylığına pazarlık ettiler, uyuştular. Kadını yukarı gönderdi. Adama "Otur bir çay içelim" dedi. Çay içerken anlattı adam. Babası, anası ölmüş. Yanlarına almışlar kızı. On yedisinde evermişler. Gerdek gecesi sabaha karşı bozuk çıktı diye geri göndermiş kocası. "Hele sürtük, kim bozdu seni kız? Bilmiyom der bu, söylemez. Dövdük falan, valla bilmiyom der. Yeter herif, söyleyecek te ne olacak dedi yengesi." Beş yıl sonra komşu köylerin birinden karısı ölmüş üç çocuklu bir adama vermişler. Üç ay geçmemiş geri getirmiş adam, "Çok uyuyor bu" demiş. "Uyur evet, uyur ya işi eyidir. Köy yerinde dul karıya rahat yok; hele kısır olursa. Evlisi bekarı bıyık burar; fırsat kollar yezitler. Recep Ağa söyledi geçen gün; getirdik işte. Eh, iznin olursa..." Kalktı, yukarıya bağırdı: "Gız Zeeynep, gidiyom ben, elimi öpmiycen mi zilli?" Ses yok. Başını salladı, "Kalın sağlıcağlan" dedi, gitti. Zebercet tavanarasına çıktı, kadın yok. Katları aradı; 2 numarada, bohçasını odanın ortasına koymuş, yatağa uzanmış uyuyordu. Ertesi sabah uyandırdı. Otelin işine çabuk alıştı. Başı bağlıdır hep; yatakları düzeltir, ortalık siler, toz alır, günaşırı yemek yapar, pazarları çamaşır yıkar, Zebercet'e ağa der. Çok konuşmaz. İlk zamanlar bir sabah merdivenleri silerken üçüncü kattan inen yaşlı bir köylüye sordu; "Sindelli'yi bilir min dayı?" "Bilmem mi hiç." "Çalık Ali dayım olur benim." Dayısı yılda birkaç kere gelir, bir torba çökelek getirir, bir süre konuşur, kadının birikmiş parasını alır giderdi. "Dayına vereyim mi paranı?" "Ver ya, ver." Kuruşu kuruşuna hesap isterdi adam. "Beş metre pazen, diktirmesi, bir yün hırka..." "Yün hırka da neymiş, pamuklusunu getirdiydi ya köyden." Altı yıldır görünmüyor. (Geldiğinin haftasında bir öğlesonu salonu siliyordu kadın. Zebercet koltuğuna oturmuş gazete okuyordu; bir ara baktı: Diz çöküp eğilmiş, kalçaları, kıçı uzun donunu germiş, kabarık; silerken, dizleri üstünde gerilerken ağır ağır kıpırdıyor, inip kalkıyor. Başını gazeteye çevirdi. Ama o günden sonra gündüzleri ortalıkta dolaşan, geceleri bitişik odada yatan genç bir dişiydi artık kadın. Zebercet yatmaya giderken kadının odası önünde duraksıyor, yatağında döne döne güç uyuyordu. Askerliğini yaptığı uzak kentin genelevindeki o uzun boylu kadını görüyordu düşlerinde; ikisi birbirine karışıyordu. Sabahları onu uyandırmak için girdiği eğri tavanlı küçük odada ağır bir koku olurdu. Pencereyi açar, yatağın yanında durur, omuzlarından tutup sarsarken yanlışlıkla olmuş gibi memelerini ellerdi. Bir gece yatmışken kalktı, bitişik odaya girdi, ışığı yaktı. Sıcaktı, örtüsüz uyuyordu; gömleği sıyrılmış. Kapıyı kapadı, yaklaştı. Düğmelerini çözdü, memelerini avuçlarına aldı; dolgun, gergin. Sarstı. Kadın kıpırdamadı; "Geldin mi dayı?" dedi uykusunda. Bir daha sarstı; "Uyansana kız!" Gözlerini açıp doğruldu: "Kalkıyom ağa." "Kalkma, öte git biraz." Yatağın ötesine kayarken Zebercet'in çıplak göğsüne, kısa donunun önündeki kabarıklığa baktı; arkasını dönüp yattı. Yatağa girdi, sırtüstü çevirdi. Kadın gözlerini kapadı. Donunu güçlükle çıkardı, attı. Kılları gördü. Üstüne abanıp soluya inleye aldı. Az sonra doğrulduğunda kadın upuzun yatıyordu. Eğilip dinledi: soluğu düzgündü.)

Gecikmeli Ankara treniyle gelen kadın:

Yirmi altı yaşlarında. Uzunca boylu, göğüslü. Saçları, gözleri kara; kirpikleri uzun, kaşları biraz alınmış. Burnu sivri, dudakları ince. Yüzü gergin, esmer.

Emekli subay olduğunu söyleyen adam:

Orta boylu, tıknaz. Saçları, oldukça kırarmış. Yeşil gözlü, gür kaşlı. Yüzü etli, dudakları ince. Geldiği sabah defterin üstüne bırakıp öğleyin aldığı nüfus kağıdına göre soyadı Görgün, adı Mahmut, baba adı Abdullah, ana adı Fatma, doğum yeri Erzincan, doğum yılı bin üç yüz yirmi yedi.

Kedi:

Erkek. Kara. Zebercet'in döneminde ikinci kedi. Üç yıl önce babasıyla kasabadaki eski anıtları görmeye geldiklerinde iki gece otelde kalan, çantasında hep birkaç at kestanesi bulunan, uzun boylu bir genç kız adını Karamık koymuştu; ama kimse söylemiyor.

Odadaki iki havlu:

1. Otelin havlusu. Aynanın sağındaki askıda. Ufarak, düz yeşil. Bir köşesine ak iplikle biraz çarpık bir A, yuvarlak bir O işlenmiş; aralarında belli belirsiz bir nokta. Bunları üç havlu çalındıktan sonra hırsızlığı önlemek amacıyla Zebercet işledi. Gene de, babasının döneminde (otuz yılda) bir havlu çalındığı halde Zebercet'in döneminde (on yılda) dokuz havlu ile iki çift

terlik çalındı. Babası bu bir tek olaya dayanarak genellikle insanlara yağıp esmiş, tümünü hırsızlıkla suçlamıştı. Oysa otelde hırsızlığın artışının nedenleri öfkeye kapılmadan düşünülebilir:

a) Son yıllarda ülkede hırsızlar çoğalmış olabilir.

b) Son yıllarda dürüstlük, namus gibi değer yargılarına her fırsatta başkaldırmaktan hoşlananlar çoğalmış olabilir.

c) Babasının dış görünüşünde hırsızları yıldıran, korkutan bir hava olabilir. (Nedenlerin en çürüğü bu olsa gerek: Eskiden iki üç ayda bir İzmir'den otelin hesabını almaya gelen Rüstem Bey, Zebercet on altı yaşındayken, daha bıyığı bile yokken, bir gelişinde saçlarını okşayıp "Şıp demiş babasınınkinden düşmüş" dediydi.)

2. Ankara treniyle gelen kadının unuttuğu havlu. Karyola demirine atılmış, yarısı yorganın üstünde. Karaları ince, sarıları kırmızıları kalın çizgili.

⭐ KELİMELER（生词注释）

demirlemek	给门窗上闩	sırma	金黄色的
püskül	流苏	vişneçürüğü	深红色的
değirmi	圆的	muşamba	油毡，漆布
ortalıkçı	跑堂	tutamak	把手
çalım	趾高气扬，卖弄	kapatma	情妇，姘头
giderayak	正要走时	eşraf	贵族，大户人家
ozan	民间诗人，民间歌唱家	aşı boyalı	砖红色的
kiler	食品间，贮藏室	abaza çekmek	手淫
sundurma	凉台	ebe	接生婆
belemek	用襁褓包上	dölüt	胎儿
dişlek	龅牙的	balık etinde	丰满的
gerdek	洞房	sürtük	轻佻的
yezit	混蛋	zilli	没礼貌的，没教养的
günaşırı	隔天地	pazen	凸格条纹细平布
genel ev	妓院	tıknaz	粗壮的
kırarmak	变白	at kestanesi	七叶树坚果

YAZAR HAKKINDA（作者简介）

Yusuf Atılgan, 27 Haziran 1921'de Manisa'da doğdu. Annesi Avniye Hanım, babası ise bir tahsildar olan Hamdi Atılgan'dı. Ortaokulu Manisa Ortaokulu'nda okudu, 1936'da bu okulu bitirdikten sonra öğrenimine Balıkesir Lisesi'nde devam etti. 1939 yılında buradan mezun oldu ve İstanbul Üniversitesi Edebiyat Fakültesi Türk Dili ve Edebiyatı Bölümü'ne girdi. İkinci sınıftan sonra askeri öğrenci olarak okuduğu bu okulu 1944'te bitirdi.

1945'te Maltepe Askeri Lisesi'ne girdi. Ancak üniversite yıllarında Komünist Parti'yle ilişkili olduğu gerekçesiyle 10 ay hapse mahkum edildi. 1946'da, cezası bittikten sonra Manisa'da bir köyde yaşamaya ve çiftçilikle uğraşmaya başladı. 1976 yılında İstanbul'a döndü. Atılgan, İstanbul'a yerleştikten sonra 1980'de Milliyet Yayınları'nda ve Can Yayınları'nda çalışmaya başladı. Danışmanlık ve redaktörlük yaptı.

Atılgan, Türk Edebiyatı'na birçok önemli eser kazandırdı. Romanları "Aylak Adam" (1959), "Anayurt Oteli" (1973), "Canistan" (2000), öyküleri "Bodur Minareden Öte" (1960), "Eylemci" (1992), çocuk kitabı "Ekmek Elden Süt Memeden" (1981) ve K. Baynes'in kitabından çevirisi "Toplumda Sanat" (1980) idi.

Atılgan, Canistan adlı romanını yazarken 9 Ekim 1989'da Moda'daki evinde kalp krizi sonucu öldü. Ölümünün ardından yaşadığı Hacırahmanlı Köyü'nde 1990 yılında "Yusuf Atılgan Halk Kitaplığı" kuruldu. Ayrıca sevenleri tarafından yazılan yazılar ve röportajları "Yusuf Atılgan'a Armağan" (1992) adlı kitapta toplandı.

Atılgan, yazılarını bazen "Nevzat Çorum" ve "Ziya Atılgan" adlarını kullanarak yazardı. Tercüman Gazetesi'nin açtığı 1955 tarihli öykü yarışmasında Nevzat Çorum adıyla yazdığı "Evdeki" öyküsü birinciliği, Ziya Atılgan adıyla yazdığı "Kümesin Ötesi" öyküsü de dokuzunculuğu elde etti. "Aylak Adam", 1957–1958 Yusuf Nadi Roman Armağanı'nda ikinciliği kazandı. Şiirleri ve öyküleri birçok dergide ve gazetede yayınlandı.

Yusuf Atılgan'ın romanlarının Türk Edebiyatı'ndaki yeri çok önemlidir, çünkü Atılgan, yalnızlık ve yabancılaşma konularını en cesur ve başarılı şekilde işleyen yazarlardan biridir. Modern akımın öncülerindendir. Özellikle "Aylak Adam" ve "Anayurt Oteli"nde mükemmel iç gözlem yeteneği sayesinde bireyin kopmuşluğunu ve iletişimsizliği çok iyi anlatır. "Anayurt Oteli", 1987'de Ömer Kavur tarafından sinemaya aktarılmış ve çok başarılı olmuştur.

ALIŞTIRMALAR（练习）

1. Yusuf Atılgan ile ilgili kısa bilgiler derleyerek arkadaşlarınızla paylaşınız.

2. Anayurt Oteli nasıl bir otel? Kısa açıklamalarla tanıtınız.

3. Zebercet neden gecikmeli Ankara treniyle gelen kadının kaldığı odayı başkalarına vermiyor?

DERS YEDİ

BİR GÜN TEK BAŞINA

韦达特·图尔卡利（1919—2016）出生于萨姆松。高中毕业后考入伊斯坦布尔大学土耳其语言和文学系学习。大学毕业后，韦达特曾在军事高中当过文学老师，后来因为参与左翼政治活动坐了七年的牢。出狱之后，韦达特成了报社的一名文字校对，后来在朋友的鼓励下开始了剧本的创作，并于 1960 年发表了第一部剧本《骗子大王》。在这之后，韦达特又陆续创作了剧本《公交车乘客》、《愤怒的青年》、《三轮车》；长篇小说《孑然一人》、《蓝色黑暗》、《一个人的死亡》、《信任》等。

《孑然一人》是韦达特 1974 年创作的一部长篇小说。这既是韦达特的第一部长篇小说，也是他的成名之作，曾荣获民族出版社长篇小说奖和奥尔罕·凯马尔长篇小说奖。小说的主人公名叫凯南，是一家书店的老板。虽然对政府和社会心存不满，但凯南依然在努力地经营着自己的生活。一次偶然的机会，他在酒馆里认识了一个名叫珺赛尔的女大学生，两人很快便坠入了爱河。面对丈夫的婚外情，凯南的妻子奈尔敏选择了隐忍，她认为丈夫早晚还是会回到自己的身边。珺赛尔是一个充满了革命激情的左翼大学生，她的出现不仅给凯南带来了爱情，也唤醒了凯南的革命意识。认同革命、支持革命，却又生性怯懦不敢投入革命，纠结的凯南内心备受煎熬。此时国内政治局势日益恶化，学生运动遭到了政府的血腥镇压。珺赛尔和她的朋友们被抓进了监狱，大家都认为凯南是政府安插在他们身边的秘密警察。而此时，奈尔敏也决定不再容忍凯南的出轨行为，向他提出了离婚。在小说的最后，感觉被全世界抛弃的凯南通过自杀的方式结束了自己的生命。整部小说对社会背景和生活细节的描写真实、细致，有力地烘托了主人公的性格特征，而内心独白、意识流等写作手法的巧妙结合则将主人公内心世界的矛盾和痛苦刻画得淋漓尽致。

"BİR GÜN TEK BAŞINA" ROMANINDAN SEÇMELER

XXXII

Evi kapattıktan sonra ilk gece Babalar'da kaldı Günsel. Aklı Teşvikiye'deki çocuklardaydı. Ağırdan alıyordu Handan. Günsel'in söyledikleriyle önce o da irkilir gibi olmuş, sonra başlamıştı Kenan'dan yana karşı çıkmaya. İnandırıcı değilmiş bunlar!.. Kötü rastlantı da olabilirmiş, iftira da!.. Hiç böyle adama benzemiyormuş Kenan!.. Yüzde yüz kesinlik olmadan ne denebilirmiş? Her konuda septik olurmuş doktorlar! Üsteleyince de, "Aklım ermez sizin işlerinize," deyip çıkıyordu. Çocukları Teşvikiye'de bırakmanın yanlış olduğunu sonunda Hatice Hanım da söyleyince bir yoluna bakmak için gitti. Kenan'ın bir yakınının evi demişlerdi Hatice Hanım'a yalnızca. Gezideymişler de, Kenan önermiş orasını. Baba'yla pek konuşmuyorlardı, iyice hastaydı o. Sapsarı yüzü, yorgun bitkin bakışlarıyla yine bir şeyler okuyup yazıyor, elli yıldır aramalarda kuduz saldırılarla yağmalanmış bir köşelerdeki eski yazılarını, kitaplarını derleyip toplamaya; eklemeler, çıkarmalarla biçim vermeye çalışıyordu. Yeni bir polis baskınına karşı da kulakları, gözleri kapıda, yine bir şeyleri bir yere saklamanın yollarını arıyordu kaygıyla... Baba'nın yanı başından ayrılmayan kedisi Şaziment'in yüzüne de bir acılık çökmüştü sanki... Kanser olduğunu o gün Günsel'e fısıldamıştı Handan. Kimse bilmiyordu daha. Tam bir duyarlılıkla:

— Böyle olacağına kanser olsaydım ben de, dedi Günsel.

— Sus kız, dedi Handan, gözleri yılgıyla açılarak. Bok!.. Manyak mısın nesin?.. Allah korusun!..

Oysa öyle içtenlikle söylemişti ki Günsel. Nerden bilecek benim acımı bu kız? Çözümsüz, umarsız kıvranıp durdu sabaha kadar. Aslında herkes herkesten kuşkuluydu.

Karardıkça kararmıştı ülke. Birbirini çok yakın tanıyan, acı sınavlardan birlikte geçmiş kişiler bile güvensizlikle tedirgindiler. Günsel'i uyarıya gereksinim duymaları ağbisindendi. Başına buyruk gitmeye kalkıştığı anda kuşkuların cüzamlı yalnızlığına acımasız itileceği kesindi. O bile umurunda değildi Günsel'in. Birazcık olsun arınsam kuşkudan, başkaldırmayacağım ne var, kim var şu yeryüzünde O'nun için? Bir tutam ağulu tohum öylesine savrulup saçılmıştı ki içine, her saniye filizlenip dal budak salıyor, giderek saplantıya dönüşüyordu nerdeyse. Kenan'la aralarında geçen eski konuşmaları, olayları, durumları, ilk günden bugüne, uzaktan yakından onunla ilgili her şeyi gözden geçiriyor, anımsadığı ne varsa kuşkuların merceğinden abartılıp çarpıtılarak değil de gerçek boyutlarıyla günyüzüne çıkmış gibi, apaçık, yeni yeni kavrıyordu sanki. Onur kırıklığının acılı ürünü sınırsız kızgınlık, onulmaz bir düşmanlık yarasını sabaha kadar kanatıp durdu için için. Alık, aptal, gülünç buluyordu kendini. Nermin'den kurtulamadığı masalına nasıl kandım? Dayalı döşeli evi Rasim'in bize bıraktığı masalına nasıl kandım? Tutup tutup bırakmaları beni Müdüriyette!.. Nasıl kandım bütün bunların rastlantı olduğuna. Yok canım, rastlantı olur mu? Kuramsal biçimde açıkladım ya; herifler yıkılmışlar, onun için bırakıyorlarmış bizi!.. Kendini bir bok sanan hayvan orospu!.. Nasıl bakıyordu o semiz herif Vilayet'te!.. Bir gün ne demişti, Taksim'e yürüyorduk hani, uykulu bakıyormuşum! Hep uykulu baktım sersem ben!.. Alay edermiş demek! Hele son günlerde nasıl sinsiceydi!.. Ne sinsicesi be eşşek karı? Açık açık söylüyordu herif. Biz karışmamalıymışız, Halk Partisi'nin oyunlarıymış bunlar!.. Ne diyecekti daha? Menderes'in dediği de bu değil mi? Gözü kararmış orospu!.. Namık Gedik ne dedi Vilayet'te?.. Karışmayın... Polisin sözü bu açık açık!.. Bir duraksamayla irkildiği oluyordu bazı. Bu kadar oyunu nasıl oynar bu adam? Öyle içtenlikle, öyle sıcak, öyle insancıl... Çok sürmüyor, yanılsama saydığı bu bir anlık mutluluktan korkuyla, kaygıyla daha sancılı ayılıyordu sanki. Sabah erkenden Handan gelip de çocukların dün akşam yakalandığını söyleyince iyice bitti. Şaşkın, sararmış yüzü ile olayın ayrıntılarını anlatan Handan'ı dinlemiyor, boş boş bakıyordu yalnız. Yakalandı çocuklar. Dinleyecek ne kaldı? Doktor Aliler'e gitmiş dün burdan çıkınca Handan. Sermet'i de çağırıp konuşmuşlar. Sermetler Vaniköy'e gitmişler, yazlığa. Ev hoşmuş. Bize getirin demiş. Akşamüstü ayrı ayrı çıkmışlar apartmandan. Handan'la. Tam ilerde Teşvikiye Camisi'nin yanındaki sokağın başında beş sivil... Şaşkına döndüm, diyordu Handan. Nerden çıktı deyyuslar? Yolun öte yanındayım ben. Çocuklar öyle istemişti. Peşim sıra geleceklerdi. Donup kaldım. Tabancalıydı herifler. Birini tanıyorum sanki. Fakültede mi gördüm?..

Baba kalkmamıştı daha. Hatice Hanım yılların acı deneylerinden özümlenmiş bir yalınlıkla:

— O kadar çok kişi biliyormuş ki olayı, dedi, bir tek o adamı düşünmeniz de yanlış!..

Kenan'ı aklamıyor, kuşkuyu geniş tutmak için uyarıyordu yalnızca. Bu ağır suçlamadan kendi payına da bir şeyler düştüğünü aklına bile getirmeden Kenan'ı savunma sevinciyle başını salladı Handan.

— Evet, dedi, Sermet de biliyordu.

Sofada dalgın kalmışlardı ki kapıdan gelen seslerle duraladılar. Hatice Hanım pencereye yaklaşırken Günsel ürküyle çekildi. Handan da aynı şeyi düşünmüş olmalıydı, evecenlikle Günsel'e bakıp pencereye yaklaştı o da. Kenan değildi!

— Polis bu, dedi Hatice Hanım. Siz geçin odaya.

Kapıyı açıp karşıladı merdivenleri çıkan esmer, gençten adamı. Aralık kapıdan Günsel'le Handan dinliyorlardı.

— Reşit Ataşlı'yı göreceğim, diyordu adam.

— Yatıyor, dedi Hatice Hanım. Ağır hasta... Duraladı adam.

— Siz karısısınız değil mi? dedi. Şuraya bir imza atın; perşembe günü Müdüriyet'e gelsin, Birinci Şube'ye...

— Neymiş? dedi Hatice Hanım...

— Bilmiyorum, dedi adam...

Hatice Hanım'ın imzaladığı kâğıdı alıp gitti. Sese Baba da kalkmıştı, çıkıp yorgun gözlerini kırpıştırarak baktı.

— Ne o? dedi.

— Perşembe günü Birinci Şube'de bekliyorlarmış, dedi. Hatice Hanım. Baba dalgın baktı, sonra yeni algılamış gibi başını salladı.

— Olur, dedi. Gideriz. Yorgun, ağır, odasına girdi:

— Perşembenin gelişi çarşambadan belliydi, dedi Hatice Hanım.

Bir süre acı gülümseyerek bakıp kalmıştı Baba'nın ardından. Her şey suçluluk duygusuna dönüşmeye başlamıştı Günsel'de; olan bitenden, olacak bitecek her şeyden o sorumluydu sanki. Polisi içimize kadar sokup... Eskileri toplayıp bir alanda, adamlarına öldürtüp... Böyle mi başlardı uygulama? Daha anlatmamıştı kimseye.

— Önemli bir şey var, dedi, bu olayla da ilgili.

Uyanır gibi baktı Hatice Hanım. Günsel, Baba'nın da dinlemesini istiyordu. İçeri geçtiler, Kenan'ın söylediklerini olduğu gibi anlattı Günsel. Bir sessizlik çöktü odaya. Ağır ağır konuşmaya başladı Baba. Birçok olasılığı sıraladı. Asılsızdı; ürkü yaratmak, kaçırmak, dağıtıp parçalamak için.

— Buna gerek var mı? dedi, kendini yanıtlar gibi. Zaten dağınık, parça parçayız... Bilmiyorlar mı?

Duralayıp aldı yine:

— Gerçek dersek, önemli bir haber sızmış oluyor. Sızdıran Rasim mi diyordunuz, kişisel bir iyilik duygusuyla yapıyor diyelim. Kenan'ın bize iletmesi bunu aşar. Polis olan adam niye yapsın bunu?

Yüreği duracak gibiydi Günsel'in. Tutamayıp Baba'nın boynuna sarılıp boşalacaktı. İçten içe bir sevinçle başını sallıyordu Handan da. Çekinceyi sezmiş gibi uyarıya geçti Baba.

— Aydınlar çok akıllı bulur kendini, dedi. Ustaca yönetmeye kalkar iki yanı da!.. Küçük burjuvazinin iki kişilikli olduğunu unutmamak gerek... Uzak dur sen!.. Soruşturun bir süre...

— Kim bilir daha kimler var aramızda!..

— Müdüriyet'e gidecek misiniz? dedi Handan.

— Bilmem, dedi Baba. Düşüneceğiz...

Hatice Hanım daha üzgündü. Bir şey demeden dalgın bakıyordu. Handan'la çıktı Günsel. Yıkılmakla bitmiyor. Kurtarabileceğini kurtarmakla yükümlüsün; ölüm bile kaçaklık. Ne belalar getirecek yeni durum? Handan ne yapacak çocuklar konuşursa?

— Sen beni düşünme, dedi Handan, toz ol!.. Anladım... At onu kafandan... Düşüneceğiz... Bebeği de... Gün alırım bizim doktor hanımdan... İlacın var...

Şevketler'e akşam karanlığında gitti Günsel. Ürkek bakışlarla Fatma Abla araladı kapıyı. Tanımamıştı önce, sonra içeri alıp boynuna sarıldı Günsel'in; ağladı, şapur şupur öptü yanaklarından. O gün polis gelip Şevket Ağbi'yi de çağırmış perşembe günü Birinci Şube'ye. Tedirgindiler. Günsel, Baba'yla konuştuklarını onlara da açınca tedirginlikleri de, şaşkınlıkları da arttı. Gerçekten bir kıyım düşünüyorlarsa, polis olan biri bize neden duyurur bunu? Bulanık, kaygılı, çözümsüz kaldı onlar da. Günsel, Şevket'in kendine kızmış, kırılmış olmasından korkmuştu. Yoktu öyle bir şey. O acımasız görünüşü altında nasıl duygulu bir yürek taşıdığını, Günsel'i yıkan bir haberi iletmek zorunda kalmanın ağırlığından kurtulmak için, belki Fatma Abla'nın da etkisiyle olayı nasıl irdeleme çabasından olduğunu görünce, yalnızlığa düşmenin çöküntüsünden kurtulur gibi oldu. Adam belki de ölüme gidecek üç beş gün sonra, benim mutluluğumun kaygısında. Ben... Allah belamı versin benim... Kenan için duyup öğrendiklerini yöneltti Şevket'e. Yüreği paramparça olsa da umursamıyormuş gibi dinliyordu artık. Şevket yeniden sorup soruşturmuş, hep aynıymış sonuç... Evde söyledikleriydi. Günsel'in gönlünü almak ister gibi ekledi yine:

— Bana da sorsan hiç aklımdan geçirmezdim, dedi. Bir kez gördüm Babalar'da, öyle iyi birine benziyordu ki... Fatma'ya da dedim...

Günsel yine duygululuğa kapılacaktı, tuttu kendini. Evi kapatması iyiydi de, ağbisine gitmesini doğru bulmadılar. Onlarda da kalmamalıydı. Sevillerde kalsındı, doğrusu oydu.

On günden çok Sevillerde kaldı Günsel. Basma perdeli pencere içlerinde, avlusunda dizi dizi karanfilli, fesleğenli konserve kutuları, kireç badanalı duvarları, avlu kıyısında sürekli koku saçan kuyulu apteshanesi ile Taşlıtarla'nın Haliç'e, Kâğıthane'ye bakan sırtlarındaki briket gecekondu kalabalığına karışmış iki odalı (bir buçuk da denebilir) bir yerdi oturdukları. Kendi yattıkları büyük karyolalı odayı ona bırakmak için yalvardı Sevil. Günsel kesin karşı koydu. Pencere dibinde, bir tahta sette yatıyordu küçük odada. Perşembeyi kıvranarak beklemişti Günsel. Elli kişiymiş Müdüriyet'e çağrılan. Şevket Ağbi gidecekti. Baba da gidecekmiş.

Gitmemek, saldırıya kışkırtmak olabilir diyorlardı herifler. Kim bilir, belki de onun için çıkardılar o sözü. Kaçmaya kalksınlar da... Kuzu kuzu ölüme gidiyorlarsa ya. Bağırmak haykırmak geliyordu içinden Günsel'in. Gitmeyin öldürecekler sizi. Yalan söylemedi Kenan. Bu kadar mı namussuz bu adam?.. Söyleyen Rasim, Kenan değildi ki... Peki, Kenan...

Bütün gerginlik umulmadık biçimde şaşkınlığa dönüşmüştü perşembe günü. Güler yüzle karşılamışlar Müdüriyet'te. Sıkıyönetimce İstanbul'da bulunmalarının istenmediğini, İstanbul dışına nereye gitmeyi yeğleyeceklerini sormuşlar, gitmek istedikleri yerleri saptayıp bırakmışlar. Evinizde bekleyin, günü gelince çağıracağız demişler. Buruş kırıştı Günsel'in içi. Artık konuşmuyordu da... Elli lira almıştı teyzesinden ayrılırken. Bütün parası oydu. İşi kalmıştı öylece; uğramamıştı Fakülte'ye, maaş da almamıştı. Hem harcamak istiyor, hem harcamaktan korkuyordu. Ne olacağı belli değil. Gerçi onur konuğuydu evin. Para sözünü ettirmiyordu Sevil.

— Delirmiş misin be ablacığım?.. Sen otur, ben kıyamete kadar bakayım sana!

Bu yüzden de tedirgindi Günsel. Yüktü, asalaktı ne olsa bu iyi yürekli işçilere. Gerçi pek bir şey yediği de yoktu. Küçük odada gazete, kitap okuyordu geceleri yatak diye kullandığı sedirde uzanıp. Casus Amerikan uçağı olayı ortalığı birbirine katmıştı yine. Sovyetler ateş püskürüyordu Eisenhower yönetimine, Türkiye'ye...

— Kılçık attı namussuzlar, dedi Faik bir akşam... Tam Menderes yukarıya yanaşıyordu, Amerikan bozdu işi...

Böyle mi yorumlamalıydı? Kentte de öğrenci yürüyüşleri, gösteri çabaları oluyormuş yine, sıkıyönetime karşın. Kışlalara yığmışlar bir sürü genci, Müdüriyet de doluymuş. Haberler İsmail'dendi. Sevil getiriyordu kırık dökük. Teşvikiye'de yakalananlardaydı aklı Günsel'in. Nerden bilecek İsmail? Yalnız bildiği bir şey daha çıkmıştı İsmail'in! Saraçhanebaşı'ndaki gösteri günü Kenan'ın yanı başındaymış Günsel'i götürürlerken. Dimdik bakıp durmuş uzaktan Kenan. Askerler saldırınca da kaçmamış; öğrencileri canavar gibi kovalayanlar dokunmamışlar ona. Subay yaklaşınca bir bakışmışlar, İsmailler'in duymadığı gizli bir konuşma mı geçmiş aralarında, Kenan'ı bırakıp geçmiş askerler!.. Sonra da kaybolmuş Kenan!.. Bunu da Sevil anlatmıştı Günsel'e.

— Zati, te o zaman, demiş İsmail!..

Ne demişse?.. Öyküyü bilmeyen mi kalmıştı?.. Herkes bir şey ekleyecekti gönlünce! Şevketler'e Kenan'ı suçlayanlarla tek tek, yüz yüze konuşmak için gelmişti Günsel. Kim yanaşırdı bu koşullarda? Sedirin yanındaki küçük pencereden Haliç'e bakıyor, Kâğıthane'de, Silahtar'da, Eyüp'te, Defterdar'da alçala yüksele sıralanan fabrika bacalarına dalıp gidiyordu. Bir gün gelecek... Ama ne zaman? Kenan'la ilk tanıştıkları gecenin konuşmalarını anımsar gibi oldu irkilerek. Atmaya çalıştı kafasından. Her sabah alacasında, Haliç'e, fabrikalara inen akın akın işçi yığınlarındaydı gözleri. Ne çok, ne büyük işleri var. Karanlıkta uyanıp kenti uyandırmakla görevli bunlar! Güçleniyordu baktıkça ya, içindeki acı da güçleniyordu. Baba'nın karaciğer kanserinden kalkamayacak biçimde yatağa düştüğünü haber verdiler bir akşam. Hatice Hanım da hastaymış.

— Yarın gideceğim, dedi Günsel. Teyzemler de eve dönmeli artık... Yaşamın, olayların dışına itilmişti suçlulukla. Neden kaçıyorum hem?.. Bitti artık!.. Herkes yoluna. Taşlıtarla'daki Demokrat Parti militanlarının silahlandırıldığı, kıyıma geçileceği yayılmaya başlamıştı iyiden iyiye. Gerçekmiş bu kez, İsmail de görüp izlemiş çevresinde!.. Onu da kanıksamıştı Günsel. Doğruyla yalanı yaşayınca bile ayıramadıktan sonra!.. Kenan'la da rastlantıya hazırım artık. Yakalanan çocuklara hiç üstelememişler nerde saklandıklarını; kilisede, mezarlıkta gibi sözlere inanır görünmüşler hemen. Şevket'e, Baba'daki doktor hanım (Handan) söylemiş. Oğlanlar, Harbiye'deymiş şimdi. Dövmüşler yalnız... Dönmeli eve. Handan ne yaptı bakalım şu piçin kazınması işini. Kurtulayım artık. Güçlü dönüyordu. Dinlenmişti ne olsa. Baba'yı yatakta görünce inanamadı gözlerine; nasıl yıkımdı bu on günde. Müdüriyet'te, Birinci Şube'nin merdivenlerinden inerken düşmüş. Polis cipiyle getirmişler. Gün günden bitmiş. Handan'la Doktor Ali bakıyorlardı. Günsel bütün kaygılarını atıp yardıma başlamıştı Hatice Hanım'a. Kenan uğramış, yok gitti onlar, dedirtmişler. Aşağıdaki Mediha Hanım uyarılmıştı önceden. Handan da artık eskisi gibi savunmuyordu Kenan'ı. Üzgün susuyordu. Sermet geldi bir gün Baba'yı görmeye. Günsel'i belki de! Doktor Ali'den öğrenmiş Günsel'in geldiğini. Sofada ayaküstüydüler. Bir doçenti getirmişti Doktor Ali, Baba'nın odasındaydı onlar.

— Çok önceleri duymuştum bazı şeyler ben de, dedi Sermet. Söyleyemedim bir türlü... Yanlış anlayacağından korktum.

— Neymiş duyduğun? dedi Günsel.

— Engin söylemişti, dedi... Kenan'da çalışan yaşlı bir kadın varmış, sağ koluymuş! Çok iyi tanıyormuş Engin kadını bir yerden; polismiş... Engin'i bilirsin bizim, gazeteci... Karıyı orda gördüm, bir daha uğramadım dedi...

— Başka?..

— Karısının bir ağbisini tanıyorlar Ankara'dan... Pek pişmiş herif... Başkaldıracaktı Günsel. Ona ne karısının ağbisinden. Hepsini biliyorum ben. Biliyor musun? Senin bildiğin Kenan'ın anlattıkları. Silkinir gibi baktı Sermet'e.

— Bıktım, dedi. Kapansın artık bu konu.

Dedi ya, Matmazel'in polisliği de acılıkla yeniden çöktü içine. Teyzesini, Turgut'u çağırdı birkaç gün sonra. Evi açtılar. Gerekli uyarılarda bulundu. Akşamları eve dönecekti artık Babalar'da kalmayacaktı. Handan yirmi bir günlük rapor uydurmuş Günsel'e, izinli sayılıyormuş; maaşını da göndermişler Handan'la. Ayın yirmi altısında –perşembeye geliyordu– kürtaj için gün almış. Raporu da uzatacakmış doktor hanım. Toplatılma, kıyım, evlere baskın söylentileri arasında Baba da ağırlaşmıştı iyice. Hatice Hanım'la yeğeni sırayla sabahlıyorlardı başında. Gündüzleri bakıyordu Günsel. Başka yardımcıları da oluyordu. Kenan'ın geldiği akşam ayrılmak üzereydi Günsel de. Sofada perde arkasından bakıp kalmıştı Kenan'a. İşte o!.. Yüreğinin böylesine küt küt atmasına kızıyordu. İkircikliydi yüreği, ona kızıyordu. Ya suçu yoksa bu adamın? Ne duruyorsun, koş boynuna atıl, gir koynuna!.. Onun için mi diyorum be!.. Ya suçsuzsa?.. Bu kadar rastlantı gelip bunu buldu!.. Bunu değil budala, seni buldu. Benimle ilgisi kalmadı bu işin! Yok canım! Evet öyle... Avluda bitkin, omuzları çökmüş duran Kenan'ın, eve alınmayınca, yazgısına boyun eğerek hiçbir şey demeden, sessiz dönüp çıkması, beklemediği kadar sarsmıştı pencere ardında dalgın bakan Günsel'i. Kaçmak, onun yaptığını söylediklerimizden... –Söylediklerimizden mi? Başladın mı savunmaya görür görmez, biz uyduruyoruz çünkü... Değil be... –Daha alçakça yaptığımız bizim. Niye çıkamayacakmışım ben bu adamın karşısına? Çık da görelim!.. Suçsuzluğunu da tanıtlasın sana! Yine de çok güç tuttu Kenan'ın karşısında kendini. Doldu doldu boşaldı içinden. Taş mıyım ben?.. Bereket akşam örtüyordu her şeyi. Kolundan tutmak isteyince Kenan, bütün gövdesini sarsan bir ürpertiyle çarpılmışa döndü bir anda. Daha da arttı korkusu. Yener beni bu adam! Güç yener! Ya yenerse demek istedim! Savunma, suçsuzluğunu tanıtlama çabasıyla Kenan'ın yaptığı bir iki çıkışla tutukluluk bağlarını kopardı koparacaktı Günsel'in; bundandı korkusu. Saldırıya geçişi de bundandı. Karanlık köprüde parçalayıp bırakmıştı Kenan'ı. Üste çıkmanın, gücünü tanıtlamanın ilkel tadıyla yenik düşme, kıpır kıpır kuşkulara yeniden batma ürküşünün çelişkili karmaşasından boğulur gibi yürüdü sokaklarda. Yine mi inanıyorsun bu adamın... İnanıyorum dedim mi? Neye inandığını biliyor musun sen? Eve gelip de gündüz polislerin baskın yaptığını, her yanı didik didik edip evde aranmadık yer komadıklarını; onların hemen ardı sıra Kenan'ın geldiğini, ağlamaklı teyzesinden öğrenince, neyi neye yoracağını bilmeden çöküp kaldı kapıdaki tahta sandalyeye. Ne rastlantısı? Her yanı kaplamış bunca pisliğin rastlantısı mı olur? İyiler rastlantıdır ancak. Günsel'i sormamışlar, evi aramışlar yalnızca. Odasına geçti. Raftaki kitaplar yerlerdeydi daha. Ağbisinin eski mektuplarını almışlardı. Hiçbir şeye el sürmeden uzandı karyolaya. Yatacağını söyledi teyzesine, yemeyecekti, yorgundu çok, uyuyacaktı. Işığı da yakmadan kaldı öylece. Yalın açık düşünme yeteneği gitmişti elinden, beceremiyordu; hele bir sonuca, kesin sonuca varmayı hiç... Arama günü mü yollarlar bu adamı bana? Bu da mı yutturmaca? Olmaz mı? Niye olur? Hangi yönden bakarsak doğruyu görmüş oluyoruz hangi olaya? Yarın bebeği ile birlikte onu da kazısalar içimden, bütün bu düşünceleri de! Kurtulsam artık, yeniden başlasam her şeye. Ya da bitsem ben de; beni de kazısalar yarın... İrkiliyorsun ölüm dendi mi. Uff, irkilmiyorum artık!.. Sabahı etti. Daldı dalıyordu ki, Handan girdi odaya.

— Gördün mü adamı diyordu evdeki arama üstüne tek söz etmeden. Teyzeden öğrenmişti oysa ki. Dağılmış kitapları kaldırırken uzun uzun konuştular. Handan'ın umursamazlığına şaşıyordu biraz; Günsel için olağandı, doğaldı. Küçüklüğünden beri gördüğü bu kaçıncı aramaydı evlerinde... Sayısını bile unutmuştu. Handan da hiç oralı değildi. Yine Kenan'daydı o. Kızacak gibi oluyordu Günsel'e, kızamıyordu; onun durumunu da görüyordu.

— Adamı da gördüm, bitkin, dedi. Ne biçim polis o? Hep mi delirdik? Hele bu ite de...

Turgut'un yaptığını anlattı. Gözleri doldu Günsel'in. Ne diyeceğini bilemeden kaldı. İçinde bir şeyler kıyım kıyımdı.

— Bilmiyorum, dedi, anlamını düşünmeden, dalgın.

— O ki bir kez konuşmuşsun, diyordu Handan, git, adamla doğru dürüst konuş, bütün açıklığı, ayrıntısıyla konuş bir kez daha. Korkuyor musun? Yitireceğin bir şey mi var? Dün arama üstüne niye sana gelsin polis olsa, sözgelimi. Sonra polis olsa...

Günsel'in de kafasına takılıp kovduğu bir sürü şeyi sıraladı. Polis olsa...

— İki kişilikli küçük burjuvayı nerden bileceksin sen? diyemiyordu bir türlü. Anlayamadığından değil, anlayıp doğrusunu deyivereceğinden korkuyorsun. Hiçbir şeyi sevememekten korkuyorum artık!.. Sen yine toz ol diyor Handan. Kürtajdan çıkınca gidip Sevil'e, kalmalı bir uzunca. Param da var. Bir şeyler alayım onun bebeğine de. İyice büyüdü karnı.

Öğlende çıktı evden; bir yere yemeğe çağıracaktı Kenan'ı, serinkanlılıkla konuşacaktı. Bak diyecekti... Beyazıt'a vardığında anladı yapamayacağını. Yalpalayıp duruyordu içinde bir şey. Konuşamam. Hele yemekte... Bir simit aldı, Çınaraltı'nda oturdu, çayını yudumladı, gazetelere baktı. Menderes Eskişehir'de, Tahkikat Komisyonu'nun işini bitirdiğini söylemiş. Niye geriliyor herif? Müdüriyet'e de kimseyi çağırmadılar daha. PTT'ye telefonlara niye sansür koydular? Ne diye telefon edeyim Kenan'a!.. Yarınki gösteriye de gidemeyeceğiz be... Beyoğlu'nda bir sinemaya topluca bilet almış çocuklar. Dağılınca çıkıp Taksim'e yürünecekmiş. Doktor Ali söylemişti dün Baba'ya. Sinemadan çıkan çocuklara, damlara yerleşmiş azılı Demokratlar ateş edecek diye bir şey yayılmış; çocuklar da tabanca edinmiş. Annesinin altınlarını mı satmış, biri üç beş tabanca satın alıp dağıtmış el altından. İş, Halk Partisi'nden de kopuyor demek. Paşa çok kızmış, İki Mayıs olaylarına. Bunlar büyütüyor işi diyormuş. Taksim'de Halk Partililerin elindeki Küçük Kulüp'e sokmuyorlarmış artık çocukları, kovuyorlarmış. Bıraktılar çocukları ortada. Ne yapacaklardı ya?.. Asıl yarınki gösteriye gitmeliydim. Bir kurtulsam senden piç!.. Kahveye baktı; Kenan'la ilk gece oturdukları köşeye baktı. Hay Allah, yine tutacak küçük burjuva duyarlılığımız! Nasıl içtendi o gece. Sonra değil miydi?.. Yanar döner anıların baskısını iteler gibi kalkıp yürüdü Sahaflar'a doğru. Bire geliyordu daha. Doktor hanımla buluşma dörtteydi. Cağaloğlu'nda muayenehanesi. Kitaplara dalgın bakarak giderken ağbisinin bir eski arkadaşı avukatla karşılaştı. Beğenir, ileri, devrimci bulurdu ağbisi. Hasan'ı sordu. Kalın gözlükleri ardından gözlerini açarak eğildi yıldırmak ister gibi:

— Ortada dönen numaralara sakın karışayım deme kızım, dedi. Halkçılarla Demokratların ortak oyunu bu, devrimcilere!., sakın ha, sakın!.. Hayınlık olur. Deyyus oğlu deyyuslar. Hasta mısın sen?.. İyi bak kendine de, sapsarısın. Ağbine selam yaz.

Uzaklaştı çabuk çabuk. Günsel ne diyeceğini bilmeden kalmıştı bir süre. Bu işlere karışmak hayınlık demek!.. Gülmek tatsızdı. Bir sıkıntı çöktü içine. Nuruosmaniye'ye çıkınca kesindi karan. İki saatten çok var daha. Doktora gitmeden konuşacağım Kenan'la. Yokuşu yarılayıp da sokak içindeki hana yaklaşırken dayanamayacaktı çarpıntıya. Dönmeyi düşündü birkaç kez. İşyerine yaklaşınca duraladı. Açık değil miydi. Cam kapı açıktı ya, ışıksızdı içersi. Duraksayarak yaklaştı. Burak çıktı o sıra, dönüp kapatıyordu ki işyerini, Günsel'i gördü. Birden çakılmış gibi kaldılar karşılıklı. Gözleri kızarıktı Burak'ın, şaşkın, ürkekti. Bir şeyler diyecek gibiydi. Kızgın burgu donuverdi yüreğinde Günsel'in. Ne diyecek bu? Gelecek misiniz diyordu... İkindi namazındaymış... Zincirlikuyu'ya diyordu... Şişli Camisi'nden... Duymadınız mıydı diyor... Öldü yüreğindeki burgu. Hanın kirli kara duvarlarına başını çarpar gibi sürüyerek kaldırıma yığıldığında bilmiyor muydun öldüğümü bağışlamayacağım seni diyor. Kenan niye ölsün rezil herifler bırak kolumu hamallar da gelecek misiniz Şişli Camisi'ne Burak... Gözlerini araladı, kalkmaya çalıştı.

— Dinlenin biraz, diyor ak giysili adam. Anlamsız baktı Günsel. Gidip yatsın, diyor, ak giysili adam Burak'a. Sarsıntı... Geçer... Geçer mi? Yumdu gözlerini. Duygusuzdu. Niye fısıl fısıl anlatıyor Burak? Bileklerini kesmiş banyoda. Sabah karısı gelmiş, kıpkırmızı sular... İşyerini kapatıyordum. Ağlıyor Burak sessiz hıçkırıkla niye?.. Saat dörtte doktor hanım. Burası değil. Handan bekleyecekti Cağaloğlu... Ak giysili öldüm ben. Kıpkırmızı sular...

Doktor'dan Burak'ın koluna dayanarak çıkıp da yokuş aşağı inerlerken hanın hamalları merakla, acımayla bir süre izlediler. Demin onlar taşımıştı Günsel'i aralık içindeki Ermeni doktorun muayenehanesine. Saralı sanmıştı biri.

— Evinize götüreyim sizi abla, dedi Burak. Şu arabaya... Başını salladı Günsel.

— Yürüyeceğim, dedi, yok bir şeyim...

— Doktor dedi ki siz yatın...

Sonunu getiremedi Burak, iyice titredi sesi, sustu. Bir şey demeden yürüdü Günsel. Sirkeci'ye inen kalabalığa karıştı.

Ne çok insan, ne çok taşıt dolaşır kentin yollarında. Köprü, vapurlar, direkler, motor, sandal, duba, martı. İliştiği taştan ayılır gibi yöresine bakındı Günsel. Kabataş'la Dolmabahçe arasında, deniz kıyısındaydı. Sızı içindeydi ayakları. Bilmediği sokaklara dalıp çıkmıştı saatlerdir. Ağlayamıyordu. Buraya nasıl gelip iliştiğini de anımsamadı. Saatine baktı, dördü geçiyordu. Ben nereye gidecektim. Çamlıca'ya çıkalım deyip duruyor Kenan. Karşıda Çamlıca. Ne saçma, ne hoş! Bir gün giderim. Niye yaptı bunu? Küçük burjuva iki kişilikliliği... Hiç yoksun artık. Neyi tanıtlamak istedin? Polis denmesi mi yıktı seni, biz mi yıktık. Bizi de yıkmak istiyorlar, bilmiyor musun? Gözlerinden yaşlar inmeye başladı yanaklarına. Sessiz hıçkırıyordu. Seviniyordu ağlayabildiğine. Düşünebiliyordu artık. Kalkıp yürüdü durağa. Zincirlikuyu'da otobüsten inip de mezarlığa yaklaşırken soyunmuş gibiydi duygudan, kaskatıydı. Değilim. Öyle olmam gerekli. Kapıdan geçip yürüdü içerde. İlerde, birkaç arabanın bekleştiği ara yolun altındaydı beş on kişinin toplaştığı mezar. Toprak örtülmüş, üstüne bir iki çelenk konmuştu. Dua sesleri de kesilmişti. Ayakları taşımıyordu. Korktu yıkılmaktan. Yandaki bir mezar taşına tutunup kaldı bir süre. İlerde Burak, tanımadığı bir iki yüz. Üç kadın vardı. Citroen arabanın arkasında. Rasim'in arabası bu. Hangisi Nermin, şu ağlayan mı? Yaşlı kadın annesi olmalı. Refiş mi bu da?.. Hangisine benziyorum ben... Nasıl benzetirsin? Birkaç adım daha atıp mermer bir mezarın yan taşına ilişti. Kimse görmüyordu. Dağılıyordu artık. Kadınların arabasına yaklaşan Rasim'i anımsadı. Boşalmıştı mezar çevresi., Hoca da uzaklaşmıştı ölü arabasına doğru. Bitti görevleri. Kenan orda. Öldürüp üstüne toprak yığana kadar bırakmadılar peşini. Acıdan yıkıldı yıkılacaktı. Bir hıçkırık takıldı boğazına, gelmedi sonu. Tıkanmıştı, taş gibiydi yine. Hırıldayıp uzaklaşan araba sesleri; otlarda, toprak, asfalt yollardan biten ayak pıtırtıları, sonra yalnız, gömülenlerin sürüp giden yaşamı, kımıl kımıl otların, çiçeklerin, dalların esintili, serin soluğu. Bulutlar geçiyordu. Mezara yaklaşıp bakakaldı Günsel. Rasim'in, Nermin'in kırmızılı, beyazlı karanfillerden, güllerden çelenkleri vardı ıslak toprak üstünde. Ölümde de aramızdalar! Çelenkleri fırlatıp uzaklara atmak geldi içinden. Uzanacaktı ki iğrenerek çekti elini. Dokunamayacaktı. Bir şeyler söylemek istedi. Niye yaptın?.. İnan ki ben seni... Boştu hepsi. Ağlayamıyordu. Yine bir hıçkırık takıldı boğazına. Niye ağlayamıyorum? O kadar çok şey var ki söyleyecek. Hep aramızda oldular. Bir kez daha tiksintiyle baktı çelenklere. Kenan'a da acıyarak bakıyordu ilk kez. Duramadı. Yıkılacağım. Döndü birden, yürümeye başladı. Otlar, çiçekler arasında kanayan bir yerine basarak yürüyordu. Serindi. Bahar serinliği yüzünü okşuyor, ayıltıyordu. Kapıdan geçip yola çıkınca birden anımsamış gibi elini tayyörünün cebine soktu, karnına, bebeğine bastırdı yavaşça. Yepyeni bir korkuyla ürperdi. Seni de alsalardı elimden kiminle yan yana savaşırdım ben? Yeter mi gücüm bunca pisliğe karşı? Yıkılmamalıyız onun gibi bebeğim, güçlü olmalıyız. Silahlı saldırıya yarın silahla karşı koyacakmış çocuklar; yanlarındayız seninle birlikte. Ne yapardım ben sensiz?

Başkaldırmıştı; gittikçe artan bir güven duygusuyla Zincirlikuyu kavşağına doğru yürüyordu. Islaktı gözleri. Bir asker aracı geçiyordu; subaylar vardı içinde. Dizi dizi arabalar geçiyordu. Açık bir kamyona doluşmuş yapı işçileri vardı; yorgun, dalgındılar. Güneş bulutlara girip çıkıyordu.

⭐ KELİMELER（生词注释）

iftira	诬陷	septik	抱有怀疑态度的
yağmalamak	抢夺	yılgı	恐惧
umarsız	进退维谷的	ağulu	有毒的
dal budak salmak	分蘖；蔓延	saplantı	思维（卡住）；固执
onulmaz	治不好的	alık	呆傻的
eşşek	蠢驴	ayılmak	清醒
ürkü	恐惧	evecenlik	不耐烦，急躁
fesleğen	（植物）罗勒	briket	煤砖
kılçık atmak	捣乱，使坏	kürtaj	刮宫
yutturmaca	俏皮话；捉弄	sabahı etmek	天亮
hayınlık	背叛	tayyör	女装

⭐ YAZAR HAKKINDA（作者简介）

Vedat Türkali, asıl adı Abdulkadir Pirhasan'dır. 13 Mayıs 1919'da Samsun'da Kürkçüoğlu Mahallesi'nde doğmuştur. Vedat Türkali'nin ilk soyadı Demirkan. Ama Pirhasanoğulları'ndan geldiği için 1950'li yıllarda mahkeme kararıyla Pirhasan soyadını alıyor. Senaryolarını Vedat Türkali takma adı ile yazmaya başladı.

Vedat Türkali, ilkokul ve ortaokulun ardından liseyi Samsun Lisesi'nde okudu. Sonra da İstanbul'a giderek askeri öğrenci olarak İstanbul Üniversitesi Edebiyat Fakültesi Türk Dili ve Edebiyatı Bölümü'nden 1942 yılında mezun oldu.

Akşehir'de olan Maltepe Askeri Lisesi'nde ve İstanbul Kuleli Askeri Lisesi'nde edebiyat öğretmenliği yaptı. Bu sırada siyasi eylemleri sebebiyle 1951 senesinde tutuklanarak, Türk Ceza Kanunu'nun 141. maddesi gereğince yasa dışı eylemlerde bulunduğunu gerekçesiyle 9 yıl hapis cezası ile cezalandırılmış ve 7 yıl yattıktan sonra 1958 yılında serbest bırakılmıştır.

1958 yılında cezaevinden çıktığında işsizdi. Dostlarının yardımıyla Babıali'de, Cumhuriyet Gazetesi'nde musahhihlik yapmaya başladı. Gazetenin prova baskılarını orijinalleriyle karşılaştırıp, hataları bulup düzeltiyordu.

Cumhuriyet gazetesindeki bu işi onun "Yeşilçam Dedikleri Türkiye" adlı romanını yazmasına vesile olacaktı. Bu romanında, adını vermeden gazetenin yöneticisi Nadir Nadi Abalıoğlu'yu eleştirince Cumhuriyet Gazetesi ile ilişkisi bozuldu ve işinden oldu.

Rıfat Ilgaz ile beraber "Gar Yayınları" adlı yayın evini kurdu. Hüsamettin Gönenli adıyla yazılar yazdı. Yılmaz Güney ile tanıştı. Onun yüreklendirmesi ile 1960 yılında "Dolandırıcılar Şahı" ile senaristliğe başladı. Senaryolarını Vedat Türkali takma adı ile yazdı. Toplumsal sorunlara değinen ve gerçekçi bakış açısı içeren birçok senaryo yazdı; bu ürünlerin bir bölümünü daha sonra kitap haline getirdi. 1965 yılında başrollerinde Ayhan Işık ve Türkan Şoray'ın oynadığı "Otobüs Yolcuları" adlı filmin senaryosunu yazdı.

Vedat Türkali asıl ününü "Bir Gün Tek Başına" adlı romanıyla duyurdu. İlk romanı olan Bir Gün Tek Başına 1974 yılında yayınlandı. Romanda Vedat Türkali, 27 Mayıs Askeri Darbesi öncesindeki Türkiye aydınlarının bunalımlı çıkmazını sergiledi.

Türkiye Yazarlar Sendikası ve Barış Derneği yöneticilik ve üyeliklerinde bulundu. 12 Eylül 1980 darbesinden sonra Aydınlar Dilekçesi ve Barış Derneği'nin davalarından yargılandı.

1989 yılından 1999 yılına kadar Londra'da yaşadı. Bu süre içinde "Güven" adlı romanını yazdı. Türkiye Komünist Partisi'nin (TKP) tarihçesi niteliğinde kaleme alınan Güven'in ilk adımları 1956 yılında Türkali cezaevindeyken atılmıştır. Türkali bu kitabı kaleme alırken ilk tepki yıllarca çalıştığı yayınevinden gelmiş ve yayınevi böyle 'tehlikeli' bir kitabı basmak istememiştir.

2002 seçimlerinde DEHAP'dan aday olarak siyasete de soyunmuştur.

1 Mayıs 2004'den – 1 Mayıs 2005'e kadar ki bir yıl, aydınların, sanatçıların, kültür sanat kurumlarının ve insan hakları savunucularının katılımı ile "Vedat Türkali Yılı" ilan edilmiştir.

Vedat Türkali, 29 Ağustos 2016 tarihinde Yalova Devlet Hastanesi'nde 97 yaşında vefat etti.

ALIŞTIRMALAR (练习)

1. Vedat Türkali ile ilgili kısa bilgiler derleyerek arkadaşlarınızla paylaşınız.

2. Baba neden Müdüriyet'e çağrıldı?

3. Romanın sonunda Kenan neden intihar etti?

DERS SEKİZ

HER GECE BODRUM

赛利姆·伊莱利（1949—）出生于伊斯坦布尔，大学曾就读于伊斯坦布尔大学法学院。因为热爱文学，赛利姆中途放弃了学业，全身心投入到文学创作中。自1968 年第一部短篇小说集《星期六的孤独》问世以来，赛利姆先后出版各类作品共计五十余部。其中代表作品有短篇小说《秋老虎》、《友谊的末日》、《恶》、《最后的夏夜》；长篇小说《博德鲁姆假期》、《地狱王后》、《活着的时候和死去的时候》、《我属于你，直到死去》、《幻想与折磨》；剧本《一束紫罗兰》、《将你埋藏在心底》、《为了爱》、《锁》；随笔《思想与

感性》等。1998 年，赛利姆被土耳其共和国文化旅游部授予"国家艺术家"荣誉称号。

长篇小说《博德鲁姆假期》是赛利姆的成名作，出版于 1976 年。小说问世后广受读者好评，并于次年荣获"土耳其语言协会长篇小说奖"。小说以度假胜地博德鲁姆为背景，讲述了一群年轻人之间的情感纠葛。杰姆和好友穆拉特、塔勒克来到博德鲁姆度假，结识了船长哈伊达尔以及他的情人贝蒂居尔、助手凯莱姆。杰姆的老朋友——阿赫迈德带着姐姐艾米奈和英国笔友凯瑟琳也来到了博德鲁姆，他乡偶遇的年轻人们很快便熟络了起来。然而凯瑟琳无论如何也适应不了博德鲁姆；贝蒂居尔先是和杰姆发生了性关系，随后又对穆拉特产生了兴趣；艾米奈倾心于凯莱姆却没有得到回应……快速建立起来的友谊很快就演变成为彼此的伤害。最后，杰

姆、穆拉特和塔勒克提前结束假期，逃离了博德鲁姆。小说的语言生动优美，尤其是对博德鲁姆自然风光的描写充满了诗意。作者通过大量的内心独白将人物的性格特点刻画得淋漓尽致，在反映出纷繁复杂的人际关系同时也对身处其中无所适从的知识分子们进行了无情的批判。

"HER GECE BODRUM" ROMANINDAN SEÇMELER

14

"Her şey çözülüyor artık," dedi Cem, "istesem de derleyip toparlayamam bir sonbaharı."

"Görüyorum," dedi Tarık, "onların ikisi arkadaş değiller artık, biri yanımda, biri arkamda oturarak."

"Kim bilir hangi yaz artık yeniden gelebilirim Salmakis'e," dedi Murat, "Kirke'yle gidecek onlar, küçülecek, küçülecek, yok olacak ufukta tekne."

"Hem sonbaharı da sevmiyorum ki," dedi Cem, "gideceğimiz kenti, yolları, hiçbir şeyi."

"Benzini yoldan alabiliriz," dedi Tarık, "yolda yığınla benzin istasyonu. Konuşacak mıyız arabada?"

"Bir günde varır mıyız?" dedi Cem, "istemiyorum yolların uzamasını. Gözlerimi kapayacağım, hiç konuşmayacağım. Arkada oturuyorum ben. Tatilin başlangıcında yer değiştirmiştik her durduğumuzda Murat'la. Otomobillerin ön camları, geniştir, insan daha çok şey görebilir. Ama biliyorum, bir yol, acıyla döndünüz mü, büsbütün sıkıcıdır. Bütün yolculuklar sıkıcıdır."

"Benden nefret ediyor," dedi Murat, "arabanın arkasına geçip oturmuş. Uyanık bulduk onu. Oda kapısı da açıktı. Kalkıp giyinmiş, bizi beklemişti. Salmakis'ten döndük. Onlar uyanmadılar, Betigül uyanmadı. Benden nefret etmeye hakkı yok ama, istersen önde sen otur dedim, cevap vermedi."

"Yağmur da yağsa derleyemem güz aylarını," dedi Cem, "güz ayları ben yokum, ben oraya dönmüyorum, İstanbul'a dönmüyorum, ışıklarında kaldım deniz fenerinin."

"Sessizlikleri bunaltıcı," dedi Tarık, "yola çıkınca rüzgarın sesini dinleyeceğiz bir tek. Çamlıklarda böceklerin korosunu, başka hiçbir yerde bu kadar gür çıkmaz böceklerin sesi. Fotoğraflarını çekmek isterdim böceklerin, müthiş bir orkestra, kemanlar, orglar, piyanolar, yüzyıllardır, var olduklarından beri aynı senfoniyi yorumluyorlar. Ama bu senfoni acıları, üzüntüleri, yalnızlığı seslendiriyor."

"Hiç kimsenin benden nefret etmesini istemiyorum," dedi Murat, "bir gece onu çok sevdiğimi söylemiştim, tek arkadaşımdı benim Cem, niye böyle oldu bilmiyorum. Hiçbir şey bilmiyorum. Yolu görüyorum arabanın güçlükle geçtiği de Tarık hızla sürmek istiyor."

"Biraz yavaş sür diyebilirim," dedi Cem, "çünkü son geçişimiz, çünkü burda kendimi, hayatımın bir anlayışını bırakıyorum. Bir daha sevmeyeceğim insanları. Telefon numaraları gibi unutuluyorum. Unutulduğum için sevinçliyim. Telefon etmeyeceğim geceleyin, sessizlikte, kimseye telefon etmeyeceğim. Yol bıçkı evlerinden geçiyor. Bıçkı evlerinde hep yakılacak odunlar kesilir sanırdım, bilgisizliğim bu, teknelerin iskeleti de ormanlardan taşınmış buraya. Burası en acı sokağıydı Bodrum'un. Yoksullukla varsıllık, zenginlikten başka bir şey olmayan yerli burjuva döküntülüğümüz ve eşitsizlikler bıçkı evlerinde kalacak. Ama ardımıza taktık bir kez onları, eşitsizliği yani, hep bizimle şimdi. Daha bir süre. Daha bir süre kaba güce, vahşete, çığlıklara baş vuracağız. Yüzümüz kötülüğe tutsak, soluk soluğa, hırsla, tutkuyla, kötülükle, bencillikle yaşıyoruz. Çözümlerimiz, değerlendirmelerimiz hep yanlış."

"Bir an önce," dedi Tarık, "uzaklaşmalıyım. Kasabanın yolları otomobillere, kalabalıklara göre kurulmamış. Kimse bilmezdi herhalde eskiden, buradakiler bilmiyorlardı bir gün hepimizin dökülé saçıla geleceğini kendi ormanlarımızdan, kendi karanlıklarımızdan, yolumuzu kaybettiğimiz için. Biliyorum, ikisi de iğrenç ya da ikisini de ne çok seviyorum. Ama elimden bir şey gelmez. Tutkularım, doymak bilmeyen açlıklarını, korkularını değiştiremem onların. Yoldan almayacağım benzini. Dur dedi Murat. Niye istiyor durmamı?"

"Dur dedim, işte rıhtım," dedi Murat, "işte tekneler. Kirke de buraya demirlemişti ilk gece. Hatırlamıyorlar mı? Dönüyorduk, dalgakıranda güzel bir gün geçirmiştik, denizi seviyorum ben, olağanüstü deniz. Nihayet durdu. Arabanın kapısını açıp iniyorum. Dalgalarla çevrili bugün deniz. Güneş doğmadı daha. Dalgalar rıhtıma taşıyorlar, yarı karanlıkta ıslak bir yol. Daha birkaç gün önce Betigül'le yürüdük bu yolda. Onu sevip sevmediğimi bile düşünmüyorum şimdi. Bildiğim başka bir şey, onun beni sevmediğini, günle geceyle ve geceyle günle tükettiğini biliyorum. Haydar'ın alayla esrar çektiğini, Kerem'in benden nefret ettiğini biliyorum. Cem'in sustuğunu işitiyorum."

"Susacağım," dedi Cem, "beni kendimle ve 1906 tarihli eski bir çanla bırakıp gidemezdi hiçbiri. Bunu yapamazdılar. Katharine'le Ahmet yarın Kuşadası'na gidecekler, Emine unutuldu. Kimse Emine'yi anımsamak zorunda değil. Telefon edeceğim dönüşte, Ahmet söyledi, birkaç gün de Kuşadası'nda kalacaklar, merak etmeyin diyeceğim. Shakespeare'i unuttum diyeceğim gülerek. Ama laternayı ve küçük bir çiçeğin ezilişini, bir yaprağın toz olup yitişini anımsatmayacağım. Emine anımsayacak bunları, benimle konuşurken, telefonu kapadıktan sonra, iki günde döndüğünü, Kerem'e aşık olduğunu, çizmeli adamı, her şeyi. Kimi zaman öyle kolay ki her şeyin çözümü, çizmeli adamdı işte Emine'nin Betigül'ü, bizim yaptığımızı ve Betigül'ün yaptığını yaşamadı o. Otomobil duruyor. İskele meydanı sırılsıklam dalgalarla, Temmuz sonu bir fırtına Bodrum'da. Geceleri rüzgar yalnızca. Çay içelim diyor.

Salih'in kahvesi kapalıdır bu saatte diyor Tarık. İşitiyorum. Ama çarşının sonundakiler açıktır diyor o."

"Oradan da görebilirim denizi," dedi Murat, "bir laternayı çaldık deniz kıyısında. Betigül'ü tanımamıştım, Kerem'i, Haydar'ı tanımamıştım. Tanımak, karşılaşıp bir akşam yemeğine çağrılmak değil. Kirke gitti. Deniz, palmiyelerin ardındadır. Ben kalabilirdim. Onlar dönsünlerdi. Ne olursa olsun, birlikte döneceğiz dedi Tarık, boyun eğdim."

"Hiçbir şeye boyun eğmeyeceğim," dedi Cem, "sevdiği, benden üstün tuttuğu insanları tanıdım işte. Kirke'yi tanıdım, dünyanın en çirkin simgesi, Kirke! Bütün simgeler bizimle başladı burda, biz simgeymişcesine algıladık onları. Kale bir simge oldu ilk adımımı attığımda, benim için bir simge. Korunaklı, güçlü. Kale'nin içini gezdik, simgeyi bozmaya çalıştım. Ama bir simge Kale. İnsanlar bir simge. Onları ve Bodrum'u bir başlangıca, bir sona oturtamadan bırakıyoruz. Simgeler dizisi. Bakışları bir simge gibi değerlendirdim. Sevgileri de, aşkları da, yalnızlıkları da. Biriktirdim, ezberledim: simgeleri, lisede yazdığım gibi kimya defterime, yeni madenler buldum, yeni simgeler yani, birleştirdim, ayrıştırdım, renk değişimleriyle, garip kokularıyla bileşiklerin, eriyiklerin, ergimelerin, patlamalarla, öyle işte. Çay içmek zorundayız şimdi. Çaylardan, kahvelerden gündüzleri ve geceleri rakı içmekten çok yoruldum, sigara içmekten. Çantayı yokluyorum, dün akşam pansiyona dönerken almıştım yol için, yolculukta daha çok sigara içiliyor."

"Çarşıya sapıyorum bu daracık dönemeçten," dedi Tarık, "olmayacak işlere zorlanıyorlar yine. Bodrum'da bir saniye sonra fırtına patlayacak, bir saniye sonra kan, barut, kurşun yağmuru, Kale'den top sesleri! Çarşı yağmalanacak, dalgakıranda güneş cesetleri yığılı kalacak, bisikletlerin kornaları siren düdükleri gibi çınlayacak. Görmüyorlar mı, kargalar hızla terkediyorlar Kale'yi. Bir saniye sonra sabah olacak. Artık çok geç kalacağız."

"Alacakaranlık dağılıyor işte," dedi Cem, "bu kez anlayabileceğiz nereden doğduğunu güneşin, bu büyülü kasabada, bu ölüler ülkesinde belki de batıdan. Batıdan doğacak güneş. Bunu beklemeliyiz. Çay içerken güneşin batıdan doğduğunu görerek, umutsuz da olsa yaşayacağız bir tansığı. Kale ve iskele meydanı arkamızda artık. Orada kendi kendime çok oturdum. Gömleğimin düğmelerini tıpkı Haydar gibi çözüp bir gece rüzgarla birlikte oldum göğüs göğüse, yılmayarak. Onlar Salmakis'teyken. Sen de gel demeleri gerekmez miydi hiç olmazsa çan çalmışken ben. Suskunluk, tek erdem bizim için."

"Sevgi, ölümden doğmuştur, böyle söyledi Haydar, doğru mu?" dedi Murat, "Bu sözü başkaları da hatırlar mı? Bilmiyorum. Sevgiyi bilmiyorum ben, sevmeyi bilmiyorum. Bu yaz bir yıldönümü hayatımda. Bir gündönümü. Bir saniye dönümü. Zaman hızla kısalarak çarpıyor bana. Hiç böylesine sarsak, hiç böylesine cesaretsiz oldum mu, çay içmemizi önererek. Yani şimdi o, yani Cem, acıları ve sevgisiyle ölümden başka bir şey değil mi? Beni ölümden kurtarsın diye Betigül'e koştum. Salmakis bir ışık çizgisi şimdi, güneş ordan doğacak, şimdi narçiçeği, sonra alkor. Cem'in Betigül'den doğduğunu nasıl anlayabilirdim ki! Kaleleri sevmiştim, kalyonları, batık gemileri falan, çok sevmiştim. inanıyorum inanıyorum, bütün kaleler korkunçtur, Cem haklı."

"Hamamböceklerini Murat'ın yüzünden sevdim, öldüremedim her gece odamda," dedi Cem, "her gece yanımdan, sağımdan solumdan, baş ucumdan, ayak ucumdan geçtiler, çoğaldılar, başka odalara dağıldılar, ölümlerine dağıldılar, bir böcekmişim, artık bir böceğim, işte hayat bir simge, işte ilk algılayış, Haydar, ilk algılayış ama ne çok aldatıcı, güçlü sanmıştım herkes gibi bir böcek. Böcekleri seviniz diyorum. Böcekleri koruyorum. Böceklerden iğreniyorum."

"Bütünüyle," dedi Tarık, "toparlarsam, bütünüyle tatsız günlerdi. Güneşte duramadım, yüzmesini iyi bilmediğimden denize giremedim pek. Onlar eğlensinler diye Hitler olup binlerce ölünün ilenmesine yol açtım. Hitler'le alay edebilir mi insan, lokantalarda, teknelerde, gülerek, eğlenirken, yarı sarhoş, adamakıllı sarhoş, cinayetlerle alay edebilir mi hiç! Alay ettim, kara gömleklilerle ve kahverengi gömleklilerle. Çok beğenildim, alkışlandım, kendimden utanarak."

"Otomobilden indik," dedi Murat, "kahveye yürüdük, erkencilerin yanına oturduk. Tarık inmedi, o benzin alacakmış. Bir tutanakçı gibi saptadım bunları. Şimdi Cem'le karşılıklı oturuyoruz konuşmadan. Çayları ben söyledim. Simit yer misin diye sordum, yanıtlamadı. Bir tutanakçı gibiyim, çok eski ve unutulmuş bir tarihçiyim, kendimizin tarihini yazıyorum, bunu yüzyıllardır kimse yapmıyor. Ama ben yazmaya kararlıyım. Çünkü yanılmış olabilirim. Çünkü hepimiz yanılmış olabiliriz. Yazdıkça aydınlığa çıkar. Başkaları okur, başkalarının düşündükleriyle bizi belirleyen koşullar gerçekliğine kavuşacak. Kimseye acı çektirmek istemedim ben. Ama yine de bir acı çektiririm gibi yazmak zorundayım kendi tarihimi."

"Kargaşayı hissediyorum," dedi Cem, "çağıltı artık yalnız içimizde sürüp gitmiyor, bizi aştı, bizim değil şimdi bu düzensizlik. Yollara dalgalarını ve ıslaklığını serpti deniz. Sabahın kargaşası bu, bin yıl önce de böyle başlardı sabahın kargaşası. Tanyerinin kargaşası ta karşıda, yeşille kırmızının savaşımından yalnızca mavi, şimdilik ortaya çıkmayan gökçe ışık kazanacak utkuyu. Salmakis aydınlanıyormuş önce, günbatımı değil mi orada asıl yaşanan, bir bilinmezlik olarak kalacak, bunu defalarca söyledim. Yaslandığım bir iskemlenin arkası değil, tehlikeye ve kendi kendimeliğime yaslanıyorum. Tehlikeyi görüyorum, dalganın rıhtıma sıçrayışı gibi çarpacak bize. Ordan oraya yankılanan bir ses, birçok ses, uğultu, uğultular, ama kimin, ama neyin, kavrayamıyorum. Çayların tadı korkunç, işte bu çay, bu suyla boyanın ve yabancı başka maddelerin, ama çay olmayan her şeyin karışımı gerçek bir simge. Bodrum'u simgeliyor. Bir zamanlar kahvedeki insanları aldatmak kimsenin aklından geçmezdi herhalde boyalı sularla. Paraya tapınç yaşanılan, paraya tapınç. Para tek güvencesiydi Betigül'ün yaşlanmış, çökmüş, çıra gibi tutuşarak, böyle izlemiştim Kale'sinde korunmuşluğunu, yanmış ve kapkara. İlk yudum, midemde ilk yanma, aç karnına simitsiz çay, çünkü simit önerisi Murat'ındı."

"Peki bu adamlar niye erkenci?" dedi Murat, "kimi bekliyorlar kahvede? Belki hiç kimseyi beklemiyorlar, belki hiçbir şey beklemiyorlar. Sordukları kendilerine ve andıkları boyuna tek kişi yok, belki böyle. Sevgi nedir diye sormuyorum, çünkü az çok biliyorum, sevgi benim yaşadıklarımın hiçbiri değil. Ben sormuyorsam bu adamlar gibi şimdi nerde, şimdi ne yapıyor, alışılmış sözcükleriyle bunları sormuyorsam kimse için, yaşadıklarıma sevgidir gözüyle bakamam. Bir film seyrederken yalnızsam ve sormuyorsam içimden nasıl bulurdu o, bir kitabı okuyup da bir şeyler düşünmüşsem ve onunla tartışmayı aklımın ucundan bile geçirmemişsem, çay içerken, neskafe için su kaynatırken, kapının zili çalındığında yüzünü şöyle bir görüp bir sözcükle, adıyla anmıyorsam, hayır, sevgiyle en küçük bir ilintisi yok bunun. Birini sevmezken gövdesini tanımışsanız, yatmak mı, birleşmek mi, ikiyken tek olmak mı denir buna? Dense ne çıkar, dense ne değişir? Bir yalan, bir yalandan bin yalan. Gürültülerden, uğultulardan başka tek şey gerçeklik taşımıyor hurda. Çay içiyoruz."

"Uğultuları mı?" dedi Cem, "Duyuyorum tabiî, birimiz fırtına dedik belki, bilmiyorum, ben kargaşa dedim, sonrasız bir kargaşa hem, sen uğultu diyorsun içinden, peki ama niçin, kavrayamıyoruz. İlk sigaramı yakıyorum, şimdi güneş doğacak, gökçe aydınlık beliriyor şimdi, yeni bir gün, Tarık dönmedi."

"Tekrar çay içersem," dedi Murat, "uğultu artacak, vakit geçmiş olacak uğultusuz bir yolculuk için."

"Hayır," dedi Cem, "çay içmeyeceğimi söylüyorum ona, bir fincanın ağusu yetti. Çok zor artık düşünmek, değerlendirmek çok zor. Durgunluk diyecekken uğultulardan ve kargaşadan söz etmemiz ne garip. Hiçbir şey böylesine yapay olamazdı. Bir yaz tatili değildi, olamazdı, başladığımız ve bıraktığımız tek şey yok gibi. Durgunluğun ortasındaydık, durgunluğu yok edemez bir çanı çalmam, haykırmak, koşmak, bir başlangıç değil bunlar. Ortasını yaşadık tatilin. Gelişimiz silindi, gidişimiz silinecek. Tarık'ın arabasını görüyorum, yüzü gergin ışıkla kararmış camın gerisinde, öyle belirsiz ki, bu kadar olabilir, bize geliyor, bizim için iyice yok artık, kimsemiz yok, Tarık'ın da kimsesi yok, kaba güçle donandık. Kuntlaşmak diye aldattım kendimi, kaba güçten yakamı sıyıramadıkça."

"Çay içerek zamanı öldürmek," dedi Tarık, "ikinci çaylarını içiyorlarmış, niye çay içtiklerini bilmiyorum, yüzde yüz bilmiyorlar. Yoksa hemen giderdik. Bu kez kurtulamayacağımız bir fırtına çıkacak. Onlar güneş doğuyor derken gökyüzünün karardığını, öfkelendiğini, çıldırdığını hissediyorum. İçimdeki sıkıntıyı anlatmama imkan yok.

Boğuluyorum sanki. Bir nedeni yok bunun, yine de tedirgin ve amaçsızım. Amaçsızım, çünkü döndüğümde beni bekleyen hiçbir şey yok. Yokların sayısı artıyor boyuna. Onların yanında sustum, yaşadıkları garip şeyler için konuşmamayı yeğledim. Murat, hayvansal tutkusuyla sürükledi beni Bardakçı'ya. Hayvansal tutkusu için günlerce tekneye bindik, hep Karaada, hep Bilmemnere, hep tekdüze kıyılar. Zaman geçiyor, geç kalacağız, güneşte gitmek gözümü körteltecek."

"Gün ışığı," dedi Murat, "güneş kör etti hepimizi. Ben yaz ayları, tatiller güzel geçer sanırdım. Dikkat etmişim, gün ışığı bu kez karanlık, umutsuz bir kasabayı sundu bize. Hep mi karanlıktı Bodrum çiğ ışıklarıyla, ateşim varmışçasına bitkinim, güneşe dayanamam bir daha. En sevdiğimdi deniz, yitiriyorum, az kaldı."

"Tehlike geçti benim için," dedi Cem, "insanın paylaşacağı hiçbir şey yokken birlikte olmasının nedenlerini çözmek benim işim değil şimdi. Murat düşünmek zorunda Betigül'ü. Betigül'le ilintili ne varsa ardımda kaldı. Bir hayalet gibi beliriyor. Ellerini uzatsa bile uzağımda kalacak. Önemsizleşiyor, siliniyor. Uğultu, evet uğultu, ama onun kendiyle uyuşamamasının kargaşası bu, bizi ilgilendirmiyor. Bağımlılıklarımı koparıp atıyorum. Eve dönünce uzun süre, haftalarca takmayacağım telefon fişini. Sokağa çıktığımda kimseyi aramayacağım, evlerine gitmeyeceğim. Yalnız bırakıldığımın bilincine vararak, ama dirençle karşı koyacağım. Betigül öldü. Murat öldü. Emine öldü. Emine, Ahmet'in Kuşadası'na gittiğini öğrenemeyecek benim yüzümden, çünkü öldü. Ahmet kış için bir kazak bulacak dönüşte elle örülmüş. Katharine incikler boncuklar götürecek İngiltere'ye. Yüksek öğrenimine başlayacak bu güz. Katharine insanların iç dünyasına eğilecek sözümona, Shakespeare'i herkesin içten içe yaşadığı bir ülkede, insanlara yardım edemeyerek. Acıyorum Katharine'e. Suskunluk gibiydi, yakamozlar gibi belirsizdi var olup olmadığı. Acıyorum şimdi. İkinci fincanı da içiyorum, yeni bir sigara yakabilirim. Kalkalım: diyor Tarık çocuklar güneşte araba sürmek yoruyor beni. Kalkmıyoruz. Güneşin doğuşunu göreceğim diye tutturuyor Murat. Ne gülünç! Güneşin doğuşuna bunca gün sonra zaman ayırmasıyla ancak alay edebilirim. Hem bana ne benim arkadaşım değil o, kötülüklerin insanı, yalnız bırakıcı biri, öyle ve ben etkilenmiyorum yaptıklarından."

"Ben diyorum onlara, bari arabanın farlarına bakayım," dedi Tarık, "geceleyin varabiliriz İstanbul'a, Efes'te öğle yemeği yeriz, motor kızışmış olur, tekerlekler dönmekten ve tozlu yolları ardında bırakmaktan kızışmış. Fırtınadan etkilenmeyecek tek kişiyim aralarında, farketmediler. Öyle bir fırtına ki, herkesi birbirinden ayrı düşürecek. Son umutları da öldürmeyi yeğlediler. Ben küçük bir çocuk gibiyim onların yanında, Haydar'la Kerem iri yapılı adamlar, ben küçük bir çocuk gibi, Cem sanki yaşlanmış şunca günde, Murat kocaman bir çocuk, benden büyük, Emine abla için her şey sona erdi herhalde, Betigül yeniden diriliyor kendince, fırtınaları en kolay küçük çocuklar atlatabilir. Radyomu açacağım arabaya biner binmez."

"İşte," dedi Cem, "o sonsuz ışık oyunlarından biri daha, bugüne kadar hiç görmediğim, ufukta önce deniz kızardı, önce alkor olan deniz, gökyüzü hala yeşil ışıkların sarayı. Rıhtımda ve lokantaların taşlı zemininde dalgaların gelgiti, bir görünüyor bir sular altında kalıyor. Sular altında kaldığında ışık oyunu ta uzaktan kızartısını yansıtıyor. Dalga taşarak yayılıyor morundan, kirinden sıyrılmış, kahvelerin taşlı geçeneklerine yayılıyor. Palmiyelerin etli yaprakları toz içinde, yağmur yağmayacak, yağmursuzluktan giderek toza gömülecek bütün palmiyeler. Her şey kirlenecek. İnsanların ilişkileri gibi tıpkı, uygarlıkları gibi böylesine vahşi, böylesine yetkeyle sınırlanmış, öngörülerimle algılıyorum buyurganlığın nasıl hızla etkidiğini hayatımıza. Onlar henüz bilmiyorlar buyurganlıkla donandığımızı. Duygusallıktan kaçınarak bilinçlenebileceğimizi sanıyorlar. Evet, ancak bu yoldan bilinçlenebiliriz diyorum. Buyurganlar boru çiçeklerini böcek ilaçlarıyla solduruyorlar. Bunlar, sabahın ilk buyurganları, ellerinde aygıtları, ilaç sıkarak. Kahvenin çardağındaki boru çiçekleri hemen solmayacak. Belki biz göremeyeceğiz bunu. Ama sonra, biz gidince, ilk çiçek kopup düşecek sapından, çardak olanca karalığıyla yeşertisiz kalacak. Yeniden denize ve tanyerine dönüyorum. Bütünüyle aydınlık bir sabah başlıyor. Bizim dışımızda kalacak bu sabah. Ona katılamayacağız. Şimdi evlerini oda oda kiraya veren yaşlı, başörtülü kadınlar, sabah namazına durmaktan yorgun düşmüş, zeytinle, tuzlu suda bıraktıkları buraya özgü peynirleriyle ve büyük kentlerin ekmeklerinden farksız francalalarıyla kahvaltı edecekler. Ama gürültü etmesinler diye hep gözlemeleri gerekiyor torunlarını. Konukların seslerle, çocuk koşuşturmalarıyla uyanmaları çok tehlikeli. Tahta kepenklerin bizden açılıp asmalarla, üzüm korukları ile bezenmiş taş avluya bağırtıyı, kızgınlığı yaymaları işten bile değil. Bütünüyle aydınlık bir gün dediğim gibi, deniz ve güneş hazırlanıyor, mayoların geçirilmesi, bacakaralarını sıkan lastiğin baş parmaklarla aralanması, gevşetilmesi, şile bezi giysilerle sabah kahvaltısına, gidilir. Bir yığın ışık oyunu, her biri bir yaşam ayrıntısının kesiti."

"Sabahı başkaları yaşayacak," dedi Murat, "biz yollarda olacağız. Yollar sıcak olacak, terleyeceğiz, gömleklerimizi çıkaracağız."

"Geriye kalan ne?" dedi, Tarık, "Üç beş güzel görüntü yıkanmamış filmlerde kalan. Katharine'le Ahmet'in Kuşadası'ndan sonra bitecek arkadaşlıkları yani. Bir de Kale, kuleleriyle, burçlarıyla."

"Geriye kalan mı?" dedi Murat, "Kim yanıtlayabilir bu soruyu! Ama bilinmeli, anlatılmalı geriye kalan. Cem'le konuşmuyoruz, çünkü onun istediği tek şey, şimdilik geriye kalanları öfkeyle yadsımak. Beni suçlamak bir bakıma. Günlerce düşmanlık güttü hepimize."

"Geriye kalanı unutmayacağım," dedi Cem, "geriye kalan o çok tartıştığımız, çok konuştuğumuz, sürekli değerlendirdiğimiz bizi belirleyen ana sorunsalla öylesine özdeş ki, onu yadsıyamam, ne denli uğraşırsam uğraşayım, didinirsem didineyim yok sayamam, üstelik geriye kalanı tanımlayacak ad bizim için henüz bulamadığımız bir şey. Sözlüğümüzün sayfalarında rastlayamadık bu ada. Serseme döndük, savrulduk, rıhtımda tül bir örtü gibi serilmiş suya çıplak ayaklarla bastık, bu bulunamamış adı her yerde aradık, Denizkızı adasına bile gittik düşlerimizde, kalyonlarımızı Kale'den gözleyerek düşmanlara karşı koruduk. Yetmedi çabamız, eksik kaldık. Geriye kalan belki de eksikliğimiz."

"Ben biliyorum geriye kalanı," dedi Tarık, "bu üç çay fincanı işte geriye kalan. Çektiğim fotoğraflarla alay edişleri, onlara yardımcı olamayışım, dağınıklık ve çözülmüşlük, bir teknede bıraktığımız taçlı bir kralın kırık çenesi hiç bulunamayacak olan, bir sarı mermer kırığı yani."

"Ama çok şey kaldı geriye," dedi Murat, "suskunluğumuz sözgelimi, güzelliklerle donatabilecekken ölüme bıraktığımız bir ilişki, tedirginliğimi başkalarına aşılayışım, horgörülerle güçlenme istediğimiz, herhangi bir gün saat üçte denize girmiş olmamız, Kale'de onun acıyla çaldığı ve benim yok olduğum bir çan, bu çanın yankıları hiç bitmeyen, boşluğa ve sonsuzluğa çarptıkça artan uğultu. Yetmiyor mu? Daha çıkmadığımız dönüş yolculuğu, bir kır lokantasında yemek zorunda olduğumuz sulu et yemeği, içeceğimiz bir şişe bira, köpüksüz boşaltacağız bardaklara. Çay içmiyoruz artık."

"Evlerin ak badanası değil mi geriye bıraktığımız?" dedi Cem, "Akçalı duvarlar, parmak uçlarımızın kirini, kesilmiş kolumuzun mesinayla akan kanını damgalamamakta kararlı duvarlar yani, rüzgar, tozu taşımayacak, hep bembeyaz. Sanki niye kirlenmiyor! Oysa biz ardımızda korkunç şeyler bırakıyoruz."

"Sus," dedi Murat, "sonra tartışabiliriz, sonra düşünürüz."

"Beni hiç ilgilendirmiyor," dedi Cem, "yaz bitti benim için. Güz başlamayacak."

"Onların nasıl değerlendirdiklerini bilmiyorum.," dedi Tarık, "ama tatsız bir tatildi benim için. Yaşanmasa daha iyi olurdu."

"Kargaşalığın bütün yükünü tek başıma taşıyamam," dedi Murat, "rüzgar esmiyor şimdi, kargaşa diniyor bence, dalgalar sıçramıyor kıyıya, güneş çıktı çıkacak, güneşle her yer kupkuru olacak, taşlar kızışacak, yüklenemem hepsini."

"Doğadan tiksiniyorum," dedi Cem, "doğa bir altın çağ değil kuşkusuz, bir kural, bir sınır, bir yetke, bütün bunlardan öylesine uzağım ki, artık ürküyorum doğadan. Yeni baştan kurmak zorundayız hayatımızı, sözcükleri ve amaçlarıyla."

"Kalkıyoruz," dedi Murat, "yeniden bir tutanakçıyım, ben iskemleyi gelişigüzel çekiyorum, Cem masaya bitiştiriyor, Tarık şöyle bir düzeltiyor eğri duruşunu iskemlesinin. Önden gidiyor Tarık. Önden giderek otomobilin kapısını açıyor. Ben yanına oturuyorum,

Cem de arkaya. Anahtarı çeviriyor, ilk sesleri motorun."

"Tabiî bir ad bulacağım geriye kalana," dedi Cem, "çünkü unutmadım ben. Unutmaya hakkımız kalmadı. Çok söyledim bunu, yine söylemek zorundayım, unutmakla vahşet eşdeğerli bence. Konuşmadığımız sürece, bireyselliğimizi dışa vurmadıkça yalana ve kötülüğün dolanlarına saplanacağız. Bir hercai menekşe değiliz ki, güzel görünsün yüzlerimize taktığımız maskeler. Bir kaya yengeci değiliz ki, birbirimizden ve ayak seslerinden kaçalım. Bir kırlangıç sürüsü değiliz ki, sıcaktan sıcağa göç edebilelim. Yadırgatıcı gelebilir düşündüklerim onlara. Ama önemi yok, dilediklerince yadırgasınlar, inandığım doğruyu açıklamak zorundayım ben. Vahşet diyeceğim belki, içimizden söküp atamadığımız atacı bir kan dökücülük, ne bileyim, doğadaki altın çağın hiç olmayışı, sağır duyarlıkla yetinişimiz. Uğultuyu işitiyorum şimdi, motor çalışmaya başladı."

"Dost olabiliriz yeniden," dedi Murat, "bunu söyleyemiyorum ona, sessizlikte geçireceğimiz şu sabah yolculuğu, biliyorum iyice, hiçbir şey katamaz. Unutmak yok diyorum ben de, yaşadık birbirimizi defalarca öldürerek, aşıyorum kendimi ve onu, ikimizin dışında bakıyorum olaya, yabancılaşıyorum elimde olmaksızın, çünkü iyiyi ve güzeli bulmak istiyorum. Dost olmak değil mi bizim geride bıraktığımız, kurtarmalıyız bunu, onu götürmeliyiz bir tek, arkadaşlığımızı, sarsıntısız, yaşayabildiğimiz kadar. Niye susuyorum?"

"Yalnız kaba gücün görüntüleri," dedi Cem, "kargaların tuzaklarla yakalanışı, kuşların sapanla öldürülüşü, kurşuna tutulmuş insanlar, seslerin çığlığına kulak tıkamak."

"Hayır," dedi Murat, "tek başıma bile yüklenmeye hazırım. O anladığım korkunç bir şey, sevmeyi öğrenmek zorundayım, ikiniz de yardım etmelisiniz bana."

"Sonrası yok bunun," dedi Tarık, "Bodrum bir anda sulara gömülecek mercan adaları gibi, çünkü ayrılıyoruz. Palmiyelerin kavşağından sapıyorum. Son beyaz evler mumçiçekleriyle çevrili, sardunyasız. Mumçiçekleri yedi yılda bir açarmış, pembe-beyaz bir kız çocuğu bileziğine benzeyerek yıldız biçiminde. Bir anda gökle kara birbirine karışacak gürültülerle, dalgalarla, tepelerin ufalanışıyla. Yok olacak dalgakıranın kayaları, sonra Kale, Kale'nin en yüksek kulesi. Çok hızlı sürmeliyim otomobili. Radyoyu açmalıyım."

"Tutanağa yazmalıyım," dedi Murat, "tarih atmalıyım, tatilin dökümü pek iç açıcı değil, ama kaçınmamalıyım bu dökümden, gündüzleri denize girerken ve geceleri saz kulübeleri, huğ mu denir bir yerlerde onlara, huğlarda uyurken bizimle birlikte olan yalnızlığın çok çirkin olduğunu ev ödevi gibi yazmalıyım çocukluğuma dönüp, çok çirkin yalnızlık diye."

"Şimdi dur desem Tarık'a," dedi Cem, "bir kez daha dur, çünkü bomboş lokantanın şu masasında, nasıl unutabiliriz, az ötemizde, sen sapıyorsun, ne olur dur, orada iyi şeyler konuşabilirdik, gecelerce oturduğumuz şu masayı ve kendimizi, bizi sarsan, yıkan, tüketen her şeyden arınmaya uğraşarak, yorulmak nedir bilmeyerek gömelim toprağın derinliklerine, gömelim hiç korkmadan. Bir kum saatinin boğazını beklenmedik bir çakıl taşıyla, öyle fazla iri olmasına gerek yok, yosun yeşili bir çakılla tıkıyalım, zaman durunca biz gidelim, vahşetlerimize geri dönelim. Ama şu masa ve kendimiz toprak altında yüzyıllarca eprimeden kalabilsin, dirim kollasın gömülerimizi, şimdi ne kadar canlıysa, sonra yine öyle. Bir daha yaşayalım. Deniz bizi bekler mi?"

⭐ KELİMELER（生词注释）

koro	合唱	org	管风琴
laterna	老爷车	palmiye	棕榈树
eriyik	溶液	ergimek	熔化
tansık	奇迹；怪事	sarsak	虚弱的
alkor	火红的	ilenmek	诅咒
utku	胜利	iskemle	椅子，茶几
tapınç	崇拜	ağu	毒害
yaka sıyırmak	得到解救	yakamoz	海面上的鳞波
geçenek	走廊，过道	boru çiçeği	曼陀罗
francala	棍面包	koruk	未成熟的葡萄
şile bezi	一种薄棉布	özdeş	一样的，相同的
hercai	反复无常的	sardunya	天竺葵
huğ	草房	eprimek	分解

⭐ YAZAR HAKKINDA（作者简介）

Selim İleri, Hikâye, roman, senaryo, deneme, makale, röportaj, söyleşi, anı, şiir, eleştiri, fıkra, inceleme olmak üzere edebiyatın hemen her türünde eser vermiş olmakla birlikte romancı kimliği ile öne çıkmıştır.

Selim İleri, 30 Nisan 1949 tarihinde İstanbul'da doğmuştur. Babası Profesör Hilmi İleri'dir. Çocukluğu Kadıköy, Cihangir ve kısa bir süreliğine de Almanya'da geçti. Galatasaray Lisesinde başladığı liseyi 1968 yılında Atatürk Erkek Lisesinde bitirdi. İstanbul

Üniversitesi Hukuk Fakültesini yarıda bıraktı. Kendini tümüyle yazmaya verdi.

İlk yazısı 1967 yılında, Yeni Ufuklar dergisinde yayımlandı. Papirüs, Yeni Edebiyat, Yeni Dergi, Türk Dili, Türkiye Defteri, Milliyet Sanat, Gösteri gibi dergilerde yayınlanan yazılarıyla ünlendi. 1968'de yayımlanan ilk öykü kitabı "Cumartesi Yalnızlığı"nda sınırlı ilişkiler içinde sıkışan insanların yaşamlarını anlattı. 1973'ten sonra romana yöneldi. "Her Gece Bodrum" romanıyla büyük başarı kazandı.

1998 yılında Kültür ve Turizm Bakanlığınca verilen Devlet Sanatçısı unvanını almıştır. 2012 yılında Selim İleri, "eserlerinde gelenekle yeni arasında köprü rolü üstlendiği" için "Edebiyat" alanında Cumhurbaşkanlığı Kültür ve Sanat Büyük Ödülü'ne değer görüldü.

Uzun seneler Cumhuriyet gazetesinin kültür–sanat sayfasında, "Yazı Odası" köşesinde makaleler yazdı. 2008 yılından beri Zaman Gazetesi'nin Cumartesi ekinde İstanbul'la ilgili yazılar kaleme aldı. 2008 yılında TRT–2 de "Selim İleri'nin Not Defterinden" adlı programı sundu.

★ ALIŞTIRMALAR (练习)

1. Selim İleri ile ilgili kısa bilgiler derleyerek arkadaşlarınızla paylaşınız.

2. Cem, Tarık ve Murat neden tatillerini yarıda kesip Bodrum'dan kaçtılar?

3. Yazarın tasvirini yaptığı Bodrum'un güzelliklerini siz de anlatınız.

DERS DOKUZ
BİR DÜĞÜN GECESİ

★ 作品导读

阿达莱特·阿奥鲁（1929—）出生于安卡拉。高中毕业后考入安卡拉大学史地文学院法匡语言和文学系学习，毕业后曾供职于土耳其广播电视台。早在高中时代，阿奥鲁就已表现出对文学的浓厚兴趣，并在报纸杂志上发表剧评和诗歌。阿奥鲁的早期创作以戏剧和诗歌为主，1974 年她的戏剧作品《三部剧》荣获土耳其语言协会最佳剧作奖。辞去电视台的工作之后，阿奥鲁开始了小说创作，并于 1973 年

出版了第一部长篇小说《静待死亡》。阿奥鲁的一生著作颇丰，代表作品有戏剧《过家家》、《三部剧》，长篇小说《静待死亡》、《我的思想之花》、《夏末》、《婚礼之夜》、《不》、《灵魂的颤抖》以及短篇小说集《高度紧张》、《我们快走吧》等。

《婚礼之夜》是阿奥鲁 1979 年创作的一部长篇小说，也是她的小说三部曲《窘迫年代》当中的第二部[①]，曾荣获赛达特·斯玛威文学奖、奥尔罕·凯马尔长篇小说奖以及玛达拉勒长篇小说奖等诸多奖项。小说以一场婚礼为切入点，真实地再现了 20 世纪 70 年代土耳其国内局势的动荡以及军事政变对民众生活的巨大影响。小说的女主人公阿依姗出生于一个上流社会的家庭，父亲是一位退休议员，母亲是一位暴发户。埃尔詹是阿依姗的追求者，他的父亲是一位退役的将军。阿依姗并不喜欢埃尔詹，对于埃尔詹的疯狂追求，一直在极力地回避。军事政变发生后，还在上

---

① 小说三部曲中的另外两部分别是《静待死亡》（1973 年）和《不》（1987 年）。

大学的阿依姗也受到了牵连，被捕入狱。在埃尔詹父亲的帮助下，阿依姗才得以脱罪出狱。为了报恩，她不得不屈从于父母的压力，同意嫁给埃尔詹。因为涉及敏感的政治问题，小说《婚礼之夜》问世后曾在土耳其国内引发了不小的争议。小说构思巧妙，语言流畅生动，作者通过大量的内心独白将人物的性格刻画得惟妙惟肖。

"BİR DÜĞÜN GECESİ" ROMANINDAN SEÇMELER

X

Durup dururken:

"Everything is going all right... Everything is going all right!" diye bir tempo tutturmuş emekli albay. Marş adımlarıyla yürümeye hazır görünüyor. Bu kez İlhan, yarı açık ağızla ona bakıp kalıyor.

"Her şey yolunda," diyor Ertürk gülerek. "Her şey yolundadır İlhan bey. Şimdi düğün marşı çalınacak. Fakat Ayşen'le Ercan'a haber vermeli..."

"Haber ver kardeşim öyleyse, ne bekliyorsun?"

"Diyorum ki, misafirlerimizi yemeğe, onlar dansı açtıktan sonra mı buyur etsek, yoksa bir taraftan..."

"Sen hâlâ diyedur. Baksana herkes buyurdu bile... Git söyle kardeşim, git söyle. Düğün marşını biraz geciktirsinler... Şu tebrikler bitsin biraz... Ayrıca masalara servis de başlasın... Her şey hiç yolunda değil, her şey çorba, çorba!.."

İlhan, iki kolunu bıkkınlıkla iki yanına açıyor: Görüyor musunuz halimi?

Görüyoruz, "Offf" diyor sonra. Sonra da emekli albayı bir kez daha sırtından iterek kalabalığa karışıyor. Ertürk, hep aynı tepmoda, "Everything is going all right, everything is going all right..." diye mırıldana mırıldana –yok, marş adımlarıyla değil, samba oynar gibi– İlhan'ın peşinden yürüyor.

Düğün marşı yanlış bir zamanda patlak vermeden önce, İlhan'la emekli albay arasındaki konuşmayı ister istemez işitmiş bulundum. Böylece, Ertürk'ün anılarını yazdığını sandığım bir defterin sayfalarını çok gerilerden başlatmak, işin içine bir de Sumida katmak zorunda kaldım. Bu konuşma düş gücümü iyice harekete geçirmiş olsa gerek. İyi ama, neden Sumida? Ertürk'ün Koreli günlerinde yaşamına bir kez ve dolu dizgin girmiş bir Japon kızı varsa, o kızın adı başka bir şey olamaz mıydı?

Beş altı yıl önce uluslararası bir toplantıda bulunmak üzere gittiğim Tokyo. Toplantıların turistik programı. Çeşitli ülkelerden kırk beş delege bir otobüsün içindeyiz. Otobüste bize çevreyi tanıtan Japon kızın sesi: Sayın delegeler, şimdi üstünden geçtiğimiz nehrin adı Sumida.

Bellek ansızın çarpılıyor. Bazan orada bir nokta, hep aynı çarpık yere takılıp kalıyor. Ben nedense, o kızın adı da Sumida'ymış sanırım hep.

Beni takıldığım noktadan Tezel'in sesi kurtardı.

"İlhan da fazla horluyor bu adamı canım!"

"Abinin hakkını yeme. Bak seni emekli albaydan kurtardı o. Hem iki kere."

"Beni abimden kim kurtardı peki? Bir işe yaramayacağı için büsbütün çekilmez olan o suçlayıcı bakışlarından?"

"Bunu da Ertürk bey başarmadı mı?"

Kimden söz açsak, neye göz atsak ardından bir suskunluk geliyor. Sonra saçma sapan bir soru. Boşlukları başıboş doldurmaya çabalama. Tezel'in hiçbir şeye bir anlam vermeye çalışmaksızın o büyük boşlukları alkolle doldurabilmesi. Bense hâlâ her şeye bir anlam verme peşindeyim. Eski alışkanlıklarımdan bir gecede kurtulmayı da beklemiyorum zaten.

Emekli albay, esir kampındaki yemeği beğenmeyen Tommy'ye –belki onun adı da Tommy değildi, başka bir şeydi–, o çilli yüzlü Amerikalıya verdiği dersi daha sonra, burdaki subaylık günlerinde nasıl sürdürmüştür acaba? Bir kez –ve elbette haklı olarak– kokmuş balık yediği günlerin acısını, yurda dönüşte, akşamdan kalan yemekleri karısına yedirmekle, taze pişenleri, sofrada ender bulunabilenleri de kendisi yemekle çıkarmıştır. Sanırım Ertürk böyle bir alışkanlık edinmiş. Akşamdan bu yana kaçtır görüyorum. Kaçtır şöyle bir şeyler oluyor: Emekli albay, iki arada bir derede, yan kapılardan birine dalıp çıkıyor. Her çıkışta elinde, ortalıkta görünmeyen bir kadeh içki bulunuyor. Az önce de, her şey yolunda mı, değil mi diye teftişe gidip dönerken bir karidesi yutuyordu.

"Bu Ertürk, demin bir yandan da kolumu sıkıştırıp dururken bana ne dedi biliyor musun Ömer? Tezel hanım, eğer Ankara'da birkaç gün kalacaksanız müsaadenizle size bir kasa iyi cins viski göndereyim, dedi."

"Sen ne dedin?"

"Ben doğrusu, en çok nerden bulacağını merak ettim ama, kendisini kaçakçı falan sanmayayım diye olacak, daha ben sormadan alnı açık hesabını verdi. Oyak'ın bütün ziyafetleri, kokteylleri falan kendisi tarafından organize ediliyormuş da... Bu 'organize' lafı benim değil haa... Kendisi öyle söylüyor. Ne alnı açık adam gerçekten, değil mi?"

"Öyle," diyorum.

Bunu derken usulca kasıldığımı bile yakalıyorum. Tezel'in bu açıklaması düş gücüme duyduğum güveni pekiştiriyor, ne yalan söylemeli. Öyle ki, nerdeyse Ertürk'ün yurda dönüşte astlarına, erlere, ya da en iyisi yedek subaylara çektiği söylevleri bile duyabiliyorum.

Polatlı'da –öyle işte, Polatlı, orada asistanlıktı, doçentlikti, bir de Aysel'le iki kişilik dünyamızı kurmaktı, derken vatani görevimi biraz gecikerek yaptığım günler benim de–, bir manga yedek subayı karşısına dizmiş, Tommy'ye ikramları yüzünden, kendisine bıkıp usanma hakkı tanımaksızın yuttuğu haşlanmış pirinçlerin, içtiği kurtlu suların acısını çıkarıyor: Yemeği beğenmiyormuşsunuz ha? Nesi var hayvanlar? Ne kusuru var size verilen bu mercimeğin? Buldunuz da bunuyor musunuz? Ulan züppeler, sizlerin dedeleriniz, babalarınız neler yemek zorunda kaldılar, unuttunuz mu? Balkan Savaşında Bulgarların esir aldıkları Türk askerlerine ot yedirdiklerini nasıl unutursunuz ha? Onlar, Sarayiçi'nde ağaç kabukları kemirdiler, inekler gibi çayırlarda otlanmak mecburiyetinde bırakıldılar. Hadi, hadi!.. Bu acı hakikatleri gözönünde tutarak önünüze konan yemeklere bin şükredin. Kral sofrasıdır be bu sizin önünüzdeki, kral sofrası! Benim Kore'de, yüce bir gaye uğruna savaşırken gazi olup esir düştüğüm günlerde ne yiyip içtiğimi biliyor musunuz? Şu da var ki, ister iki sene için olsun, ister ebediyyen olsun, üstüne bu üniformayı giyen her kimse, ilerde başına gelebilecek en büyük mahrumiyetleri düşünerek önündeki zorlukları iradesiyle alt etmesini bilmelidir. Gün gelir, şimdi yüce devletimizin size verdiği bu nimetleri de hasretle anabilirsiniz!..

Ola ki, sıra bu nimetleri hasretle anma faslına gelince, Albay Ertürk'ün şurasını usul bir ağlama duygusu da yalayıp geçmektedir. Kurtlu suları içmiş olmak hasretle anılamaz. Ama Sumida –nedense Sumida işte– gibi bir kadın kendini albaya bir daha öylesi aşkla hiç vermemiştir; bu nimet hasretle anılabilir onun tarafından. Suçlamıyorum onu. Düşünüyorum. Beni öyle düşündüren de kendisi zaten. Onun bu gece, yeğenlerinden birinin düğününde, son demlerinin tadını ne olursa olsun çıkarmaya ant içmiş davranışları.

"Ayşenciğim, tebrikler şekerim. Seni de damat bey."

"Bak Tezel hala, yanınıza sığınıyorum, benimle alay ediyorsun. Alay etmesene!.."

Ertürk çoktan zihnimin derinliklerine gömüldü. Benim de hasretle anacağım bir gecem olacak, bu gecem. Ertürk bey, ilk dans için gelinle damadı aramaya koyulmuşken, Ayşen benim yanıbaşımda. Kendisine mutluluklar dilememi bekliyor. Hayır, beklemiyor. Bana bakmaktan çekiniyor. Gözlerini her bir yana kaçırıp duruyor. Hırçın bir sesle Tezel'e "Alay etmesene," diyor. Tezel, Ayşen'i hiç tanımıyor ki. Onu yeterince tanımak için hiç fırsatı olmadı. Benim oldu. Özellikle son haftanın herhangi bir saatinde.

Hiçbir şey yapamıyorum. Uzanıp Ayşen'in yanaklarından öperek "Kutlarım" bile diyemiyorum. Fırfırlı bir gömlek ise fır dönüyor gözlerimin önünde. Hadi Ömer, kendini zorla. Bir kuralı yerine getir. Böyle saçmalık olmaz. Yüreğin böyle toy bir delikanlı gibi çarpıp duramaz. Yanınıza kadar gelmiş gelinle damadı da böyle boşlukta bırakamazsın.

"Güzel bir gelin oldun Ayşen. İkinizi de kutlarım."

Ayşen derin bir soluk alma fırsatı bulmuşken, Ercan da budala mutluluğu içinde sırıtıp dururken sen, kendi olgunluğunu, ünlü serinkanlılığını bir kez daha gösterebilirsin Ömer. Babacan bir tavır bile takınabilirsin. Diyebilirsin ki...

"Ercan, nereye kaçıracaksın bakalım şimdi bizim tatlı kızımızı?"

İki yüzlülük. İki yüzlülük. Ayşen'i ben kaçırmak istiyorum. Kendim için değil peki. Bu yozluklar ortasından çıkarmak için. Peki, kendim için. Öyle. Bu durumlarda şaka yapmayı da hiç beceremem ki. Söylediğim tatsız tuzsuz bir sözdü. Neyse ki Ercan da daha tatlı tuzlu değil:

"Biz daha birkaç gün buradayız efendim. Yeni evimizde. Biliyorsunuz sanıyordum. Ayten teyzemle birlikte çıkacağız da yola. Biz Roma'da kalacağız efendim, Ayten teyzem Amerika'ya devam edecek..."

Ayşen, elindeki mum çiçeği ve gelin tellerini mıncık mıncık edip duruyor, Tezel pofluyor. Olmadı. Kimseyi rahatlamadım. Ayşen'i hiç rahatlamadım. Tam karşıtı, benim işitmemi, hele Tezel'in işitmesini hiç istemeyeceği bir yığın ayrıntıyı anlatmakta cömert Ercan'ı, bu cömertliğine büsbütün itelemiş oldum. Ercan, Tezel'in poflamaları ve giderek iyice alaycı kesilen "Yaa? Yaa?"ları arasında kendini yeni akrabalarına benimsetebilmenin tek yolu buymuşçasına açıklamalarını sürdürüyor:

"Çok aceleye geldi bizim nikâh efendim. Herhalde biliyorsunuz."

İkide bir bu "Herhalde biliyorsunuz'ları, bilmiyorsanız da bilin artık'ları" demeye geliyor sanırım.

Yine Tezel'in bir:

"Yaaa?"sı.

Bu kadar çok içmiş olmasa, oklarını fırlatacağı yeri bu kadar yanlış seçmezdi Tezel. Ayrıca okları fırlatmak için de hiç yormazdı kendini. Ercan'ın alınganlık huyu yok, belli. Kendi yerine iyice yerleşmiş bir delikanlı bu. Çocuk, yengesi Gönül hanım gibi iki arada bir derede kalmış, bocalıyor değil ki, neden "Hımm? Yaaa?" deyip duruyor Tezel?

Ayşen'in solmuş yüzü renkleniyor. Bozkırda günbatımı pembesi.

Ercan yine açıklıyor:

"Duvak takmak istemedi... Ben önce... Haklısınız efendim... Yakıştı... Modası bu, bu yılın... Müjgân hanım... Annem... Yazdı... Getirtti..."

Ne diyor bu çocuk? Söylediklerini hiç iyi izleyemiyorum. Ayşen'le aramda, titreşimlerini sürekli artıran bir akım. Ele vermediğimi sandığım. Hatta Tezel'in sezebilmesinden çekindiğim... Elindeki bardağı Ayşen'e uzattığını görüyorum:

"Al bakalım. Bir lokma iç şekerim. Rahatlarsın."

"Nasıl kıydın Tezel, hayret!"

'Şekerim'leri duymamış olmayı başarabilen bir Ayşen.

"Kız, Tezel deyip durma. Hala, desene!.." diye sarılıveriyor Tezel de ona. "Ben senin düğününde bulunmak için daha nelere kıydım. Kesin alınmış ne kararlarımı altüst ettim Ayşenim. Bir lokma içkinin lafı mı olur?"

İnsan duygu gölüne balıklama ne zaman dalacağını –güzel, profesör, devam– önden hiç kestiremez. Bunun için en uygun zaman, gerginliğin en uç noktaya vardığı an'da, sevginin de en uç noktaya vardığı an olmalı. Tezel'in hiç ağlamaz, hiç de ağlamazmış sandığım gözleri dolu dolu. Ayşen'inkiler şimdi onunkilerden de ıslak. Aralarında hiç sözkonusu edilmemiş nice gün, ay, yıl; o gün, ay ve yılların nice ortak yıkkınlıkları, küçük şakalarla sağlanan en büyük yakınlığın tek zenginliği şimdi.

"Sana hiç hala diyemedim ki Tezel. Demin zorladım, ama olmadı. Zaten aramızda toplasak kaç yaş fark var? Ayrıca, uzaktan uzağa ben hep seninle arkadaş olabilirmişiz sanırdım..."

"Uzaktan uzağa ne olunabilir ki Ayşenciğim?"

Ercan, asla anlayamayacağı bu bir an'lık yakınlığın ortasına hödükçe –şımarıkça mı yoksa– dalıyor:

"Bundan sonra daha sık görüşelim. Bize de buyrun... Bizde de kaim..."

İşte bitti. İşte Tezel yine tepeden tırnağa soğudu: Yoo, benim özgürlüğümü kimse alamaz elimden. Hele sen hiç.

Ercan'a böyle bakıyor. Salaklık etme, bile diyecek ama, bunu diyemediği için şunu diyor:

"Düğün marşı çalınacakmış. İlk dansı yapacakmışsınız. Babalar, analar, dayılar, hepsi sizin peşinizde, sizse burada... Baksana Ayşen, size el edip duruyorlar..."

Ayşen'in kupkuru kesilen gözlerinden ateşler fışkırıyor. Düşmanlık dolu: Batsın bu düğün marşı! Düğün de, Ercan da batsın! Benim için bu gecenin çok güzel olabilecek bu tek dakikası da böylece son bulmuş oluyor.

Ayşen'in kafasından bunlar geçiyor olmasa, babasının ve emekli albayın el sallayıp, 'hadi hadi' deyip durmalarına karşı sırtını dönerek:

"Öğleden sonra, berbere gitmeden önce işte, koşup babaanneme geldim. Seni görmek istemiştim Tezel," demezdi, onu suçlayarak.

"Yaa canım. Gelmişsin. Uyuyordum."

Pembe banyo köpüğü, düğünün bu özel ulağı, Ercan'ın bacakları dibinde o sıra bitiyor:

"Sizi çağırıyorlar Ercan abi... Çabuk olun... Beni babam gönderdi..."

Ayşen'in pembe köpüğü eliyle ittiğini seçiyorum. İsteyip isteyip de, ilk kez yapabildiği şeyi. Ercan da araya girme zorunluluğunu o zaman duyuyor:

"Söyle, şimdi geliyorlar, de..."

Pembe köpük, gelinliğin eteklerini çiğneyerek diretiyor:

"Ama olur mu abii?.. Bana dediler ki, koş, ikisini de alıp gel, dediler..."

Ayşen bir kez daha ve iyice itiyor pembe köpüğü. Tezel'le konuşmasını sürdürecek. Daha doğrusu, onu suçlamayı. Büyük yaş farkından ötürü Aysel'e gösteremediği kırgınlığını Tezel'e gösterecek.

"Biliyorum. Gece otobüsüyle gelmişsin. Uykusuz kalmışsın. Benim için..."

Bu hırçın ses, Tezel'in tek kılını bile kıpırdatmıyor:

"O nedenle biraz güzelleşmek istedim işte."

"Babaannem, uyandırsam mı demişti?.."

Tezel, bu tür sorguya çekilmelere gelemez. Bu konuşmayı bitirmeli. Bir an önce kestirip atmalı. Bir an önce de pembe köpüğün ayakları dibinde dolanıp durmalarına son vermeli:

"Ben, kim ararsa arasın uyandırmamasını söylemiştim."

Bu konuşmanın arasına içgüdüsel bir tepkiyle dalıyorum:

"Gelenin Ayşen olduğunu bilseydin, herhalde kalkardın Tezel?"

'Evet' de. 'Elbet' de. Deyiver Tezel. Lütfen. İlerde Ayşen'de bir tek sevgi tohumu boy atabilsin diye, 'tabii' deyiver.

Kendimi Tezel'e böyle dilenen bakışlarla bakarken yakalamak üzereydim ama, Ayşen beni benden önce yakalamış olmalı:

"Beni sevindirmeye çalışmayın Ömer abi. Bununla birlikte buraya kadar geldiğiniz için teşekkür ederim."

Sesi titriyor Ayşen'in.

"Ben de teşekkür ederim efendim. İkinize de..."

Ercan'ın bize karşı görevi de böylece tamamlanmış oluyor.

Artık düğün marşı çalınabilir.

Uzanıyorum. Ayşen'in yanağına 'elveda' öpücüğünü konduruyorum.

Bütün gövdesinden en büyük akımın geçtiğini duyuyorum.

Yirmi iki yaş, her zaman en son dakikada birinin ortaya çıkacağını, kendisini güneşli güzel günlere doğru çekip götüreceğini umabilir. Böyle bir son dakikanın ürperişlerini gelecek güneşsiz günlerde de aynı güçle yeniden yeniden duyacağını sanabilir. Kırk beşini geçmiş bir akıl adamı ise, o aklı başına toplamak zorunda.

Ayşen'den hemen uzaklaşıyorum.

Artık bu, az önceki gibi, bir bakışın kaçırılışı değil. Bir dokunmanın da kaçırılışı. Bu kaçışım önünde Ayşen'in benden daha uzaklara ağışı beni en çok şaşırtıyor. Tezel'in az önceki yakınlığından en uç uzaklığa geçiverişine benim kararlı geri çekilişim eklenince, Ayşen, yeni yaşamına ilk adımı kesinlikle atmış olmalı. Bu eşikte onun nerdeyse vurdumduymaz, kati, nerdeyse yırtık kahkahasını işitiyorum.

"İşte girişi yapıyoruz. İşte düğün marşı!.. İçkiye teşekkür Tezel, şekerim. Gerçekten iyi geldi."

Kocası da önümüzde eğiliyor:

"İzninizle. Dansı açacağız da..."

Düğün marşı, orkestra yüksekliğinden, daha Ayşen "İşte girişi yapıyoruz," derken patlak vermişti.

Ercan, Ayşen'in elini tutuyor. Sonra kolunu koluna geçiriyor. Henüz masalarına yerleşmemiş konuklar iki yana açılıyorlar. Ayşen, yüzüne yapay mutluluk çizgilerini taşıyan maskeyi oturtuyor. Bir eli, baştan bu yana nerdeyse kışalayıp durduğu pembe köpüğün omzunda, üçü birlik piste doğru yürüyorlar. Ayşen, iki adım sonra ansızın bize dönüyor. Bakışları çakmak çakmak:

"Biliyor musunuz, ardından Love Story gelecek bunun," diyor.

Yırtıklaşarak mı, muzipleşerek mi, acılaşarak mı; artık pek ayırdedemiyorum.

"Beni hoşgör Ömer."

Tezel böyle diyor ve Ayşen'den arta kalan içkiyi bir yudumda içip bitiriyor. Yıkkın, kendini sevmeyen bir Tezel bu. Yok. Karıştırdım sanıyorum. "Beni hoşgörün," diyen de, yıkkın ve kendini sevmez görünen de Ayşen olmalı. Çünkü biz ikimiz, Tezel'le ben, en küçük bir burukluk bile duymadan, birer kadeh içki daha ediniyoruz kendimize. Yeni bir köşe buluyoruz ve oradan, Müjgân'ın, 'böyle masamıza gelin' işaretlerini görmemiş olarak, gelinle damadın dansı açışlarını seyrediyoruz.

Ayşen Dans Pistinde

Dansı açacakmışız. On dakikalık kocam böyle diyor: "Dansı açacağız."

Piste bir yanımda babam, öte yanımda Ercan olarak girdik. Düğün marşı eşliğinde. Sonra babam geri çekildi. Alkışlar da usul usul geri çekiliyor; biz dansı açıyoruz. Love Story... Oğlan tarafının marşı bitti. Şimdi sıra kız tarafında. Love Story...

Kimse beni alıkoymadı.

Beni kimse alıkoymayacak mı? Tamam mı gerçekten? Love Story ile dansı açmaktan artık geri dönülemez mi?

Gidiyorum Ömer abi... Gidiyorum Tezel... Tutsanıza beni! Sonunda Ercan'ın şu sevimsiz, sırnaşık dayı kızına bile tutunmak zorunda kaldım. Gidiyorum. Baba, sen çekil! İtme beni öyle piste... Yürüyorum işte, acelen ne? Ha, sahii! Laa, lala, laaa... Peki, oldu işte. Eski filmlerde, yeni düğünlerde gördüğümüze birazcık benzedi. Tamam, Git artık. Uzaktan gönderdiğin o öpücüğü geri al anne. Çabuk geri al! Yine senin o etiket öpücüklerinle uğraşacak olduktan sonra, benim burada işim ne?

Love Story... Dansı bununla açıyoruz. İşte Ercan'ın kollarındayım. Ömer abinin öpücüğü üstünde Ercan'ın yanağı. Silgi gibi. O öpücük de bana kalmayarak... Yüreğimi en çok ısıtan, beni en fazla sevindiren bu tek düğün armağanı da Ercan'ın yanağı altında tuzla bu. Dansı açtık. Alkışlar. Çok zavallı olmamak için çok mutlu görünmeye çabalayan yüzüm. Tezel'le o bir an'lık yakınlığımızın bedelini şimdi böyle ödeyen yüzüm. Ömer abinin bir an için bana sunduğu, her yanımda; elle tutulur ve tutulmaz her tarafımda duyduğum o armağanın bedelini, hiçbir yanımı Ercan'a sunmaksızın, onun kollarında dönüp duran gelinliğimle ödeyerek. Love Story... Üstüne projektör tutulmuş tavşan... Birileri daha kalksalar dansa. Şu tavşanlıktan kurtulsam!.. Kimse kalkmıyor. Açış dansının tamamlanmasını bekliyorlar. Ne uzunmuş Love Story!..

Asansörden inişinde Tezel'in yanında Ömer abiyi de görünce, –gelirim, demişti oysa, söz vermişti– olmayacak bir şeyle karşılaştım da, ondan şuramda küt diye bir şey kalkıp oturdu sanmıştım. Sonra sırayla: Hoş geldiniz efendim, hoş geldiniz efendim. Siz de hoş geldiniz. Siz de Gül'ün babası, keşke gelmeseydiniz! Ben nikâh kartını size kendi elimle siz buraya gelesiniz diye getirmedim, beni Gül'ün yanına götüresiniz diye... Hoş geldiniz... Hoş geldin İnci abla... Hoş geldiniz... Hoş geldiniz efendim... –Defolun!– Ömer abi nerde?

Nikâhta uyuşmuş gibiydim. Ömer abinin bana baktığını görünce kırmızı, yeşil, sarı, turuncu, göz kamaştıran bir aydınlık içinde yittim. Fotoğrafçının flaşları mıydı yoksa? Nikâh memurunun ağzı. Tanıkların yüzü. Bir evet. Bir evet daha. Babamın sesini duyunca ayıldım. Belki, biri nikâh tanığı, öteki Ercan'ın babası, iki paşanın ellerini sıkmam ya da öpmem için birileri –annemdir– arkamdan usulca itince ayılmışımdır.

İşte böyle Tezel. Şimdi de dansı açtık. Sen orada kal. Ömer abinin yanında. Hiç boşuna gülme Tezel. Boşuna ağlama ya da. Hiç uzak tutmaya çalışma yakınlığı benden. Oldu bitti işte.

Öğle sonu uyanabilir, benimle konuşabilirdin. Hatta 'Ayşen ararsa uyandır anne,' diyebilirdin. Sen, bir yığın uzak insan arasında yaşamını nasıl sürdürüyorsun, bana anlatabilirdin. Beni elimden tutabilirdin. Kimse tutmayınca, bak işte şimdi, beyaz dantel eldivenli ellerimden biri Ercan'ın elinde. Ötekinde ak kurdelesiyle aka yakın pembe mavi gelin çiçekleri, uzun gelin telleri. Yüzümü bunlarla başka yüzlerden gizleyerek, bunlar her adımda başka yüzleri benden uzak tutarak dönüyorum. Dönüyoruz... Birlikte... Ercan'la... Gelin tellerim dönüyor. Gelinliğim dönüyor... Love Story... Ercan ne yakışıklı çocuk değil mi? Tıpkı Kenny Roberts. Canım, şu motosiklet yarışçısı işte. Ercan çok hayranmış ya ona? Öyle, siz nerden bileceksiniz.

Hem size ne Ercan'ın neye hayran, neye değil olduğundan. Ercan'ın kim olduğu neden ilgilendirsin sizi. Babamla annemi bile birazcık ilgilendirebildi. Bir tümgeneral oğlu. Uslu. Sorun getirmez. Amerika'da da makine mühendisliği okumuş. Beni yuvarlandığım çukurdan kurtarıyor. Yetmez mi?

"Çok mu yorgunsun sevgilim?"

Ne düşünceli çocuk. Nasıl gözünün içine bakıyor. Nasıl da anlıyor seni! Gülümse Ayşen. Bulunduğun yerin hakkını ver. Love Story'nin hakkını ver. Gülümse. 'Birazcık' de. De ki, o da Old Spice kokan yanağını Ömer abinin öpücüğü üstüne iyice yapıştırsın. O öpücükten arta kalan izi de iyice silip kazısın. Nesi var? Pek güzel çocuk işte. Senin arkadaşların, önemsediklerin, hatta sevdiklerin, nerdeyse âşık olduğunu sandığın –Uğur beni düşünüyor musun?–, hepsi Ercan'dan daha mı insanlar sanki? Bu smokinli damattan daha az robot değildi onlar. Düşünsene... Pis blucinleri, leş parkaları, kokmuş süveterleri içinde bin kez daha robottu senin arkadaşların. Tuncer'e baksana. Günlerce, aylarca arkasından sadık bir köle gibi koştuğun, ağzından çıkacak her sözü sihirli değnek bellediğin Tuncer abine baksana... Yıldız'ınki aşk ise, Ercan'ınki de aşk... Love...

"Titriyorsun Ayşen?"

"Herkesin gözü bizde..."

Ya işte, böyle ol. Gülümse. Herkesin gözü bizde.

"Gülünce sen, bin kat daha güzelsin."

"Ali MacGraw kadar mı?"

Ercan'ın alınma huyu yok. Onda, hırçınlaşmadan istediğini alma huyu var.

"Ali ekranda güzel. Yakından görsen..."

"Sen gördün tabii?"

"Tabii..."

"Ne şanslısın!"

İleri gittim. Alındı mı? Anladı mı? Anlamamalı. Çünkü, ne olsa bundan sonra hep bu ve buna benzer şeyler konuşacağım. Konuşacağız. Alınmasın, ne yapayım. İyi niyetle ağzımı alıştırıyorum işte. Defolsun 6. Filo!.. Halklara özgürlük!.. Emperyalizmin uşakları!.. Bütün bunlardan sonra, kolay mı dilin değişmesi? Ercan'ın dili, papyon kravatlı. Güneş dili, uzun kravatlıymış. Aysel halam, ben daha küçükken, böyle bir şey söylemişti. Ne olduğunu anlamamıştım. Şimdi, Ercan'ın kullandığı papyon kravatlı dili öğrendikçe anlıyorum. Daha doğrusu öğrenmeye çaba gösteriyorum. Buna sevinmeli Ercan. Kulübe gidelim mi? Briç oynardık. Babam yine yönetim kuruluna seçilmiş. Kokteyle gitmemizi istiyor. Ne giyeceğim? Bu iyi mi Ercan? Geçerken berberime uğra da postişimi alıver kocacığım.

"Şanslıyım elbet. Seninleyim. Sana kavuştum."

Bu Ercan'la hiçbir şey yapılamaz. Alay bile edilemez onunla. Ancak Eytın teyzesinin düğün ertesi yorgunluğunu çıkarması beklenir. Onunla Roma'ya uçulur. Orada bu Eytın teyzenin Cim Törk kocasının Ercan için –Hangi Ercan için, kayınbabam babamın inşaatından baldızının dairesini çoktan ayırttı– Fiat'a ısmarladığı spor araba Eytın teyzeden teslim alınır. Aferin bak Ayşen, hepsi bir bir aklında. Böylece şu Ercan'la bu ve buna benzer alışverişler peşinde gidilir. Korkuyorum.

Ya korku, ya nefret var bende. Bir de... Ömer abiye duyduğum hayranlığın yüreğimi dilim dilim eden bir şeye, sevgiye dönüşmesi var. O gün mü anladı Ömer abi, bu gece mi anlıyor? Anladığı için mi geldi, bana acıdığı için mi? Acımasın... Acımasın...

"Bir bitse şu düğün."

Bunu ben söylüyorum. Hem de Ercan'ın kulağına, onunla başbaşa kalmaktan öte hiçbir şey istemediğimi sandıracak bir sesle.

"Arabayı Roma'da teslim alır almaz Ayşenciğim, süreceğim sürebildiğim yere dek... İkimiz. Yalnız ikimiz. Seni üzen her şeyden uzaklaşacağız, görürsün. Bir alsak arabayı..."

Bence az. Devrimciliğe hevesim bu kadar da ucuza gitmemeliydi. Bir inanç da böyle, bu denli yok pahasına 'adaaam sende!..' olmamalı değil mi Tuncer abi? Süt dökmüş kedi gibisin bu gece. Neyin var? Bir suçun var, asıl büyük suçun. Devrimin benim gibilere kalmadığını baştan söylemeliydin bana. Bak, sana bile kalmadı o.

"İlkin nereye peki? İsviçre'ye mi, Yıldız'lara?.."

"Yok," diyor Ercan büyük bir rahatlıkla. "İlkin tabii doğru Barcelona–Ajax karşılaşmasına..."

Yaa, beni kaptığı gibi düşkünü olduğu maçlara kaçıracak Ercan. Nerdeymiş bu karşılaşma?

Love Story bitti.

Şimdi dünya dönüyor. Biz de daha hızlı dönüyoruz.

Şimdi artık babası annemi dansa kaldıracak. Babam da annesini. Korgeneralden izin istediler. Lokmaları ağzında, yutkuna yutkuna geliyorlar. Kaynanam Hakan'ın derdinden, elbet bu nedenle, adımlarını şaşıracak. Hakan, nerdesin? Dünya dönüyor, sen ne dersen de. Bak, şimdi yine alkışlar olacak. Oluyor bile. Babam göbeğini içine çekecek. Çekti bile. Ercan'ın annesi bir zamanlar boş bulunup, Ercanımın düğününde ben de dans edeceğim, demiş olduğu için, yüzüne ne anlam vermesi gerektiğini bilemeyecek. Bilemiyor işte. Ha ağladı, ha ağlayacak bir suratla gerdanını kıracak artık. Kırıyor. Annem dudaklarını yalayıp saçlarını... Geriye attı işte. Tümgenerale beni çekiştirecek. Başladı bile. Nasıl olsa nikâh kıyıldı artık. Korkusu yok. Artık Hayrettin Paşa korur bizi, hepimizi. Düğünü de. Hakan'dan. Hakan nerde? Ne demiş? Bir şey demiş. Annemle babam ağızlarında geveleyip duruyorlar. Bu geveleme nedeniyle Paşa da iki kez, –umarım dört kez olur,– annemin ayağına basacak. Annem, ah kusur bendeydi Paşacığım, yorgunluktan nereye bastığımı bilmiyorum ki, diyecek. Dedi. Yatak odam için kaç takım işlemeli çarşaf yaptırdığını, koca pencerelerin perdesi için kaç dükkâna girip çıktığını... anlatıyordur işte. Herkese anlattı. Babamın bütün paralarını hep kendisine harcamıyor ya. Kızma da, iğnesinden ipliğine kadar... Diyor. Dedi. "Dünyaaa dönüyor, sen ne dersen deee.."

"Bak, baban ne kadar keyifli."

Demek şarkıya eşlik eden bu ses, babamın sesiymiş. Ben Ercan'ın kendisi sanmıştım. Ne yapayım. Gül'ün babası bana bakıyordu. Ben de nedense ona bakıp kaldım.

Ne denli düşünsem, bu düğünün böylesi çirkin olacağını düşünememişim. Kendimi Ercan'ın kollarına atıvermenin, soğuk bir suya dalmakla aynı şey olmadığını bilememişim. Soğuk suya daldın mı, bir an ürperirsin, sonra geçer. Bu gittikçe üşütüyor. Ömer abinin içimdeki yerinin de küçülmeyip büyüyeceğini bilememişim. Bilseydim, başımı omzuna dayayıp, "Aysel halam gelmiyor, ama ne olur siz gelin Ömer abi," diyemezdim. Nikâh sırasında bana bakarken, bu dileğimin altında yatan gizli duyguyu anlamış olduğunu kesinlikle bildim. Bu nedenle bin kez daha ikiyüzlü bir düğün bu.

Gül'ün babası bana gülümsüyor. Ben de ona. Nasıl bir gülümseme? Suçlu mu, mutlu mu? Bir teşekkür gülümsemesi mi, baştan savma bir incelik gösterisi mi? Bir utanç mı, bir boşveriş mi? Yırtıklık mı, ezildik mi? Gül'e sevgilerimi gönderen bir selâm mı, yoksa 'Senin Gül'ün de yerin dibine batsın, sen de' mi? Gülümsüyorum Gül'ün babasına.

Gül... Sevgili Gül... Şu an senin yanında, senin yerinde olabilmeyi nasıl isterdim! Bu tutukluluğun o tutukluluktan çok daha korkunç, içinde tek onur hücresi barındırmayan bir şey olduğunu yaşamadan bilemezdim. Kimse yaşamadan bilemez. Gül... Beni hoşgör. Bir başkası daha dayanıklı olabilirdi, biliyorum. Ben olamadım. Neden? Uğur'u görüyor musun? Ona soruyor musun? Sanki soracak başka sorunuz yok. Babana, sakın gitme Ayşen'in düğününe, demedin mi? Yoksa dedin de o, yine geldi mi? Kaynanamın dertli başı, babanın gülümseyen yüzünü kapattı. Babanı çağırmadan edemedim. Hem gelmesin, hem gelsin istedim. Onca arkadaşımın arasında bir sen, bir de Uğur vardınız bana insan gibi davranan. Bir gün, dışarda olduğun zaman yani –bu olacak mı, bak biz burda düğün yapıyoruz–, baban düğünü belki de anlatır sana. Ağır, ağır... Alıştıra alıştıra... Dışarıyı anlatmanın bir parçası olarak. O zaman artık beni bütünüyle unutursun. Hiç arayıp sormak istemezsin. Evli evine, köylü köyüne... Ne gamsız çocuklardık biz, Gül... Çantalarımızı sallayarak bunu söyleye söyleye evlerimize dönüşümüz daha dün...

Ah Gül, keşke ben de senin gibi küçük bir memur kızı olsaydım. Ya da daha iyisi, daha iyisi Gül, ben Ali Usta'nın kızı olsaydım. Bu gece benim gelin evime kristal avizeleri takıyor. Televizyonu, buzdolabını, çamaşır makinesini, eksik prizleri, lambaları... Banyonun büyülü, gizli ışıklandırılması. Yatak odasının şafak pembeliğine büründürülmesi... Bunların hepsi istendi. Çünkü, bu ışıklar altında bunları isteyenler yatacak Ercan'la! Ben, gelinliğimin eteklerini sürüye sürüye o evin kapısından çıkarken Ali Usta da elinde iş çantası, köpüren tüllere, ipek şifonlara basmamak için usulca yana çekiliyordu. Sessizce yana çekilişinde beni utandıran, ezen bir şeyler vardı. Babanın bana az önceki gülümsemesi gibi. İşte şimdi bir omuzla babamın başı arasında yine babanın yüzü. Aynı ezilmişliği daha kötü duyuyorum. Bu ezilmişliğin daha kötü bir başkaldırıyla sonuçlanmasından çekiniyorum Gül. Kaçtıkça batan biriyim çünkü. İtildikçe daha hızla itildiğim yana doğru kayan biri. Babanın gülümsemesi ansızın öfkelendiriyor beni. Aynı öç alma duygusu işte. İşte yeniden. Böylece, inadıma başımı Ercan'ın omzuna yaslıyorum; baban da –Şimdi seninle daha çok övünsün– tepesinde kocaman kara topuzuyla bize, bu çok mutlu dans topluluğumuza katılan; analar, babalar, teyzeler, dayılar, halalar –benimkiler değil–, Namık beyler, başka Namık beyler, Semih'ler, başka Semih'ler, İnci'ler –beş, on, on beş İnci'ler–, beş, on, on beş Ertürk'ler, beş, on, on beş Gönüller, mankenler, manken anaları, generaller, general yaverleri, halıcı, işte motor ithalat ortağı babamın, inşaat malzemesi ve yapı şirketi ortağı aynı zamanda işte; hepsinden oluşan bu sıcak mı sıcak, bu çok anlaşmış topluluğumuza katılan Eytin hanım; yeğeni Yılmaz'ı elinden tutup sürükleyerek bir Amerikan halk dansı oynar gibi 'Dünya Dönüyor'la oynayarak bizlere katılan bu kadına "Bravo teyzeciğim" bile diyen, onun "oh my dear!"leri, "I'm so glad"leri kulaklarını yırtan, babasının "... sen ne dersen de–ee!"leri beyninde uğuldayıp duran mutlu, –çok mutlu– Ayşen'i görüyor Gül. Başı on beş dakikalık, yirmi dakikalık kocasının omzundaki Ayşen'i. Görüyor Gül, bir Anadolu Kulübü gelini olarak ben, az sonra dolaşmadığımız masaları da dolaşacağım, henüz yanlarına gidemediğimiz kimselerin de yanlarına giderek bize tebriklerini sunmaları için ellerini öpüp ellerini sıkacağım. Yarım dakika hacı babaların yanında, bir dakika Tuncer abi ve Yıldız ile, yarım dakika reklâmcı İnci ve oyuncu Semih'le, bir dakika daha babaannemle, iki dakika daha Korgeneral, karısı ve kızıyla –Çünkü onlar çok kalmayacaklarmış, çabuk gideceklermiş ve tabii yine geldikleri gibi tatataaaa'larla– ve o masadaki, ya henüz danstan dönmüş, ya dansa hiç kalkmamış bizimkilerle: Yoruldun Ayşenciğim, güzel kızım benim, canım evlâdım Ercan, ah ne güzel gelin oldun, bak az sonra seninle göbek atacağız haa Ercan, terlemişsin kızım, gel şu makyajını tazeleyelim, ah acaba ne yaptı Ali Usta, İlhan, bitirebildi mi işini, yetiştirebilecek mi, hele yetiştirmesin, yetiştirmeyecek olsa ben ondan ister miydim'lerle; zihnim bir dakikacık o ustayla, her saniye Ömer abiyle; gözlerim kaçamak her yerde ve hiçbir yerde; her uğradığım masada ağzıma bir lokma et, bir lokma lahana dolması tıkıştırılarak; her uğradığım yerde herkesin bardağından bir yudum votka, bir yudum kokakolalı cin, bir yudum limonata, iki yudum kanyak, sonra bir yudum domates sulu votka, sonra bir yudum sulu viski, ardından biraz sosis, ardından bir yudum nane likörü –menta diyor Gönül hanım–, ardından Namık beyin "öp bakayım şahidinin yüzünden bir" demesiyle ağzımda biraz da tuzlu ter tadı kalarak... Sonra Gül, az sonra, kayınbabamın çağrılısı –bir şarkı bilmem kaç bin liradan– iki şarkılık ses sanatçısını dinlemek üzere; ardından annemin çağrılısı, Semih yoluyla annemin çağrılısı –her şarkı şu kadar bin liradan olarak üç şarkılık– hafif batı müziği sanatçısı delikanlıyı da dinlemek; daha sonra Gül, daha ne mi var programda, programda daha sonra Gül, babamın çağrılısı olarak –atacağı göbekler toplamı bu kadar yüz bin lira– ünlü bir dansözümüz, yine babamın çağrılısı olarak Gül, gecenin bir saatinde, gazinolardaki programlarının bitiminde yani, burda bize, hepimize; babama, anneme, halıcıya, bankacıya, bankacının karısına, Ertürk beye, Eytın hanıma, belki kayınbabama da ve İnci'ye, hepimize omuz kırdırıp göbek attırmak için döttürü döttürü döttürü yavrum hey'lerle pistte tepişmemiz için orkestranın yerini alacak olan on bilmem kaç kişilik saz heyeti, Gül... Başım dönüyor.

Babanı yine, iki omuzla üç baş arasından seçiyorum. Yanına hiç gitmeyeceğim; gitmesem daha iyi, değil mi Gül? Şimdi bir köşeye sıkışmış, orada yalnız. Yalnıza yakın. Çünkü, iyi yürekli Gönül hanımın ilgisi sonucu, onun ayakta kalmışlara açık büfeden doldurup getirdiği karman çorman bir tabağı alıyor, teşekkür ediyor. Gönül hanımı sevindiriyor. Bir ara, şu camlı kapının gerisinden kendisinin sevindiğini görür gibi olmuştum. Ömer abiyle konuşmaya çalışmıştı. Ömer abinin karşısında çekine çekine duruyordu. O zaman duyulması çok saçma bir umut duymuştum. İçimde bir sevinç patlak vermişti benim de. Kısacık bir an. Şimdi ikisi bir olurlar, elimden tutup beni buradan götürürler; götürüp bir odaya kitlerler, "Öç almak için evlenilir mi hiç? Daha dirençli olana dek burda kal sen," derler. Her şey unutulana dek, herkes İlhan Dereli'nin benim babam olduğunu, Müjgân Dereli'nin benim annem olduğunu unutana dek. Benim yirmi iki yaşında da bir kişi; arkadaşları, yanlarında alıkoymasalar, itseler de, daha dayanıklı bir kişi olduğumu anlayana dek kitledikleri o yerden çıkarmazlar, diye ummuştum. Ben, Gül, nikâh kartını babama elimle nasıl bunun için götürmüşsem, o lanet olası kartı Aysel halamla Ömer abime de bunun için götürmüştüm sanıyorum. Bana bir uyarı, ayağımı basacağım bir yer, tutunacak bir dal...

Tutunacak tek dal kendi dalımdı. O da çok güçsüzmüş Gül. "Fidan gibi," diyor biri biz dansederken. Nikâhım kıyılırken bir başkası da: "Ayol daha pek çocuk," demişti. Kendi dalıma binip çatır çatır kırıldım işte. Dayanamadım. Baban sana, görüşe geldiği zaman belki de bunu söyler. Ya da salt: "Ayşen evlendi. Hayrettin Özkan'ın oğluyla..." der. Tümgeneral Hayrettin Özkan'ın oğluyla... O generalin, bir sürgün avının yönetilmesinde üstün başarılar gösterdiğini sizlerin babalarınızdan, analarınızdan iyi kim bilebilir? Benimkiler de biricik kızlarını 'o anarşist serserilerin' elinden yine bu Tümgeneralle oğlunun kurtardığını biliyorlar ya? Annem daha çoğunu biliyor: Kız daha ne istiyorsun? Sana tepeden tırnağa âşık bir Ercan işte! Bana bak, o serserilerle ne yapacaksan yap, ama artık evlendikten sonra yap. Bıktım peşini kovalamaktan! Başına yine, ha bir iş geldi, ha gelecek, yine el âleme rezil olacağız, diye diye yüreğimin ağzıma fırlamasından bittim! Ben anayım be!

Bunları bana söyleyip durmuş olan annem, tabii şimdi, bu geceki annem değil Gül. Şimdiki annem, Hayrettin Paşanın kollarında dönüp duran, içi rahatlamış, ama dansı bir türlü beceremeyip de habire ayaklarına bastığı için o paşayı artık horlamak zamanı geldiğine inanan annem. Şimdi de artık her şeyin suçlusu bu aynı Hayrettin Paşa: Hödük adam! Rezil etti gece pabuçlarımı. Ay nasırım... Tırnağım!.. Ay bitse şu dans...

Babanın bana, bize bakıp durması da dansın bitmesini beklediği için olmalı. Ama dans bitmiyor ki. Hep sürüyor. Orkestra, başlamışken repertuvarının ilk bölümünü ucuca ekliyor. Bir solukta. Ortalık bir an önce kızışsın diye.

Baban daha fazla beklemiyor, Gül. Bir kez daha gözgöze geldiğimizde, usul bir hareket yapıyor. Bana izin, demek istiyor. Gönül hanımın eline tutuşturduğu tabağı koyacak bir yer arıyor, buluyor, sonra yeniden: Bana izin Ayşen, mutlu ol kızım, diye bakıyor.

Boynum kendiliğinden büküldü. Ne yanına koşup, daha kalın, diyebiliyorum ona, ne peki, güle güle... Dans bitsin mi, bitmesin mi? Orkestra ara vermese bile, ben dansı bıraksam mı, bırakmasam mı? Babanı alıp Ömer abinin ve Tezel'in yanına götürsem mi, götürmesem mi? Bir kez daha Ömer abinin yanına koşsam mı, koşmasam mı? Beni, hayır, babanı, babanı yalnız bırakmamasını, onunla ilgilenmesini istesem mi, istemesem mi? Dünya dönüyor Gül. Kimseden bir şey istemeyeceğim. Çok ürktüm.

Bir an sevinmiştim. Baban, elindeki tabağı yere bıraktıktan sonra Ömer abinin yanına gidecek gibi yapmıştı. Yanına gelirse tut onu Ömer abi. İzin verme. Gitmesin. Henüz hiçbir şey konuşmadık. Henüz Gül'e söylemesini istediğim hiçbir şeyi söyleyemedim ona. Çalıştığı yere uğrayınca da söyleyememiştim ama. Söyletmemişti. Güle güle gitsin. Ömer abiye bile "hoşçakalın," demekten ansızın caydı işte. İşte gidiyor. İşte kalabalığı çekingen çekingen aralayıp, asansör binişine doğru yürüyor. Kendini bu düğüne hiç bulaştırmaksızın, salt isteğimi yerine getirmiş olarak. İşte baban sana benim haberlerimi getiriyor Gül. Bir memleket de orası, diyecek sana.

Yazık. Pastayı kestiğimi görmeyecek.

Pastam dokuz katlı.

Pastamız yani. Çünkü artık nikahlandım. Artık böylece 'biz' oldum. 'Ben' demeyi unutmayacak mıydık? 'Ben' yok, 'Biz' var: Pis burjuva kızı! Unutamaz mısın ikide bir ben' demeyi? Unuttum işte Gül. Söze sık sık "Çocuklar ben..." diye başladığım için, beni sürekli böyle azarlayıp durmuş olan bütün eski arkadaşlarıma selâm söyle. "Ayşen 'biz' olmuş" de. Babandan haberi alınca. Elinize kazara, acıları sergileyenlere inat, düğünleri sergileyen bol resimli bir gazete geçerse, oradan da öğrenirsin. Babanın kestiğimi görmediği dokuz katlı pastamızı nasıl kestiğimi, yani Ercan'ın eli elimin üstünde, nasıl kestiğimizi birlikte, birlikte ya, elele öyle, nasıl kestiğimizi görürsün. Nasıl 'biz' olduğumu...

Oldum Gül. Artık hiç "Çocuklar ben..." demeyeceğim. Hep biz: Bizim arabamız, bizim buzdolabımız, bizim salonumuz, bizim maunlarımız, bizim şeyimiz... şeyimiz bizim... yatak odamız... Bizim yatak çarşaflarımız... Bizim yastıklarımız... –Bir yastıkta kocayın, dedi hacıbabanın karısı–, bizim yorganlarımız, bizim terliklerimiz, bizim çamaşırlarımız, bizim pijamalarımız ve geceliklerimiz... Bizim gecelerimiz... Gecelerimiz bizim... Bizim sevgisizliklerimiz... Bizim sevgisizliklerimiz...

Annemin çok yüzüklü elini alnımda duyuyorum.

"Terledin hayatım. Sarardın da... Gel biraz otur... Biraz oturun Ercan. Annenlerin yanına gidin. Gel canım, iki lokma bir şey ye, bayılacaksın. Nerde babamız?.."

Babamız kaynanamla masaya dönmüş. Korgeneral ve ailesi için hakiki bir Fransız şampanyası açtırıyor. Şampanya patlarken biz de Hayrettin Paşayla annemin arasında onur masasına doğru yürüyoruz. Annemin eli elimde. Dantel eldivenim, parmaklarındaki soğuk madenlerin tenime değmesinden koruyor beni.

"Ah canım, ne kadar zayıfladın!"

Gözaltından çıktığım zaman da bunu söylemişti. "Ah canım, ne kadar zayıfladın. Değer miydi?"

İki gözü iki çeşme: Anne olunca anlarsın beni!..

Annemi anlamak üzere ana olmaya hazırlanıyorum.

Çocuklarını anlamak üzere bunlar hiçbir şeye hazırlanmamışken...

Korgeneral ayağa kalktı. Şampanya bardağı elinde. Aynı an'da masadaki herkes de, ellerinde birkaç damlalık şampanya kadehleriyle ayağa kalktı. Ercan benim elime de bir kadeh tutuşturuyor. Korunması iyice gerekli birer demet kır çiçeği gibi tutuyoruz kadehlerimizi. Kır çiçekleri falan yok. Ercan'ın tanığı, gelecekteki mutluluğumuz üstüne uzun bir konuşma yapıyor. Sadece biz ve yakınlarımız değil, memleketimiz de bizim gibi mutlu çitlerle güzelleşirmiş. Kır çiçekleri gerekmiyor işte. Zaten benim de bir elimde şampanya kadehim, ötekinde mumdan gelin çiçeklerim var.

KELİMELER（生词注释）

dolu dizgin	全速，飞快地	horlamak	侮辱，看不起
alnı açık	清白的，堂堂正正的	bunmak	嫌少，看不上
züppe	假斯文，滑头	mahrumiyet	困苦
fırfırlı	有边饰的，带皱褶的	fır dönmek	团团转
toy	幼稚的	mıncık mıncık etmek	揉碎，捣碎
poflamak	爆裂，胀破	alınganlık	多疑，心胸狭窄
iki arada bir derede kalmak	处于困境之中	duvak	盖头
balıklama	鱼跃；猛然，鲁莽地	hödük	无教养的，莽撞的
ulak	信使	ağış	蒸发
vurdumduymaz	淡漠的	kışalamak	驱赶
burukluk	苦涩	sırnaşık	讨厌的
smokin	无尾长礼服	blucin	牛仔布，牛仔装
parka	风雪大衣	süveter	毛线衫
papyon	蝴蝶领结	postiş	假发
baştan savma	敷衍的	şifon	希丰沙
cin	杜松子酒	kanyak	一种法国白兰地
menta	薄荷酒	çağrılı	宾客
karman çorman	乱的，杂乱的	repertuvar	全部的曲目
ucuca eklemek	无缝连接	maun	红木
kocamak	成熟，长大		

YAZAR HAKKINDA（作者简介）

Adalet Ağaoğlu, 13 Ekim 1929 tarihinde Ankara'nın Nallıhan ilçesinde doğmuştur. Babası Hafız Mustafa Sümer'dir. Dört çocuklu bir ailenin ikinci çocuğu ve tek kızıdır.

İlkokulu Nallıhan'da okudu, sonra 1938 yılında Ankara'ya taşındılar. Ortaokul ve liseyi Ankara Kız Lisesi'nde tamamladıktan sonra 1950 yılında Ankara Üniversitesi Dil ve Tarih Coğrafya Fakültesi'nin Fransız Dili ve Edebiyatı bölümünden mezun oldu.

İlk defa 1946 yılında Ulus gazetesinde tiyatro eleştirileri yayımlayarak yazarlığa başladı. 1948–50 arasında Kaynak Dergisi'nde şiirleri yayımlandı.

Açılan bir sınavla Ankara Radyosu'na girdi. TRT'de çeşitli görevlerde bulundu. Kurumun özerkliğine el konulması gerekçesiyle TRT Radyo Dairesi Başkanlığı'ndan istifa etti ve 1970'den bu yana yazarlıktan başka bir işle uğraşmadı.

Ankara'nın ilk özel tiyatrosu olan "Meydan Sahnesi"nin kurucuları arasında oldu. Meydan Sahne Dergisi'ni çıkardı.

1953 yılında tiyatro konusunda görgü ve bilgisini arttırmak üzere Paris'e gitti. 1953 yılında yazdığı "Bir Piyes Yazalım" tiyatro oyunu 1953'te Ankara'da sahnelendi. Üst üste yazdığı oyunlarla altmışlı ve yetmişli yılların önde gelen oyun yazarlarından oldu.

İlk romanı Ölmeye Yatmak, 1973 yılında yayımlandı. Bu ilk romanından itibaren tüm eserleri yoğun tartışmalara konu oldu. Ölmeye Yatmak, daha sonra yazdığı Bir Düğün Gecesi ve Hayır adlı romanlarla bir üçleme oluşturdu ve birçok ödül kazandı.

Adalet Ağaoğlu, 1986 yılında (İHD) İnsan Hakları Derneği'nin kurucuları arasında yer aldı. Ancak Temmuz 2005'de İHD'nin tek yanlı ırkçı–milliyetçi bir tutum takındığını belirterek ve "PKK yanlısı politika izliyorlar" diyerek istifa etti.

1983 yılından beri İstanbul'da yaşayan Adalet Ağaoğlu, 1996 yılında ciddi bir trafik kazası geçirdi ve iki yıl hastanede yattı.

ALIŞTIRMALAR (练习)

1. Adalet Ağaoğlu ile ilgili kısa bilgiler derleyerek arkadaşlarınızla paylaşınız.

2. Ayşen Ercan'ı seviyor mu? Neden onunla evlenmeyi kabul etti?

3. Ayşen'in Ömerle nasıl bir ilişkisi var?

DERS ON
BOĞAZİÇİ ŞINGIR MINGIR

  萨拉赫·比尔赛尔（1919—1999），全名为阿赫迈德·赛拉哈丁·比尔赛尔，出生于巴勒克埃希尔，大学就读于伊斯坦布尔大学哲学系。毕业之后，比尔赛尔先后从事过法语老师、监察员、图书馆馆长、出版社社长等工作，还曾在土耳其语言协会担任过出版委员会主任。比尔赛尔的早期创作以诗歌为主，自 1937 年发表第一篇诗作以来，他先后出版了《浓果汁》、《守夜人》、《生活的喜悦》、《头和脚》等十余部诗集。20 世纪 70 年代后，比尔赛尔的创作重心逐渐转向随笔和散文，并获得了巨大成功。1970 年，比尔赛尔凭借随笔《放羊娃》荣获土耳其广播电视台随笔艺术奖。1976 年，比尔赛尔再

以随笔集《诗歌和谋杀》荣获土耳其语言协会随笔奖。1999 年 3 月，比尔赛尔病逝于伊斯坦布尔。

  《聆听海峡》是比尔赛尔的代表作品之一，出版于 1980 年。这是一部随笔集，内含 38 篇小随笔。这些小随笔或是描写矗立于海峡两岸的历史遗迹，或是描写曾经叱咤风云的英雄人物，让读者在了解到伊斯坦布尔前世今生的同时，也领略到这座千年古城深厚的人文底蕴。整部作品笔触细腻，如泣如诉，语言朴实但感情炽烈，既有对历史的崇敬和赞美，也有对现实的心痛和感伤！

"BOĞAZİÇİ ŞINGIR MINGIR" DENEME KİTABINDAN SEÇMELER

Başlarken

Şıngıl, çıngıl dillerimiz. Şimdi başlar zillerimiz. Bu kitap Boğaziçi'nin insan haritası verir.

Ona Boğaziçi'nin Gizli Tarihi desek de olur...

Padişahlar, sultanlar, şehzadeler, sadrazamlar, damad-ı şehriyariler, vezirler, ferikler, ferik elmaları sıra sıra dizilip Boğaz'ı seyreder.

Onlar seyreder, halk da onların seyrini seyreder.

Boğaz'da yaşamak için yalısı olmak gerekir. Yalı için de padişah bendeliğine yatmak gerekir. Nice bende ve yararlı kul olamamış kişiler Boğaz'ı ancak vıdıvıdılardan tanır.

Dünya görmemiş ozanlarla ibadullahın irileri de, olsa olsa, eski püskü yalılarda ya da kiralarda yuvarlanırlar.

Bir de levantenler, Göksu Frenkleri, zimmiler, zimmilerin dul karıları vardır ki, onlar da Boğaz'ın ümüğüne sarılmışlardır.

Daha geçmiş yüzyıllara bakacak olursak, bostancıları da görürüz. Onlar da Boğaz'ın kaçırılmasını önlemek için hurdadırlar.

Uzun lafın kestirmesi Boğaz'ın tango rengi bu şap şap insan kalabalığından gelir. Ev, köşk, yalı, konak, kıyısaray... Bunlar yutturmacadan başka bir şey değildir.

Ecel terzisi gelip insanlara urba biçmeye kalkışsa âdemoğulları yine de ortalarda salınmaktan geri durmazlar.

Diyeceğim, insanlar bir yerlerde yaşadı mı, onları artık kimseler yok edemez.

Bir Frenk yazarı, Flaubert, bir de şunu der:

—Tarihteki kişiler, bir sanatçının kafasında yaratılan kişilerden daha ilginçtir.

Hadi yallah, Boğaziçi'ne.

UÇ BABA TORİK

Sıkı durun: 1898 yılı temmuzundayız.

Vaktaki Boğaz'da ilkyaz başgösterip insanların yüreklerinde çitlembikler, papatyalar, kanaryalar açar, uzun ve ayakta duran gezilere dayanacak giysiler, papuçlar da uykularından silkinip hazırola geçerler.

Teşekkür Fatih Sultan Mehmet'e ve onun savaşkan gazilerine ki, dünya kesip onarmış ünlü usta marangozlarla gelerek şu İstanbul ilini ve Boğaz şehrini açmışlardır. Ama çokları, Boğaz'ın kim olduğunu, bu kocamandan kocaman keçi yolunun ne işe yaradığını pek bilmez.

Boğaz en taze, en tangolu yüzünü haziran, temmuz, ağustos ve eylül aylarında gösterir. Ayışıkları, seyiryerleri, saz şölenleri ile sıyrık zamparalar her köşeden faşıldar.

Boğaz, hadi Kandili'den başlayarak deyelim, zümrüt yeşili, krom yeşili, kobalt yeşili, Türk yeşili, nefti, çimen yeşili, limon küfü, küllenmiş çağla rengi, Veronez yeşili, Viktorya yeşili ve daha 88 yeşile boyanmış ağaçlar, çiçekler ve böceklerle ağzına kadar doludur. Türlü şaşkınlık veren korular arasında da denizdudağı yalılar coşmayanları coşturur, koşmayanları koşturur.

Demek isteriz ki, yazın ortaklık yerinde durduğumuza göre, yüzü ve oturumu yumuşak bir piyadeye atlayıp, —döküntü Kız Kulesi sağda kalacak— Büyük Ağızdan, o dev ağzından içeri dalmakta büyük yarar vardır. Soğuksu'ya, Altunkum'a değin Boğaz'ın bütün tepe ve taşlarını dağıtacak olursak, içimiz güvercin yumurtası büyüklüğünde elmaslarla döşenmiş olur.

Kayığa zurna, kaba düdük, girift, kırnata, balaban neyi, gıcık, nevbe, nefir, fifre, tef ve silistre olmayı da unutmaya gelmez. Kürekler fış fış yürürken, bunlar bizim aşamalarımızı, yani rütbelerimizi yükseltir.

Ne ki, ondan önce, Galata Kulesinden Boğaz'a bir göz atalım ki, bakalım Boğaz yerinde mi, değil mi? Değilse yok yere bağdaşımızı bozmaya kalkışmayalım.

Kulpsuz ve ağızsız bir güğümü andıran 56 metre boyundaki Galata Kulesine varmak için Haliç'ten, Fermenecilerin oradan, kendimizi bir mil kadar geriye çekmemiz gerekir. Böylece denizden de 100 metre yükselmiş oluruz.

Galata Kulesi merdiven demektir.

Daha sokakta on basamaklı bir merdiven vardır ki, onu çıkmadan kulenin içine girilemez. İçeride ise bizi beş merdiven daha bekler. Bunlar birbiri üzerine sallandırılmış beş sahanlığa ulaşır. İlk katın merdiveni taştansa, ötekiler tahtadandır. Birinden ötekine geçmek için sahanlıkları dolaşmaktan başka çare yoktur.

Merdivenlerin tümü 96 basamaktır. Beşinci sahanlıktan sonra üç katlı tahta bir merdiven—ki bu da 45 adımdır—bizi alıp büyük bir odaya çıkarır. 1898 yılında olduğumuza göre buranın adı da oda değil sal'dır. Frenkçe bildiklerini belli etmek isteyenler de, hiç bilmediklerini ortaya koyarak salle derler. Burada yangın gözcüleri, günün 24 saati, içi dışı yoldan azgınlık olan İstanbulluların çıkaracakları yangınları kollarlar. Biz, isterseniz onlara aldırmadan, odanın ortasındaki helezon biçimli bir merdivenden—ki bu da 40 adımdır— kendimizi daha yukarı kaldıralım. Bu kez, içinde Ayasofya Camiinden yürütülmüş bir saatten başka bir şey bulunmayan bir kamaraya toslamış oluruz. Kuleyi gezmeye gelenler, etrafı demir parmaklıkla çevrili bir çanaklığa burdan geçerler. Daha yukarda ise güvercinlik diyebileceğimiz bir köşk vardır. Bu da 21 basamak ister.

Nedir, örümcek ağı gibi dört yanından odaya çakılmış olan nöbetçiler oraya çıkmamıza evetlik göstermeyeceklerdir. Gösterirlerse de rüzgar öylesine üfürür, öylesine vuruş kırış patlatır ki bir dakika duramayız vesselam. Üstelik tepeye ulaşmak için 202 adım tırmanmış oluruz ki, bu, hesabı biraz karıştırır. Çünkü 1979 yılında buraya gelenler karşılarında sadece 195 basamak bulacaklardır.

1979 yolcuları kulede 12 kata da toslayacaklardır. Oysa kule eski yıllarda 10 kattır. Ne var, on kat da İstanbul'un tabak gibi görünmesine engel değildir. Hakir Evliya Çelebi, 1630 yıllarında, havaya kağıt uçuran, eline ip bağlayıp kuleye tırmanan cambazları dikizlemek için, birkaç kez buraya gelmiş ve İstanbul'u, dahası, Uludağ'ı tam burnunun ucunda bulmuştur. Kuleden dürbünle bakıldığı vakit Bursa'nın çarşısı da görünür ama Evliyamız, buna kimseyi inandıramayacağı için böyle bir işe kalkışmamıştır.

Doğrusu tarihçiler, her şeye çabukça merakı kalkanlar, özellikle de İstanbul'a gelen gezmenler, Uludağ'ın İstanbul'dan kolayca görüldüğüne iyisinden inanmışlardır. Pierre Loti, İstanbul'a 1910 yılındaki gelişinde, Fatih'te ev ararken, onun Uludağ'ı görür bir yerde olmasına büyük bir önem verir. 1547–1554 yıllarında İstanbul'da ilk Fransız elçisi olarak görev yapan Pierre Gilles d'Alby ise İstanbul'un Topografyası ve Eski yapıtları adlı kitabında bakın ne der:

—Galata'nın en üst yerinde çok yüksek bir kule vardır ki, buraya çıkan 300 ayak uzunluğundaki yokuşta pek çok binalar vardır. Kulenin arkasındaki tepe 200 ayak kadar genişlikte. 2.000 ayak kadar da uzunlukta bir düzlüktür. Buradan ve tepeden yamaçlarından Haliç, Boğaziçi, Marmara, İstanbul'un yedi tepesi, Bitinya(Bursa) bölgesi ve yılın her günü karla örtülü bulunan Uludağ seyredilir.

Aynı yüzyılda, 1560 yıllarında, İstanbul'un kalabalık mı kalabalık bir semtinde ev tutun Busbecq de Marmara'nın yunus balıklarını, Bursa'nın da Uludağ'ını görebilecek bir yer seçmiştir. Ne ki, Türkiye Mektupları yazarının bu dileği kursağında kalır. Kısa bir süre sonra, penceresinden komşu evleri de dikizlediği anlaşılınca, evin önüne tahta perdeler çekilir ve Busbecq'in hem Uludağ manzarası hem de taze havası kökünden kesilir.

1835–1839 yıllarında Türk ordusunda öğretmen olarak görev alan Feldmareşal Helmuth von Moltke de, üç arkadaşını Triyeste'den İstanbul'a getirecek buharlı vapuru gözlemek için 1837 Eylül'ünün ilk günlerinde boyuna Galata Kulesine pervaz etmiş ve Mudanya'nın berisinde, Uludağı belli belirsiz bir biçimde görüntülemiştir.

Gelin görün ki, bizim Salah Birsel de bu zibidi Frenklere kapılarak Tanrı'nın Yeri diye bilinen Uludağ'ı göreceğim diye 1978 yılında, tam 365 gün Bostancı'dan Marmara'nın, suspus yatan, arka sokaklarına doğru hamam tokmağı bakışlar fırlatmış ve orada Yalova'nın Samanlı Dağı'ndan başka bir şey görememiştir. Gerçi bu süre içinde, üç kez Samanlı'nın berisinde birtakım beyazlıklar seçer gibi olmuşsa da, bunun Uludağ mı, yoksa Yalova–Gemlik tepelerini saran sisler mi olduğunu çıkaramamıştır. Yalnız 10 Ocak 1979 Çarşamba günü, ikindi üstü, bir kez, Uludağ'ın beyaz kireçtaşından başını karşısında buluvermiş, ama ertesi gün de o denli yağmur yağmıştır ki Bursa, Yalova dağları değil, bütün Adalar ortadan silinmiştir.

Galata Kulesi Cenevizlilerden kalmadır. Fatih Sultan Mehmet onu onarttığı gibi, II. Murat da 1582 yılında yenilemiştir. Hay Allah, 26 Temmuz 1794 Cumartesi gecesi, dört sularında, kule kapısının dışındaki fırın talaşından çıkan bir ateş kulenin saçağını sarmış, içindeki tahta bölümleri baştanbaşa yakıp kavurmuştur. Bereket, ertesi yıl, III. Selim kulenin tüm katlarıyla külahını yeniden onarımdan geçirtmiştir. Ne ki, kule 2 Ağustos 1831'de yeni bir yangından geçmiş. II. Mahmut da ertesi yıl onu bir daha elden geçirtmek zorunda kalmıştır.

1875 yılında bir dalkıran fırtınası kulenin külahını uçurunca dülgerlere, yapı ustalarına yeniden çağrı çıkarılmıştır. Bu kez kulenin dış görünümü de biraz değişmiştir. Bugünkü görünüm ise 1964–1967 yılları onarımına dayanır.

Galata Kulesi, Fethi Mübinden sonra, 10 kat zindan olmuştur. Daha sonraki yıllarda da Osmanlıların gemi aletleri için depo görevini yüklenir. Vakanüvis Halil Nuri Bey, XVIII. yüzyıl sonunda mehter takımının kulede nevbet çaldığını da yazar. Cuma gecelerinden başka, her gece, yatsıdan sonra nevbetler vurulmakta, gece çıkan yangınlar ibadullaha davullarla duyurulmaktadır. Yangın gözcüleri de "Yektir, Allah Yek" çığrışlarıyla bu nevbetlere karşılık verirler.

Yangın nöbetçilerinin bulunduğu oda dört metre boyundadır. 14 pencere, odayı fırdolayı çevirir. Mirat-ı İstanbul yazarı Mehmet Raif Efendi bu pencerelerden görünen İstanbul ve doğa parçalarının dünyada eşinin bulunmadığını söyler. Bir sanatçının düş dağarcığına böyle bir şey düşmemiştir.

Biz bu kitapta Boğaz'ın şıngırını ve mıngırını anlatıyoruz. Kulenin doğu ve kuzeydoğusundaki pencerelere gözümüzü uydurursak Aşağı-Boğaz'ı suçüstü yakalayabiliriz. Ama isterseniz bu işi bugün buraya bizden önce gelmiş olan ve İstanbul'un, özellikle de Boğaz'ın topografyasını çıkarmayı dert edinen Mehmet Raif Efendiye bırakalım.

⭐ KELİMELER（生词注释）

damad-ı şehriyari	驸马	vezir	维齐；高官
ferik	少将或中将	bende	奴才，仆人
vıdıvıdı	唠叨	ibadullah	芸芸众生

levanten	欧洲侨民的后裔	frenk	法兰克人
zimmi	穆斯林国家的臣民	tango	一种接近橙色的颜色
urba	服装	ademoğlu	人，人类
çitlembik	荨麻树	kanarya	金丝雀；金莲花
zampara	风流男子	güğüm	铜水罐
sahanlık	楼梯平台	helezon	螺旋线
çanaklık	瞭望塔	dikizlemek	窥视
topografya	地形，地形学	zibidi	癫狂的
suspus	一声不吭的	talaş	锯末，刨花
külah	尖顶帽	dülger	木匠
nevbet	军乐		

⭐ YAZAR HAKKINDA（作者简介）

Salah Birsel, 1919 yılında Bandırma'da doğdu. İstanbul Üniversitesi, Edebiyat Fakültesi Felsefe Bölümünü bitirdikten sonra iş müfettişliği, kitaplık ve basımevi müdürlüğü gibi görevlerde bulundu, Türk Dil Kurumu yönetim kurulu üyeliği yaptı.

İlk şiiri 1937'de Gündüz adlı dergide yayımlandı. İroniye ve zekaya dayanan, şairanelikten uzak, halk şiiri havasıyla, kendine özgü bir söyleyişle yazdığı şiirleri İnkılapçı Gençlik, Sokak, İnsan, Seçilmiş Hikayeler gibi dergilerde yer aldı. Adı "1940 Kuşağı" toplumcu şairleri arasında anılan Birsel, Garip ve İkinci Yeni akımlarını yakından izledi ancak hiçbir akımı bütünüyle benimsemeden kendine özgü bir şiir evreni oluşturdu. Şiirlerini argoya mal olmuş, çoğu unutulmuş bir dille yazdı.

Asıl ününü denemeleriyle kazandı. "Keçi Çobanı Kuzu Çobanı" adlı denemesiyle TRT Sanat Yarışması Başarı ödülü alan sanatçı, şiirlerinde olduğu gibi denemelerinde de yergici yaklaşımını, alaycı ve ironik üslubunu devam ettirdi. "Salah Bey Tarihi"ni oluşturan "Kahveler Kitabı", "Ah Beyoğlu Vah Beyoğlu", "Boğaziçi Şıngır Mıngır", "Sergüzeşt-i Nono Bey ve Elmas Boğaziçi" ve "İstanbul–Paris" kitaplarında, geçmiş dönemlerin İstanbul kahvelerini, Beyoğlu ve Boğaziçi'nin sanat çevrelerini anlattı.

ALIŞTIRMALAR (练习)

1. Salah Birsel ile ilgili kısa bilgiler derleyerek arkadaşlarınızla paylaşınız.

2. Galata Kulesinden dürbünle Bursa ya da Uludağ'ın bile görülebildiğine inanıyor musunuz?

3. Galata Kulesi hakkında çeşitli efsaneler bulunmaktadır, araştırma yapıp içinden en ilginç olanını anlatınız.

DERS ON BİR

GECENİN ÖTEKİ YÜZÜ

★ 作品导读

弗露赞（1935—）原名弗露赞·塞尔柱克，出生于伊斯坦布尔。弗露赞幼年丧父，是母亲一人将她抚养长大。因为家境窘迫，弗露赞小学毕业后便辍学在家，后来靠自学走上文学创作之路。1956 年，弗露赞在《短篇小说选集》上发表了人生的第一部短篇小说。1971 年，弗露赞出版了她的第一部短篇小说集《免费寄宿生》。作品问世后广受好评，并于翌年荣获萨伊特·法伊克短篇小说奖。在这之后，弗露赞又陆续创作了各类作品十余部，其中代表作品有短篇小说集《包围》、《夜的另一面》、《玫瑰季》；长篇小说《四七年出生的人们》、《柏林的石榴花》；戏剧《冬天未到时》；诗集《南风之城》等。

《夜的另一面》是弗露赞 1982 年创作的一部短篇小说。小说的女主人公是一个富家千金，尽管家人强烈反对，但她还是放弃财产坚持嫁给了自己心爱的男人。然而造化弄人，没过多久男人便在事故中离世。只剩下一对孤苦无依的母女，生活陷入了窘境。有钱的亲戚不愿施以援手，没钱的邻居却尽显关怀。母女俩的邻居——一对来自乡下的姐弟邀请她们共度新年夜，尽管并不富裕，但这对姐弟还是做了精心的准备，浓浓的情意深深打动了母女俩……整部小说语言流畅，笔触细腻。作者并没有平铺直叙，而是以回忆的形式将女主人公的婚姻之路和丧夫经历融入到作品之中，构思巧妙。小说中富人阶层的虚伪和冷酷让人痛心疾首，但姐弟俩的真情又如同一道霞光，温暖了人心。或许，通过歌颂姐弟俩的善行，唤醒民众内心的真善美，让真情回归人间才是小说的真意吧！

"GECENİN ÖTEKİ YÜZÜ" ÖYKÜSÜNDEN SEÇMELER

Kapıya vurdu.

İçerden toparlanan, ardından yürüyen adım sesleri duyuldu.

Kapı beklenmeyecek bir çabuklukta açıldı. Sırtından vuran elektriğin ışığında, biraz puslu kalan yüzüyle, gür saçlarıyla genç adam göründü. Kaynayan bir su sesi dışarı taştı. Kadife bir gömlek giymişti genç adam. Saçlarının rengini daha belirginleştiriyordu gömleğin neftisi.

—Buyurun lütfen. Ne sevindik bilemezsiniz.

Odanın çayla karışık tütün kokusu dolu ılık havası anneyle kızın durduğu yarı karanlık boşluğa doldu.

—Gecikmedik, değil mi? dedi genç kadın sesine yansıyan gülüşüyle.

—Yedi dakika, dedi genç adam. Saatlerle olan ilgim beni zamana böyle dikkatli yaptı. Fakat geldiniz ya...

Küçük kız bir alt kattan gelmiş olduklarına inanamadı. Konuşmalarda konuklara yönelik özen, ağırlama isteğini seçmek şaşırtıcıydı. Arada gittikleri tek ev olan büyük teyzenin evinde bu tür davranışlara rastlamamıştı hiç.

İçeri girdiler.

Artlarından kapı örtüldü.

Burası ferahlık veren büyük bir odaydı. Onların odasının aynısı olamazdı. Gerçi genç kadının açıklamasındaki kesinliğe göre eş büyüklükteydi. Çünkü evin konumu, odaların dağılımı gereği zorunluydu bu boyutlar.

Onların odasındakiler gibi iki pencerenin altında duvar boyunca, kilimlerle örtülü alçak bir sedir uzanıyordu. Üstünde sarı altınsı atkılarla bezeli yastıklar vardı. Yüklük bölümünün kapısı çıkarılmıştı. Genç kadın aynı yeri mutfak benzeri bir duruma getirdiğinden yüklüğün bu yeni görünümü ötekini hiç anımsatmıyordu. Derinliği çok olmayan bu girintide ilk göze çarpan iç duvara çakılmış tahta raflardı. Üstlerine ciltli, ciltsiz pek çok kitap dizilmişti. Hemen altta ancak bağdaş kurulup oturmaya elverişli, üstü aklı mavili bir keçeyle beslenmiş minder duruyordu. Minderin önünde nerdeyse bacaksız sayılacak alçaklıkta tahta bir masa vardı. Masaya çeşitli büyüklükte saatler düzenli aralıklarla konmuştu. İçlerinden bir tanesinin zembereği dağılmış yüzü üstte kalacak biçimde bırakılmıştı. Lacivert kadifesi eprimiş bir kutunun içindeyse kadın kol saati vardı. Kalın ipek bir kumaşın üstüne değişik incelikte, büyüklükte araç gereç dizilmişti. Masanın duvara bitiştirilmiş yanında tahtadan ve plastikten yapılmış boy boy cetveller dayalıydı. Cetvellerin arasında yuvarlak sırtıyla bir bağlama duruyordu. Alçak masaya yukardan indirilmiş elektrik kordonunun ucundaki ampulü çevreleyen kağıdın üstünde yazılar vardı. Yüklüğün oda tabanıyla olan ensiz yükseltisi, dar uzunluğu genç adamın orda nasıl çalıştığını düşündürüyordu görene.

Küçük kız ondan yana baktı. Bu odada genç adamın daha da uzun boylu olduğunu gördü.

Odanın tahta tabanı kilimlerle kaplıydı. Eskiyen yerleri onarılmış kilimlerin o bölümleri bile öylesi ustalıklı renklerle korunmaya alınmıştı ki, görünüşleri yeni bir güzellik kazanıyordu. Yüklüğün karşısına düşen duvarda dört iskemle yan yanaydı. Üstlerine çevresi kanaviçe işli örtüler konmuştu. Duvarın bir köşesinde. Kalın bir şeylerden oluşan yumuşak yığını kapayan kumaşın üstüyse karanfil çiçekleriyle pıtrak işlenmişti. Çeşitli yemekler kalaylı küçük sahanlarla konmuştu yemek masasına. Kapaklarının tutma yerleri kuş kesimiydi.

Oda kapısına dönen duvarın orda kurulu demir soba bir yanındaki kızıllık arta arta odayı ısıtıyordu.

Odanın renklerle doluluğuna karşın, yalınlığı hiç bozulmuyordu.

Kendi odalarındaki eşyaların görünümleri peş peşe aydı belleğinde küçük kızın. Seccade boyundaki eskimiş halının taban tahtalarındaki bakımsızlığı daha da açıklayan duruşu; dolabın, koltukların, karyolanın, komodinin, perdelerin, çevreyi saran duvarların kirlenen mavisi içinde her şeyin solmuşlukları beliriyordu.

Bir an konuşmadan ayakta kaldılar.

Genç kadın kendisine yönelmiş dikkatleri iterce öne bir iki adım atarak yüklük girintisine baktı.

Genç kızın dudakları konuşmaya girişir gibi olduysa da caydı. Genç adamın kapıyı açtığından beri yüzünde artan aydınlık dindi. Küçük kız odalarının çok uzak bir yerde kaldığını düşündü. Kaynayan su sesini aradı, geldiği yöne dönüp baktı. Çevresi kabartmalı pirinç tepsisinin içinde pırıltılı sarılığıyla duran semaveri gördü.

—Anne bak, işte semaver.

Susku kırıldı. Genç adam küçük kıza yaklaştı, eğildi.

—Senin çay içmeyi sevdiğini düşündüm. Nerden bildin deme, söylemem.

—Ben semaverleri tanırım, dedi küçük kız.

Genç kadının yüzündeki anlam dalgınlığa dönüşüyordu.

—Oturmaz mıydınız? dedi genç kız. Yoksa, hemen masaya mı geçelim?

Sözlerini bitirmeden sesi pürüzlenmişti, kesik kesik öksürdü.

—Yok, dedi genç adam, belki biraz otururuz. Daha erken. Sabaha çok vakit var.

Genç kadın sedire yürüdü, oturdu; odanın renkleri içinde aydınlık bir nokta gibi oldu.

Genç kız kirpiklerini kırpıştırdı.

—Ben ısıtılacaklara bir bakayım. Sobada ısıtsak kokudan rahatsız olmazsınız değil mi?

—Olmaz, dedi genç adam. Aralıkta yakarım ben gaz ocağını.

Genç kadın küçük kızın tanımadığı bir bakışla süzdü genç adamı. Sonra genç kıza döndü,

—Yok, burda ısıtın. Zaten bu evin doğru dürüst bir mutfağı yok. Bir aile için yapılmış evlerde elbette tek mutfak olur. Belki bilmezsiniz, eskiden buralarda bahriye zabitleri otururmuş. Varlıklı bir semtmiş. Kent şimdi başka yana yürüyor. Burda ısıtın elbet.

Raydonun sesi öne geçti. Radyo da saat tamiri, kitaplar için ayrılmış bölümde, keçe minderin yanında duruyordu.

Genç kadın çantasını karıştırdı. Neyi aradığı belirsiz yeniden kapadı çıt diye.

Genç kız sobanın üstüne koyduğu bakır tencerenin kapağını açtı. Odayı güzel bir yemek kokusu doldurdu. Yeniden kapadı, sobaya dönük durdu.

—Biz sizi ilk geçen yıl görmüştük. Burda oturduğunuza inanmamıştık, kız kardeşimle ben. Öyle değil mi?

—Evet, dedi genç kız./Yine bakmıyordu onlardan yana./Buraya, birini ziyarete gelmiş olacağınızı düşündük. Kızınız da yoktu yanınızda.

—Sizle kızınıza sonradan sokakta rastlamıştık, dedi genç adam. Öyle değil mi?

—Evet, dedi genç kız.

Yemek masasına yaklaştı, çatallarla bıçaklara dokundu, yerlerini değiştirdi, sonra yeniden aynı yerlere koydu. Emanet eşya bırakılan kurumdan çıkıyordunuz.

Sonbahardı. Kızınızla birlikteydiniz.

Genç kadın oda kapısına baktı. Ardında bir yağmurluk ve şemsiye asılıydı.

—Kardeşimin çalıştığı saatçinin bir müşterisinin ona miras kalan değerli bir saatini almaya gitmiştik.

—Papağanları da bırakıyorlar oraya, dedi küçük kız sevinçle. Ben gözümle gördüm. Kafesin içindeydi papağan. Her şeyi bırakıyorlar.

Küçük kızı duymamış gibiydiler.

Genç kadın, genç kızı yabancılayarak baktı.

—Nasıl oluyor? dedi genç kadın. Miras kalan şey orada nasıl bulunuyor? Üstelik çok değerli diyorsunuz.

Genç adam kurulan uzaklığı iterce ellerini çırptı,

—Çok haklısınız, ben de garip bulmuştum doğrusu, dedi. Saatin mirasçısı ona bu saatin ve daha birçok değerli malın mülkün kaldığı akrabasını yıllardır görmüyormuş. Ölen kadın, adamın halası. Yirmi iki odalı, dört katlı, üçü evin hizmetkarlarına ayrılmış, ikisi evin cümle kapıları olan beş kapılı koca köşkünde kadının ölüsünü bir hafta sonra bulmuşlar. O da sokak kedilerinin sayesinde. Onları beslermiş yaşlı hala. Bir süre sonra kediler evin bahçesinde toplaşıp miyavlamaya başlamışlar. Semtin sütçüsü fark etmiş. Girdiklerinde, köşkün odalarının hepsi boşmuş. İhtiyar hala, altın suyuna batma karyolasının içindeki eskilikten parça parça olmuş ipek yorganı, ipek çarşafları arasında yatıyormuş. Nasıl oluyor anlaşılır gibi değil. Satsaydı orayı, ömrünün kalan yıllarını ne rahat geçirirdi. Yakınları bile yapabilirlerdi bu işi kadının adına.

—Sandığınız kadar kolay değildir bu miras, mal işleri, dedi genç kadın.

—Yani satmak mı? dedi genç adam. Milyonlar değerinde bir köşk, satılmaz olur mu?

—Kardeşim anlattığında ben de şaştım, dedi genç kız. Kadını yaşlılığında rahat ettirebilirlerdi.

—Papağan iki kere bana bağırdı, dedi küçük kız. Sonra bir kadın koltukta üstüme oturuyordu. Ben adam resmine bakıyordum. Gözlüklü adam, şişman teyzeye dedi ki, hanımefendiciğim orda küçük bir hanım var.

—Sussana, dedi genç kadın, neler anlatıyorsun sen?

Küçük kız oturduğu sedirden tabana ulaşamayan sıska bacaklarına baktı. Uydurma bluzunun içinde omuzlarını kıstı, başını eğdi, tırnaklarını kemirmeye koyuldu.

—Tırnaklarını da yeme, dedi genç kadın.

Sesini yumuşatmayı deniyordu.

—Siz, dedi genç kadın, hanginiz büyüksünüz?

Küçük kız onlara baktı, gövdesini gevşetti.

—Kim büyük olacak, dedi genç adam, elbette ben.

—İnanmayın siz ona, dedi genç kız. Ben beş yaş büyüğüm ondan, ablasıyım. Fakat o öyle akıllı ki, bu yüzden ablası yerine geçemiyorum bir türlü. Bıraksak ailenin en büyüğü sayacak kendini. Yemeğe oturalım mı?

İki kardeş gülüştüler. Genç kadın da bu gülüşe katıldı.

Kalktılar, birlikte masaya doğru yürüdüler. Küçük kız annesinin yanında durdu.

Genç adam iskemleleri taşıdı.

—Siz şeref konuğumuzsunuz, dedi. Masanın dört bir yanını paylaşalım. Başa siz geçin. Bugün sizi çağırmak cesaretini gösterebilmemiz ne kadar iyi oldu!

—Evet, dedi genç kız.

Odalarına ilk geldiğindeki garip gülümseyişiyle küçük kızın yanına yaklaştı. Koltuk altlarından okşarca kaldırdı onu. Masanın uzun yanına taşıdı.

Genç kızın ilkyaz papatyalarının kokusunu anımsatan dayanıksız havasını soludu küçük kız.

Genç kadın dikdörtgenin dar yönüne geçip oturdu. Tam karşısına da genç adam oturacak diye düşündü küçük kız.

Genç kadın tabağın kıyısına konmuş çatalla bıçağın yerlerini yeniden değiştirdi.

Genç kız kaçamak baktı o yöne.

Kalkıp ısınan tencereyi aldı, sobanın mermer altlığına koydu. Sobanın kapağını pirinç bir maşayla açtı. Taşkömürünün kızıl yalımı gözlüklerin örttüğü gözlerinin mavisini olduğunca aydınlattı.

—Yanmasın sakın, dedi genç adam, niçin kapağı açtın?

Genç kız yanıtlamadı, salt gülümsedi.

Genç kadın tembel bakışlarla kapaklarında kuş kesimli tutmalıklar olan lekesiz kalaylı bakır sahanları inceliyordu.

—Bu bizim oraların yemeğidir, dedi genç kız. Burda ancak kışın yapılabilir. Soğukların, karların yemeği.

Genç kadın gülümsedi.

—Bu yılbaşı âdetine biz bu kentte heves ettik, dedi genç adam. Bayramlar da buralarda çok gösterişsiz yapılıyor. Büyük kentlere özgü olan bu durumu bilerek yadırgamak benimkisi. Burası üstelik çok eski bir metropol.

Küçük kız bu sözcüğü de odalarında bulunan eşya adlarının yanına geçirdi belleğinde.

—Yahut da, dedi genç kız, hala yabancıyız. Bu kenti öğrenmek zor.

—Doğrudur, dedi genç kadın.

Çatalını öylesine hafif tutuyordu ki düşecek sanılırdı elinden. Öteki elindeki bıçağı da bileğini bir sap çiçeği taşırca eğimde bükerek tutmaktaydı.

—Doğmak bile yetmez bana sorarsanız. Aile doktorumuz birkaç göbek ister, derdi. Yani anne babadan da öteye dedeler, büyükanneler filan gibi.

Genç kız gülümseyerek başını önüne eğdi.

Genç adam gözlerini onlara yöneltmeden konuşan genç kadının dalgalanarak boynunu saran pembeliğe birkaç kez bakışlarını kaçırarak baktı.

—Biz de, dedi genç kız, yılbaşlarını yapalım hiç olmazsa dedik. Üstelik karı özlediğimiz için. Fakat burda kar pek yağmıyor. Neredeyse baharın ilk aylarında bir iki kez, o da en çok beş altı gün kalıyor toprakta.

Genç kadın doğrudan genç adama güldü.

—Öyledir, dedi. Üstelik biz buralılar hep şöyle konuşuruz: Bu kar on gün sürerse mahvoluruz. Oysa böylesi pek olmaz. Yani bu kent kara alışık değil. Üstelik, sizin de dediğiniz gibi, nerdeyse baharın ilk aylarında yağar gerçekten. Denizin çevreyi sarmasından olacak. Biliyor musunuz bu gece yılın ilk karı yağıyor? Görmediniz mi yoksa?

Genç kız fırladı, uçları el işi dantellerle biten ak perdeyi açtı. Sokağın koyu maviye dönüşen gecesini karın ağır ağır düşüşü aydınlatıyordu.

—Gerçekten, diye bağırdı. Gel, bak! Bizim oralarındaki gibi tıpkı. Ele gelir irilikte parçalarla yağıyor. Koş! Yağıyor, ak kar yağıyor!

Genç kızın ilk duydukları sesine benzemiyordu şimdi sesi. Duru, açık tınılıydı; asıl sesi bu olmalıydı.

—Tutar bu, göreceksin. Her yan bembeyaz olacak. Düşün, tutar bu.

Genç adam kalktı duraladı. Selamlamayı andırır bir dönüşle anneyle kızın karşılarında bir an kalakaldı. Sonra kardeşinin yanına gitti. Kolunu sırtına doladı, dışarı birlikte bakmaya başladılar.

Genç kadınla küçük kız oldukları yerdeydiler.

Genç adamın sırtının genişliği, eski fakat temiz pantolonunun içinde bile gücü seçilen bacakları, ensesinin sağlam çizgisi o uzaklıkta daha da açığa çıkmıştı.

Genç kadın iki kardeşe bakıyordu. Onlar karı tutkuyla izliyorlardı.

—Evet, dedi genç adam, çok güzel yağıyor. Kar yağışına ne zaman sevinsek ninemden iyi bir azar işitirdik.

"Fakir fukarayı düşünün!" derdi. Çok yağıyor. Bakmaz mısınız siz de? Görülecek bir güzellik.

Küçük kız iskemleden hafifçe kaydı.

Annesi bakışlarını genç adamdan kaçırmıştı, durgundu.

Küçük kız geriye çekti kendini, yeniden yerleşti.

—Biz size çıkarken gördük, dedi genç kadın, ara camdan. Demek ki arka evi de yıkmışlar. Yoksa burdan deniz kolay görülmez. Üstelik ben karı pek sevmem. Bu kente yakışan güzlerle ilkyazlardır bence.

Genç kız dışarıya bakmasını sürdürdü. Genç adam onun sırtına vurdu hafifçe.

—Haydi yemeklerimiz soğuyor, dedi. Bu kar dinmez, yağar. Korkmayalım.

Yemeğe başladıklarında susku oluşuverdi.

Küçük kız annesinin yemek yerken edindiği nazlı davranışlarını yadırgadı. Hep böyle miydi, diye düşündü. Odalarında birbirlerine hiç bakmadan, konuşmadan yedikleri yemekleri anımsadı. Belki de hep böyleydi.

—Bakın, dedi genç adam gülerek, bir şişe şarap almayı uygun bulmuştum. Bilmiyorum içer miydik?

—Elbette, dedi genç kadın, bir şişe kırmızı şarap. Sanırım kırmızıdır. Yanılmadım ya?

Genç adam kalktı, yüklük girintisinden çalışma yerindeki kağıt ve dosyaların arasından bir şişe aldı. Şişeyi açtı, masadaki su bardaklarına şarabı boşaltmaya başladı.

Sıra küçük kıza geldiğinde,

—Biraz koyabiliriz değil mi? dedi.

—Evet, dedi genç kadın, biraz. İlk kez içecek.

Odadaki sıcağa karışan baharlı yemek kokusu, kilimlerin renkleri sobanın kızılı şarabın mayhoş tadı oluverdi küçük kızda.

Genç kız başta, nazlanarak diretti içmemek için. Genç adam üsteliyordu. Aralarındaki bu şakalaşma yabancılığı siliyordu.

Herkes kendini gülüşlere kolayca bırakmıştı. Sonra radyonun sesinin yeterince açık olmadığını birlikte saptadılar.

—Gece yarısına çok var gerçi, diyordu genç adam, fakat kaçırmamalıyız. Tam bir biletimiz var yılbaşı çekilişi için. Yanlış anlamadımsa sizin de vardı.

—Bizim de var, dedi küçük kız. Bende o biletlerden dolu. Hepsini saklıyorum. Resimlerine bakıyorum.

Çekinerek annesini gözledi. Genç kadının yüzü güzelliğinin artan yoğunluğuyla ışıyordu. Genç adam, genç kadının üstünde dalgınlaşan bakışlarını toparladı.

—Bu çalınan şarkıyı ablam çok sever, dedi. Üstelik güzel de söyler, müziğe düşkündür.

—Nerden çıkardın yine bu müzik sevgisini? dedi genç kız. Ben daha çok alaturka seviyorum. Bu kentte yaygınlık yabancı şarkılarda. İngilizce şarkılar önde geliyor bence. Onlardan da beğendiklerim var. Fakat evden ayrıldığımızdan beri türkülerle şarkıları daha çok seviyorum. Bu mu yani müzik sevgisi? Herkes gibi bir şey benim de yaptığım.

Genç adam başparmağını salladı,

—Buraya gelince niye türkülere, şarkılara düştüğünün nedenini açıklayacağım. Ben mesela bir senfoniyi dinlemeyi hiçbir şeye değişmem. Evdeyken de öyleydi, burda da öyle. Senin, buraya gelince uğradığın değişmeyi biliyorum ben. Açıklayacağım.

—Hayır açıklayamazsın. Benim bile bilmediğim bir şeyi açıklayamazsın. Hiç değişmeyecek misin sen?

—Söylediğimde görürsün, dedi genç adam, yüzü sevgi doluydu. Bizim oralar haritadan silinip kaybolur sanıyor alafranga söylerse, dinlerse.

—Öyle mi? dedi genç kadın, bir an düşünür gibi durdu. Bizim şarkıları ben de severim. Ama son yıllarda onları dinlemek beni yoruyor.

—Üstelik gidip bir musiki cemiyetine girdi ablam, usulünce öğrenecekmiş.

—A, dedi genç kız, çok oluyorsun vallahi sen. Yani bu kadarı fazla.

—Ben size demedim mi? dedi genç adam. İşte itiraf etti gittiği yeri. Her tuttuğu işi iyi yapmak ister, titizin biridir. Çünkü bu odayı, bu halde nasıl tuttuğunu anlamanız için bu huyunu bilmeniz lazım. Saatlerin tozdan korunması gerekir ve çevrede tozun zerresine rastlanamaz.

Genç kız yapma bir öfkeyle yerinden kalkıp yeniden oturuyordu.

Küçük kız kahkahalarla gülmeye başlamıştı, iki kardeşin arasındaki bu sözlü, sıcak itişmenin verdiği sevinçle doluyordu. Üstündeki bluzun geniş yakasının açıkta bıraktığı ince dayanıksız boynu, sivri zayıf omuzları, gülüşüyle daha da açılıyordu.

—Nerede gittiğiniz yer? dedi genç kadın.

Genç kız selvilerin kapladığı kentin öteki yöresini anlattı. Yatırların, mezarlıkların koyu yeşilliğinin içinden çıkmış gibi duran ahşap evlerin sessizliğini, birlikte şarkı söylediği insanların yumuşak davranışlarını, oraya her gidiş gelişinde başka bir ülkeden dönmüş gibi olduğunu söyledi.

—Benim bu merakımla niye alay ediyor bilmem, dedi genç adamı göstererek. "Üniversitede okuyacağım" dediğinde biz ona inandık. Şakaya almadık. Yapabilirdi çünkü. Yapıyor da... Ben şarkıcı filan olacak değilim, böyle bir niyetim hiç yok. Liseden ayrılıp bir yıl dikiş kurslarına gittim. Genç kız olmadan ailenin kadını olmak durumunda kalmıştım. Annem o yıllar öldü.

—Demek ki anneniz... dedi genç kadın elini uzatarak genç kıza doğru.

—Kardeşim benden şanslıdır. O küçüktü. Ben her şeyi teker teker gördüm; olanların hepsini. Bir ölü evi nasıldır biliyorum. Bir ölü özlenmez. Ama bir ölüyü özlemek nedir, onu da biliyorum.

Masadaki uçarı hava tümüyle basılmıştı.

—Fakat ben şaka yapmak istemiştim sadece, dedi genç adam. Düşüncelerinin akacağı yönü hiç hesaplayamadım. Hem nasıl hesaplayabilirdim?

Genç kadın yerinden kalktı, genç kıza yaklaştı, elini sanki okşarca omzuna koydu.

Genç adam duvardaki resimlere baktı.

Küçük kız dizlerini birbirine yapıştırdı.

—Ağlayın isterseniz, dedi genç kadın. Bir ölüyü özlemek başa çıkılır gibi değildir. Üstelik sizin yaşınızda.

Genç adam oturduğu yerde kıpırtısızdı. Gözlerinin mavisi örtülmüştü.

—Ben de özlüyorum, dedi küçük kız. Kayıkhaneyi, güneşleri, yaz kapılarını.

Genç kadın dönüp küçük kıza baktı. Gözlerinin rengi koyulmuştu.

Genç adam küçük kızın sözlerindeki hoşluğa sığınmaya davranırken aynı duruşu edindi yeniden.

—Biz annemle oraya gideriz. Papağanları götürüp bırakıyorlar. Annem, "Hayır bırakmazlar," diyor, ama ben inanmıyorum. Ben çok hayvan seviyorum. Fareler, köpekler, kediler, sinekler, solucanlar, kırkayaklar, çıyanlar, örümcekler, kertenkeleler... Kuşlar sayılmaz. Kuşlar hayvan değildir. Gözleri tek tek durur.

Genç adam, genç kız ve genç kadın birlikte gülümsediler.

—O resimdeki adamın şapkasının adı ne? Kim biliyor? diye sordu küçük kız.

—İlerde tarih kitabında okur öğrenirsin; hem şapkasının adını, hem beyefendinin adını, dedi genç adam.

—Hala birinci bardaklarımızı bitiremedik, dedi genç kız gülümsemeye çalışarak.

Yeniden birlikte gülüştüler,

—Demek ki pilava safran koyuyorsunuz, dedi genç kadın.

İkinci yemeğe geçildiğinde genç adam kalkıp sobaya yeniden kömür attı. Sobanın iki yanı da kızarmıştı şimdi.

—Kimseniz yok mu buralarda? dedi genç kadın. Yani yakınlarınızdan hiç kimse. Sanırım üniversitede bir arkadaş çevresi edinmişsinizdir.

—Buna vaktim olmuyor, dedi genç adam. Derslerden kalan zamanda saatleri onarıyorum. Ablacığım da/nedense bu sözcüğü söylemeye başladığından beri hep gülümsüyordu/katkılarıyla, benim bu düşümü gerçekleştirmem için uğraşıyor. Bilseniz ne marifetlidir. İşte böyle çalışa didine her şeyi çözümleyeceğiz.

—Öyle mi dersiniz? dedi genç kadın. Demek öyle sanıyorsunuz.

Zor duyulur bir sesle konuşmuştu.

Genç kız, genç kadına hızla baktı.

Genç adam duymamıştı, sözlerini sürdürdü.

—İskeleye inen caddenin üstünde çalıştığım yer. Ünlü bir saatçi. Siz de bilirsiniz.

—Burda yabancı olduğunuz halde, dedi genç kadın, bunca ilişkiyi kurabilmişsiniz. Çok iyi...

—Lisedeki öğretmenimin yardımlarıyla oldu. Tarih öğretmenim, buralıdır. Üstelik şaşacaksınız, kentin bu yakasında oturuyormuş. Birden bizim yöreye atamışlar. Öğrencileriyle şakalaşırdı. "Kimi kez ceza, adam olana iltifatmış meğer," derdi. Birçok arkadaşımı yüreklendirmiştir okumamız için. Bu işi de bana o buldu mektup yazarak. Dükkanın sahibi Mösyö Hiristo hep saygıyla söz eder kendisinden. "Onun yolladığı insanlara başımın üstünde yer vardır, çok büyük familyadırlar," der. Harika bir adamdı tarih öğretmenimiz. Hala mektuplaşıyoruz.

—Peki ya, saat tamir işini nasıl öğrendiniz? dedi genç kadın.

—O yok mu, o? diye sevinçle konuştu genç kız. Onun başaramadığı ne olabilir ki. Elleri her işe yatkındır, kafası da...

Genç kadın, genç adamın masaya rahatça bırakılmış ellerine hızla baktı.

Deminki tedirginliğin izleri konuşmalar sürdükçe siliniyordu odadan. Küçük kızın zayıf yanağı, ağzına doldurduğu lokmalarla şişmişti.

—Sonra işte gördüğümüz gibi, dedi genç kız, üniversitenin dışındaki zamanlarında burda bir eski zaman dervişi gibi rahlesinin önüne çöküp müzik dinleyerek çalışır. Genç bir derviş gibi... Yalan mı? Saat tamir etmeyi de liseye giderken harçlığını kazanmak için öğrenmişti. Ama bana sorarsanız bahaneydi bu. Çünkü o makineleri, matematiği ve müziği çok sever.

—Gördünüz mü? dedi genç adam. Bütün hayatımızı anlattık. Ablam beni amansızca övdü. Ben bağdaş kurarak klasik Batı müziği dinliyorum. Ablamsa bütün bu düzgün giden şeylerin yürümesi için bir ipekböceği ustalığıyla gündelik hayatımızı her gün yeniden örüyor.

İki kardeş, birbirlerini yalın duru bakışlarıyla kucaklıyorlardı.

—Demek ki mühendis olacaksınız? dedi genç kadın.

—Evet, dedi genç adam biraz utanarak, makine mühendisi.

—Fazla alçakgönüllü olma, Yükseğini de koy, dedi genç kız.

Küçük kız sıcaklığın, renklerin, yüzlerin hiçbir gölgeyi taşımadığı odayı yeniden izledi. Yemeğin tadını yoğunluğuyla duydu.

Genç kız kadına yemeğin nasıl yapıldığını ayrıntılarıyla anlatıyordu. Genç adam onları hazla dinliyordu.

Genç kız ayağa kalktı.

—Tatlılarımızı sedire yerleşip yemeye ne dersiniz? dedi.

—Öyle yapalım, dedi genç kadın.

—Üstelik bir türlü bitiremediğimiz şarap bardaklarını da yanımıza alalım, dedi genç adam. Bizim oranın eşsiz peynirlerini de çıkaralım ortaya.

—Canım, sen de kalkacaksın değil mi? Yardım edeyim mi?

Küçük kız başıyla "evet"ledi. Genç kızın kucağına bıraktı kendini.

Genç kadın kalktı, gidip duvardaki resimlere yaklaştı. Önce ayakta dimdik yan yana duran iki erkeğin fotoğrafına, sonra onun yanındakine, ayakta duran bir erkeğin yanında oturan bir kadın fotoğrafına baktı. Üçüncü resimdeyse üç erkek ayaktaydı bu kez.

—Erkekler hep ayakta durarak mı fotoğraf çektirirler?

—Fakat öteki resmi görmediniz, dedi genç adam gülerek.

Genç kadın alta doğru asılmış küçük çerçeveye eğildi.

—O, bu sizsiniz, doğru. Oturuyorsunuz. Benim de bildiğim bir yer burası...

—Biz, yeni erkekler oturarak resim çektiriyoruz demek ki...

Genç adamın konuşması ezik, okşayıcı bir hafiflikteydi.

—Semti elbette tanıyacaksınız, doğup büyüdüğünüz yerler. Bizim orada deniz olmadığına göre de... Dağlarımız sizin denizleriniz kadar ünlüdür, biliyorsunuz, değil mi?...

Genç kadının başı onun omzunu biraz aşıyordu. Yan yanaydılar.

Genç kız yaklaşıp durdu, konuya girmek istediğini belirten yüz anlamını yitirdi.

Küçük kız masanın önünde üçüne bakıyordu.

Genç adam o yakınlıktan döndü genç kadına birden. Genç kadın da baktı ona. Çok kısa bir an durdular yüz yüze. Saat sesleri açıldı odaya. Sesler değişik ölçülerle üst üste düşerek sürüyordu.

İlk kez ayrımsadılar bu vuruşları.

Sobada kömürler çökerek yerleşti.

Küçük kız gözlerini genç adamla annesinden kaçırdı.

Genç kız aynı yerde kıpırtısızdı.

Genç kadın fotoğrafa yöneltti yeniden bakışını.

—Gördünüz mü? dedi. Tarih öğretmeniniz tembihlediği için oturmuşsunuz. Biliyorum, erkekler ayakta dururlar fotoğraf çektirirken.

Saatlerin çalışması silindi.

Sedire oturduklarında radyoda annesinin "severim" dediği tangolar çalınıyordu.

—Ne dersin, dedi genç adam, şimdi senle bir dans edelim mi?

—Yok canım, dedi genç kız, a nerden çıkarıyorsun bunu? Dans falan...

—Madem yılbaşı yapmaya karar verdik... Dans da onun yakışığıdır. bilir misiniz, biz dans etmeyi gördüklerimizi taklit ederek birlikte öğrendik. Taklit etmek insanoğlunun bir çeşit gelişmesidir, dedi gülerek genç adam.

—A ne hoş... dedi genç kadın. Demek oralarda balolar yapılıyordu.

—Bizim ilde Cumhuriyet Bayramlarında kesinlikle balo verilirdi. Benim akıllı kardeşimle ben, yolunu bulup giderdik orlara. Kavalyem de oydu. Babam bu isteğimize karşı çıkmazdı. O da bu törenlerin yabancısı değildi elbette. İl idare işlerini yürüten memurlardan biriydi. Evde ninemizle yaşar olduktan sonra daha hoşgörülüydü bize karşı. Görseniz, daha bir ay öncesinden kendimizden geçerdik. Dansa başladık mı da orkestra ara verene kadar peş peşe sürdürürdük. Şimdi o halimizi gülünç buluyorum, düşününce.

—Belki de, dedi genç adam, seninle orda hala dans ediyoruzdur, kimse de görmüyordur. Aynı parçaları çalıyordur orkestra. Sayfalarını açmadıkları notalar önlerinde. Giyimleri yıpranmıştır çalgıcıların. Yaşlı görünmek için saçlarını pudralayan tiyatrocular gibi yüzleri de kireç aklığında, gözleri aynı görmeyen bakışlarda kalmıştır. Biz iki çocuksa dans etmekteyiz.

Genç kız gülmeye başladı.

—O zaman sizi görelim, dedi genç kadın, bunca dans aşkından geri kalanları.

—Ya siz? Bize katılmaz mıydınız?..

—Yıllar var, dedi genç kadın, ben dans etmedim. Son dansımı ablamın kızının nişanında damatla yapmıştım aileden biri olarak. Dul bir kadın neşesinde de ölçülü oluyor.

Küçük kız dul bir kadın tanımının ne anlama geldiğini bulmaya çalıştı. Yoksa onların yalnız olduğunu mu söylemekti bu? Birlikte ilk kez bir konukluktaydılar. Bu odada daha önce gittikleri yerleri andıran hiçbir şey görmüyordu küçük kız.

Genç kadının ablam dediği yakınına gittiklerinde her şey çok değişikti. Görkemli semaverin buğularıyla çevrelenmiş odanın benzersiz halılarla döşeli camlarını ipekle kadifenin kat kat örttüğü o köşesindeydi, hep koltuktaydı yaşlı kadın.

Güz sonu renklerinin baskınlığındaki yaprak kümelerini caddelerde hortumlayarak savuran rüzgarlı akşamüstlerine doğru şaşmadan başlardı konuşmaları iki kadının. Sesler yükselmeden söylenenlerin bunca acılı, sevgisiz olabileceğini de o anlarda ayrımsamıştı küçük kız.

Abla dediği yaşlı kadın, iri taşlı küpelerini şişman, sınırları dağınık gövdesine denk bir uyumla sallardı. Yaşlılığın renksiz donukluğu, yüzündeki örtük anlamı kesinleştirirdi. Sesinde söylediklerine gelecek yanıtların tümüne kapalı bir değişmezlik vardı. Aynı şeyleri konuşurlardı.

"İnsan hele genç ve güzel bir kadınsa..."

"Dulsa üstelik..."

"Üstelik ailesini dinlememekte diretmişse..."

"Sevmek bazı şeyleri yapmak için hak kazandırmaz insana."

"Aile, fertlerini korur, onların iyiliğini düşünür. Aile olmak demek budur zaten."

"Cahillik...Öyle olmasa hemen bir çocuk yapmazdın."

"Söz dinlemek gerekir."

"Büyükler doğru olanları yaşamış, öğrenmiştirler, onları dinlemeli."

"Hayat kolay değildir."

"Yetinme", "yumuşak başlılık", "dinleme" sözcüklerinin arasız yinelendiği konuşma hiçbir zaman iki kadının arasında istenen uzlaşmayı getirmezdi.

"Onlara kötü demekte haklı değildi genç kadın."

"Apartmanın alt katında kalabilirdin çocukla."

"Ta o zaman söylemiştik."

"Büyüklerin gönlünü alman gerekiyordu. Çok kırdın hepimizi canım..."

"Yavaş yavaş geçmişi unutturmalısın."

—İstemem, demişti genç kadın. Ben bu evin yanaşması değilim. Her şeyde sizin kadar hak sahibiyim. Benim olanları bana vermeye kalkıyorsunuz, tenezzül bile etmem.

—Fakat kızım... diyordu yaşlı kadın. Mirastan mahrum edileceğini söylemiştik, enişten, ben, ötekiler, baban... Sen bir evlatlık gibi çıktın gittin evden. Yok!.. Bunları unutturman lazım. Hiç olmazsa bu sana söylenenleri yap. Gel, yerleş aşağıya. İyiliğin için yap. Biz seni sevmez miyiz canım...

Alt kat, o yıllara özgü yayımlı bir mimariyle çıkmış apartmanlardaki çamaşırlık ve hizmet edenler bölümüydü. Evdeki değiştirilen eşyaların "kalsın" denenleri de oraya yığılırdı.

Susarlardı yeniden.

⭐ KELİMELER（生词注释）

kadife	天鹅绒	nefti	深绿色的
bezeli	有装饰的，有点缀的	keçe	毡子
zemberek	发条	kordon	电线
kanaviçe	刺绣	seccade	小地毯，跪毯
pürüzlenmek	变沙哑	bahriye	海军
zabit	军官，军人	cümle kapısı	大门
sıska	干瘦的	tını	音色
mayhoş	酸甜的	solucan	蠕虫
kırkayak	蜈蚣	çıyan	蜈蚣
kertenkele	蜥蜴	safran	藏红花
familya	家庭，家族	kavalye	男舞伴
yanaşma	雇工	tenezzül etmek	屈尊（做某事）

⭐ YAZAR HAKKINDA（作者简介）

Füruzan, 29 Ekim 1935'te İstanbul'da doğdu. Sadece ilkokul eğitimi alabildi. Buna rağmen kendi kendini çok iyi yetiştirdi. İlk öyküsü 1956'da Seçilmiş Hikayeler Dergisi'nde yayınlandı. 1964–1972 arasında Dost, Yeni Dergi ve Papirüs'te yayınlanan öyküleriyle dikkat çekti. 1975'te çağrılı olarak Berlin'e gitti. Bir yıl kaldığı Berlin'de Türk işçilerle röportajlar yaptı.

İlk romanı "Parasız Yatılı" ile 1972 Sait Faik Hikaye Armağanı'nı kazanınca ünlendi. İlk romanlarında düşmüş kadınlar, kötü yola sürüklenen küçük kızların, çöküş sürecindeki burjuva ailelerin, yeni yaşama koşullarından bunalan, yurt özlemi çeken göçmenlerin, yoksulluk içinde yaşama savaşı veren, tek silahları sevgi olan yalnız kalmış kadınların, çocukların dramlarına sevecen bir bakışla eğildi. Ayrıntılarla beslediği canlı anlatımı, karaterleri işleyişindeki derinlikle dikkat çekti. Almanya incelemelerinden sonra da göçmen ve gurbetçi işçi soranları üzerinde durdu. Ayrı kültürlerden gelen insanların yaşamlarından kesitler verdi, özellikle gurbetçilerin çocuklarının sorunlarına eğildi. 12 Mart dönemini anlattığı "Kırk Yedililer" romanı da 1975 Türk Dil Kurumu Roman Ödülü'ne layık görülmüştür.

ALIŞTIRMALAR（练习）

1. Füruzan ile ilgili kısa bilgiler derleyerek arkadaşlarınızla paylaşınız.

2. Geçimini sağlamak için Genç Adam ve ablası ne iş yapıyor?

3. Genç Kadın neden mirastan mahrum edildi?

DERS ON İKİ

SEVGİLİ ARSIZ ÖLÜM

★ **作品导读**

拉蒂菲·泰金（1957—）出生于开塞利的一个小村庄，九岁时跟随家人迁居伊斯坦布尔。高中毕业后，泰金便参加了工作。年轻时的泰金曾是左翼运动的积极参与者，1980 年土耳其发生军事政变后，泰金开始了文学创作，并于 1983 年出版了她的第一部作品——长篇小说《亲爱的无耻的死亡》。这部小说一经问世便大获成功，泰金也从此跻身知名作家的行列。在这之后，泰金又陆续出版了《夜课》、《冰剑》、《爱的符号》、《森林里没有死亡》、

《遗忘园》等长篇小说。2005 年，泰金凭借小说《遗忘园》荣获赛达特·斯玛威文学奖。

《亲爱的无耻的死亡》是泰金的处女作，也是泰金最知名的代表作品之一。小说讲述的是胡瓦特和阿蒂耶夫妇带着全家人从小乡村搬到了大都市，然而生活并未如他们所愿，男人没有活干，生活捉襟见肘，人际关系冷淡，就连家人之间也是矛盾重重。面对窘迫的物质生活和面临解体的家庭，女主人阿蒂耶虽然不舍，但又无力改变现实，最后带着遗憾郁郁而终。小说的前半部分主要描写了一家人在农村的幸福生活，充满了乡土气息和童话色彩。后半部分则主要描写了他们进城后的悲惨境遇，笔调沉重而写实。前后巨大的反差让我们深刻地感受到在城市化浪潮中底层农民所面临的那种想融入城市，却被城市异化的困境。小说叙事方式独特，语言简短自然，充满了浓厚的魔幻现实主义色彩。

"SEVGİLİ ARSIZ ÖLÜM" ROMANINDAN SEÇMELER

Atiye, Huvat'ın arkasından anasının yanında kalması için dualar edip kocasını gönderdi. O gün akşama kadar pencerenin önünde oturup kulağını dinledi. Akşam oldu hava az karardı. Mahmut, "Kız, bugün sevindin ama biraz daha sevin" deyip müjdeli bir haberle eve geldi. Gelir gelmez Atiye'nin eteğine bir tomar para koydu. Annesine iki kişiyle ortak bir iş aldığını duyurdu. Atiye, Huvat'ın gittiği gün oğlunun götürü iş almasını kocasının evin kısmetini bağladığına yordu. Eteğinden parayı eline almadan Huvat'ı uzun süre köyde tutacak çareler aramaya koyuldu. Kafası böyle bir işin başından yeni kalktığından bir iki düşünmeyle çareyi buldu. Zekiye'nin anasını babasını göresinin geldiğini söyleyip kocasına bir mektup yazıp köyde Zekiye'yi bekletmenin iyi olacağını duyurdu. Bir giden çıkarsa Zekiye'yi yanına katıp köye nasıl olsa bir vakit ulaştırabileceklerini söyledi. Zekiye kalkıp kaynanasının boynuna sarıldı. Bir sevinme de onu aldı. O sevinirken içeri Mühendis Ağa girdi. Zekiye'nin köye gideceğini duyunca o da bir türlü sevindi. Onlar sevinince, Dirmit, sevinçlerinden beni unuturlar, rahat rahat dalar düşünürüm diye sevindi. Herkes sevindiğiyle kaldı. Ama Mahmut, "Ortaklık da olsa götürü iş aldım bugün, ben bir de Hacı Ana'nın evine varıp geleyim," dedi. Bir temiz üst baş giyindi. Kendine bir süs verip evden çıktı. Bir kutu şeker yaptırıp eline aldı. Hacı Ana'nın kapısını çaldı. Hacı Ana, Mahmut'u içeri buyur etti. Elinden şekeri alıp bir kenara koydu. Ardından hal hatır sordu. Mahmut iyi olduğunu, yakında uzak bir yere çalışmaya gideceğini, Yıldız'ı görmeye geldiğini Hacı Ana'ya duyurdu. Hacı Ana gözlerini Mahmut'un eline dikti. Mahmut elini cebine attı, para çıkardı. Hacı Ana parayı alıp çorabının lastiğinin arasına sıkıştırdı. Dışarı çıktı. Az sonra, kara kuru bir kadınla geri geldi. Kadın önce Mahmut'a hoş geldin etti. Arkasından az gülüp söyledi. Çoraplarını terliklerinin içine sokup Mahmut'un koltuğundan tuttu, içeri odaya soktu. Mahmut, Hacı Ana'nın evinden çıkıp bir keyifli ıslık tutturdu. Islığının ardına düşüp eve geldi. Gelir gelmez yatağa girdi. Kuş gibi uykuya uçtu. Hemencecik daldı. O gece sabaha kadar ağzı ayrık kaldı.

Sabah, gözündeki uykuyla bir, Yıldız da aklından gitti. Mahmut yeni aldığı işin telaşına düştü. Yanında götürecek bir iki çırak bulmak için kalkıp kahveye indi. Birkaç gün işin malzemesinin peşinde koşturdu. Derken oğlanda bir sıkıntı başladı. Yüzüne bir sarılık oturdu. Oğlunun ikide bir banyoya kapanması Atiye'nin gözüne battı. Onunla bir girip çıkmaya, oturduğu yere, kalktığı yere gözünü vermeye başladı. Mahmut'un o değilden ağzını aradı. Ağzından ayıkken bir şey alamayınca uykudan sesleyip bir iki sordu. Sonunda oğlunu bir uykusunda konuşturdu. Mahmut, Hacı Ana, Yıldız mıldız derken ettiğini, gittiğini sayıp döktü. Atiye'nin içine bir ateş attı. Gerisin geri uykuya yattı. Atiye, Mahmut'un başından kalkıp Halit'in başına oturdu. Usul usul sesleyip oğlunu uyandırdı. Halit önce annesini Zekiye sandı. Hiç ses vermedi. Atiye oğlunu bir iki dinleyip yeniden salladı. Halit bir öfkeyle yorganı atıp doğruldu. Annesini başında görünce öfkesini tutup yatağın üstüne oturdu. Atiye, Mahmut'tan duyduğunu olduğu gibi oğluna anlattı. Halit uykulu olduğundan başını önüne yıkmayı akıl edemedi. Gözünü annesinin yüzüne verip Mahmut'un marifetini dinledi. Yine uykulu olduğundan, "Sabah kalkınca sorarım, bakacağıma gün ışığında bakarım," demedi. Atiye'ye, "Bitti mi?" dedi, Mahmut'un başına gitti. Atiye lambayı açtı. Oğlunun tembihini tuttu, yatağına yatıp yorganı başına çekti. Yorganın altında kulak kesildi. O yorganın altına girdikten sonra Mahmut yorganın üstüne çıktı. Yüzünü ağbisine verip sırtını duvara dayadı. Gözlerini kısıp kendi kendine bir şeyler mırıldandı. Sonra sırtı duvarda yeniden uykuya daldı. Halit, "Uyku sırası mı! Kalk lan!" deyip bir iki dürtükledi. Ama Mahmut'a uykudan uyanmak ölümden beter geldi. O gözlerini açmayınca Halit, "Oyalama beni lan," deyip Mahmut'un yakasından tuttu ayağa dikti. Mahmut bir korkuyla silkindi, kendine geldi. Ağbisinin, "İndir donunu neymiş bakayım," dediğini duyar duymaz, "Git lan," deyip donuna yapıştı. Eli donunda sövüp saymaya başladı. Halit'in cinini tepesine çıkardı. Halit zaten, Mahmut iş aldıktan sonra yanına gelmediği, kendisinden bir mühendis olarak işin başında durmasını, çırakları, ustaları işe koşmasını istemediği için kardeşine içerlediğinden, boğazına basıp onu boylu boyunca yatağa yapıştırdı. Yüzünü Mahmut'un donuna verip karnına oturdu. Mahmut'un inatla donunu tutan elini, baş parmağını var gücüyle nabzına basıp gevşetti. Mahmut'un yeminle donunu aşağı alacağına dair ettiği küfürlere aldırmayıp kardeşinin donunu sıyırdı. Mahmut'un bağırmasına yataklarından kafalarını uzatan Dirmit'le Zekiye'ye, "Size bakın diyen oldu mu!" diye terslenip kardeşinin donunu gerisin geri yukarı çekti. "Boku yemişsin oğlum," deyip Mahmut'un karşısına geçti. Böyle bir bok yemeden gelip büyük ağbiye danışılması lazım geldiğine dair nasihata başladı. O vakte kadar yorganın altında merakından zor duran Atiye de kalkıp Mahmut'un başına dikildi. "Erkekliğin kopup donuna düşsün de sen gör," diye oğluna bir iki korku da o verdi. Atiye bir yandan. Halit bir yandan derken, Mahmut'un eli ayağı dolaşmaya başladı. Bağırıp küfür eden sesi içine kaçtı. Sabah erkenden Halit'in arkasına düşüp doktora gitti. İlaçlı sularla, tozlarla, kireç gibi bir yüzle geri geldi. Gelir gelmez banyoya çekildi. Banyodan çıkıp kedi gibi pispisledi. Kendi kızlığından sonra, Mahmut'un erkekliğinin yoklanması Dirmit'in kafasında olmadık düşüncelere yol açtı. Kendisinden iki yaş küçük kardeşinin kadına gitmesini, gitti de az daha ölecekti diye değil de, niye ben de erkeğe gitmiyorum diye kafasına taktı. Kafasına taktığını merakından tutup Atiye'ye açtı. Atiye, "Ne duruyorsun, kalk öyleyse!" deyip Dirmit'in saçlarına yapıştı. "Ondan geri kaldın, öyle ya!" diye diye saçını başını yoldu. Kızının yüzüne bacak kadarken oğlanlara haber yolladığını, oğlanlarla kümeslere kapandığını vurdu. Kızına aslında gitmeyecek bir akıllı olmadığını, sıkıyla, korkuyla evde oturduğunu duyurdu. Dirmit o bağırıp çağırırken, "Sormak da mı yasak kız!" deyip durdu. O öyle deyince Atiye'nin ana yüreği bu haksızlığa razı gelmedi. Akşam olunca onu Halit ağbisinin yanına katacağına, "Bacın erkeğe gitmek istiyormuş, ağbi değil misin, götür!" diyeceğine yemin etti. Kızına onu erkeğe yollayacağına söz verdi. Akşam kızına verdiği sözü yerine getirdi. Dirmit'in ettiği hevesi oğluna bildirdi. Dirmit kanıyı çarpıp bir sinirle dışarı çıktı. Aralığa merdiveni kurup dama tırmandı. Sinirini alamadı, dişlerini sıkıp ağlamaya başladı. O ağlarken Atiye çatı kapağının arasından başını uzattı. "Ağlama gel, götürecek," diye kızını aşağı çağırdı. Ağbisinin, "Dama ne tırmanacak kadar olduysa, alır götürürüm!" dediğini Dirmit'e duyurdu. Dirmit hırsından kiremit gibi kıpkırmızı oldu. Ağlaya ağlaya yerinden doğruldu. Gidip damın en ucuna durdu. "Atayım kız kendimi aşağı da, elinden kurtulayım!" diye bağırıp Atiye'ye bir korku verdi. Ama Atiye korkuyu almadı, "Atma gel götürecek!" diye gülmeye başladı. O gülerken Halit gelip Atiye'yi merdivenin başından indirdi. Aşağıdan, "Korkma kız, in aşağı!" diye Dirmit'e seslendi. Dirmit utancından aşağı inemedi. Sırtını bacaya dayayıp herkes yatıncaya kadar damda oturdu. Bir, elini yüzüne aldı; bir, gözünden yaş akıttı. Ağlaya ağlaya önündeki kiremitleri, tahta evin yan yüzünü ıslattı.

O gece Azrail, sen oğlunun erkekliğini yoklayınca birden aklıma düştü, ben de bir seni yoklayayım diyerek Atiye'nin yanına geldi. Onu uykusundan sesleyip uyandırdı. Koltuğundan tutup yatağın içine oturttu. Elini, bir Atiye'nin yüreğinin üstüne koydu; bir ciğerinin üstünde gezdirdi. Hırıl hırıl öten nefesini dinledi. Sonra Atiye'ye vaktinin geldiğini bildirdi. Çocuklarını uyandıracak, onlarla sarılıp koklaşacak kadar Atiye'ye zaman verdi. Atiye, Azrailin ellerine sarıldı. Kocasıyla helallaşmadan alıp kendini götürmemesi için yalvardı. Oğlu Seyit'in askerden gelmesini beklemesini istedi. Ama Azrail, Atiye'nin başına gelip gitmekten yorulduğunu öne sürüp isteğini geri çevirdi. Atiye hiç olmazsa Nuğber'e bir haber edilecek kadar ömür diledi. Azrail vakit olmadığını, yüreğinin kapakçığının artık açılıp kapanmaktan yorulduğunu, birazdan bir daha hiç açılmamak üzere kapanacağını Atiye'ye duyurdu. Atiye, "Kapanmamasının bir çaresi yok mudur?" diye bir umutla sordu. Azrail ona çare bulunsa rahmindeki yaranın büyüyüp yayıldığını, tüm içini sardığını, yaranın onu öbür dünyaya götüreceğini söyleyip elinden artık hiçbir şeyin gelmeyeceğini Atiye'ye bildirdi. Atiye, "Seyit'i dünya yüzüyle bir kez olsun görsem!" diye inledi. Azraile uzaktan olsun oğlunu bir kez göstermesi için yalvarıp yakardı. Ama Azrailin yüreği taş kesildi. Tüm ağırlığıyla Atiye'nin göğsüne çöktü. Atiye yuvalarından oynayan gözlerini tavana dikti. Tanrıya isyan etti. "Ben sana ne yaptım ki bir oğlumu bana göstermiyorsun," diye bağırmaya başladı. Azrail, elini Atiye'nin ağzına kapayıp bir öfkeyle onu susturdu. Biraz daha bağıracak olursa Tanrının hışmına uğrayacağını, öbür dünyaya kâfir olarak göçeceğini Atiye'ye duyurdu. Ama Atiye göğsünden sırtına vuran sancının acısından Azraili duymadı. Allaha,

"Varsan, oğlumu göster," diye içinden bağırdı. Azrailin ağzının üstüne kapattığı elini öfkeyle tutup çekti. Var gücüyle Azraili göğsünden kaldırmak için çırpındı. Azrailin elinden sıyrılıp, yatağın içine dikildi. Ağzına geleni verdi veriştirdi. Atiye'nin Azraille kavgaya tutuşması, kendisine karşı inancını bozması Allah'ın gücüne gitti. Azraile Atiye'nin başından geri çekilmesini emretti. Atiye'ye, "Sancılarıyla ve yaralarıyla yaşama" cezası verdi. Atiye, Azrail başından çekilip gidince derin bir soluk aldı. Korkuyla başına toplanan çocuklarına Azrailin gelip kendini yokladığını, ama arsızlıkla Azrailin elini boş çıkardığını söyledi. Yatıp uyumaları için tembihledi. Başı boşalınca usulca elini yüreğinin üstüne koydu. Yüreği, "Yoruldum! Yoruldum!" diye eline vurdu. Atiye, "Sesin kopsun geberesice!" diye yüreğini azarladı. Elini yüreğinin üstünden kaldırıp sırtına dayadı. Sırtında sancıyan yerini avucladı. O gece sabaha kadar sancıdan uyuyamadı.

Atiye'nin, Huvat'ın köye gitmesiyle duyduğu sevinç sancıya boğulurken Mahmut iyileşti. Tozunu, ilaçlı suyunu koyup gitarını aldı, evden ayrıldı, işinin başına vardı. O gittikten sonra Halit bir iki yerde mühendis olduğunu söyleyip lafı da iyi toparlayamadığından zor duruma düştüğü için, bir zaman evden çıkmamaya karar verdi. Elinde bir torba kitapla bir akşam erkenden eve geldi. Evdekilere, "Siz yemeğinizi yiyin, uykunuzu uyuyun, bana dokunmayın!" diye emir verdi. Kitapları torbasıyla baş ucuna koydu. Mahmut'un divanına kuruldu. Halit'in evdekilerle konuştuğu o oldu. Kitapların başından bir helaya gitmek için kalktı. Gece sabaha kadar herkesin gözünün içine lambayı yaktı. Büyük bir yerden "Oku!" diye emir almış gibi gece gündüz okudu. Okuduğunu kafasına yazdı. Yazdıkça azdı. Kimseleri beğenmez oldu. Annem bana yalvarmasaydı, ayağımda şalvar sürüyüp, hocayım diye gezinecektim demedi. "Uçan dairelerden, uzaydan haberin var mı senin ki, bana akıl veriyorsun, kız!" dedi. Atiye'nin, "Bu kitaplar ne ki, bunlara bu kadar düşüyorsun!" diyerek verdiği öğütleri dinlemedi. Falcılık, medyumluk, mühendislik, insanlık ve Türklük üzerine birçok kitabı su gibi okuyup bitirdi. Onları götürüp ordan burdan yeni kitaplar getirdi. Bu kitapların bir sırası var mı demedi. İçindekilerin aslı arası var mı diye düşünmedi. Okuduğuna Allah gibi inandı. Uçan dairelerin ardından eriyen demir dağlardan, uluyan kurtlardan söz açmaya başladı. Kimsenin adını duymadığı birtakım insanların adını diline doladı. Derken kitapları niye okuduğunu unuttu. Mühendisliği bir kenara bırakıp işi, kahvede bildiklerini Akçalılara öğretmeye döktü. Kahvede iş bekleyen köylülerine dünyanın gizli sırlarını verdi. Uçan daireler, maymundan türeme insanlar, demirden dağlar, kızgın ovalar derken köylüyü birbirine düşürdü. Kimi, arkasından, "Geldi, bir peyk uçurup gitti gene!" diye kötü kötü söylendi; kimi, anlattıklarına inandı. İnananlar sandalyelerini çekip masasına oturdu. İnanmayanlar, o gelince kahveyi boşalttı. Halit yüzünü eğip gidenlerin ardından söze girdi. Akçalıların başına "Bildim" kesildi.

Bildim kesildikten sonra Halit'e bir iyi huy geldi. Herkesin derdini dinlemeye, akıl vermeye can atmaya başladı. Orda burda dizinin dibine kimi çektiyse içine ayna tuttu. İçindekileri yüzüne okudu. Kiminin gökyüzünde yıldızını buldu. Kiminin elindeki çizgilere bakıp gelecekten haber verdi, Bektaşi fıkraları, şiirler, ata yadigârı sözler ezberledi. Anlatacağını şiirlerle, fıkralarla katıp karıştırdı. Sözü tadından yenmez oldu. Nerdeyse köy köy dolaşıp lafıyla ettiğiyle yedi köyü kendine güldüren, hem güldürüp hem sevdiren ikinci bir Sümbül Ağa oldu. Onu dinleyen herkes Sümbül Ağa'ya rahmet okudu. Ağbisi köylünün kafasına ışık tutup gezerken Dirmit, "Niye ben erkeğe gitmiyorum" un arkasından başka şeylere taktı. Bu evde olmasam da başka bir yerde olsam ne olurdum acaba diye düşünmeye başladı. Düşüne düşüne ipin ucunu elinden kaçırdı. "Yıldızların tepesine konsaydım, ışık olsaydım, olsaydım da kuş olsaydım, damdan dama, daldan dala konsaydım," derken derken, kıza günün birinde bir hal oldu. Gözlerini Atiye'ye verip bir köşeye oturdu. "Bu kadın da kim?" diye kendi kendine sordu. "Ya bunlar kim?" deyip gözlerini ağbisine, Zekiye'ye çevirdi. Baktı baktı, hiçbirini tanımadı. Dirmit'i bir korku aldı. Daldığı düşüncelerden sıyrılmak için bir çabaya düştü. Dilini ısırması, sağını solunu iyi miyim diye yoklaması, gidip Atiye' ye, "Kız anne!" diye yaslanması bir işe yaramadı. Ne ettiyse, düşüncesini yolundan saptıramadı. Geceleri kalkıp kalkıp yatağının içinde oturmaya başladı. Bir, kalkıp başını cama verdi, "Ay su olsa da içsem," dedi; bir, "İçsem de göğe çekilsem," dedi. Bir zaman aklını ayla, yıldızla bozdu. Ayı yıldızı bırakıp geçmişe daldı. Kulağına tulumba gıcırtıları, gül yapraklarının hışırtıları çalındı. Gözüne cinler, peri kızları göründü. Bir an, "Köyde kalsaydım!" diye düşündü. Aklına Bayraktar'ı, öğretmenlerini, Ömer'i, cam pencere takıp ambar yapan Mimar Memet'i, Elmas Gelin'i getirdi. Hepsi bir sıcaklık olup içine yayıldı. İçinin karanlığında kaybolup gitti. Dirmit bağıra çağıra yaşadığı, tüm evlerin ahırlarını, damlarını, bahçelerindeki gül fidanlarının sayısını bildiği köyün, şimdi kalkıp gitse yolunu şaşıracağını düşünüp kederlendi. Yaşayıp bitirdiği her günün, tutulmaz bir kuş olup uçtuğuna, yavaş yavaş gözden silinip bir küçük kara noktaya dönüştüğüne karar verdi. Gözünü yumduğunda her yanını saran karanlığın, bu küçük kara noktalardan oluştuğunu keşfetti. Kendisiyle kara nokta oynamaya başladı. Gözlerini yumdu. Her yanını saran karanlıktan bir küçük nokta aldı. "Nokta, nokta nesin? Nerdesin?" dedi. Nokta Dirmit'e ses verdi. "Nuğber Dudu'yum, tandırın başındayım," dedi. Dirmit, Nuğber Dudu'nun yanına gidip oturdu. Nuğber Dudu bir elma soydu, içini kendi yedi. "Özü burdadır," dedi, kabuğunu Dirmit'e verdi. Dirmit elmanın kabuğunu yedi. "Nokta nokta, git!" dedi. O nokta gitti, başka nokta geldi. Dirmit yine, Nesin? Nerdesin?" dedi. Nokta, "Tulumbayım, Akçalı'da derin bir kuyuya bağlıyım," dedi. Dirmit'in sesi soluğu kesildi. Gözleri doldu taştı. Tulumba, "Unuttun mu yoksa beni, Dirmit kız!" dedi. Dirmit, "Unutmadım, hiç unutmadım," deyip tulumbanın boynuna sarıldı. Ona, kuşkuş otunu, okulu, evdekilerin neler yaptığını anlattı. Şiirlerini okudu. Genç kız olduğunu duyurdu. Atiye'nin çok üstüne varmasından yakındı. Uzun uzun içini döktü. Tulumbayı geri yolladı. Tulumba gitti. Kişner Oğlan geldi. Donunu indirip Dirmit'in karşısına geçti. Dirmit korkup Kişner Oğlan'ı geri gönderdi. Karanlıktan başka bir nokta aldı. Derken kara nokta oynamadan duramaz oldu. Yemekte, yatakta, sokakta, damda bir kara noktayı yolladı, bir kara noktayı eline aldı. Kimiyle uzun uzun konuştu, kimiyle kavgaya tutuştu. Kimine sordu, kimine ağladı. Aklım kara noktaların ardına düşer giderse ben ne yaparım demedi. Aklım başımdayken her yaptığım annemin yüreğine dert oluyor, aklım başımda olmazsa anneme yazık olur demedi. Aklım, düş kara noktaların peşine, kime ne olursa olsun dedi. Aklını bir küçük kara noktanın yanına katıp başından savdı. Akılsız kaldı.

Dirmit akılsız kaldıktan sonra, kimseyi tanımaz oldu. İkide bir gözlerini evdekilere devirip, "Siz kimsiniz?" demeye başladı. Atiye kızının gözüne başka bir kılıkta, başka bir yüzle göründüklerini sanıp, "Bu kızın gözüne biz görünmüyoruz," diye tutturdu, ikide bir Dirmit'in yanına yanaşıp, onu nasıl doğurduğunu, karnından ses çıktığını duyunca nasıl korktuğunu, eleğin içine kapaklanıp bayılmasını anlattı. "Ben senin annenim geberesice," deyip kızını ayıktırmaya çalıştı. Ama Dirmit. Atiye bir söylenip bir eteğine yapıştıkça iyice elden gitti, uyur gezer gibi bir şey oldu. Derken kafası her şeyi tersten almaya başladı. Atiye'nin, "Kız dediğin, bir derdi varsa anasına açar!" demesini, "Kız dediğin, derdine kendi yanar!" anladı. Sonunda Atiye'nin korktuğunu başına getirdi. Sokaktan Dirmit'in kulağına ses gelmeye başladı. Sokak, bir sabah erkenden, Dirmit'e, "Kaç bana gel!" dedi. Dirmit önce şaşırdı. Sonra büyülenmiş gibi kendisini çağıran sesin peşine takıldı. Pıt pıt duvar diplerinde, sokak aralarında yürüdü. O yürüdükçe sokaklar uzayıp genişledi. Evler kat kat yükselip bulutlara erdi. Dirmit sesin ardına düştüğüne pişman oldu. Korka korka evin yolunu buldu. Evden niye kaçtığını, sokakta ne aradığını bilemedi. Gerisin geri eve geldi. Gelir gelmez Atiye, "Ben sana evden niye kaçtığını bildiririm!" deyip Dirmit'in üstüne yürüdü. Saçlarından tutup odanın ortasına sürüdü. Bildireceğinin yarısını dayağa, yarısını söze döktü. Sonra bir şiir sevdasına düşüp düşüne düşüne aklını uçuran kızına, "Şiir senin anan değil, baban değil, boşla gitsin," diye yalvardı. O kızına yalvarıp dururken, Zekiye halının gergin çözgülerine parmaklarını doladı:

"Dizgeme dağlarında, erimez bir buz idim. Serpme benli, ince belli kız idim, Toka gözlü, epil epil yüz idim." diye yakıştırıp bir ağıta başladı. Atiye kızına yalvarmayı bırakıp kulağını Zekiye'ye verdi. Derinden bir "Ah!" çekip iç geçirdi. Az önce ben kızıma ne akıl veriyordum, demedi, incecik, titrek bir sesle gelinine karşılık verdi.

"Gözyaşların inci olsun, gerdanına düzülsün, Kara bahtın kuş olsun da, göğe süzülsün. Ah çekme, serin dur gelinim. Kirkiti ilmiğe usul vur gelinim. Ciğerim kopar da ağzıma gelir."

Dirmit, annesi ve yengesi karşılıklı yakıştırıp söyleşirken dayağın acısını unuttu. Yakıştırıp bir türkü de o tutturdu:

"Cinli kızdım, kül karınlı kuş oldum; Çekildim Akçalı göğüne, kanadım açtım, Geldim ince ota düştüm, iğneli yıldıza kaçtım. Yıldız, ağıtlar peşimde. Yıldız, korku var düşümde. Beni sakla canım yıldız."

Gelin kaynana ağıt yakıp söyleşirken Huvat, köyde beklemekten yoruldu. İkide bir gelenle gidenle Zekiye gelmezse, çıkıp geleceğini haber etmeye başladı. Atiye, "Durduğu yerde su çıktı sanki!" diye söylene söylene gelinini yanına katıp savacak emin bir el aramaya başladı. O emin eller peşindeyken, ikinci Sümbül Ağa, Zekiye'yi köye savıp ondan temelli kurtulmanın bir çaresini aramaya koyuldu. Önce, oğlu Seyit'in uzun yola dayanamayacağını diline doladı. Kendi aklınca Zekiye'yi tek başına köye yolladı. Zekiye 'köye kavuşmadan, babasına bir haber uçurup Huvat'ı acele şehire getirdi. Zekiye kendini alıp gelecek kimse çıkmayınca köyde kaldı. Halit kurduğu tuzağı beğenip o değilden annesine çıtlattı. Atiye günahtan korkmayan oğlunun yüzüne tükürdü. Gâvurun böyle tuzak kurmayı akıl edemeyeceğini söyleyip oğlunun yanından geri çekildi. Oğlunun niyetini gelinine duyurdu. Zekiye birden kül gibi oldu. Atiye kül gibi olan gelinine akıl verdi. "Yerinde olsam gitmem!" dedi. Zekiye, "Garipsedim köyü!" diye bir ağıt tutturdu. Ağıdı inada bindirdi. Seyit'i yanına alıp giderse oğlunun bahanesine Halit'in kendini gelip getireceğini söyledi. Halit oğlunu, karısıyla bir, köye göndermeyeceğine yemin içti. Atiye hangisine laf anlatacağını şaşırdı; bir, gelininin, bir, oğlunun başına vardı; bir gelinin ağıdını, bir, oğlunun sövüp saymasını dinledi. Sonunda oğlunu suçlu buldu. Zekiye'yi, oğlunu kucağına verip köye gizlice yollamaya karar verdi. Tuzak öyle kurulmaz böyle kurulur deyip Zekiye'yi Seyit'le bir kuş gibi köye uçurdu.

Halit evde elini bir oraya, bir buraya attı. Seyit'i bulamadı. Atiye'nin üstüne yürüdü. Annesine el kaldırdı. Atiye, "Eline iş yakışmasın!" diye oğluna intizar etti. Halit çarpıp kapıyı gitti. Atiye oğlunun arkasından divanın üstüne çöktü. Gözleri delinmiş gibi, saatlerce şıpır şıpır yaş döktü. Dirmit, "Beni de ağlatacaksın, sus kız!" diye annesinin ellerini tutmaktan, gözlerinin yaşını silmekten yoruldu. Atiye'nin döktüğü yaşlar tek tek içine doldu. Sonunda kalkıp o da öbür divanın üstüne yumuldu. Bu defa Atiye, Dirmit'in başına dikildi. "Sana ne ben ağladıysam, kız!" dedi. Dirmit annesi ağlama diye yalvardıkça sarsıldı. Hıçkıra hıçkıra boşaldı. "Sana ne olur mu, kız!" diye diye, kalkıp başını cama dayadı. Islak kirpiklerinin arasından sokağa bakmaya başladı. Sokak, Dirmit'in kirpiklerindeki ıslaklığı görünce, "Kaç bana gel!" diye el etti. Dirmit bir küskünlükle omuz silkti. O omuz silktikçe, sokak, "Gel! Gel!" diye fısıldadı. Sesini iyice yumuşattı. Dirmit sokağın sesini duymamak için kulaklarını elleriyle kapattı. Sokak bu defa eline kocaman kara bir perde aldı. Perdeyi bir açtı bir kapadı. Dirmit'e denizin üstünde uçuşan ak kuşları, rüzgâr vurdukça dalları yere eğilen ağaçları, ordan oraya savrulan çiçek tozlarını, renk renk kâğıtlarla donanmış duvarları, yollarda gülerek yürüyen insanları gösterdi. Dirmit'in yüzüne bir tebessüm yayıldı. Gözlerini kırpmadan perdenin bir açılıp bir kapanmasına daldı. Sonra birden yerinden kalktı, pencereyi açtı, "Geliyorum bekle!" diye bağırdı. Sokak dudaklarını büküp gülümsedi. Dirmit açıp kollarını sokağa indi. Sokağa iner inmez, Halit'in Atiye'nin kulağında uğuldayan sesleri dindi. İçi açıldı. Sokak bir uzayıp bir kısalarak, bir asfaltlar kuşanıp, bir küçük kara taşlara sarınarak, Dirmit'e yol gösterdi. Onu üstünde ak kuşlar uçuşan denize götürdü. Dirmit gözlerini denize verip bir koca taşın üstüne oturdu. Bir kuşlara, bir çırpınan suya baktı. Bir o denizi içine aldı, bir deniz Dirmit'i. Deniz içindeyken heyecandan yüreği ağzına geldi. Denizin içindeyken, korkudan.

Dirmit o günden sonra babası gibi suya tutuldu. Nereye gitse suya doğru çekildi. Eve her gelişinde bir daha evden dışarı çıkamayacağını sanıp korkuya kapıldı. Korkusu gittikçe büyüdü. Evde duramaz, oturamaz oldu. Bağıra çağıra kapıları açıp kaçtı. Kendini deniz kenarındaki taşın üstüne attı. Deniz gece ininle gözünün içine ışık sıkıp Dirmit'i eve kovaladı. Dirmit gece denize küstü. Sabah gidip barıştı. Dirmit denizle barışıp koklaşırken Atiye, sabahtan akşama kadar puhukuşu gibi cam önlerinde dikildi. Kızının yolunu gözledi; bir, ağladı; bir, kızına büyük bir korku vermesi, sokağa çıkartmaması için Tanrıya yalvardı. O yalvardıkça Dirmit anne korkusu kaybetti. Yanında belinde dolaşan annesi mi, el mi bilemedi. Gece şiir yazdı gündüz gidip denize okudu. Evini evlikten, annesini annelikten, kardeşlerini kardeşlikten, babasını babalıktan reddetti. Sokakları, evi etti. Ağaçları, duvarları, bulutları, evleri kardeş, denizi anne, göğü baba.

Dirmit'in sokaktan ve şiirden başka her şeyini inkâr ettiği sıralarda Seyit, bembeyaz dişlerini asker ocağında karartıp eve döndü. Döndüğü gün, "Sen hepimizi inkâr ediyormuşsun, öyle mi kız!" deyip Dirmit'i dövdü. Ardından ellerinin topçu eli olduğuyla, yumruklarının gülle gibi ağır olduğuyla övündü. Dirmit geri çekilip Seyit'in yüzüne uzun uzun baktı. Sonra, "Amma özlemişim seni lan," deyip Seyit'in yanına oturdu. Kulağına eğilip usulca askerde şiir yazıp yazmadığını sordu. Seyit ağbisi ve bacısı gibi akıldane olmadığını söyleyip Dirmit'i susturdu. "Benim şiirim girket," deyip gözlerini tavana dikti. Tavanda ne gördüyse yerinden kalktı, sokağa çıktı. O çıkınca Atiye gelip Dirmit'in yanına oturdu. Bir merakla, "Aklın bir gelip bir gidiyor mu yoksa, kız?" diye sordu. Dirmit, "Benim aklım başımda" deyip terslendi. Atiye Dirmit'in ağbisini tanımasına sevinmekten kızının üstüne varmadı. Bir köşeye çekilip, "Beni de tanıt, yarabbim," diye Allaha yalvardı.

O yalvarırken Seyit gidip kahvede Halit'i buldu. Hal hatır sormadan, yokluğunda Dirmit'e nelerin olduğunu sordu. Dirmit'in önünü almadığı için, onun sokağa gitmesinden ağbisini sorumlu tuttu. Halit, Dirmit'in arkasını bir iki kovaladığını, onun yılgın tay gibi başı önünde dolanıp durduğunu söyledi. Seyit'i kızın üstüne fazla varmaması için tembihledi. Gittiğinde ettiğinde bir kötülük olmadığına yemin etti. Ama Seyit, ağbisine yüreğinin çok genişlemiş olduğunu söyleyip onu kardeş kaygısı tutmamakla suçladı. Halit bir iyice kaygı tuttuğunu Dirmit'in üstüne gidecek bir sebep görmediğini söyleyip Seyit'e terslendi. Seyit, "Daha ne sebep görecektin lan!" deyip Halit'in yanından kalktı, tekrar eve çıktı. "Gel bakalım kız," deyip Dirmit'i dizinin dibine oturttu. Onunla güzel güzel konuşacağını, sıkıntısı neyse halledeceğini yeminle kardeşine duyurdu. Soracağı şeylere yalansız, korkusuz cevaplar istediğini bildirdi. Dirmit gözlerini yere indirdi. "Bir sıkıntım yok!" dedi. Seyit üstüne üstüne gitti, üsteledi. Atiye onun inat edince konuşmayacak bir geberesice olduğunu oğluna işittirdi. Seyit işmar edip annesini dışarı yolladı. Yeniden, "Bir sevdiğin mi var yoksa kız?" diye Dirmit'in ağzını aradı. Sonunda, "Peki!" deyip Dirmit'in yanından kalktı. Ona şiir yazmayı, sokağa çıkmayı yasakladı. Dirmit oturduğu yerden kalkamadı. Omuzları "Küt!" diye düştü. Düşen omuzlarına, titreyen ellerine, kilime, divanlara, camlara, duvarlara küstü. Atiye kuş gibi gelip, korkuyu kaybeden kızına yetişen oğluna dualar ede ede içeri girdi, "Yüreğim bir soğudu ki!" deyip bir köşeye çekildi. Dirmit, annesi tespih çekerken, kilimin üstüne ağız üstü kapaklandı. Kapaklandığı yerden gece yarısına kadar kalkmadı. Seyit ikide bir gelip başına çöktü. Atiye tespih çekmeyi bırakıp Dirmit'in kulağına türlü dil döktü. Sonunda, "Yattığın yerde kalasın!" deyip üstüne bir yorgan örttü. Dirmit herkes uyuduktan sonra usulca yorganı üstünden attı. Evin içinde parmaklarının ucuna basa basa dolandı. Sonra kapıyı açıp aralığa çıktı, ses etmeden helaya geçti. Seyit'e uzun bir mektup yazdı. Mektubu katlayıp Seyit'in başucuna koydu. Yavaşça yorganın altına sokuldu. Sabaha kadar gözlerini kırpmadı. Seyit gelip yorganı başından kaldırıncaya kadar yerinden kalkmadı. Seyit mektubu eline alıp sabah Dirmit'i karşısına oturttu. Atiye'yi, Halit'i işmar edip aralığa çıkardı. Dirmit'in yazdığını, bir de kendisinin ona okuyacağını, yazdığına iyice bir kulak vermesini istedi. Mektubu okuyup bitirdi, "Sen şimdi ben şiir yazarım mı diyorsun yani?" dedi. Dirmit hiç ses vermedi. Gözlerini yere indirdi. Seyit, "Ağzın yok mu kız senin?" dedi. Ne söyleyecekse, doğru dürüst niye ağzıyla, söylemediğini sordu. Dirmit yine suskun, gözleri yerde, put gibi durdu. Seyit öfkeyle Dirmit'in omuzlarından tutup sarstı. Dirmit gözlerini Seyit'in gözlerinin içine dikti. Ağzını açtı. Var gücüyle bağırdı. Ağzından hiç ses çıkmadı. Seyit ellerini Dirmit'in omuzlarından çekti. "Sesin mi çekildi, kız?" dedi. Dirmit'in yanaklarından sicim gibi yaş indi. Seyit koşup Halit'le Atiye'yi içeri çağırdı. Atiye, "Ne yazmış?" diyerek içeri daldı. Halit koşup mektubu eline aldı. Bir merakla okudu. Ters ters Seyit'in yüzüne baktı. Mektubu elinden fırlattı. Atiye yumulup mektubun üstüne düştü. Halit, Dirmit'in yanına çöktü. Kulağına eğildi. "Kalk kız şiir yaz." dedi. Dirmit dudaklarını büküp usulca güldü. Gözlerinden dudaklarına tuptuzlu iki şiir döküldü.

Atiye, Seyit'i dünya gözüyle gördükten, Dirmit'in de dizleri kırılıp sesi soluğu içine çekildikten sonra ölümü ister oldu. Yüreğine gününden evvel, "Hadi kurtuluyorsun tepinmekten!" deyip müjdeyi verdi. Sırtındaki sancıya, içindeki yaraya ölüm hazırlığına başladığını bildirdi. Muğber'e haber yollayıp yanına çağırdı. Kızından çocuğa kaldığının haberini aldı, sevindi. Seyit'i, Mahmut'un yanına gönderdi. Mahmut gitarını alıp bir iki günlüğüne eve geldi. Annesine gitarı bülbül gibi öttürdüğünün müjdesini verdi. Atiye, "Eh oğlum, başka kaygım kalmadı öyleyse." diyerek gözlerini Mahmut'un yüzüne dikti. "Cenazeme gitarla gel e mi!" diyerek sitem etti. O gün iyiye kötüye başka söz söylemedi. Gözlerini bir oğlundan bir oğluna çevirdi. Baka baka hepsini uyuttu. Onlar uyuduktan sonra tek tek başlarına gidip oturdu. Son kez oğullarını kokladı. Dirmit'in saçlarını okşadı. "Yüzün bana benziyor kaderin benzemesin, arsız it!" deyip iki yanağından öptü. Gidip yatağına yattı. Kocasıyla geliniyle helallaşamadığını ama ona karşılık Muğber'in çocuğa kaldığının müjdesini aldığını söyleyip Azrail'i çağırdı. Azrail, Atiye'yi duymadı. Atiye bir çağırdı, bir sancılara dayanamadığını söyleyip yalvardı. Bir naz etmemesini söyleyip laf attı. Azrail hiç o yerli olmadı. Atiye, "Şu Allahın ettiğine bak!" deyip yatağın içinde doğruldu. "Şimdi niye öldürmüyorsun beni yani sen!" diye kafa tuttu. Yıllarca evlat, kardeş hasretiyle kendisini terbiye ettiği yetmiyormuş gibi, şimdi de sancıyla mı kendini terbiye etmeye kalkıştığını sordu. Ardından işi Azraille kavgaya bozdu. "Ya canımı al, ya sancılarımı!" diye tutturdu. Ne dedi, ne ettiyse Azrail gelip göğsüne çökmedi. Atiye'yi alıp istediği yere götürmedi. Atiye öfkesinden rahmiyle, şişip eline gelen ciğeriyle, yüreğiyle kavgaya tutuştu. "Ne çırpınıp duruyorsun, dur az." deyip yüreğine vurdu. Ciğerine, "Uyuz ite ciğer olaydın!" diye bir intizar savurdu.

"Arsız ete düşesin, saç üstünde pişesin yara!" diye bir laf da yarasına dokundurdu. "Kendimle kavgaya tutuştum seni unuttum belleme," deyip kafasını yukarı kaldırdı, tavana tavana salladı. "Ölümü aratma kâfir gelirim, kuş olur uçarım geri gelirim, sırlarını ele veririm!" diye son son Allaha bir korku verdi. Ama verdiği korku içine düştü. "Ölmez kalırsam böyle!" diye en son bir ağıt tutturdu. Ağlarken sırtındaki sancı eline bir koca taş aldı. İçine içine vurmaya başladı. Atiye yatağın içinde iki büklüm oldu. Karnının üstüne kalın bir yastık koydu. Başını yastığa dayadı. Yaşının yarısı yastığa aktı. Gözlerini yumup sabaha kadar karanlığa baktı.

Atiye'nin Azraili göğsüne oturtamadığı gecenin sabahında, Halit erkenden kalkıp giyindi. Bir süsle merdivenleri indi. O gün Halit eve gelmeden, Atiye oğlunun güzel haberlerini aldı. Onun yanında bir kızla Akçalıların oturduğu kahvenin önünden üç kez bir aşağı bir yukarı geçtiğini, kızın dizinin bir karış üstünde bir kolsuz entari giyindiğini, saçlarını tepesinde topuz ettiğini, bir elini sallandırıp bir elini Halit'in beline verdiğini öğrendi, öğrendiğine sevindi. "Hele Allahın bir bildiği varmış ki öldürmedi beni," dedi. Oğlunu akşam bir tuzakla merdivenlerden karşıladı. "İnsan kahvenin önünden geçireceği kızı annesinden saklamaz," diye lafa başladı. Lafı tez vakitte kızı görmek istediğine getirdi. Zekiye'nin ardından attı tuttu. Kızın geleceği gün baklavalar açacağına yemin billah etti. Halit'i bir sevinme aldı. Sevincinden evin içine sığamadı. Kızın gözlerinden, sesinin kadifeliğinden, huyunun iyiliğinden Atiye'ye haberler vermeye başladı. Atiye, "Öyle mi oğlum, sesi kadife, gözleri billur mu oğlum," diye diye, oğlunun ağzından lafı alıp ortaya döktü. Sabah erkenden hamurun başına oturdu. Baklavalar açtı. İkindiye evi temizleyip baklavanın tatlısını döktü. Pencerenin önüne çöktü. Eli yüreğinde beklemeye başladı. Derken Halit'le kız köşeden çıktı. Kol kola sokağı geçti. Atiye pencerenin önünden kalktı. "Dilime yüreğime kuvvet ver, yarabbim!" deyip kapıya durdu. Kızı içeri buyur etti. Halit'i bir işmarla kapıya dikti. Kapıyı oğlunun yüzüne örttü. "Güzel kızmışsın." diye lafa girdi. "Oğlum bir cahillik etmiş," deyip kıza, Zekiye'yi haber verdi. "İstersen yüzleş," diyerek Halit'i sesledi. Halit bir merakla içeri girdi. Atiye kıza oğlunun yüzünü gösterdi. Kız gözlerini yere dikti. Halit'in yüzündeki merak uçtu. Yüzü kireç gibi oldu. Atiye o değilden oğlunun yanına sokuldu. "Elin kızının başına ne çökmedin ya lan!" diye usulca sordu. Halit eğilip kıza baktı. Kız kıpkırmızı oldu. Sonra sararıp soldu. Kalkıp gitti. Kız bir ağıtla kalkıp gidince. Atiye elin kızını kandıran oğlunun önüne, "Yalanın üstüne baklava iyi gelirmiş lan," deyip tepsisiyle baklavayı koydu. Halit tepsiye bir tekme savurdu. Baklavaların üstüne basıp kapıyı çarptı. Alıp başını gitti.

O gitti. Onun ardından o akşam Akçalıların evlerine Atiye'nin oğluna ettiğinin haberi yetişti. Evlerde dert tasa unutuldu. Gece yarılarına kadar Halit lafı konuşuldu. Kimi, "Gezdirmiş hevesini almış, iyi etmiş," dedi; kimi, kahvenin önünden geçerken Halit'in içerdekilere göz ettiğini söyledi. Kimi, kızın giydiği entarinin kıçını gösterdiğini beğenip onu söyledi; kimi de, "Olan baklavaya olmuş." dedi. Baklava lafının ardından şehirdeki tüm Akcalılar bir gülme aldı. O geceden sonra Halit'in adı "Baklavaya basan" kaldı.

⭐ KELİMELER（生词注释）

tomar	（一）卷，（一）包	götürü	包工的，承包的
cini tepesine çıkmak	勃然大怒	nasihat	劝导，训诫
kiremit	砖，瓦	hışım	生气，发怒
kâfir	异教徒	medyumluk	通灵
peyk	卫星	kuşkuş otu	荠菜

ayıktırmak	使清醒	gerisin geri	转身，返回
çözgü	（纺）经，经纱	kirkit	（纺）精梳
ilmik	活结	gülle	炮弹；铅球
tay	马驹	işmar	示意
sicim	细线		

YAZAR HAKKINDA（作者简介）

Latife Tekin, 1957 yılında Kayseri'nin Bünyan ilçesine bağlı Karacahevenk köyünde doğdu. 1966'da 9 yaşındayken ailesiyle birlikte İstanbul'a geldi. Orta öğrenimini Beşiktaş Kız Lisesi'nde tamamladı. İstanbul Telefon Başmüdürlüğü'nde kısa bir süre çalıştı. İlk kitabı "Sevgili Arsız Ölüm" 1983'te yayınlandı. Anadolu'daki köy yaşamı ve insanlarını masalımsı bir atmosferde ve "Yüzyıllık Yalnızlık" (Gabriel Garcia Marquez) tadında anlattığı bu ilk romanıyla büyük ün kazandı.

Büyülü gerçekçilik akımına da yakıştırılan bu romanının ardından peş peşe diğer romanları geldi. Eserleri İngilizce, Almanca, Fransızca, İtalyanca, Farsça ve Hollandacaya çevrildi. Değişik üslubu ve yaklaşımıyla kuşağındaki edebiyatçıların önde gelen isimlerinden biri oldu.

Latife Tekin Bodrum Gümüşlük'te bir Ebediyat Evi projesi başlatmıştır. Garanti Bankası tarafından desteklenen proje, mimar Hüsmen Ersöz'ün 1998 yılında hazırladığı mimari proje ile inşaata başlamıştır(1999). Ressam Hale Arpacıoğlu'nun, Koç Grubu şirketlerinden aldığı destekle, aynı mimari projenin bir parçası olarak Sanat Evi'nin yapımına başlanmıştır. Latife Tekin, Bodrum Gümüşlük'te, herkesin yazabileceği, tartışabileceği, sanatçıların büyük şehrin dağdağasından uzak eser üretebileceği bir mekanın tamamlanması için çalışmaktadır. 2009'da "Rüyalar ve Uyanışlar" kitabı yayımlandı.

ALIŞTIRMALAR（练习）

1. Latife Tekin ile ilgili kısa bilgiler derleyerek arkadaşınızla paylaşınız.

2. Atiye neden kocasının köyde uzun süre kalmasını istiyor?

3. Atiye Halit'e ne yaptı? Halit'in adı neden "Baklavaya basan" kaldı?

DERS ON ÜÇ
BİTMİŞ ZAMANA DAİR

　　珀娜尔·库尔（1943—）出生于布尔萨，自幼随父母辗转各地。十三岁时库尔随父母迁居美国，直到高中毕业后才回到土耳其。在罗伯特学院读完本科后，库尔前往巴黎求学。1969 年获得索邦大学的博士学位后，库尔回到土耳其，成为国家剧院的一名编剧。库尔早期的创作以短篇小说和戏剧评论为主，其作品在报纸杂志上发表后颇受读者关注。1976年，库尔出版了她的第一部长篇小说《明天，明天》。在这之后，她又陆续出版了长篇小说《小演员》、《将被吊死的女人》、《无尽的爱》、《一起谋杀案》、《最后一个秋天》；短篇小说集《静止的水》、《一棵疯了的树》、《幽灵的故事》、《谋杀学院》；译著《了结那件事》、《英文短篇小说选》等。

　　短篇小说集《静止的水》是库尔的代表作品之一，出版于 1983 年，曾荣获萨伊特·法伊克短篇小说奖。小说集共收录了五篇小说，《关于往昔》是最后一篇，也是当中最为感人的一篇。一个冬日的早晨，一个小女孩从花园里捡回了邻居的猫。从此，小女孩和邻居一家人结下了深厚的友谊。内比莱夫人、佩尔泰夫先生、巴依罕夫人、埃尼赛大姐和阿赫迈德，他们各个知书达理、气度不凡，虽然家道中落，却依然保持着往日的优雅。为了生活，他们不得不变卖家中的古董。尽管有着千般的不舍，但在残酷的现实面前他们又能如何？生活就这样在无奈中继续着，直至物尽人终，一个曾经辉煌的家族也就此画上了句号。作者采用了倒叙的写作手法，以阿赫迈德的离世开篇，通过小女孩的回忆展开叙述，带领读者近距离感受了一个贵族家庭的没落和消亡。小说文笔优美、感情真挚，字里行间流露出的既有怀念，也有惋惜和伤感。

"BİTMİŞ ZAMANA DAİR" ÖYKÜSÜNDEN SEÇMELER

Dokuz numara... Bambaşka bir dünya değil, bambaşka bir çağdı orası. Onca modernliğime karşın o yüksek tavanlı koca koca odaları neredeyse tıklım tıklım dolduran eski eşyayı ve o odalarda, o eşyanın arasında yaşayan yaşlı insanları neden öyle çabucak sevdim – onlara tutuldum, hatta âşık oldum– bilemiyorum. Belki bizim evin tam karşıtı olduğu için her bakımdan. Aynı yapının içindeydik gerçi, ama bizim oturduğumuz birinci kattaki bir numara ile dördüncü kattaki dokuz numara arasında –dedim ya– çağ farkı vardı. Dairelerin boyutları da biçimleri de değişikti. Bizimki sanki tam ortasından bıçakla kesilmiş, yarısı alınmıştı – yukarı çıktıktan sonra anladım bunu. Neden olduğunu ise uzun süre düşündükten sonra. Bahçedeki dükkânlara birer üst depo eklenebilsin diye yapılmıştı bu anladığım kadarıyla. Her neyse, bir yanı kör duvar olan uzun bir koridor boyunca sıralanmış dört odadan oluşuyordu dairemiz. Tavanlarımız ise, belki Nişantaşı'ndaki çatı katımızdakilerden yüksektiler, ama dokuz numaranınkilerle kıyaslanamayacak kadar alçaktılar. Sonra onların insanı cüceleştiren tavanlarında mavili grili, altın yaldızlı nakışlar vardı. Odalarının sayısı bizimkinin iki katı, salonlarının genişliği sanki beş katıydı.

Gene de, bütün bunlar beni şaşkına çevirmeye yetmeyebilirdi, eşya olmasa. Geçmişle tüm ilişkisini koparmış bir ailenin çağdaş, girintisiz çıkıntısız, gizlisiz saklısız, esrarsız, güzelliksiz, temizlenmesi kolay, isimsiz ve sıfatsız eşyalı evinde büyümüş benim gibi bir çocuk için büyülü bir saraydı Nebile Hanım'ın evi. Gerçekten de bir saraydan –ya da saray benzeri birkaç konaktan– arta kalanlardı bu koskocaman, ama onlara küçük gelen apartman dairesini dolduran antikalar. İlk gittiğim gün ne bunların antikalığından haberim vardı, ne de eski konaklardan arta kaldıklarından. Yalnızca görgüsüz bir hayranlıkla çevreme bakıp durmuştum. Hele bir servant vardı, o evdeki yaşamı yıllar yılı az buçuk paylaştıktan sonra bile, koskoca kız olduktan sonra bile, gizli ya da açık, sayısız minik gözünü karıştırmaya doyamamıştım. Sonra, ilk bakışta ağaçtan değil de siyahı göz alan bir bilinmedik maddeden yapılmışı sandıran kuyruklu piyano. Sonra, yere göğe sığmayacakmış gibi görünen aynalar, sedef kakmalı sandalyeler, ipekli kaplı koltuklar –kumaşların yer yer eprimiş olmaları bile bir şeyler katıyordu evin havasına. Yerlerde gene ipek görünüşlü, ama kimi kez daha kalınca halılar –çoğuna seccade derdi Enise Abla evde namaz kılan kimse olmamasına karşın. İrili ufaklı bir sürü sehpa, masa. Masaların, sehpaların, servantların üstünde, camlı dolapların içinde –değerini sonradan Enise Abla'dan öğreneceğim– yüzlerce parlak ufak tefek. Rengi kaçmış duvarlarda solgun fotoğraflar ve gene solgun suluboya tablolar.

Böyle Sandal Bedesteni'nde satış listesi yapar gibi art arda sıralamak istemiyorum hepsini –hele o ilanı gördükten sonra. O evin yaşamasını paylaştığım yıllarda bunların bir bölümünün –en az göze batanların– birer ikişer yok olduğunu, sonra daha büyük parçaların gittiğini gördüm. Ahmet'in de öldüğünü bana açıklayan gazete ilanından ise geriye kalan ne varsa satılacağını öğrendim. Acı veriyor bana. Gitsem mi o 'açık artırma'ya? Gidebilir miyim? Onları bir kez daha görmeye ya da bir şeyler satın almaya? Hayır. Anılarını satabilir insan belki, yaşarken kimi kez yapmak zorunda kaldıkları gibi. Ya da eşyayı anılaştırmaya vakit bulamayan biri –Ahmet'ten geriye kalan kimse o işte, ama Aysel değil, tanımadığım biri onları paraya dönüştürebilir. Ama satın alınabilir mi? Anılar satın alınabilir mi? Gitmeyeceğim. Gidemem. Nebile Hanım'ın ısrarla bana bırakmak istediği andacı bile – 'yadigâr' demişti kendisi– ısrarla almamıştım. Andacı değil, anısı bile değil, kendisi var yanımda hâlâ.

Şimdi 'Nebile Hanım' demek, yalnızca daktilonun tuşlarına dokunmaktan ileri gitmese de bu, çok ters geliyor bana. Ona böyle hitap eden hiç kimseye rastlamadım. Enise Abla, daha birçokları gibi, 'hanımefendi' derdi hep. Pertev Bey 'annem', Beyhan Hanım 'büyükhanım', Ahmet genellikle 'babaanne', ama havasına göre birtakım başka şeyler de. Bense yaşadığı sürece –ilk utangaçlığım geçtikten sonra, onun isteğiyle ve ana babamdan gizli olarak –'nene' dedim ona. Şimdi öyle yazamam ama. Anlatım işlekliği gereği hiç yakıştıramadığım, hiç içime sinmeyen biçimde söz etmeliyim ondan. O minnacık kadına çok kısa sürede çok acı çektiren, adını anmamaya özellikle dikkat ettiği –bunları çok sonra Enise Abla'dan öğrendim– kocasını onu 'Nebile Hanım' diye çağırmış olabilecek tek kişi sandığımdan, daha çok sıkılıyor canım. Ama başka ne diyebilirim?

Küçücük bir kadındı. Minyatür deyimine tıpatıp uyan bir kadın. Kemikleri ne denli ince olmalıydı ta, onun camdan yapılmış olduğuna inanasım gelirdi. Teninin aşırı aklığından mı – tüm aile öyle garip bir bembeyazdı, çağdaş Ahmet bile–, kocaman gözlerinin parıltılı, aydınlık yeşilinden mi bilmem, kırışıksız yüzü ışık saçardı sanki. Gene de 'nur yüzlü ihtiyar' denilemezdi ona. 'İhtiyar' denilemezdi, çünkü. Yaşlı olmasına yaşlıydı, ama öyle görünmüyordu. Lekesiz ak saçları bile ilk görüşte –ya da her görüşün ilk saniyelerinde– uçuk sarımış izlenimini uyandırırdı. Yaşına aykırı düşen bir başka özelliği de sesiydi. Oğlu altmışını aşmış bir kadından bekleyeceğiniz kalınlaşmış, öksürüklü tıksırıklı, çatlak sesle uzak yatan ilgisi olmayan, ince, çocuksu, cıvıltılı bir sesi vardı. Kediyle birlikte gittiğim o ilk gün 'küçükhanım' demişti bana, adımı öğrenmeden önce. Ama bunu söyleyişinde hiçbir küçümseme, en ufak bir alay yoktu. Belli ta benim yaşımdaki kişilere olağan hitap biçimiydi bu. Uzun uzun teşekkür ettikten sonra, kucağında yumulmuş kediyi de bir yandan okşayarak,

'Dışarı kaçması çok uzak bir ihtimal gibi gelmişti, mutlaka evin içinde bir yerlerdedir diyorduk,' dedi. 'Şimdiye kadar hiç böyle bir şey yapmamıştı. Oldukça korkaktır.' Sevecenlikle gülümsedi bunu söylerken. 'Bakmadığımız koltuk kanepe altı kalmadı gerçi. Latan gelinimle torunum daha uyuyorlar, onlardan birinin odasındadır belki diye ümitleniyorduk.'

Kediyi bahçede nasıl aradığımı, ne durumda bulduğumu, annemle birlikte nasıl kurulayıp ısıttığımızı, süt verdiğimizi anlattım. Sözümü hiç kesmeden, yapmacıklı onaylama, şaşma –ya da yaranma– sesleri çıkarmadan, sevinçli bir gülümsemeyle dinledi sonuna kadar.

'Valideniz hanımefendiye de ne kadar müteşekkir olduğumu kendisine söylersiniz, değil mi, küçükhanım?'

Dediklerini anlıyordum, ama hiç alışkın olmadığım bir konuşma biçimiydi bu.

Pencere kenarında bir koltukta oturuyordu, hemen yanı başında bir sehpa vardı. Kalın çoraplı, keçe terlikli ayaklarını alçak bir ayak taburesine uzatmıştı. Babam da oturduğu yerde ayaklarını uzatmayı severdi, ama bunun için bildiğimiz bir iskemle ya da çalışma masasını kullanırdı –dolayısıyla yüksekte olurdu ayakları, tabanları görünürdü. Sırf bu iş için yapılmış gibi duran, koltukla aynı kumaştan kaplı, böylesine alçak –dolayısıyla kimsenin tabanlarını kimsenin burnuna uzatmayan– bir tabureyi ilk kez görüyordum.

Beni karşısına oturtmuştu. Kendisininkinin aynı olan bir koltuğa.

Büyüklerle böyle karşı karşıya kaldığımda –yani, ille de konuşmak zorunluluğu varmış gibi duyduğumda kendimi– ne diyeceğimi bilemez, tedirginlikten kıvranır dururdum genellikle. Bana sordukları soruları zorlama ya da yapmacık ve kesinlikle anlamsız bulduğumdan ya ters ters karşılık verir ya da tümüyle gerçekdışı şeyler söylerdim –bunların düpedüz yalan olduklarını hiçbir zaman kabullenmedim, sorulan sorular kadar anlamsız olduklarını savundum hep kendi kendime. Büyükler dedimse, annemle babam dışındakilerden, yani dırdır, huysuzluk edemeyeceğim, olmadık tartışmalar çıkarıp canlarına okuyamayacağım kişilerden söz ediyorum. Nebile Hanım gibi yalnızca 'büyük' değil basbayağ yaşlı, hem de hiç tanımadığım bir evrenin tek kraliçesi görünen birinin karşısında neden bocalamadım, neden ona hemen ısındım, açıldım bilemiyorum. Üstelik öz annemin dedikodusunu yaparak, neredeyse aile sırlarımızı ele vererek.

'Annem kedileri, aslında hiçbir hayvanı sevmez. Evin içinde göreceğine...' –hele hele hamam böceklerine hiç dayanamaz, diye geçirdim içimden–. 'Ama sizinkine bayıldı. Neredeyse bizim olsun diye kandıracaktım. Sonra sizin kediniz olduğunu öğrenince çok kızdı ama. Hemen gitsin dedi.'

Nebile Hanım'ın sevecen gülümsemesinde en ufak bir alınganlık belirmedi. Kucağından omzuna doğru tırmanmaya koyulan kediyi okşayarak, 'Fuzulî'yi ilk görüşte sevmeyene rastgelmedim,' dedi.

'Nedir adı?'

'Fuzulî. Oğlum divan edebiyatını çok sever de. Fakat ben çok büyük bir hata yaptım. Önce sizin isminizi öğrenmem lazımdı.'

Adımı söyledim.

'Ne kadar hoş, değişik bir isim. Gözlerinizin ışıltısını aksettiriyor adeta.'

'Babamın memleketinin bir adıymış,' dedim.

'Tahmin etmiştim,' dedi.

Enise Abla –o sırada yalnızca bana kapıyı açmış olan ak saçlı, güler yüzlü, güldüğünde gözleri kapanan, büyükannem yaşında bir kadındı, ama çok geçmeden onu evin öteki kişilerinin dediği gibi çağırmaya başlayacaktım– elinde bir tepsiyle odaya girdi. Büyükçe –o ana kadar gördüklerimin en büyüğü, daha büyüklerini de görecektim bu evde– gümüş bir tepsiydi bu. Üstünde sürahi dolusu limonata; bir bardak, küçük bir porselen tabak içinde iki dilim kek, gümüş çatal bıçak, bir fincan da kahve vardı.

Nebile Hanım arkasına bakmadan gördü onu nasılsa. Yanı başındaki sehpayı bana yaklaştırmak isterken sesini birazcık yükselterek konuştu:

'Bak, Enise, bu küçükhanımın ne güzel bir ismi var. Babası Azeri'ymiş.'

Enise Abla tepsiyi sehpanın üstüne koydu.

'Affedersiniz, kek dünden kalma. Ama zannedersem henüz tazeliği duruyor.'

Ben, bunca kısa sürede limonata yapılabilmesine şaşmıştım en çok. Ve daha da şaşılası bir şey, bunu açıkça söyledim.

'Annem limonata yapmak çok uzun iş diyor. Bakkaldan gazoz alıver diyor.'

'Gazozu tercih mi ederdiniz?' diye yerinden kalkacak oldu Enise Abla. Biraz uzakça bir kanepeye oturmustu. Her zamanki koltuğunu o günlük elinden aldığımı sonradan anladım.

'Hayır, hayır, hayır,' diyerek hemen uzandım tepsinin üstündeki bardağa. 'Limonatayı çok severim. En sevdiğim şeydir.'

Doğruydu dediğim.

Nebile Hanım kahvesini eline almıştı.

'Sen niçin içmiyorsun, Enise?'

'Biliyorsunuz fazlası dokunuyor, Hanımefendi. Sabah bir fincan içtimdi ya. Bunun öğle sonrası var, akşam kahvesi var...'

Nebile Hanım gülümsedi, 'Buyurunuz,' diyerek kek tabağını tepsinin üstünde biraz daha itti bana doğru. 'Enise uyuyamamaktan korkuyor,' diye sürdürdü. 'Bense uyuyamadığım geceler daha çok yaşıyorum adeta...'

Kek birazcık sertti, ama çok lezzetliydi. Limonata ise tam kıvamında, ne çok tatlı, ne ekşi, ne suyu fazla kaçmışlıktan gelen anlamsızlık –tıpkı özlediğim limonata. Ve özlemeyi akıl edemediğim insanlar.

Kapılarının bana her zaman açık olduğunu ısrarla söylemeselerdi yeniden oraya gidecek kadar yüzsüz bir çocuk değildim. Yarım ağızlı, hatta görünüşte içten bir çağrı da yetmezdi. Büyüklerin en içten saydıkları sözlere bile güvenmezdim o sıralar. Beni bu iki kadına böylesine kısacık sürede bağlayan başka bir şey vardı. Onları hemen herkesten çok sevmeye başlamadan önce de sezmiştim hemen hemen herkesten başka olduklarını. Önceleri yarım yamalak anladığım, üstüne tam parmak basamadığım bir nitelik farkıydı onları öteki tanıdıklarımdan başka yapan. Bana davranışları şaşırtıcı olduğu kadar mutlandırıcı, kıvanç vericiydi.

Zamanla anladım: hiç kimsenin kişiliğini yadsımadan, hatta karşısındakinin –bu bir çocuk bile olsa– kişiliğine özellikle özen göstererek, herkese eşit davranma alışkanlığındaydılar. Eskilerin adabı muaşeret dedikleri budur sanırım.

Zamanla daha iyi anladım: çevremdeki çoğu kişinin bilmediği ya da unuttuğu bir değerler dizisi içinde yetişmişler, başka türlüsünü anlayamadıkları için yerine yenilerini koymayı düşünmeyerek, sanki hep aynı değerler geçerliymiş gibi sürdürüyorlardı yaşamlarını. Ailedeki öteki kişiler için de doğruydu bu. En genç olan Ahmet bile hiçbir zaman kurtulamayacaktı bunlardan –ya da ben onu tanıdığım sürece kurtulamadı. O değerlerin artık geçersizliğini en iyi anlayan –tek anlayan– kişi olmasına karşın her başkaldırışında başarısız oldu, dış dünya ile kurmaya kalktığı efece ilişkileri her seferinde yüzüne gözüne bulaştırdı.

Ya ben? Ben neden ve nasıl kaynaştım onlarla? Neden arada Ahmet'in bile yadsımaya kalkıştığı değerler dizisini –ya da şimdi yakıştırdığım adla yaşamayı– onca kolaylıkla benimsedim? Evin içinde yaşayan kişilerin büyüsünden başka bir de benim özlemim vardı da ondan herhalde. Annem de babam da iyi aile çocuklarıydılar ve her ne kadar eskiyle ilişkilerini koparmış olsalar da geçmişle bağlarını tam olarak koparamamışlardı. Yetiştikleri ortamın görgüsünü, değerler dizisini az çok aşılamışlardı bana da. Ancak bu aşılama içimde bir özlem yaratmaktan ileri gidememişti. Çünkü anamla babamın yaşamlarını o eski değerler hâlâ geçerliymişçesine sürdürme olanakları yoktu. Nebile Hanım gibi başka türlüsünü anlayamama, dolayısıyla yok sayabilme durumunda değildiler. İkisi arasında bocalıyorlar, benim daha da çok bocalamama neden oluyorlardı. Annemle babama sık sık kızmamın, küsmemin sebebi dedikleriyle yaptıkları arasında genellikle beliren uyumsuzluktu çoğu kez.

Bütün bunları ta o zaman bilmiyordum elbette. Dedim ya, zamanla anladım. Ya da, en doğrusu, şimdi, yazarken çözüyorum birçok şeyi. İyi aile çocukları her zaman yüzyıl öncesinin değerlerine göre yetiştirildiklerinden benim de Nebile Hanım gibilerini özlemem, onunla ana babamın dostlarıyla hiçbir zaman yapamayacağım gibi uyuşmam pek şaşırtıcı değildi herhalde. Öykümü sürdürmeden önce bir de şu 'iyi aile' deyimini açsam iyi olur gibi geliyor. Bu iki sözcüğü genel olarak kullanıldığı anlamda 'varlıklı' yerine değil, 'eski ve tanınmış' yerine de değil; namus, onur, ahlâk, terbiye gibi kavramları, doğru–yanlış gibi nitelemeleri yaşanan zamana uygun biçimde uygulamayıp bunları 'mutlak değerler' olarak tanımlayan aileler anlamında yazıyorum.

O ilk gün, tüm iyi aile terbiyeme karşın bir türlü ayrılamadım dokuz numaradan. Gitmem gerektiğini, bu insanları uzun süre meşgul etmenin ayıp olacağını, öğle saatinin yaklaştığını, annemin aşağıda her an meraktan kızgınlığa doğru ilerlediğini bile bile oturdum da oturdum, konuştum da konuştum. Limonata sürahisini yarıladım. Hiçbir şeyi ellememeye dikkat ederek, gene de birçok şey hakkında soru sormaktan çekinmeyerek odanın içinde dolaştım. Nebile Hanım'ın gitmemi hiç istemediğini her halinden belli etmesi kazandırmıştı bana bu ataklığı elbette.

'Hep kız torunum olsun istemişimdir... Çok çok çocuğum, çok çok torunum olsun istemişimdir. Kısmet olmadı.' Gülümsemesi ancak cümlesinin sonuna doğru hafifçe acılaştı. 'Rabbim iki kızımı çok küçük yaşta elimden aldı. Tek oğlum ise. Onun da bir tek oğlu var, Allah eksikliğini göstermesin.'

İki kızının da elli yıl önce tifodan öldüklerini çok sonra, artık evin bir parçası, Nebile Hanım'ın 'kız torunu' olduktan sonra öğrendim. Elli yıl önce çok korkunç bir hastalıkmış tifo. Hastanın ateşi haftalarca kırktan aşağı düşmezmiş. Tüm koruma çabalarına karşın kızlar birbirinden kapmış hastalığı, Pertev 'leyli' okuduğu için kurtulmuş. Kırk gün başlarından ayrılmamış Nebile Hanım. Alınlarında sirkeli tülbentler (benim de ateşim çıktığımda alnıma sirkeli tülbent koyar, el ayak bileklerimi sirkeli bezlerle ovalardı annem, ama iki günden çok sürmezdi ateşim), ağızlarına damla damla akıtılan su, yudum yudum içirilen süt. Sonra, iki gün arayla ölmüşler. 'Nihal'imin yasını tutamadım Nalan'ın başından ayrılmayayım, hiç değilse onu kurtarayım diye.' Ama olmamış. O da gitmiş. 'Minicik eli avcumun içindeydi. Bir ara uyuklamış mıyım ne? Günlerdir, gecelerdir gözümü kırpmamıştım. Birden elin serinlemesiyle kendime gelmiştim. Kurtuldu yavrum, ateşi düştü diye nasıl güm güm vurmuştu kalbim! Meğer ölümün soğuğuymuş.' Çok acıklı bir öyküydü. Birlikte geçirdiğimiz yıllar süresince birkaç kez anlatmıştı Nebile Hanım. 'Üstüne kapanıp kalmışım, zorlukla ayırmışlar. Öylesine kaskatı sarılmışım ki yavruma, beni de öldü zannetmişler.' Her seferinde masal dinler gibi dinlemiş, elli yıl öncesinin acısını bugünmüş gibi yaşayan genç kız sesli yaşlı kadınla birlikte ağlamıştım. Kendime geldiğimde bir an hiçbir şey düşünmedim. Sonra her şeyi hatırladım. Fırladım yerimden, doğru pencereye. Denize atlayacaktım. Yavrularımın ardından. Bir de maviydi, bir de serin duruyordu ki deniz. Hayatın hiçbir manası kalmamıştı. Zaten ezelden yoktu. Evlatlarıma sarılmıştım hayatın manası diyerek. Onlar da gittikten sonra ölümden başka neyin hasretini çekebilirdim? Fakat aniden Pertev geldi gözümün önüne. O da küçücüktü. Taştan, kale gibi bir binanın içinde yapayalnız. Aylardır mektepten eve çıkmamıştı. Yüzünü... o zaman da şimdiki gibi sıskacıktı... yüzünü bile görmemiştim aylardır. Onun için, onu kötü ellere bırakmamak için hayatta kalmaya mecburum dedim... Pencerenin kenarına yığılmışım.'

Çok sonra anlattı bana bunları, çok sonra. Karşılıklı ağlaştık, çok sonra. O ilk gün, en kakavan ve iyiliklere alışmamış çocuk sesimle, kıt bilgi dağarcığımda ne bulabildimse onu dile getirdim:

'Babam Allah diye bir şey yok diyor. Ölüm de hiç bir şey de Allah'ın işi değilmiş. Yığınları uyutmak için uydurmuşlar Allahı.'

Belki de bu ipek yumağı kadının bana karşı çıkmasını, beni Allahın varlığına inandırmasını istemiştim. Ama o yalnızca gülümsedi yeniden. Sonradan öğrendiğim yaşam öyküsünün ışığında gerçekten şaşılası bir şeydi bu gülümsemenin acısızlığı. Birazcık buruk, o kadar.

'Belki de doğrudur, kim bilir. Ama öyleyse. Bunca sene tahammül gösterecek kuvveti bana kim vermiş olabilir?'

Melekler... diye geçirdim içimden. Tanrının olmadığı bir yerde meleklerin de olamayacağını aklıma getirmeden. Nebile Hanım'ın ışıklı, beyaz yüzü, genç kız parlaklığındaki gözleri meleklerin gerçekliğine kolayca inandırıyordu insanı.

Tam o sırada Ahmet girdi içeri. Odaya adım atmasıyla yüreğime saldığı ilk aşk ateşi iki yıl her an çoğalarak sürecekti. Kesildiği zaman da pat diye kesildi, hiç küllenmeden söndü nedense. Ya da, belki ilk aşklar hep böyle olur. Bir süre sonra gülümseyerek anımsayacaktım iki yıl beni kavuran aşkı. Daha sonraları hiç anımsamayacaktım. Simdiyse, öldüğünü öğrendiğim bugün, onu şöyle bir düşünüyorum da her şeyden çok Nebile Nenemi, sonra Enise Abla'yı, sonra ötekileri hatırlıyorum, acısız değil, acılı bir gülümsemeyle.

O gün ötekilerle, –Pertev Bey'le, Beyhan Hanım'la– tanışmadım. İyi ki de öyle olmuş. Yeter de artardı bana gördüklerim. Nebile Hanım, Enise Abla, bir de Ahmet.

Balıkçı yakalı, kalın, alengirli örgülü, doğal beyaz bir kazak, kahverengi kadife pantolon vardı üstünde –o tarihlerde hemen herkesin giydiği bir şey değildi kadife pantolon, kazağın benzerini ise ancak dergilerde gördüm, çok sonra. Ayakları çıplaktı. Çok uzun boyluydu. Koyu renk saçları kıvır kıvırdı. Gülümsediğinde açık renk gözleri kapanıyordu Enise Abla'nınkiler gibi.

Bana hafif bir şaşkınlıkla –ya da mahmurlukla– şöyle bir baktıktan sonra doğruca babaannesinin koltuğuna yürüdü. Oturan minik kadını öpebilmesi için neredeyse iki büklüm eğilmesi gerekiyordu.

'Günaydın güzelim.'

'Günaydın Ahmet'im. Akşam vakti günaydın denebiliyorsa eğer.'

'Ne akşamı, hanım teyze? Öğlen bile olmadı.'

Dalga geçmek istediğinde babaannesine 'hanım teyze', kızdığı, kendi gerçeklerini anlatma çabasına girişip de anlatamadığı zamanlarda ise 'büyükhanım' dediğini zamanla öğrenecektim.

'Bak, yeni komşumuzla tanıştırayım seni...'

Adım söylendiğinde piyanonun yanında ayakta duruyordum. O uzaklıktan bile başımı azıcık kaldırmadan göremiyordum Ahmet'in yüzünü.

'Merhaba komşu kızı,' diye gülümsedi. 'Ne güzel adın var.'

'Ben de çok beğendim,' dedi Nebile Hanım.

Ahmet babaannesinin karşısına, biraz önce benim oturduğum koltuğa oturdu, tepsinin üstündeki limonata sürahisine uzandı. Eli sürahinin sapında durakladı, besbelli bardak aranıyordu.

'Kalktığını işittiyse Enise getirir şimdi,' dedi babaannesi.

Bir süre önce, herhalde yemek hazırlamak için, odadan çıkmıştı Enise Abla.

Ahmet arkasına yaslandı, bana daha bir dikkatlice baktı.

'Yeni mi taşındınız?' diye sordu.

'Geçtiğimiz yaz.'

'Bahçede falan gördüm mü hiç seni?'

'Bilmem. Ben sizi görmedim. Bahçeye çok çıkmıyorum zaten.'

'Çık, çık,' dedi. 'Güzeldir bizim bahçe. Kentin ortasında bulunmaz nimet.'

Bu konuda annemle aynı düşüncedeydiler demek. Sesimi çıkarmadım.

'Hele kar yağdığında.'

Benimle de. Gene ses çıkarmadım. Bir görüşte vurulmuşluğum tutukluğum sanıyorum.

'Bu apartmana taşındığımızda Ahmet de aşağı yukarı senin kadardı,' diyerek bana sevecenlikle, belki de özlemle baktı Nebile Hanım. 'Kaç yaşındasın?'

Yaşımı söylemeyi hiç de canım istemedi. Allahtan Ahmet söze girip beni konuşmak zorunluluğundan kurtardı.

'On iki yaşındaydım. Amma da çabuk geçmiş yıllar! Sanki dündü. Nasıl da nefret etmiştim buradan o yaz.'

'Ben de,' dedim.

Piyanonun yanından ayrılıp biraz yaklaştım ona.

'Alışırsın, hatta zamanla seversin,' dedi. Kendi kendisineymişçesine gülümsedi. Gözleri kapandı bir an. 'İyidir burası.'

'Karşı taraftaki evimiz çok daha büyüktü, güzeldi tabii. Ama kışları çok meşakkat çekiyorduk. Isıtılması imkânsız gibiydi...'

'Yüz yılı aşan bir süre kolay ve rahat ısıtılabildiğine göre esasen imkânsız değildi,' dedi Ahmet. 'Bizde para olmadığı için imkânsızdı.'

'Ahmet!'

Küskünce baktı torununa Nebile Hanım, ama sözü birden değiştirmeye kalkacak kadar görgüsüz değildi. Fıkra anlatırcasına sürdürdü konuşmayı:

'Hele o son kış! Ne kadar üşümüştük! Üst kattaki salonu yatakhane haline getirmiştik. Herkesin karyolası oraya taşınmıştı. Perdelerle, paravanlarla bölmeler yapılmıştı. Soba sabaha kadar yanardı da, onca kalabalıktık da, gene doğru dürüst ısınamazdık.'

'O kadar da kalabalık değildik canım,' diye sözü aldı Ahmet. Sesi alaycıydı. 'Aynalar kalabalık gösteriyordu. Sen bakma bu evdeki iki buçuk aynaya, komşu kızı. Nerede o eski debdebe! Bir vakitler nice davetlerin verildiği aynalı salon! Çok hoştuk canım. Duvarlarda koca koca kristal aynalar. Tavanda sarkan bin fanuslu heyula avize. Sedef kakmalı koltuk takımları bir yana itilmiş, Acem halıları bir yana durulmuş... Ve tir tir titreyen beş insanın aynalarca çoğalmışı...'

Hepimiz güldük. Ben neye güldüğümü anlayamadan, sırf onların kahkahaları bana da bulaştığı için gülüyordum herhalde.

'Karşı taraftaki ev' dedikleri şeyin Boğaz kıyısında çok büyük, 'birinci sınıf eski eser' bir yalı olduğunu ve ancak bir tek sobanın yakılabildiği o korkunç –ya da gülünç– kışın sonunda, içindeki eşyanın çoğuyla birlikte –'bin fanuslu heyula avize' ta o zamanın parasıyla yüz bin liraya gitmiş– 'mecburen' satıldığını ileride öğrenecektim.

'Yazlar ne güzel geçerdi ama,' dedi Nebile Hanım gülmesi bitince. 'Bir defa sıcak. Gene de içerisi serin olurdu. Bütün gün bahçede oyalandıktan sonra hoş gelirdi içerisinin serinliği. Koca bahçe. Rıhtım. Ev cıvıl cıvıl insanla dolu. Misafirimiz, eğlencemiz hiç eksik olmazdı.'

'Boğaz kıyısında hem plaj, hem lokanta vazifesi görürdü dede evimiz de ondan,' dedi Ahmet. Biraz önceki parlak gözlü alayın yerini can sıkıntısına, hatta hırçınlığa benzer bir şey almıştı. 'Misafirmiş! Her kapıdan dalanı doyurmak gibi bir paşa baba alışkanlığından vazgeçemediğimiz için kışları üşürdük...'

'Ne biçim konuşuyorsun, Ahmet'im?'

'Yalan mı söylüyorum, büyükhanım?'

'Yalan değil, yanlış. Dostlarımız, akrabalarımız bizi görmeye gelirlerdi.'

'Kışın neden gelmezlerdi öyleyse? Simdi neden gelmiyorlar? '

'Bugün yataktan ters taraftan mı kalktın, ne? Tuhaf tuhaf konuşmak hoşuna gidiyor. Simdi de gelenimiz bol Allaha şükür. Kışları oralara gelmek kolay mıydı ki gelsinler?

Gelselerdi nerede, nasıl ağırlardık?'

'İyi aman, iyi. Size laf anlatmanın yolu yok zaten,' diyerek yerinden kalktı Ahmet. 'Gidip Enise Abla'ya sorayım beni aç bırakmakta kararlı mı?'

O odadan çıkarken, 'Ayağına bir şey giy, üşüyeceksin,' dedi Nebile Hanım. Arkasından içini çekerek dalgın dalgın baktı bir an. 'Bugünlerde hiç keyfi yok...'

Artık gitmem gerektiğini söyledim.

'Bu deli çocuk sizi korkutmadı ya, yavrucuğum? Bazen böyle tersleniyor nedense. Aslında çok yumuşak başlıdır.'

'Yok. Çok geç kaldım zaten. Annem merak etmiştir.'

'Bundan böyle ona söyle, buraya geldiğinde meraka hacet yok. Emi? Olur mu?'

Dokuz numaraya çıktığımda beni merak etmemeyi zamanla öğrendi annem gerçi, ne zaman ortalıktan yok olsam orada olduğumu anlamayı da öğrendi, ama orayı 'kendi evim'den daha çok sevmemi hiçbir zaman onaylamadı. Ve orada yaşayanlarla dostluk kurmayı –Nebile Hanım'ın çeşitli çağrılarına karşın– kesinlikle reddetti. Bunun nedeni, ayrıca oraya sık sık gitmeme kızmasının, hatta orada sürdürdüğüm yaşamı kıskanmasının –kimi kez öyle gelirdi bana– nedeni de, dokuz numaradakilerle, babamın tüm ilişkisini kopardığı ailesi arasındaki benzerlikti sanıyorum. Gene, şimdi bildiğim, o zamanlar haberim bile olmayan kimi verilerin ışığında yapıyordum bu değerlendirmeyi. Çocukken, babamın hemen hemen hiç sözü edilmeyen ailesinin kime benzediğini bilmiyordum elbette. Dayılarından birinin tıpkı Pertev Bey gibi eski bir büyükelçi olduğunu da. Ama işte annem, karı koca kaçtıkları o dünyaya benim birden, böylesine kolaylıkla kayıvermemi bir türlü sindiremiyordu.

O dünyaya kolayca kayıvermemin başlıca nedenlerinden biri o evdeki rahatlıktı, bunu da biliyorum artık. Kimsenin kimseye ilişmediği, herkesin birbirini rahat bıraktığı, dolayısıyla kimsenin kimseyi rahatsız etmekten korkmadığı bir evdi. Büyük konaklarda yaşamış olmanın getirdiği alışkanlıkla, herkes ayrı ayrı, gene de hep birlikte yaşamayı başarıyorlardı. Herkes kendi odasına 'kapanmış' da olsa, hepsi salona doluşmuş da olsa, oda kapıları kapalı da olsa açık da, evde sessizlik de egemen olsa curcuna da, her zaman uyum vardı. Pertev Bey iki dirhem bir çekirdek giyinip dışarı çıkmamışsa eğer, genellikle kendi odasında resim yapar, borulu eski gramofonda yetmiş sekizlik taş plaklardan operalar dinlerdi. Odasının kapısı hep açık olduğundan, gramofonu da hep yükselttiğinden evin olağan seslerindendi opera aryaları. Beyhan Hanım pek ender, kimi kez konuklarla görüşmek, kimi kez sofraya oturmak için, ama çoğu kez yalnızca piyano çalmak için çıkardı odasından. Kapısı hep kapalı dururdu. Onca yıl boyunca içini doğru dürüst göremediğim tek oda onunki oldu. Chopin çalardı. Bildiği –ya da çaldığı– parçaların sayısı çok azdı. Kısa sürede hepsinin melodisini ezberlemiştim. Ahmet'in odasında modern, ve dediğine göre 'son derece hassas' bir pikap vardı. Kendisinden başka hiç kimse el süremezdi. Bilmediğim caz parçaları, kimi kez de radyodan duyduğum hafif müzik parçaları çalardı. Kapısı, o anda 'keyfinin yerinde' olup olmamasına göre kimi kez açık, kimi kez kapalıydı. Nebile Hanım ile Enise Abla radyodaki 'temsil' programlarını hiç kaçırmazlar, çocuk saatlerini bile büyük bir ilgiyle izlerlerdi. Enise Abla bir de klasik Türk musikisine meraklıydı. Radyoda söylenen şarkılara güzel, genç sesiyle eşlik ederdi çoğu kez.

Bütün bunlar –kimi kez hepsi bir arada kimi kez başka isler, sesler, gidip gelmelerle aynı sırada– olağandışı hiçbir tepki yaratmadan sürüp giderdi. Kimsenin kimseye 'ay kapat şunu, içime fenalıklar geldi' ya da 'gene mi başladın' ya da 'ne var, ne istiyorsun, başımın derdi' gibisinden sözler söylediğini görmedim, işitmedim. Bizim evde her an yaşanan gerginlik havasından hiçbir iz yoktu orada.

⭐ KELİMELER (生词注释)

servant	仆人	andaç	记事本
minnacık	小小的	yaranmak	迎合，奉承
müteşekkir	感谢的	adabı muaşeret	礼节
leyli	寄宿；寄宿学校	tülbent	薄纱
kakavan	蠢笨的	meşakkat	艰难，苦恼
paravan	屏风	debdebe	排场
fanus	灯；灯罩	heyula	庞大的
Acem halısı	波斯地毯	hacet	需要
curcuna	嘈杂	iki dirhem bir çekirdek	衣着时髦的
arya	咏叹调		

⭐ YAZAR HAKKINDA (作者简介)

Pınar Kür, 15 Nisan 1943 tarihinde Bursa'da doğmuştur. Işılar adında bir kız kardeşi vardır. Annesi İsmet Kür, Türk dili ve edebiyatı öğretmeni, Azeri olan babası Behram Kür ise Fransızca ve matematik öğretmeniydi. Çocukluğu, ailesinin işi dolayısıyla Anadolu'nun çeşitli kentlerinde geçti. Bilecik'te görev yapan aile Pınar Kür'ün doğumu için Bursa'ya gelir ve

Pınar Kür'ün doğumundan sonra tekrar Bilecik'e döner. Aile bir süre sonra da Zonguldak'a yerleşir. İlkokul 1. sınıfa Zonguldak'ta başlar. 1949 yılında Ankara'ya taşındıklarında ikinci sınıfa Kurtuluş İlkokulu'nda devam etti. Annesi İsmet Kür iki çocuğunu da alarak İngiltere'ye gidince iki çocuğunu da yatılı bir okul olan Raymonds School'a verdi. Bir yılsonunda Türkiye'ye dönme kararının neticesiyle iyi düzeyde İngilizce öğrenmiş olan Pınar Kür Ankara Kolej'e yazılır.

Üç yıl sonra babasının UNESCO'da görev alması sonucu aile Amerika'ya gitti. Pınar Kür, New York'ta Forest Hill High School'a devam etti. Son sınıfta okulun tiyatro kulübüne giren Kür, o yıllarda "anlaşılmayan genç kız romanları" yazmaya başlar. Bu romanları İngilizce olarak yazan Kür'ün Türkçesi de oldukça iyidir. Zira bilinçli bir kadın olan annesi evde Türkçe konuşmanın yanı sıra çocuklarına Nazım Hikmet, Sait Faik Abasıyanık, Ahmet Hamdi Tapınar gibi önemli isimleri okutur. Pınar Kür, on yedi yaşında ilk piyesi "Cowards All"u İngilizce olarak yazdı.

1960 yılında Pınar Kür, Türkiye'ye döndü ve İstanbul Robert Kolej'de üniversite eğitimine başladı. Üniversite eğitimi sırasında pek çok tiyatro oyununda oynadı, Şehir Tiyatroları'ndan teklif gelse de ailesinin karşı çıkması sonucunda, Pınar Kür oyunculuktan vazgeçse de oyun yazmaya devam etti. Sahnelenen ilk ciddi piyesi, "İki Başlı Adamın Tek Eli" adlı oyununu koleji henüz bitirmeden yazdı.

Pınar Kür, 1964 yılında Can Kolukısa ile evlendikten sonra eğitimi için Paris'e gitti. Önce bir dil okuluna devam etti, Fransızca öğrendi, sonra Sorbonne Üniversitesi'nde Karşılaştırmalı Edebiyat üzerine doktora yaptı. 1969 yılında mezun oldu.

Genç yaşta şiir ve tiyatroyla ilgilendi. İlk öyküleri 1971'de "Dost" dergisinde yayınlandı. Cumhuriyet, Yazko–Edebiyat, Hürriyet Gösteri, Milliyet Sanat Dergisi gibi gazete ve dergilerde yayınlanan öyküleriyle ünlendi.

1976 yılında İlk romanı "Yarın Yarın"la edebiyatçı kimliğiyle okurla buluşan Pınar Kür'ün bu eseri, 1976'da yayımlanışından altı yıl sonra dönemin sıkıyönetim idaresi tarafından yasaklandı; kitap ve yazar iki yıl süren mahkeme sonrasında aklandı.

Pınar Kür 1977'de yayınlanan "Küçük Oyuncu" adlı romanından sonra, kadının toplumsal ve cinsel olarak ezilmesi sorununu ele alan 1979 yılında yazdığı "Asılacak Kadın" ile müstehcenlik iddialarına maruz kaldı ve kitabı yine iki yıllık bir mahkeme süreci sonunda aklandı. 1986 yılında yazdığı "Bitmeyen Aşk" adlı romanı "müstehcenlik" gerekçesiyle toplatıldı.

1971–1973 yılları arasında Ankara Devlet Tiyatrosu'nda dramaturg, 1979–1995 yılları arasında İstanbul Üniversitesi Yabancı Diller okulunda ingilizce okutmanı olarak çalıştı.

İngiliz ve Fransız edebiyatının pek çok nitelikli eserini Türkçeye kazandırmış bir çevirmen olan Kür'ün editörlüğünü üstlendiği dünya edebiyatı seçkisi "Short Fiction in English" Ekim 2001'de İstanbul Bilgi Üniversitesi Yayınları tarafından yayımlandı.

1996 yılından bu yana İstanbul Bilgi Üniversitesi'nde Medya ve İletişim Sistemleri bölümünde öğretim görevlisi görevi yaptı.

2013 yılında Ankara Öykü Günleri kapsamında Onur Ödülüne layık görüldü.

ALIŞTIRMALAR（练习）

1. Pınar Kür ile ilgili kısa bilgiler derleyerek arkadaşınızla paylaşınız.

2. Dokuz Numara nasıl bir yer? Kısa açıklamalarla tanıtınız.

3. Annem neden Dokuz Numara'da yaşayanlarla dostluk kurmayı reddetti?

DERS ON DÖRT

BİR ERKEĞİN DAYANILMAZ BİLİNÇALTI TUTKUSU

★ 作品导读

　　布凯特·乌祖内尔（1955—）出生于安卡拉，高中毕业后考入哈杰泰佩大学生物系学习。大学毕业后，乌祖内尔曾在哈杰泰佩大学、中东技术大学短暂工作过一段时间，之后前往挪威贝尔根大学、美国密歇根大学攻读硕士学位。乌祖内尔热爱文学，大学时便在文学和文化类杂志上发表文章。1986 年，乌祖内尔的第一部短篇小说集《我的名字叫五月》问世。在这之后，乌祖内尔又陆续出版了短篇小说集《一个月里最赤裸的日子》、《诗人之城》、《元旦故事》；长篇小说《两只绿水獭》、《鱼的脚步声》、《棕眼睛的艾达和蓝眼睛的图纳》；游记《一个黑头发女人的旅行

笔记》、《城市浪漫日志》、《纽约游记》等各类作品十余部。1993 年，乌祖内尔凭借小说《鱼的脚步声》荣获尤努斯·纳迪长篇小说奖。1998 年，凭借小说《棕眼睛的艾达和蓝眼睛的图纳》荣获伊斯坦布尔大学传媒学院年度小说奖。

　　《一个男人潜意识里难以抗拒的激情》是短篇小说集《一个月里最赤裸的日子》中的一篇，创作于 1988 年。小说的主人公名叫欧麦尔，是一家建筑公司的工程师。一天早晨醒来的时候，欧麦尔惊恐地发现自己变成了女人。变身为女人的欧麦尔在这一天里经历了不少荒诞的事情：被男人们挑逗和骚扰、来例假、和男人碰撞出火花，差点发生"故事"……所幸这一切只持续了一天，第二天一早欧麦尔又

重新变回了男人。整部小说视角新颖、构思独特、情节曲折、引人入胜，作者对于主人公的心理变化和重新认识女性的过程进行了细致生动的描写，构成了小说中的一大亮点。男人变身为女人的确荒诞，但"不成为女人，如何真正地理解女人"，作者正是希望通过这种极端的方式来唤起整个社会对于女性的理解和尊重。

BİR ERKEĞİN DAYANILMAZ BİLİNÇALTI TUTKUSU

Her sabahki gibi uyandı.

Eşi pek kalmamış ahşap bir Moda evinin ikinci katında uyanmakla uyumak arası kalakaldı. İsli yağmurun kış sonu kokusu odaya sinmişti. Tek gözünü açtı; odaya göz kırptı. Gördüğü şey tüylerini ürpertti: Oda buz gibiydi! Yatak sıcak, yorgan yumuşacıktı. Yatağın içinde iyice büzüldü. Kaç soba kurarsa kursun, kaç elektrik ocağı alırsa alsın, güzelim Moda'yı çoktan öldürmüş beton blokların çirkin bacaları arasında yapayalnız bırakılmış ahşap evinin duvarlarından sızan İstanbul martının soğuğunu yenemiyordu bir türlü... İki yüz yıldır Modalı atalarından bu yana yaşanan, şimdi sinsi soğuğa ve yıkılmasına karşı direndiği bu eve alışması beklenirdi ama, alışamamıştı işte!

Bütün iradesini topladı, gözünü saatten kaçırarak, yataktan fırladı. Teybin düğmesine bastı; odayı, çılgın bir caz ritmi sıcacık seslerle, fişe takılan soba, elektrik enerjisiyle ısıtmaya başladı. O dans eder gibi zıplayarak ısınmaya çalışıyor, bir yandan da küfür eder gibi şarkının sözlerini mırıldanıyordu. Banyoya gitti, orası daha da korkunçtu. Akmayan suların banyoyu işgal ettirdiği plastik bidonlar, soğuğa daha da ürpertici bir yüz katıyordu. Baktı, içi titredi. 'İnsanın içi yalnızca üşüdüğü zaman titremez ya!' diye düşündü.

Mutfağa girdi. Yerler kırmızı boya kutularıyla öbek öbek tuzaklanmıştı. Boya kutularını devirmemek için dikkatle üzerlerinden atladı. Mutfak dolaplarını kırmızıya boyama fikri sabah soğuğunda hiç cazip gelmiyordu şimdi. Çaydanlığa su koyup ateşi yaktı, tekrar banyoya döndü. Ellerini ve yüzünü plastik bidondan maşrapayla aldığı soğuk suyla yıkadı. Çişini yapmaya üşendi. 'Biraz ısındıktan sonra,' diye savsakladı.

Daha sıcak, daha konforlu bir evde uyanma isteği incecik yaktı içini. En azından evini düzene sokabilir, yerleri halı kaplatır ve sıcak su sistemi kurdurabilirdi. Dişini sıksa hepsini yavaş yavaş yaptırabileceğini biliyordu. Büyük bir inşaat şirketinde mühendis olarak çalışıyordu iki yıldır. Ama ondan önceki yıllarda uzun süren abartılmış serserilik yaşamı, şimdiki yaşamındaki uyumu ve düzeni güçleştirmekteydi. Borçlarını ödemesi, günde sekiz saat işe gitmesi, gece kaçta yatarsa yatsın sabahları ille de yedide uyanması, en çok da birdenbire iki katlı ahşap Moda evinin aniden ölen annesinden tüm sorumluluğuyla başına kalması, çözümü güç bir bilmece gibi içinden çıkılmaz kılıyordu yaşamını.

Tam bacayı onartıyor, sokak kapısının kilidi bozuluyor, badana bitiyor, balkonu çökmekten zar zor kurtarıyordu. Evin peşinde iştahla gezinen müteahhitlere evi bu eski haliyle sevdiğini anlatamadığı için, onları gördüğünde yolunu değiştiriyor, telefon ettiklerinde, "Evde yok," diyordu kendi için.

Aslında 'cebi delik, yüreği ferah' günlerini aramıyor değildi ama, otuz yaşının verdiği o 'artık çok genç olmamak' durumunun yeniliği ve şimdiye kadar hep aynı yaşamaya bıkkınlığı, kitaplarını ve caz kasetlerini kaybetmeyeceği, kendine ait küçük bir mekan fikri, onu evi satıp parasıyla Latin Amerika'ya gitmekten şimdilik caydırmıştı. Böylece Avrupa ve Kuzey Amerika'dan önce Türkiye Akdeniz'inde yıllar süren serüvenlerine Latin Amerika'yı eklemeyi bir süre ertelemişti. Beri yandan da 'yerleşik olmak'tan çıldırasıya korkuyordu. "Ya çevremdeki insanlar gibi olursam?"

Hayır, onlar gibi olmamak için rahata alışmamak, konforu reddetmek gerekir! Çünkü bu konfor ve rahat illeti öyle onulmaz biçimde yapışır ki adamın yakasına, ömür boyu kurtulmak olanaksızdır artık. En belirgin yakalanma yaşları otuzlardır. Bunları düşünüp yinelemek onu ferahlattı, üşümesi azaldı. Tıraş olmak için tıraş köpüğünü avucuna sıktı, yüzüne sürdü. Eline her zamanki gibi acımasız bir hızla uzayan sakalları batmadı bu kez. Şaşırdı. Yine de aldırmadı. Tıraş makinesine yeni bir jilet taktı, tıraş olmaya başladı. Ama olamadı. "Ne oluyor?" diye aynaya bakınca donup kaldı. Aynada uzun saçlı hiç tanımadığı bir başkası vardı. Yoksa bir yerden tanıyor muydu?

Aynadaki yabancı, kendi şaşırdığında şaşırıyor, başını çevirdiğinde çeviriyor, dilini çıkarttığında aynını yapıyordu. Telaşla yüzündeki tıraş köpüğünü sildi. Aynadaki de yüzündeki köpüğü temizliyordu. Şimdi aynada yumuşak, beyaz bir cilt, üzerinde de ayva tüyleri belirdi. Şaşkınlığının yerini bir kahkaha aldı bu kez; sinirli ve tiz bir kahkaha...

Aynadaki de güldü.

Aynadaki bir kadın yüzüydü. Bedenine baktı; iki dolgun göğüs ve bir vajinayla bedeni hiç alışık olmadığı bambaşka bir biçime girmişti.

Kadın olmuştu!

Şaştı kaldı bu işe.

Kafka böcek olmuştu. Fellini, Mastroianni'yi Kadınlar Kenti'ne yollamıştı. Nazlı Eray bir erkek kahramanını gebe bırakmıştı bir öyküsünde... Belki başkaları da böyle şeyler yazmış, çizmiş, yaratmıştı, ama hepsi kurguydu bunların. Sonra... sonra psikolojide bilinen 'kadın olmaya özenme' durumu vardı bildiği. Hani orgazmı ve doğumu merak eden erkeklerde oluşan bilinçaltı istek ve merak... Ama böyle bir merakı asla yoktu ve aynada gördüğü, dokunup tuttuğu ne bir kurgu, ne de bir psikolojik fenomendi, bu kanlı canlı bir kadındı!

Paniğe kapılmamak için bütün iradesiyle direndi, direndikçe de paniğe kapıldı. Ne yapması gerektiğini düşündükçe buz kesti. Bir kabus muydu bu? Bir kötü şaka mı? Biraz beklerse eski haline döneceğini düşündü, uyursa, yeniden eskisi gibi uyanacağını umdu. Hemen yatağa girdi, ellerini yastığın altına sımsıkı hapsetti, gözlerini yumdu. Gözlerini yummasıyla simsiyah bir fon üzerinde iri puntolarla şu cümle belirdi:

KADIN OLMAK KÖTÜ BİR ŞEY MİDİR?

Kadınları seven, onların akıllı, gözüpek, dişiliğinin farkında olanlarına bayılan, sevgili, düşünceli, güzel çocuklar yetiştirerek dünyayı olumsuz yanlarından kurtaracak kadınlardır diye düşünen, bu yüzden onların aptallıklarına, silik, pasif, ikincil kalışlarına, kolaya, ucuza kaçışlarına bozulan kendisi değil miydi?

Hayır, kadın olmak kötü değildi, kötü olan insanın tam otuz iki yıldır alıştığı cinsiyetinin ve şeklinin değişmesiydi. Kız arkadaşı Yeşim'in, kadınların evlenince soyadlarının değişmesine kısaca 'saygısızlık' diye nitelendirişi geldi aklına nedense. "Yıllardır çağrıldığın adının birdenbire pat diye değişmesi ve bunu çok normal saymak saygısızlıktır," der dururdu Yeşim. Soyadı değişikliği, şimdi kendinde oluşan değişikliğe göre çok simgeseldi ama, ne tuhaf ki, ilk kez şimdi Yeşim'in ne hissettiğini tam olarak kavradığına inandı. Korkarak gözlerini açtı, çekinerek pijamasının içindeki bedenine baktı, ürkekçe elledi kendini. Doğrusu güzel göğüsleri vardı. Diri, yuvarlak, orta boy. Beline doğru kayan eli, incelen bedeninin yuvarlak kavisinden aşağıya inince, saçlarının renginde açık kumral tüylerle kaplı cinsel organına dokundu. Tombulca bir vajinaydı bu; tıpkı sevdiği gibi. İçi gıcıklanır gibi olduysa da, tuhaf bir içgüdüyle heyecanını bastırdı.

Birden sevinçle aklına geldi: 'Belki de yalnızca ben kendimi kadın olarak görüyorumdur?' Her ne kadar bu patolojik bir durumsa da, fiziksel değişimden daha az tehditkar göründü gözüne. Ama öfke sevince galip geldi. "Tabii," dedi sinirli sinirli. "Oh olsun bana!.. 'Kadınlar İçin Kadınlarla Elele' kampanyasına katılan kimdi? Her yerde, 'Feminist olmak için ille de kadın olmak gerekmez' diye car car öten kimdi? 'Kim ister aptal, kendine yetemeyen, kendini tanımamış, sürekli başkalarına muhtaç bir kadını?' diye sora sora, işte başıma bu da geldi!.. Nene gerek senin kadınları kurtarmak, Allahın cezası herif! Otur oturduğun yerde, bul fıstık gibi kızları, yat, kalk, keyfine bak, kullan babam kullan... Akıllı, atak olacaklar kendi haklarını savunacaklar ne olacak da yani? Kendileri istiyor mu sanki değişmeyi? Sağda solda feminist geçinen, en bağımsız, en çılgın, en akıllı olanları bile, bir nikah yüzüğüne, toplumda 'evli kadın' olmanın rahatlığına, ekonomik sorumsuzluğa ilk fırsatta atlamıyorlar mı? Sana ne ulan! Bırak, değişmemekte dirensin kadın milleti!..”

Yataktan çıktı, artık ne soğuk kış sonu, ne de evin dandinisi onu ilgilendiriyordu. Bıraktı kendini savunma güdüsünün koruyucu sesine ve her şeyin aslında kendi çılgın fantezilerinden biri olduğuna inandı. Bunun görsel yanını tamamlamak için aynaya koştu, ama aynada yine bir kadın gördü. Soyundu ve boy aynasında kendini incelemeye cesurca direndi.

“Aman Allahım, tam hayal ettiğim, idealimdeki kadın olmuşum!..” söylediğinden çok, duyduğuyla irkildi bu kez. Alto bir kadın sesiydi bu! Biraz kısık, güvenli ve sıcak. Ağlamakla gülmek arası kalakaldı. Gülmek galip geldi. “Keşke başka bir hayalim gerçekleşseydi, daha yakışıklı bir erkek olmak, zengin olmak, resim yeteneğimin olması veya iyi saksafon çalabilmek gibi...” dedi aynı kadın sesi gülerek. Alıcı gözüyle baktı: Aynada adamakıllı güzel bir kadın gülüyordu. Pek beğendi kadını. Yine de kendisinin o kadın yerine, o kadının sevgilisi olmasını isterdi. Radyodan yükselen saat sekiz anonsuyla irkildi. Telefona sarılıp şirkete telefon etti. Bölüm sekreteri Ayten’e, Ömer Bey’in rahatsızlandığını, bugün işe gelemeyeceğini söyledi. Sekreter kız merakla sordu: “Geçmiş olsun, nesi var Ömer Bey’in? Önemli mi acaba? Ben, şey biz çok severiz Ömer Bey’i de…”

Bunu hiç fark etmemişti doğrusu...

“Ayten benim, Ömer, bana bir şeyler oldu, nasıl, neden bilmiyorum ama oldu işte...” diye haykırmamak için kendini zor tuttu.

Bunları söylese de, Ayten’i inandıramayacağı çok dişi bir sesi vardı artık.

Son zamanlarda işe gitmeden, tembellik yaparak geçireceği bir günü düşleyip duruyordu. Şöyle yatakta yapılacak bir kahvaltı, kitap okuyarak yatakta geçirilecek keyifli, sıcak, ‘kendine ait’ bir gün. “Acaba bugünü öyle bir güne mi dönüştürsem?” Gülümsedi. Pijamasını yeniden giyip mutfağa gitti. Önce çaydanlığı yanmaktan kurtardı, içine yeniden su doldurup ocağa koydu, güzel bir kahvaltının çalınmış bir günde getirdiği heyecanla keyiflenerek, peyniri, zeytini, tereyağı ve balı tepsiye dizdi. Ekmek kızarttı, büyük bir fincan kahveyi mis gibi koklayarak yatağına döndü. Yatağa girip battaniyeyi üzerine çekti, tepsiyi kucağına koyup, ekmek dilimlerinden birine tereyağı ve bal sürmeye başladı. Tam o sırada dirseği göğsüne çarptı. Çarptığı göğsü kımıldadı, titredi. İrkildi, içi gıcıklandı. Pijamasının yakasını açıp bakınca, dipdiri nefis iki meme gördü.

Bütün iştahı kaçtı. Gözlerini bedeninden kaçırarak, tepsiyi başucu komidinin üzerine bıraktı. Yataktan çıkıp, soyundu. Gelişigüzel, bir dik yakalı kazakla, bir kadife pantolon giydi. Pantolonun beli bol kalçaları dar geldi. Bir çengelli iğneyle belini daraltıp, tutturdu. Ayakkabılarının hepsi büyüktü artık. Bir tanesinin burnuna pamuk tıkıştırıp giydi. Aynaya baktığında, erkek giysileri giymiş güzel bir kadın gördü. “Allah kahretsin!” dedi. Üzerine pardösüsünü giyip dışarı fırladı.

İlk önce nereye gittiğini bilmeden kendini sabah kalabalığına bırakıp yürüdü. Serin mart rüzgarının sabah keskinliğini yüzünde duyuyor, arada bir bol gelen ayakkabılarını düzeltip yeniden dolu dizgin yürüyordu. Kışa bir türlü doyamamış mart ayı, mavi, berrak göğün altında bile bahara şiddetle direniyordu. Bütün gün böyle koşturabilir, sonra nereye gidip ne düşündüğünü hiç hatırlamadan bir yerlerde kendine gelebilirdi ama, bundan çok daha önce, kalçasına atılan bir el, göğsüne yediği bir dirsekle acı içinde irkildi. Baktığında sarı dişleri kara bıyıkları altında sırıtan kirli yüzler gördü. "Ne oluyor lan!" diye bağırdı. Ama bu, hep bir kadına en çok yakıştığını düşündüğü alto, üzeri tırnakla çizilmiş yaprağın iç gıcıklayıcılığında, zarif ve gizemli bir sesle çıktı ağzından. Kara bıyıkları altında sarı dişleriyle sırıtan yüzler, bu sesle söylenen cümleyle daha çok tahrik oldular, daha geniş sırıttılar. Kolunu kaldırıp elinin tersiyle çarpmak üzere adamların üstüne yürüdüğünde, "Anaaa, karıya bak lan, dövecek sanki..." diye bağırdı, kara bıyıkları altında sarı sarı sırıtan yüzler.

Kocaman kahkahalarla güldüler; iştahlı...

Kendini çaresiz hissetti. Öfkelendi. Nedense pat diye, küçükken babaannesinin elini öpmediği için babasından yediği tokat sırasında yaşadığı haksızlığa uğramışlık ve mutsuzluk hiç eskimemiş halde düştü içine. Sonra ilkokulda 'Yerli Malları Haftası'nda oynadıkları meyve sebze piyesinde hep 'üzüm'ü oynamak isterken, öğretmeninin kendi kızını üzüm yapıp, Ömer'e zorla 'patates' rolü verdiğinde öfkeyle içine akıttığı ilk çaresizlik gözyaşları doldu göz pınarlarına. Sakin olmaya çalışarak, caddeden geçen bir taksiye el etti. Taksiye bindiğinde sarı dişli, kara bıyıklı, uzun süredir hiç yıkanmamışa yakın kirli yüzler arkasından sırıtarak bağırıyorlardı: "Kaçma keklik, nereye gidiyorsun bebek! ... Yalasaydık kız! ... Gene kime vermeye gidiyorsun şıllık! ..."

Utanç ve çaresizlik içinde yanaklarının kızardığını hissetti. Bu tip yüzlerce cümle, küfür, pislik duymuştu, yeni değildi bunlar. Her keresinde zavallılık, küçüklük olduğunu düşünmüş, kınamıştı, ama ilk defa böylesi aşağılayıcı, çirkin olduğunu hissediyordu: İlk kez kendisine yöneliyordu bu sözler! Yeşim'in sık sık tekrarladığı Simone de Beauvoir'ın sözleri geldi aklına: "Siyahların haklarını savunan beyazlar, bir siyahın yaşadığı aşağılanmayı siyah olamadan anlayabilir mi hiç?"

Böyle miydi? Bunun gibi bir şeydi...

"Nereye gidiyoruz hanımefendi?" Taksi şoförünün dikiz aynasındaki keskin bakışlarıyla kendine geldi. "Şeyy..." diye geveledi. Sesinde nereye gideceğini kendisinin de bilmediği bir ton apaçık belirdi. Bakındı; Kızıltoprak civarındaydı. Canı yalnız kalabileceği, deniz kenarında yürüyebileceği, bütün bu olup bitenleri serinkanlı düşünebileceği bir yerlere gitmek istedi. "Boğaz'a gidelim," dedi. Sesi öyle kısık çıktı ki, kendisi bile güç duydu. Şoförün dikiz aynasındaki bakışı gevşedi, genişledi, yayıldı, yılışık bir gülümsemeye dönüştü. Uzanıp bir kaset çekti ve teybe sürdü. Uzun havadan bozma, hiçbir kültüre ait olmayan, dili anlaşılmaz tek sesli bir müzik arabayı bar bar doldurdu.

"Şimdi nasıl davranmalıyım?" diye düşündü. "Arabayı durdurup inmeli miyim, kafasına bir yumruk mu atmalıyım, her önüne çıkana sarkmamasına dair bir nutuk mu atmalıyım, yoksa görmezden mi gelmeliyim?" Baktı; adamın bakımsız, kirli, çirkin halini gördü. Kendini zayıf, yorgun, bıkkın hissetti. Bu adama ne yaparsa yapsın, bir işe yaramazdı.

Şoför artık daha umutlu ve keyifli, kasetten taşan müziğe katılıp şarkı söylemeye başladı.

"Hayret, demek şarkının sözlerini anlayabiliyor..." diye şaşırdı. Dalıp gitti sonra. Nereye gitti, kimi, neyi düşündü bilmeden, uzun uzun öylece kaldı.

"Burada çok güzel bir restoran var, gidelim mi?"

Şoförün yılışık sesiyle irkildi. Adamı dövmek geldi içinden, öfkelendi. "Ulan sen kim oluyorsun!" diye köpürdü, ama söylediği sözler bir kadın sesiyle ağzından döküldüğü için, şoförün hoşuna bile gitti. "Kızma abla," dedi sırıtarak, "yardımcı olalım demiştik..." "Durdur şurda, al paranı..." Taksiden ineli, Beylerbeyi'ndeydi. Hava biraz yumuşamış, bahara dönecek kış, sürpriz bir güneşle parlamış, beklenmedik bir bahar keyfi yayılmıştı Boğaz'a.

Sahildeki çay bahçesine gidip bir çay içmek, rahatlamak istedi. Pardösüsünü çıkarttı, caddeyi geçti. Rahat yürüyemediğini hissediyor, nedenini bulamadan koşar adım çay bahçesine gidiyordu. Birden peşine takılan, çevresini saran onlarca delikanlının ıslık sesleriyle irkildi. Islık çalıp gülüşüyorlar, dürtüşüp onu gösteriyorlardı. "Memelere bak lan, elma gibi mübarek haa... Taş gibi maşallah..." Bir baktı, sütyensiz göğüslerini, kazağının altında zıpır zıpır zıplarken gördü. Durdu. Göğüsleri ve delikanlılar da durdular. Şimdi utanması mı gerekiyordu, yoksa güzel göğüsleriyle gururlanması mı? Sütyenli göğüslerle, nikahlı kadınlar arasmda bir ilişki olup olmadığı ışık hızıyla kayıp geçti aklından. Bilemedi. Hiçbir şey olmamış gibi yürüdü (yok saymanın bir savunma yöntemi olduğuna o da mı alışıyordu?) Çay bahçesine girip bir masaya oturdu. Geçen sonbahardan beri ilk kez açık havada oturuyor olmanın keyfiyle çay ısmarladı. Çayını yudumlarken Boğaz'ı bir kadın olarak seyretmenin farklı olup olmadığını düşündü. Hayır, Boğaz'ı kadın gözüyle seyretmek de güzeldi.

"Saçmalıyorum," dedi. Kendini bırakıp başkalarıyla ilgilenmeye karar verdi. Göz ucuyla yan masaları seyretti. Orta halli ev kadınları sabah güneşini yakalamış, hiç vakit kaybetmeden tadına vararak çay içiyor, sohbet ediyorlardı. Bir genç anne çocuğunu masaya oturtmuş, mırıl mırıl konuşuyor, bir başka kadın torunlarına simit alıyor, iki öğrenci (bu saatte nasıl buradalarsa?) gülüşüyorlardı. Biraz ferahladı.

Kadın olmak öyle çok korkunç bir şey değildi hani... İşte rahatsız edilmeden var olabileceği mekanlar bulan kadınlar da vardı. Demek ki, önemli olan ürkek olmamak ve nerede, nasıl davranacağını bilmekti (herhalde...) Şimdi her şeyi baştan düşünmeliydi. Bütün düşünce sistemi, mantığı ve hafızası aynı kaldığına göre, değişen yalnızca cinsiyetiydi. (Yalnızca? Peki tercihleri ve zevkleri?) İyi ama, bakalım artık hep kadın mı kalacaktı? Belki de bunların hepsi bir rüyaydı... Beri yandan artık hep kadın kalacaksa, erkeklere ilgi duyması gerekmez miydi?

Düşüncelerinin bu noktasında durdu, rahatsız oldu. Bir erkekle sevişiyor olma fikri öyle yabancı, öyle tuhaf geldi ki, dehşete kapıldığı söylenebilirdi. Hayır, eşcinselliğe karşı değildi, bu yalnızca bir zevk ve tat meselesiydi!

O daima kadınları tercih etmiş, güzel bulduğu, beğendiği, ama en çok, sevdiği kadının bedenine dokunmak, öpmek, okşamak, ona kendini tanımak, bilmek kadar anlamlı, en uzağı, en bilinmezi keşfetmek kadar gizemli, albenili, çocukluktan beri tadına doyulamayan bir anne yemeği gibi lezzetli, derin bir denizin dibinden yukarıya yüzerken duyulan keyif gibi heyecanlı gelmişti hep. Şimdi bundan vazgeçme düşüncesi bile dehşete düşürüyordu onu. Bir anlamda kendini sevip okşamak şekline dönüşecek karşı cinselliği, çıplak ve mastürbasyon fikrinin yalnızlığından başka bir çağrışım yapmıyordu.

Çaresiz kalakaldı masada. Garson bir çay daha getirdi, bir tane daha...

Canı konuşacak, olup biteni anlatacak, tartışıp rahatlamasına yardım edecek birisini fena halde çekti. En çok Yeşim'i...

Son gördüğünde −iki gün önce− yine eli kolu göğe, denize savrulmuş, ağız dolusu ümitsizlik ve karamsarlık, bol bol insansızlık haykırıyor, kimsenin kendisini anlamadığından yanıp yakınıyordu o.

"Ömer, beni anlamak zorundasın, başka çaresi yok, anlıyor musun, başka çaresi yok! Sokağa çıkmak, insan görmek istemiyorum artık. Sanki aynı adam kılık değiştirip şoför, simitçi, teknisyen, müdür yardımcısı, müdür, gazeteci, yazar, editör, grafiker, mühendis, politikacı, reklamcı rolünü oynuyor. Kafalar hep aynı..." Sonra sigarayı bırakalı beri alışkanlık edindiği naneli çikletlerinden birini ağzına atıp, keyifsiz ama ezgisel bir ritimle çiğniyor. Ah sevgili misantrop Yeşim, keşke yanımda olsaydın sevgilim, olsaydın da beni dinleseydin...

Çay parasını ödedi, kalktı. Yeşim'le konuşamazsa dünyanın sonu gelecekmiş gibi acele telefon aramaya koyuldu.

Daha önce pek çok kez, telefona baka baka, "Telefon yok," diyen dükkan sahiplerine rağmen, bir dükkana girip telefon sordu. Dükkan sahibi gözlerinde küçük çapkınlık pırıltılarıyla telefonu uzattı.

−Alo, Yeşim'le görüşecektim?

−Yeşim yok, bütün gün sergide olacak.

– Sergi mi? Ne sergisi?

– Sekiz Mart Sergisi canım! Cağaloğlu'ndaki.

– Haaa, o mu?..

– Kim aradı diyeyim?

– Ömer, şeyy, Ayşe dersiniz.

Dükkan sahibi telefon parasını almak istemedi, neredeyse kapılara kadar geçirerek yolcu etti onu. Güzel kadın olmanın avantajları bunlar olmalıydı (herhalde). Bir taksiye binip Cağaloğlu'na giderken, taksi şoförünün ciddiyetine şaşkınlıkla alışmaya çalıştı.

'Sekiz Mart,' diye düşündü. Neydi Sekiz Mart?

Dünya Barış Günü? Ama o, Bir Eylül değil mi?

Çevre Günü? Hayır hayır, Beş Hazirandır Çevre Günü. Peki başka ne olabilir Yeşim'i ilgilendiren? Cağaloğlu'nda nereye gideceğini bilmeden dolanıp dururken bazı gazeteci arkadaşlarına rastladı. Kimine selam verdi, kimini tanımamazlıktan geldi. Selam verdikleri ya tuhaf tuhaf baktılar, ya da zevkle karşılık verdiler. Tanımazlıktan geldikleriyse, zaten bunu bilmiyorlardı. Sonunda bir kitapçı dükkanına girip, serginin nerede olduğunu sormayı akıl etti.

"Kadınlar sergisi mi?"

Evet, Sekiz Mart Dünya Kadınlar Günü!

Sergi salonuna girerken, bilet kesen kızlar arasında Yeşim'i gördü. Koşarak yanına gidip onu kollarına almamak için kendini güç tuttu.

"Yeşim Hanım sizsiniz herhalde? Şey, ben Ömer'in bir arkadaşıyım. Ömer sizi bulmamı istedi."

"Ömer mi? Nesi var, ne oldu Ömer'e? Hasta mı yoksa?"

"Yok hayır, kendisi en az benim kadar sağlıklı, inanın bana. Şeyy, başbaşa konuşabileceğimiz bir yere gidebilir miyiz Yeşim Hanım?"

"Ama sergiyi bırakamam ki..."

"Çok önemli, lütfen... Lütfen."

Yeşim öbür kızlardan izin isteyip ceketini giydi, beresini taktı, birlikte çıktılar.

"Ömer sizden hiç söz etmedi bana, adınız neydi?"

"Adım mı, Ayşe, adım Ayşe. Evet, Ömer'le yeni tanıştık zaten."

Yeşim zınk diye durdu. Dönüp alıcı gözüyle baktı. Karşısında bakımsız ama güzel, alımlı, genç bir kadın gördü. Ömer'in filmlerde, reklamlarda, moda dergilerinde beğenip gösterdiği gibi, kumral, yeşil gözlü, dolgun göğüslü, uzun bacaklı. Kendi kısa, parlak siyah saçları, ela iri gözleri, küçük göğüslerini düşündü. Bir an içi burkuldu, ama çabucak toparlandı, gururla burnunu dikti.

"Siz Ömer'le mi çıkıyorsunuz?"

"Ben mi? Hah ha ha! Hayır, bu teorik olarak olanaksız, ayrıca, hah ha ha, pratik olarak da."

"Kimsiniz siz? Ne istiyorsunuz benden?"

Yeşim'in sesindeki öfke Ömer'i şaşırttı. 'Bu kız ölür de kimseyi kıskanmaz sanırdım,' diye düşündü. Gülmesini bastırdı, ciddi olmaya çalışarak:

"Sandığınız gibi değil, size her şeyi anlatacağım, gelin benimle lütfen."

Pierre Loti kahvesine girip kahve ısmarladılar. Karmakarışık bir ifadeyle duydukları karşısında apışıp kalan Yeşim, Ömer olduğunu söyleyen güzel kadına hiç de inanmış görünmüyordu.

"Bana inanmıyor musun Yeşim? Bir şey söyle lütfen. Çıldıracağım, korkuyorum..."

Uzun bir sessizlikten sonra bilinmez bir gezegenden gelir gibi konuştu Yeşim:

"Biyolojik olarak imkansız bu!"

"Evet ama, oldu işte."

"Olsa bile... Allah kahretsin! Olsa bile, neden Ömer'e olsun bütün bunlar?"

"Yeşim, güzelim..."

Öbür masalardan, el ele oturup, açık açık birbirine kur yapan iki kadını görenler tuhaf tuhaf bakıp gülüştüler. Yeşim elini çabucak çekti.

"Yeşim, hatırlasana, hani ilk tanıştığımızda yakanda 'nükleer enerjiye hayır' rozeti vardı. Sonra... annenle tanışmaya gittiğimde, uzun sakalıma bakıp homurdanmış, kahve yapmaya gidip, kahve tepsisine tıraş köpüğü ve jilet koyup getirmişti. Nasıl gülmüştük arkasından anımsıyor musun?"

Yeşim kıkır kıkır güldü, sonra karşısında oturan genç kadınla göz göze gelip sustu.

"Bunları Ömer anlatmış olabilir size."

"Peki, sağ kalçandaki ben?"

"Bunu da Ömer söylemiş olabilir."

İki saat sonunda, ikisi de yorgun ve umutsuz bakışıyorlardı. Ayrılırken, Yeşim kırgın bir sesle:

"Akşama ararım sizi. Telefon ederim..."

Sesinde hiç inanmamış tonlar vardı. Arkasına bakmadan, dönüp uzaklaştı sonra. Öğleden sonra tek başına delirmemek için rasgele bir sinemaya girdi. Sinemanın öğle sonrası seansı tenhaydı. Yer gösteren orta yaşlı, en az bir aydır yıkanmamış, tıraş olmamış esmer adam, neredeyse bomboş karanlık sinemada gelip yanına oturdu. Kalkıp başka bir yere geçtiğinde, yer gösterici de o sıranın başına geçip oturuyor, penisini kaşıyordu. Beyazperdede Michel Piccoli, sevdiği kadına bir şeyler anlatıyor, yer gösterici kaşınıyordu.

Çok rahatsız oldu. Kalkıp bir temiz dövmek geldi içinden. (İlle dayak mı atmalı Yeşim?) Zaten buna gücü yetmezdi artık. Sinemanın keyfi, oraya gizlenip soluklanmak fikri berbat olmuştu. Adamı şikayet etmek için gidip, müdüriyet yazılı kapıyı çaldı. Yer gösteren adama ikiz kardeş kadar benzeyen bir başkası oturduğu koltukta gözlerindeki pırıltılar yerine, çok üzgün bir ifade takınmaya boşuna çalışarak, 'İcabına bakılacağını' söylemekle yetindi. Canı sıkkın, sinemadan çıkıp evine döndü.

Ev aynıydı, yatak, camlar, duvarlar, kitaplar, caz kasetleri, kesik sular, bitişikteki çirkin beton binalar, her şey, her şey aynıydı. Ama kendisi hala kadındı! Biraz uyumaya, dinlenmeye çalıştı. Okumayı, kendinden uzaklaşmayı denedi olmadı. Akşam karanlığı günün üzerine çöküyordu. Bütün gün aç gezdiğini hatırlayıp zorla bir şeyler atıştırdı, hiç iştahı yoktu ki... Evde deli danalar gibi dolaşıp durmaktan yorgun, gerçekle–düş, delilikle–fantezi arasında sıkışıp bunaldı, bunaldı, çok bunaldı. Bir süredir kasıklarında duyduğu ağrıların dürtüsüyle kendini tuvalette bulduğunda, daha korkunç bir şey onu dehşete düşürdü. Korkuyla bir çığlık attı: Külotu taze kanla kıpkırmızıya bulanmıştı.

Önce kadın olmak, sonra kanlar içinde kalmak... Başı döndü, gözleri karardı, sendeledi... Kendine geldiğinde banyonun soğuk zemini üzerinde yarı çıplak yatıyordu. Toparlandı, bidondaki sularla yıkandı, temizlendi. Kanaması az, ama sürekliydi. Paniğe kapılmaması gerektiğini yüksek sesle tekrarlayarak, yatak odasına gidip çekmeceleri karıştırdı. Yeşim'in kadın bağlarını bıraktığı torbadan bir tane aldı, pedin altındaki yapıştırıcı bandı açıp, külotunun ortasına yerleştirip yapıştırdı. Tam otuz iki yıldır bacakları arasında cinsel organıyla gezmişti, şimdi bir menstrüasyon pedi! Temiz bir fanila, bir gömlek giydi. Pantolonunun belini yine çengelli iğneyle daralttı. Kasıklarından yayılan berbat sancıyı durdurmak için Yeşim'in adet dönemlerinde kullandığı ağrı kesici ilaçtan iki tane içti. Aklından yüzlerce düşünce gelip geçiyor, bu düşünce bombardımanında iyice yorgun hissediyordu kendini. Mutlaka akıllı, dengeli, anlayışlı, kendini yetiştirmiş erkekler de vardı bu memlekette, hele hele kendi çevresinde. Şimdi bunlara, bu akıllı erkeklere gereksiniyordu deli gibi. Sanat Köşkü'nde zaman zaman yemek yiyip, içki içtiği arkadaşları geldi aklına. Çetin, İlker, Doğan. Durmadan kadının akıllı, sağduyulu, ne istediğini bilenine özlem içinde olduklarını anlatıp duran genç erkekler. Saçlarını tarayıp tıraş losyonunu süründü. Evden çıktı, bir dolmuşla Sanat Köşkü'ne gitmeye karar verdi. Dolmuşta şoförle, bir erkek müşteri arasında ön koltuğa düştü yeri. Şoför her vites değiştirişinde sol bacağını adeta okşuyordu. Öbür yanındaki erkek bacaklarını ayırıp oturmuş, kımıldamıyordu bile. İki adamın arasında sıkışıp kaldı. Şoför vites değiştirirken bacağına bilerek mi sürtünüyordu? Yoksa zorunluluktan mı? Kendi yerine Ömer dış görünüşlü bir Ömer otursaydı da aynı hareketi yapacak mıydı? Bilemedi. Bilmek istemedi. Bıkkın hissediyordu kendini artık.

Sanat Köşkü tıklım tıklım doluydu yine. Kapıdaki görevli delikanlıya gülümsedi, o da tanımağını belli eden ama çapkın bir gülümsemeyle karşılık verdi. Bara gidip, bir portakal suyu istedi. Barmen Süha saygılı bir tavırla siparişi aldı. "Süha, n'haber yahu, şu senin piyango biletin ne oldu, bu ay da milyarder olamadın mı?" diyecekti ki, son anda durumunu anımsayıp sustu. Yan tarafta oturan yakışıklı, orta yaşlı bir erkek gülümseyerek bakıyordu. O da gülümsedi. Adam sigara uzattı, sohbete koyuldular. Bu, yumuşak, yüzeysel ama rahat bir konuşmaydı. (Nasıl da ihtiyacı vardı konuşmaya, dünyadaki başka konular ve kişilerle ilgilenmeye. Yoksa az sonra delirebilirdi...)

'Oh işte yılışmayan bir erkek,' diye düşündü keyifle. "Yanlışlıkla gözün takıldığında bundan hemen kendilerine ait bir mesaj çıkartır, artık sonuna kadar yapışır, sırnaşır, bıktırırlar. Ya gözlerin hep yerde ya da hiçbir erkek gözüne değmemeye özen göstererek bakmaya eğiteceksin bakışlarını." Yeşim'in öfkeli sesi çınladı kulaklarında.

Sohbet koyulaştıkça, orta yaşlı bar arkadaşı gevşedi, yakınlaştı, özel hayatını anlatmaya başladı. Karısıyla mutsuz bir evlilik sürdüren, ama sosyal nedenlerle evlilik kurumunu yıkamayacak erkeklerdendi. Heyecan ve doyumu barlarda arıyordu. "Bu 'artık'lardan kurtulmalıyım," diye düşündü eski Ömer, yeni Ayşe ama bu sandığından çok daha güçtü ve uzun sürdü. Güzelliği ve yalınlığına övgüyle başlayan konuşma, bütün kadınların acımasız, bencil ve iki yüzlü olduğuna uzanan sert tonlu bir suçlamaya dönüştü. Neyse ki o sırada Sanat Köşkü'ne Çetin ve İlker geldiler. Hemen yanlarına gidip, Ömer'in bir arkadaşı olduğunu, yurt dışından yeni döndüğünü anlattı. Çetin ve İlker genç kadını ilgiyle karşıladılar. Birlikte yemek yiyip içmeye ve sohbete koyuldular. 'İşte Ömer'ken de, Ayşe'yken de konuşabildiğim iki aydınlık erkek,' diye sevinçle geçirdi içinden Ömer/Ayşe.

Gece ilerledi, karanlık koyulaştı, diller ağırlaşıp dolaştı, gözkapakları düştü. Çetin gece boyu yeni Ayşe, eski Ömer'e yakın oturmuş, ondan hoşlandığını belli etmişti. Eve dönmek üzere kalktıklarında, Çetin onu evine kahveye davet etti. Bunun sonunda Çetin'le sevişme olasılığı belirdiğini kavrayınca dehşete kapıldı Ömer/Ayşe. Onca yıllık arkadaşı Çetin'le bir yatakta çırılçıplak yatmak, çıplak bedenini okşamak, okşatmak, öpmek, bedenlerinin birbiri içinde eriyip çözülmesini yaşamak fikri önce midesine bir sancı olarak saplandı, sonra kafasına bir soru. "Ama," diye sordu. "Eğer kadınsam, bundan hoşlanmam gerekmez mi?"

Çetin'in evine gitti.

Daha kapıdan içeri girer girmez, Çetin Ömer/Ayşe'ye sarılıp çılgınlar gibi öpmeye başladı. Çabucak yatağa sürükleyip soydu. Kısa bir öpücük yağmurundan sonra, Ömer/Ayşe'nin içine girmeye çalıştı. Çalıştı, çalıştı, ama bir türlü başaramadı. Ter ve öfke içinde sordu: "Yoksa bakire misin hala?"

Bilmiyordu ki...

Gözlerinde neredeyse tiksintili bir hiddet:

"Kaç yaşındasın sen kızım?"

Otuz iki olmalıydı?

"Yani otuz küsur yıldır hiç..."

Çetin canı sıkkın, öfkeli söylenmeye başladı: "Allah kahretsin! Ulan hepiniz böylesiniz bu memlekette be!.. Çen çen çen konuşursunuz ama, hala bakiresinizdir!.."

Ömer/Ayşe ne yapacağını bilemeden çıplak ve yapayalnız kaldı yatakta. Duvardaki boy aynasında, yatakta oturan çok güzel, çırılçıplak bir kadın gördü. "Ne kadar güzelim!" diye mırıldandı. Buna sevinmeli miydi? "Allah kahretsin, bıktım artık bütün bunlardan!" diye bağırdı ve giyinmeye başladı. Çetin keyifsizce onu seyredip sigara içiyordu, "Evine bırakayım," dedi isteksizce. "Bu saatte tek başına bir taksiye binmen doğru olmaz, tehlikelidir." İyi ama, evini görürse, kim olduğunu anlamaz mıydı? Anlayacak sandı, telaşlandı. "Hayır, ben kendim gitmek istiyorum," dedi kararlı.

Eve döndüğünde, üzerinde yüz yıllık bir yorgunluk vardı. Yatağa uzandı, gözlerini yumdu.

"Ne olacak şimdi?"

Beş altı kez tekrarladı:

"Ne olacak şimdi?"

Gevşemek, kendini uykunun şefkatli kollarına teslim etmek istedi. Ama gevşekliği alkolün etkisiydi; yapaydı. Rahat edemedi, yatakta dönüp durdu. Tam o sırada telefon çaldı.

"Alo, şey, ben Yeşim. Birkaç kez aradım, ama yanıt alamadım..."

"Yeşim, ah nasıl sevindim bilsen. Artık aramazsın sanıyordum."

"Şeyyy, ben düşündüm, çok düşündüm. Kafam karmakarışık. Hatta sizin Ömer'i öldürmüş olabileceğinizden bile kuşkuluyum."

"Bir bakıma öyle sayılır zaten."

"Ama, şunu kesinlikle anladım ki, şeyy, ben Ömer'i... Onu çok seviyorum. Çok güzel bir insan o ve ben ona kavuşabilmek için gerekirse savaşmaya hazırım."

"Yeşim, canım, bir tanem. Ben... şey, Ömer de seni çok seviyor."

"Ben, bir şey sormak istiyorum. Eğer... yani diyelim ki, siz Ömer'siniz, o halde bilmeniz gerekir ki, yalnızca benim bildiğim ve onun kimseye söylemediği çok özel bir şey olmalı. En azından ben, başka kimsenin bilmediğini sanıyorum."

"Güncem! Güncemi bir tek sen bilirsin! Sen öyle sanmıyorsun, gerçek böyle."

"Orada mısın Yeşim? Benimle misin?"

"E, ee, evet."

"Dinliyor musun?"

"Evet, son bir soru daha... Güncesindeki kod adları sayar mısınız?"

"Ah tabii... Dr. Faust babam, Peter Pan kardeşin Ümit, George Sand sen, Memphisto ben."

"Ya benim annem?"

"Hah ha ha, o mu? İsabelle Peron tabii..."

"Sen Ömer'sin! Evet sana inanıyorum. Yarın sabah erkenden geleceğim, bir çaresini arayacağız. Bulacağız bir yolunu Ayşe, şeyy Ömer..."

Güldüler. Telefonun iki ucundan gözlerinden yaşlar gelene kadar güldüler. Bu daha çok ağlamaya benzer bir gülme kriziydi.

Yatağa uzandı. mutluydu bu kez. Yeşim, ah güzel Yeşim, yalnız bırakmamıştı işte onu bu güç durumunda. İşin içinden nasıl çıkacağını bilmiyordu ama, en azından yalnız değildi ve ona inanan bir kadın vardı şimdi. Işıkları kapattı ve uykuya teslim oldu. Kapı zilinin sesiyle uyandığında odası sabahın ilk ışıklarıyla yarı yarıya aydınlanmıştı.

"Kim o?"

"Benim, Yeşim"

Kapıyı telaşla açtı. Yeşim gözleri kan çanağı olmuş, sapsarı bir benizle dikilmişti karşısına. Gözlerini ayırmadan öylece duruyordu.

"Ne oldu kızım, ne bu halin, gelsene içeri."

"Ama sen... Oh, Tanrıya şükür, sen kendinsin yine!"

Yeşim bütün bedeniyle sımsıkı sarıldı Ömer'e. Ömer kızın yanağına değen kendi yanağındaki sert sakalların hışırtısını duydu. Yeşim'i bırakıp aynaya koştu. Aynada yorgun bir genç erkek kendisine bakıyordu.

"Yaşasın, artık kadın değilim!" diye sevinçle bağırdı.

"Ben benim yine! Kendimim artık!" Bir saat sonra uzun, derin, ıslak bir sevişmenin ardından, sıcak bir kahvaltı masası başında, kıkır kıkır gülerek Ömer'in gizli güncesine yepyeni bir karakter ekliyorlardı. Adı: Ayşe'ydi.

⭐ KELİMELER（生词注释）

ritim	节奏，旋律	öbek öbek	一堆堆，一群群
maşrapa	瓢	üşenmek	懒于
savsaklamak	推迟，拖延	müteahhit	承包商，包工头
illet	癖好，嗜好	vajina	阴道

orgazm	性欲高潮	punto	点；磅；号
gözüpek	无畏的，勇敢的	patolojik	病理的
dandini	凌乱	fantezi	幻想
alto	女低音	şıllık	荡妇
yılışık	令人腻烦的，讨厌的	sütyen	胸罩
mastürbasyon	手淫	misantrop	厌世者
ela	淡褐色的	apışıp kalmak	慌作一团，不知所措
kur yapmak	讨好，献殷勤	külot	短裤
menstrüasyon	月经	yılışmak	谄笑
hiddet	愤怒		

⭐ YAZAR HAKKINDA（作者简介）

Buket Uzuner, 1955 yılında Ankara'da dünyaya geldi. Hacettepe Üniversitesi Biyoloji Bölümü'nden mezun olan Uzuner, eğitimini tamamladıktan sonra Hacettepe ve ODTÜ Üniversitelerinde biyolog olarak çalıştı. Daha sonra Norveç'teki Bergen Üniversitesi'nde ve Amerika'daki Michigan Üniversitesi'nde yüksek lisans çalışmaları yapan Uzuner'in hikaye ve yazıları 1977'den itibaren; Varlık, Dönemeç, Türk Dili, Sanat Olayı, Argos, Yaşasın Edebiyat gibi edebiyat ve kültür dergilerinde yayımlandı.

1989 ve 1992 yılları arasında Rapsodi adlı aylık kadın dergisinde kadın ve gezi sayfaları hazırlayan yazar akademik yaşamına, tam zamanlı edebiyatçı olmak kararıyla son verdi. Ancak Türkiye'de yazarlık yaparak istenilen ekonomik koşullar oluşturulamayacağı için sinema, reklam, turizm ve yabancı dil sektörlerinde çalıştı. Uzuner, Avrupa, Amerika ve Kuzey Afrika'nın çeşitli ülkelerinde gezgin, öğrenci ve araştırmacı olarak yaşadı, bu ülkelerde garsonluk, çocuk bakıcılığı, çevirmenlik ve aşçılık yaptı.

1991 yılında yayımladığı ilk romanı İki Yeşil Susamuru, Anneleri, Babaları, Sevgilileri ve Diğerleri büyük ilgi gördü. İkinci romanı 1993'te geldi: Balık İzlerinin Sesi. Yurtiçinde ve yurtdışında büyük yankı uyandıran bu romanıyla 1993 Yunus Nadi Roman ödülü sahibi olan Uzuner'in yeni dönem romancıları arasında sivrilmesi zor olmamıştı. Yazar aynı yıl İngiliz Kültür derneği'nin(The British Council) davetlisi olarak Cambridge Edebiyat Konferansı'na, 1994 yılında da Duisburg Kütüphanesi'nin davetlisi olarak Almanya edebiyat turnesine katıldı.

1993–1995 yılları arasında Türkiye PEN Yazarlar Derneği yönetim kurulunda görev alan yazar, 1995'de TRT İstanbul Televizyonu'nun hazırladığı Gündemde Sanat Var programının edebiyat danışmanlığını ve Remzi Kitapevi'nin yabancı edebi biyografiler editörlüğünü yaptı.

1997 yılında Uzuner, İstanbul Üniversitesi Yılın Romanı ödülünün sahibi olduğu Kumral Ada Mavi Tuna romanını yayımladı ve kitap Mediterranean Waltz adı ile İtalya, Yunanistan ve İsrail'de de okurlarla buluştu. Uzuner'in bu kitabı ayrıca 19 ayda 26 baskı yaparak Türkiye'de en çok okunan ve tartışılan edebiyat ürünlerinden biri oldu.

Uzuner, Sabah Magazin'in "Türkiye Cumhuriyeti'nin 75. Yılında İz Bırakan 75 Kadını" listesinde yer aldı ve 1996 yılında University of Iowa tarafından onursal akademisyen yazar seçildi.

İngiltere'de kısa öykülerden oluşan A Cup of Turkish Coffee adlı kitabı yayımlanan Uzuner, National Geographic–Traveller Turkey dergisinde 1997–1999 yılları arasında Sokak Portreleri bölümünü hazırladı, New York'ta yaşadığı süre içindeyse Cumhuriyet Gazetesi'ne yazdı.

Halen İstanbul'da yaşayan yazar, Alfa-Everest Yayınları için yabancı edebî yayımlar konusunda edebî danışmanlık yapmaktadır.

ALIŞTIRMALAR (练习)

1. Buket Uzuner ile ilgili kısa bilgiler derleyerek arkadaşlarınızla paylaşınız.

2. Ömer'in yaşadığı macerayı özet olarak anlatınız.

3. "Kadın'ı anlamak için kadın olmak gerekir" düşüncesine katılıyor musunuz?

DERS ON BEŞ

ÖLÜ ERKEK KUŞLAR

英吉・阿拉尔（1944—）出生于德尼兹利。毕业后在萨姆松女子师范学校任教。教书之余，创作。1979 年，阿拉尔的第一部短篇小说集《焦糖》问世，并于翌年荣获"学院出版社短篇小说奖"。在这之后，阿拉尔又陆续发表了短篇小说集《瘟疫景象》、《失眠者》、《你忘了亲吻我的灵魂》、《作家的伊斯坦布尔》，长篇小说《死去的雄鸟》、《新谎言时代》、《紫》、《石块和皮肤》、《忠诚》、《当你歌唱的时候》等。

大学就读于加齐教育学院美术系，热爱文学的阿拉尔还积极从事文学

《死去的雄鸟》是阿拉尔的第一部长篇小说，出版于 1991 年。小说问世后广受好评，并于翌年荣获"尤努斯・纳迪长篇小说奖"。小说通过一段三角恋情对现代婚姻生活中的夫妻关系以及女性意识进行了深入的剖析。苏娜和阿伊汗，在各自经历了一段失败的婚姻后走到一起，组建了一个新的家庭。在一次画展上，苏娜结识了阿伊汗的同事兼好友奥努尔。机缘巧合的是，奥努尔辞去大学的工作以后和苏娜进了同一家广告公司工作。苏娜渐渐地爱上了奥努尔，三人之间的关系也变得微妙了起来。苏娜的内心很矛盾，她既不愿背叛丈夫，也不愿放弃对奥努尔的感情；阿伊汗得知妻子爱上自己的好友后，虽无法接受但又不愿和妻子、好友撕破脸面，只得任由妒火中烧；面对苏娜的感情，奥努尔则是躲躲闪闪，不愿承担责任。小说的最后，阿伊汗为了躲避政治迫害只身离开了土耳其。而苏娜最终也没有得到奥努尔的回应，只能一个人过着孤苦的生活。整部小说以苏娜为第一人称展开叙述，但又将

苏娜的双重人格分离成了"苏"和"娜"两个角色，构思颇为独特。同时，为了刻画出人物内心的矛盾和纠结，作者进行了生动细致的心理描写，构成了小说的另一亮点。

"ÖLÜ ERKEK KUŞLAR" ROMANINDAN SEÇMELER

SIĞINAKTA

Bu ayakkabıları Sultanhamam'da parti malı satan bir ucuzcudan almıştım. İstanbul'a ilk geldiğim yıllardı. Sokaklarda başıboş, uzun uzun yürüdüğüm zamanlar. Yitirdiğim birini arıyormuşum da umulmadık bir yerde, bir köşebaşında birdenbire karşılaşıverecekmişim gibi. Adam'dan yeni ayrılmıştım. İki kırık sandalye, formika bir masa, orta boy bir kitap sandığı, annemden kalma bir çift kuşlu Isparta seccade ile kalkıp gelmiştim İstanbul'a. O gece ton balığı konservesi yemiştim kitap sandığının üzerinde. Karnımı doyurduktan sonra çıkmış, yağmur altında dolaşmıştım bundan böyle yapacaklarımı düşünerek.

Yeni evimi boyayacaktım önce, çocuğumu doğurduğumda bana armağan edilen altın ve takıları bozdurup bir kaç parça eşya alacaktım. Dolaplarımı yerleştirecek yeni düzenimi kuracaktım. Sonra bir iş bulur, artık tezgahtarlık mı olur, sekreterlik mi, bir kitabevinde düzeltmenlik mi hangisi olursa, çalışmaya başlayacaktım. Ondan sonrası kolaydı. Okur, yazar, resim yapar hatta ut çalmayı öğrenebilirdim. Sınırsız özgür duyuyordum kendimi. Ölçüsüz güveniyordum kendime.

Bu ayakkabıları o günlerde almıştım işte.

O gece çıkarken rastgele giymişim. Sırtımdaki bakkala giderken giydiğim eski mantom. Kumaşı iyiydi, kötü bir terzi bozdu. İçimdeki kazakla eteği birbirine uydurmaya çalışmışım farkında olmadan. Buruşuk bir eşarp sallanıyor boynumda. Elimdeki ağır gaz bidonuyla yokuş yukarı çıkıyorum. Dar gelirli, kılıksız bir ev kadını gibi ezik, bezgin.

On üç yaşında uzak bir kente tek başıma parasız yatılı sınavlarına gönderilirken kara ortaokul önlüğümle yola çıkarılmıştım. Yengem bunun sınav komisyonu üyelerinde iyi bir etki bırakacağını düşünmüştü. Oysa sınava giren öteki kızlar renkli giysiler, kloş etekler, fırfırlı bluzlarla gelmişlerdi, o kılıkta olan bir tek bendim. Birbirlerine kaş göz işaretleriyle beni gösterip güldüklerini sezip utanmıştım. Yanlarında kaldığım eski aile dostu Hikmet Hanım bana çabucak üzeri sarı mimozalarla süslü margizet bir giysi dikmişti: Onu uzun süre giydim.

Sınavı kazandıktan sonra devlet malı, lacivert, kaba Sümerbank kumaşı eteklik, altları kalın lastik kara ayakkabılar, mor şeritli kasket, fitilli kara uzun çoraplar ve kulak memesi hizası kesilmiş saçlarla bir örnek kızlar arasına katılmıştım.

İzin günleri gruplar halinde o küçük Ege kentine dağılıp da ezik, ürkek, kimliksiz, bacaklarımız birbirine dolaşarak yürürken kentin ayak takımı itlerinden sakınmak için durmadan kaldırım değiştirir, birbirimize iyice sokulup kolkola girerdik. Bu sırada esnaf kapı önlerine çıkar, tezgahtarlar gereksiz yere kapı önlerini sularken apış aralarını kurcalayarak sırıtırlardı. Kent ağzını açıp bizi yutmaya hazır beklerdi.

Oturulacak yeri olan tek pastane Manolya'da, duvar yetenekli bir yağlıboya–badana ustasınca resmedilmiş İlkbahar Manzarası'na bakarak, resmin orta yerinden akıp giden dereye benzemez dereyi ve bu derede yüzme becerisini gösteremeyen ördeğe benzemez ördekleri seyrederek bir dilim pasta ya da kakaolu puding yiyebilmek hafta sonu izinlerimizin en iyi yanıydı. Kuşkusuz orası da evde kalmış kadın öğretmenlerin sıkı ajanları tarafından göz altında tutulurdu ve pastanenin sivilceli yeni garsonuna kazara yan gözle bakanın başına gelmedik şey kalmazdı.

Aramızda biraz gözü açılmış olanların yazlık serüvenlerini soluğumuzu tutarak ama gene de inanmadan dinlerdik tatil dönüşlerinde. Romantik konuşmalar ve çok çok el tutmadan ileriye geçemeyen öykülerdi bunlar. Kızlar saflıkla ve bilmeden birbirlerine aşık olur, çift dikiş giden hanyayı konyayı anlamış uyanıklar gözlerine kestirdiklerinin yataklarına dalarlardı herkes uyuduktan sonra.

Kömür tozu, nem, beton ve lodos kalıntısı o bayat kokuyla çıkıyorum dar, dik merdivenleri. Arkamdan ikinci kat daire kapısı incecik, karanlık bir çizgi halinde aralanıyor. Gözetleniyorum.

Bir kat yukarı çıkıp elimdeki gaz bidonunu kapımın önüne bırakarak mantomun cebinden anahtarımı alıyorum. On gün öncesine kadar benim olan bir başka evin anahtarı da takılı anahtarlığımda hala. Onu niye çıkarıp atmadım, işime yaramayacak artık. Denedim. Hiç zaman kaybetmeden kilidi değiştirmiş Ayhan. Kavgadan iki gün sonra bir kaç parça çamaşır, panik içinde çıkılıp gidilirken unutulmuş bir etek, iyi bir ayakkabı, o gecenin hiçliğine, kötülüğüne, o ayrılığa yakışmayacak bir kemer almak için uğradığımda inanamadım buna önce. Kilidin hangi amaç ya da düşünceyle değiştirilmiş olduğunu düşündüm sonra. Bir tür öç alma mı, yeniden karşılaşmaktan incinme çekincesi mi, cezalandırma mı? Hangisi? Kapı önünde bir süre ne yapacağımı bilmez durumda bekledim. Dışarıya çıktığımda sokağın ortasında durarak uzun uzun denize baktım. Anahtarı kilide soktuğum ana kadar o gece olanları unutmak istemiştim sanki, unutmaya çalışmıştım. Ne olursa olsun geçiştirebileceğimi ummuştum. Oysa kendi evimin kapısında bir yabancı oluverdiğimde durumu olanca gerçekliği ile yeniden kavradım.

O akşamüzeri dergideydim. Rekla'dan ayrılalı iki ay kadar oluyordu. Yeniden bir reklam ajansında çalışmak istemiyor, eskiden olduğu gibi derginin sanat sayfasına haftalık haber ve eleştiri yazıları hazırlamayı düşünüyordum. Yönetim odasında iki arkadaşımla tartışıyorduk bu konuyu. Bir ara arkama yaslandım ve odayı holden ayıran camlı bölmenin ardından Ayhan'ı gördüm. Holdeki pencerenin önünde ayakta durmuş tedirgin bakışlarla bir caddeye bir benim bulunduğum odaya göz atıyordu. Bir süredir beni izliyordu biliyordum ama bunu telefonlarla, dolaylı sorularla, yarattığı bahanelerle ve incelikli bir biçimde yapıyordu. Ona dergiye gideceğimi söyleyerek daha iki saat önce çıkmıştım evden. İnanmamış peşimden gelmişti demek. İkimiz için de utanç verici bir durumdu bu.

Benden yana baktığında gözlerimiz karşılaştı. Bakışında öfkenin gizleyemediği derin bir çaresizlik gördüm. Arkadaşlarımdan özür dileyerek mantomu askıdan aldım, hole çıktım. Çok korktuğunu ve salt bu yüzden beni kaybedeceğini bilmediğini düşündüm o anda. Gidelim, dedim.

Konuşmak zorundayız, dedi, merdivenleri inerken. Böyle sürmez, bitecekse biter. Şu son iki saatte nasıl bir duygusal karmaşa yaşamış olabileceğini düşünerek sustum. İki gündür pek az konuşmuştuk, zorunlu gündelik sözcüklerle ve bu süreyi hemen tümüyle odamda geçirmiştim.

Yokuşu indik. Konuşmadan iskeleye yürüdük. Yağmur atıştırıyordu. Güverte boştu. Tahta bir sıraya birbirimizden uzak oturduk. Elleri titreyerek bir sigara yaktı.

Ellerine acıdım. Bir zamanlar o kadar çok sevdiğim ellerine acır olmam içimi sızlattı.

Çantamdan paketimi çıkarıp bir sigara da ben yaktım. Bana bakmadı, sustu. Ne söyleyeceğini bilmiyordu. Konuşulması gereken pek bir şey kalmamıştı. Hepsini konuşmuştuk. Konuşamayacağımız için konuşmadıklarımız kalmıştı yalnızca.

Denize bakarak sigaramı içtim. Çok yorgundum. Konuşmaya başlayan hiç bir zaman ben olamam artık, diye düşündüm. Çevremle bütün bağlarım kopuktu uzun zamandır. Dertlerimi anlatmaya değer bulduğum tek insan kalmamıştı. Kullanmaya gereksinme duyduğum tek sözcük yoktu. Ne olacağımızı düşünmekten bezmiştim.

Kendime ait, tepe tepe kullanacağım bir mutsuzluk ve tek başıma yaşamam gereken bir yalnızlıktı tek istediğim. Aslında Ayhan'la birlikte olduğum ilk günlerden beri içimde barındırmıştım bunları ama öyle olduğunu ancak şimdi anlayabiliyordum. O beni daha iyiye doğru geliştirmek için sürekli kollayıp kontrolu altında tutmuş, mutsuzluk ve yalnızlık hakkıma el koymuştu. Kuşkusuz bunları sevgiyle yapmıştı öyle ki ona bu çabasında ben de yardımcı olmaya çalışmış isteğini bölüşmüştüm. Aşkla, bastırmış örtüp gizlemiştim kendimi bilmeden. Oyun oynamıştım belki de, onu ve kendimi bir süre kandırmış ama içimdeki o hastalıklı mutsuzluk tutkunluğunu büsbütün silip atamamıştım. Tersine, giderek büyütmüş ve son zamanlarda taşıyamayacağım kadar ağırlaşmış olduğunu birden farkedivermiştim.

Nicedir Ayhan'a yeterince zaman ayıramıyor, diyelim ki haftada iki kez sinemaya, bir gece eşe dosta, bir gece akrabalara ve dışarıya yemeğe gidemiyor, geri kalan akşamlar da onunla yanyana oturup meyve yiyerek TV'ye bakamıyor ve böylelikle onu yapayalnız bırakıp eziyet ediyordum.

Çok değil; bir buçuk yıl kadar önce Ayhan'ın şimdi benden beklediği bütün bunlar için hiç zamanı yoktu oysa. Bir yandan Basın Yayın'daki görevini sürdürürken öte yandan yeni kurulan bir Anadolu Üniversitesinde de dersler veriyor, haftanın iki gününü evden uzakta orada geçiriyor, profesörlük dosyasını hazırlıyor ve Marksist bir derginin yazı kurulunda çalışıyordu.

Geçen sonbahardan sonra bütün bunlar elinden alındı. Köklerinden koparılmış bir bitki gibi havasız, ışıksız, yapayalnız kaldı. Bütün bağlantıları koptu. Coşkusuz, eylemsiz, güvensiz bana sundu kendini. Beni aynı biçimde isteyerek. Tüketemediği zamanın içinde aramızdaki bağı ondan beklenmeyecek bir düzeyde ve kertede önemser oldu.

Beni bırak, diyordum ona. Sen istediğin yerde, istediğin insanlarla birlikte ol. Evli olduğumuzu anımsatıyordu bana hemen. Birbirimize uymak zorunda olduğumuzdan, bölüşmenin güzelliklerinden söz ediyordu. İyi ve kötü günler için aynı evde, aynı sofrada, aynı yatakta, sokakta, gezmede aynı insanla birlikte olma değil miydi evli olma durumu? Onun bu noktaya dönmüş olması çok canımı sıkıyordu.

Yakınımızdaki bir çok çifti eleştirmiştik bir zamanlar. Bunlar birdenbire yalnız kalıvermekten o kadar çok korkuyorlardı ki bir an bile ayrılmak istemiyorlar, birlikte geziyor, aynı yerde çalışıyor, aynı şeyleri düşünüyor, inanıyor, aynı tepkileri gösteriyor, aynı insanları sevip aynı şeylere gülüp ağlıyor ve böylece ben olmaktan biz olma durumuna geçiyorlardı. Zaman içinde oturup kalkmaları, yüzleri, davranışları her şeyleri öylesine birbirine benzer bir hale geliyordu ki kim kimdir belli olmuyordu artık. Sonra elbette, günün birinde bunu ansızın görüverdiklerinde, yani birinci tekil kişiden birinci çoğul kişiye dönüşmüş olduklarını farkettiklerinde şaşırıyor, bu dönüşüm sürecinde içlerinde biriktirdikleri öfke ve nefreti unutmak için büyük çabalar gösteriyorlardı. Bu geri dönülmez noktada çok sancılı ilişkiler büyük patlamalar yaşanıyordu çoğu zaman. Yirmi otuz yıl sonra kavgalar, çelişkiler, terkler, boşanmalar, yaşamın boşa harcanmış olduğu düşünceleri çıkıyordu ortaya. İşin en önemli yanı da benzeşmenin dişi cinsin zararına işlemesiydi. Benzemek zorunda kalan daha çok kadın oluyordu. Erkek, iki tabak yıkamayı öğrenemezken, kadın biraz akıllıysa yıllar sonra kimlik bunalımına düşüyordu. İsyan ettiğinde azmakla, kudurmakla suçlanıyor kendisini adam edene başkaldırma nankörlüğünde bulunuyordu.

Bütün bunları çok iyi bilen ve biz böyle olmayalım diye onca gayret gösteren Ayhan, şimdi nedense bilinçsizce ve yalnızca beni benden istiyor, sorunu çözmek, bir orta yol bulmak bana kalıyordu. Oysa daha şimdiden çok yorulmuştum ve ona bütün beklentilerini seve seve yerine getirebilecek bir kadın gerektiğini düşünüyordum son zamanlarda. Ama bu kadın ben olamazdım artık. Kendisi de biliyordu benden kurtulduğunda daha özgür, daha rahat, daha mutlu olacağını ama alışkanlıkla ve inatla bu yeni kadının da ben olmamda ayak diretiyordu.

Bu yangının içinde gece gündüz nöbet tutuyordum. Her yanım yanık izleriyle dolmuştu. Beni anlayacak durumda olmadığını görüyordum. Anlayışsızlıkla suçlanıyordum üstelik. Düşüncelerimiz öylesine ayrı yönlere sapmıştı ki salt karşı çıkmak için bile olsa birimiz ötekine aykırı fikirler üretiyorduk durmadan ve yeniden sağlıklı bir iletişim kurabilmeyi anlaşılmaz bir istekle umuyorduk. Konuşmak için karşılıklı oturduğumuzda en çok beş dakika içinde tartışmaya başlıyorduk. Bu yüzden bundan vazgeçmiş, birbirimize yazarak anlaşma yolunu dener olmuştuk. İkimiz de uyumak üzere odalarımıza çekiliyor uyku tutmadığı için kalkıp mektuplar yazıyorduk. Bu mektupları zarfsız olarak elden ya da birbirimizin masalarına bırakarak iletirken içimizde bu kez anlaşılacağımız umuduyla kısa süren bir rahatlama duyuyorduk.

Ayhan;

Bu gece sen kollarımda bir çocuk gibi ağlarken seni hiç bir zaman bırakamayacağımı anladım. Sana acıdığımdan değil, hayır. Sen beni bendeki her güzel ve kötü yan için ayrı ayrı sevdiğin ve sonra seninle bir çok şeyi, düşündüklerimi, düşünmediklerimi, bütün konuşmalarımızı, tartışmalarımızı, ters düşmelerimizi ve benim ters düşmemek için onaylarmış gibi göründüğüm ama yaşama geçirmekte zorlandığım kararlarımızı bölüşmekten zevk aldığım için. Seni kendi bilincimin pek de açık seçik yakalayamadığı bir biçimde hep sevdiğim için.

Ama artık bunca mutluluk, bunca sevgi ve bunca birarada biz olmaktan bunaldım. Bir süre mutsuzluğa, kendim olmaya, yoksunluğun ve acının tadını sessizce ve kendimce yaşamaya gereksinme duyuyorum.

Seninle kurulu düzenimizi yıkmaktan korktuğum ve yeni bir düzen kuracak her türlü güçten yoksun olduğum için oturmakta olduğumu söylediğinden beri diken üstündeyim bu evde. Biliyorum, sen her zaman benden daha çok para kazandın ama ben de elimden geleni yaptım. Ayrıca çok iyi koşullarda çalıştığım Rekla'dan senin için, senin Onur'u hala, gereksiz yere sorun etmen yüzünden ayrıldım. Bu konu kapansın, bitsin, rahat edelim istedim. İki aydır işsiz olmam sana bu sözleri söyleme hakkı vermemeliydi.

Şunu da bilmelisin ki hiç bir kurulu düzen beni durduramaz. Ben böyle şeylere alışkınım Ayhan. Küçük bir çocuk bile beni mutlu olmadığım bir eve bağlayamadı bir zamanlar.

Çok hastayım. Bu evdeki sinsi yangının dumanından boğuluyorum. Zehirli bir kış geçiriyoruz. Çok güçsüzüm.

Kimseyi görmek, tanımak, yemek yapmak ve bulaşık yıkamak istemiyorum. Eve konuk çağırma. Hoşlanmadığım insanlarla birarada olmaya zorlama beni. Bu toplantılara ayak uyduramıyorum. Herkes kendini birbirine beğendirmeye çalışıyor. Herkes ben diye başlıyor söze ve belli bir durumla ilgili tavır, alışkanlık ve yorumlarını uzun uzun, sıkıcı bir biçimde anlatıyor. Sonra sözü birbirlerinin ağzından kaparak başkaları giriyor incir çekirdeği doldurmaz konulara. Öyle ki çoğu kez cümleler yarım kalıyor, sesler yükseliyor, biri daha atik davranıp yersiz bir espri yapıyor, beriki buradan aşağılara iniyor. Yapmacık, içtenliksiz kahkahalar patlıyor ortalıkta. Bu olur olmaz espri tutkunluğu, bu yüzeysellik, bunca ucuzluk deli ediyor beni. Kadınlar, tiz, yırtıcı, isterik ve saldırgan sesleriyle, erkekler kayıtsız ve kaba saba savunmalarıyla, pis sakalları ve açgözlü bakışlarıyla ne kadar çok birbirlerine benziyorlar. Tamam, bunlar benim çevremdekilerdi, bir zaman onları seviyordum, sen de sevmekten geri durmadın ama sıkıldım artık.

Bu ortamda, korkular, zayıflıklar içinde kahraman rolü oynamayıp ne yapabilirler ki bu insanlar? demiştin bana bir gün onlardan söz ederken. Birey olmayı öğrenebilmek kolay mı sanıyorsun? İşte sen böyle, bu denli hoşgörülüydün. Oysa bizim gerçek dostlarımız olmadılar onlar hiç bir zaman. Avunduk biraz birlikte. Onları sana getirdim, bu büyük bozgunda biraz oyalanır unutursun, diye düşündüm. Ama gerçek dost sandıklarımız da yok artık ortada, yanımızda değiller. Darmadağın olduk, kimse kalmadı.

Senin sorunun yalnız ben değilim Ayhan.

İkide bir odamın kapısını açıp beni gözetleme. Sigarama karışma. Telefonlarımı dinleme. Ben bir yere çıkmaya niyetlendiğimde hemen benimle gelmeye kalkışma. Kendine yeni ve benden başka uğraşlar bul. Briç oyna, bilardo öğren, maçlara git, akşamları gazetedeki arkadaşlarınla içmeye çık.

Sigarama karışma, ölümümden uzak dur!

Özlenmiş, yaşanmış, alışılmış bir sevgiyle senden yanayım. İnan ve biraz daha dayan bana. Bu arada ellerini boynumda tutma.

Suna!

İki gece önce ona bunları yazmışken o gün peşimden gelmişti işte. Demek her şey boşunaydı artık.

Vapurdan indik, yanyana yürüdük. Uyum içindeymişçesine, her zamanki gibi. Yedi yıldır nasıl yürümüşsek öyle. Az sonra eve gidip ben zeytinyağlı pırasa pişirirken o havuç rendeleyecekmiş gibi. Bir aile kurmuş, sorumluluklarının bilincinde olan bir erkek ve bir kadın gibi.

Uzun süredir ayrı yatıyorduk. İkimiz de çok az uyuyor, sık sık uyanıp birbirimizi uyandırıyorduk çünkü. Ayhan yatakta durmadan dönüp yer değiştiriyor kolunu bacağını bana çarpıyordu. Ürküyle, sıçrayarak uyanıyordum bu yüzden ikide bir. Sıkıntılı uykusunda çıkardığı sesleri duymamak için kulak tıkaçları kullanıyordum.

Üstelik yitirmiş olduğunu yeniden kendisinin kılmak güdüsüyle olağandan fazla istek gösteriyordu Ayhan. Onu yanıtlayamıyor, zorla, katılmadan yaşıyordum bu birleşmeleri. Böylece geceler boyu yinelenen düş kırıklıkları sabaha dek süren tartışmalara yol açıyordu. Aramıza duvarlar koymak kaçınılmazdı. Aynı odada, aynı yatakta birlikte sabahlamak işkencesinden kendimizi kurtarmış olmamız bile ilişkimizde bir aşamaydı belki de. Daha önce de denemiştik bunu. Benim bir kadın, bir eş olma saplantımdan insan ve kişi olmak üzere kurtulmaya çalıştığım, buna zorlandığım o yalnızlık dolu süreçte.

Eve gelir gelmez odama kapandım, uzandım. Kapımı aralık bıraktım, kapalı gördüğünde sinirleniyor gelip açıyordu hemen.

Ayhan'ın acılı, yumuşak, kararsız yüzünü gördüm kapımda az sonra ama bakmadım ona. Kolumla gözlerimi kapatarak öylece yatmayı sürdürdüm. Sonra onun salonda dolaştığını, içki dolabını açtığını, bir bardak kırdığını duydum. Ardından telefona sarıldı. Ağabeyimi, eski dostları Bahri Bey'le Kevser Hanım'ı, kızkardeşiyle kocasını çağırdı yangın ihbarı vererek. Hemen koşup geldiler hepsi.

Kalkıp yanlarına gitmedim. Onlara anlatabileceğim ve anlayacaklarını umduğum hiç bir şey yoktu ortada. Oysa Ayhan benim durup dururken kendisinden nasıl bıktığımı, yeni aşkların heyecanını yaşamak istediğimi, aslında beni nasıl bir hiçken bulup adam etmiş, çamurların içinde sürünürken yüce gönüllülükle tutup kaldırmış olduğunu, artık onu beğenmediğimi, nankör, kötü, bencil ve –Aman olur mu, neler söylüyorsun, sakin ol– demeye çalışanları çabucak susturarak duygusuz olduğumu, ilk uygun fırsatta kendisine tekmeyi vuracağımı bildiğini haykırdı bir çırpıda.

İtfaiyeciler, –Böyle konuşma, nasıl olur? Biz size hep imrenerek baktık– gibi sözler söyleyecek oldular ama bu sırada ben bir çantaya bir kaç külot, iki kazak, bir etek, bir pantolon koymuş olarak yanlarına geldim. İkimiz adına hepsinden özür diledim.

Ayhan bu aklı başında özrün onu küçük düşürmek, onun çılgın, ilkel bir zavallı olduğunu iyice ortaya çıkarmak için kasıtlı olarak yapılmış bir hainlik olduğunu, insanların –bak şu sefil herifin davranışı yanında kadının soyluluğuna...– diye düşünsünler istediğimi, böyle bir anda bile kontrolunu kaybetmeyecek kadar hesaplı ve acımasız bir kadından artık bir şey beklenemeyeceğini söyledi üzerime yürürken. Atılıp tuttular. Yürü, gidiyoruz, dedi ağabeyim kararlı bir sesle. Çıkarken ucuzcudan alınmış ayakkabılar geçti ayağıma.

Yeni evimin kapısını açıp hole giriyorum. Gaz bidonunu içeri alıyorum. Ev karanlık, dar ve soğuk. Belki daha iyi bir ev bulabilirdim. Çok aceleye getirdim bu işi. Uzun boylu ev arayacak zamanım olmadı. Sonra evin yeni boyanmış olması da işime geldi doğrusu. Ağabeyimin evindeki salon kanepesinde yatarken yeni evimle ilgili beklentilerimin, ne olursa olsun benim evim olsun da, nın ötesine geçmesi olanaksızdı en önemlisi.

Mantomu çıkarıyorum. Ayhan'ın evinin eski anahtarını gidip mutfaktaki çöp kovasına atıyorum.

Kilit değişmemiş olsa uzlaşabilir miydik? Bellek zayıftır, unutabilirdik belki birbirimize yaptıklarımızı. Kendi kendimize yaptıklarımızı ve başkalarının bilerek ya da bilmeyerek bize yaptıklarını.

Yeni bir kedi alabilirdik. Kedi yavrularımız olurdu. Hafta sonları birlikte alışveriş ederdik Migros'tan. Boğaz vapuruna binip Kavaklar'a gidebilir dönüşte çakırkeyf kimsenin duymayacağı şarkılar söylerdik güvertede. Akşamları kanepede yanyana oturur konyak içerek dizi film izlerdik huzur ve güven içinde. Bir yerlere gider, konuklar ağırlar, saçma sapan şeylere gülerdik birlikte.

Belki perdelerimizi ve eşyalarımızı yeniler, uygulayamayacağımız yeni kararlar alırdık. Birimiz patlıcanları tavadan alırken birimiz sarımsak ayıklar ve acaba hangi filme gidelim? diye düşünürdük.

Ne yazık ki kilit değişti. Göbek yeniydi, parlaktı. Niye hep kapıda kalan ve terkeden ben oluyorum? diye düşünmüştüm o anda. Kurduğum düzenleri bırakıp bırakıp gidiyorum ve yeni düzenler kurmak zorunda kalıyorum durmadan. Neden?

Ya içerde bıraktıklarım? Ayhan'ın armağanı tiftik eldivenlerim, annemden kalmış tabaklarım, kitaplarım bir şey değil de uykusuz geçmiş son sekiz ayım, karalanmış, abuk sabuk reklam metinleriyle doldurulmuş kağıtlarım, renkli kalemlerim, mektuplarım da önemli değil de, bir şey vardı, o bendim. Onunla bu eve yerleşirkenki heyecanım, yürekliliğim, umutlarım.

Çok acele etti. Pencerelerdeki perdeler elimle dikmemişim, balkon sandalyelerini beyaza ben boyamamışım, mutfak dolaplarını yerleştirirken tabakları üst göze, çay bardaklarını musluğun üstündeki rafa koymamışım gibi sanki. Ben hiç olmamışım, hiç Su olmamışım sanki...

Yeni bir düzen kurmanın zamanı gelmişti. Sobanın deposunu gazla doldurup yakıyorum. Ayhan'ın birazcık yatışıp da beni gönlümce yalnızlığa bırakmaya umarsızca karar verişinden sonra bu sobayı bodrumdan çıkardık birlikte. Taşınmama yardım etti iyilikle. Yedi yıl önce evlerimizi birleştirirken atmaya kıyamadığımız kırık dökükleri buraya getirdik.

Delisin ve beni de delirttin sonunda, dedi, eşyalarımı evin ortasına yıkıp giderken. Solgun, kırık ve hala öfkeliydi. Ev filan da değil burası ayrıca... Sığınak, evet bir sığınak!

Güvercinler, martılar daracık yatak odamın penceresi dışında hızlı kanat çırpıntıları ile gürültü etmeye başladıklarında erkenden uyanıyorum. Yattığım yerden doğrulup perdeyi aralıyorum. Boz bir gökyüzü bacalardan tüten dumanlarla kararıyor. Çatılara, pencere önlerine kurum yağıyor, incecik çatlaklardan içerilere sızıyor. Bu evdeki yedinci sabahım bu. Biliyorum çabucak kirlenecek perdeler, duvarlar, her yer. Daracık avlulara bakan apartmanların arka cephelerindeki balkonlar eskicilerin beğenmedikleri işe yaramaz bin bir türlü eşya ile yüklü. Çürümüş hasır koltuklar, eski gaz ocakları, şişeler, tenekeler, patlak bavullar, çinko leğenler, paslı delik termosifonlar, telleri kopuk somyalar. Ayhan eskicilerden, kapı önlerinde onlarla pazarlık yaparak çene çalan kadınlardan nefret eder. Eskilerini götürüp çöpe atmayı ya da kapıcıya, temizlikçi Nimet'e vermeyi yeğler. Nimet gene gidecek mi ona? Beni çok sever, yokluğum dokunmayacak mı kadına?

Uzun yıllar iyi ısıtılmış evlerde uyandıktan sonra buz gibi bir eve kalkmak kolay olmuyor sabahları. Soğuk başımın damarlarını büzmüş, boynum ve ensem kasılıp omuzlarıma gömülmüş. Bu kışı nasıl çıkaracağım? Güçlü bir elektirik sobası alsam yararı olur belki. Neyse... Alt kat komşum bir yün başlık verecek bugün, yatarken takayım diye. Hiç bir zaman yün başlığım olmadığını, sıkıntılı bir kadın olduğum için karda kışta bile kafama böyle şeyler takamadığımı söylediğimde şaşırdı. Bir haftalık gözetleme raporları temiz çıktığı için dün akşam bana çorba getirdi, yerleşme telaşından belki yemek yapamamışımdır diye. Bu gibi durumlara alışkın olduğumu nereden bilsin.

Perdenin ucunu bırakıp yeniden yorganın altına sokuluyorum. Bulunduğum yere şaşmıyorum, yalnızca bunun kaçıncı yıkımım olduğunu düşünüyorum. Bir yerlere kök salma, kesin olarak yerleşme çabasını hiç gösterememiş olabilir miyim? Olmuyor ama işte. Yine yeni bir yerde, yeni bir evde, derme çatma eşyalar arasında, üzerimde kızlık yorganımla uyanıyorum.

Yüksek perdeden okunan ezan bitti. Bir köpek uzun uzun uludu. Ayhan köpeklerin yalnız kaldıklarında uluduklarını, bunun bir tür ağlamak olduğunu söyler, çocukluğumdan kalma bir ürküntüyle pencere içine koyduğum tuzlu ekmekleri fırlatır atardı uluyan köpeklere doğru.

Güvercinler yatışmış seslerle gidip geliyorlar penceremin önüne.

Yeni komşum namaz kılıyor olmalı şu anda. Bir kaç yıl önce kendi kendine din yoluna girmiş. Öyle tarikatlarla filan işi yokmuş. Allah'la arasına kimseyi sokmaktan yana değilmiş çünkü. Dün akşam kapıda ayaküstü: Sakın boşanma, dedi. Başında bir nikah dursun. Onu içeriye çağırdım sonra, beş dakikacık, girdi.

Eğilip başını seccadeye koyuyor şimdi. Doğruluyor, dualar içinde beni düşünüyor. Pek de genç sayılamayacağımı, bu yaşta yeniden başlamanın güçlüklerini. Gene de üst katına aklı başında gönünen birinin taşınmasının hiç yoktan iyi olduğunu.

Kendisi erken davranmış. Saray kalıntısı bir kaynana ve sandıklar dolusu çeyizleriyle evde kalıp oraları kurumuş görümceler arasında yalnızca bir yıl sürdürmüş düzenini. Şimdi yirmibeş yıllık evliliğinin yirmidördüncü sürgün yılını yaşıyor. Evini bırakıp çıktığı günden bu yana hiç görmediği kocasına ölesiye sadık kalarak alıyor öcünü. Yargıtaydan beşinci kez dönen boşanma kağıdını yastığının altında saklıyor. Dikiş dikerek almış bu daireyi. Kızı hem okuyup hem çalışıyor. Kocası çok yaşlanmış artık, kendisinden yirmi yaş büyükmüş zaten. Ne kadar yaşayacak ki daha? Kime kalacak malı mülkü? Beklemek. Yapılacak tek şey bu artık, beklemek.

Bu dar, küçük karanlık evde amansız bir durgunluk içinde, bir adamın ölümünü beklemek. Hiç bir şey yapmadan. Bazı günler pazara kadar bir yürüyüş zorunlu olarak. Bir kilo ıspanak, iki kilo elma. Giderek anılarını bile yitirebilir insan burada. Eski renkleri, kokuları, sıcaklıkları, güneşli taşra kırlarını, kulaklara takılan sarı kirazları, evcilik oyunlarının ayı pöstekisini... Eski sevgilileri, dostlara yazılan uzun mektupları, dantelli yastık yüzlerini, mor çiçekler açan bir sarmaşığın sarıldığı balkon demirlerini. Eski düzenleri. Hepsini.

Kimbilir belki de böyle olması gerekir yeniden başlayabilmek için.

Komşum iki yanındaki meleklere selam verdi. Kalkıp seccadeyi topladı. Onun için her şey gerektiği gibi olmuş olmalı. Geçmişi yok ve bundan yakınmıyor artık. Huzursuz olduğu tek şey sokaktaki değişim. Karşı apartmanda erkekten dönmeler oturuyor. Boyalı yüzleriyle pencerelere çıkıp bakkala bağırıyorlar: Ömer Abi, iki ekmek bir kutu salça!

En alt kattaki dairenin sahibi evini gündelik ya da saatlik kiralıyor kadın getireceklere. En üst katta bir tiyatrocu metresiyle buluşuyor. Şu yeni taşınan kadını da gözlemek gerek, daha bir zaman. Kimin ne olduğu belli değil artık çünkü.

Çıkıp karşı bakkaldan bir kaç gazete alıyorum. Çay içerken uzun uzun iş ilanlarına bakıyorum. Telefonumun nakli uzun süreceğe benziyor. Eski telefonum. Ayhan'ın evde iki telefonun gereksizliği üzerine yürüttüğü tüm düşüncelere karşın iyi ki elde tutmuşum onu. Yenisini alamazdım bu günlerde. Gene de bir süre telefonsuz idare edeceğim. Bir kaç yeri aramak için bir kulübe bulmalıyım bu yakınlarda.

Radyoyu açıp çiçeklerimi suluyorum. Dimdik durmaya çalışıyorum yorulma pahasına. Kendimi bir koyuversem zor toparlayacağımı biliyorum. Bu çiçekleri Ayhan'dan aldım. –Bir plastik kevgir alırım– önemli değil– cezvelerle ekmek tahtası da kalsın– sarımsak sıkacağı almasa da olur– Salon penceremden gökyüzüne uzanan karanlık yüzlü bir apartman görünüyor yalnızca. Sokak öyle dar ki güneşin beton yığınları arasından sokulup pencereme ulaşması neredeyse olanaksız.

Ayhan'la ilk evimiz iki caddeyi birleştiren akasyalı bir sokakta, bahçe içindeki dört katlı bir evin birinci katıydı. Şimdi bir kaç yıl boyunca benim olmuş bu eve dıştan bakıyorum ve zamanı doğru olarak yakalamaya çalışıyorum. Hangi zaman? Geçmiş zamanın şimdi olduğunu, yaşadıklarımın bugün, burda ve bulunduğum şu anda yaşanmış olduğunu anlıyorum. Geride kalmış olduğunu sandığım bir çok şey kesin bir gerçeklikle ve ayrılmaz bir biçimde bu anla birleşiyor, bütünleşiyor birdenbire.

Yatak odamızın penceresi önünde demir parmaklıklarla cam arasında kalan geniş çıkıntıda onca uğraşıp da yaşatmayı beceremediğim çiçeklerin taşlaşmış kuru toprakla dolu saksıları hala duruyor çünkü.

Salon pencerelerinde perde yok. Öteki odalarda ise gelişigüzel bezler gerili. İki yıl önce sattık burayı ve Gönül Sokak'taki daireyi aldık. Almanya'da işçi olan yeni sahibinin evi öğrencilere kiraladığını duymuştuk.

Evin arkasından dolaşıyorum. Bu cephe eğimli yoldan bir buçuk metre kadar yüksek ancak ve bu yüzden içerisi görünüyor durup baktığım yerden. Girişe açılan odada boya tenekeleri, fırçalar, yere serilmiş kireçli naylonlar görüyorum. Bir cuma günü üzerlerini beyaz boyayla kapattığım duvar kağıtlarını sökmüşler.

Yatak odasının bahçeye bakan duvarının sıvası çürüyüp dökülmüş, pencereye doğru dalga dalga izler oluşmuş bir ağacın yaş çizgileri gibi. Bu duvar kışın nem alırdı. Zemin toprak dolgu olduğundan onarılması güçtü. Kış boyu o odayı kullanmamayı yeğlemiştik son yıllarda.

Oysa bir araya geldiğimiz ilk yıllarda birlikte uyumuştuk odadaki geniş yatakta. Uzanıp şiirler okumuş, konuşarak, seviserek sabahlamıştık geceler boyu.

Ön tarafa dönüyorum. Kasap Ayhan'ı soruyor. İyi, diyorum. Bahçe her zamanki gibi bakımsız. Üst kattaki Muhsin Bey ölmüş, karısı Alanya'ya yerleşmiş. Orta kattaki Mefharet Hanım bir emekli albayla evlenmiş.

Garip bir tedirginlikle hemen uzaklaşmak istiyorum buradan şimdi. Niye geldim bu eve? Bu anlamsız ziyaret neden bunca yıl sonra? İşlediği cinayetten sonra kan tutmuş bir katil gibi ne diye dolaşıyorum buralarda? Uzun zamandır bu sokaktan geçmedim bile. Akasyalar kuru dalları, çırçıplak gövdeleriyle sokağın iki yanından caddeye doğru dümdüz uzanıyorlar.

Gece mavisi bol etekliğimle koşuyordum altlarında, yeni yapraklanmışlardı. Onur sokağın başında bekliyordu arabayla. Gecikmiş miydim? İlk kez bir reklam filminin çekiminde bulunacaktım o sabah, uğrayıp alacaktı beni Onur geçerken. Rüzgar eteklerimi savuruyordu.

Zişo evin alt katındaki kasabın önünde beklerdi beni akşamları. Görür görmez sevinçten kısılmış bir sesle miyavlar, koşup bacaklarıma sürtünürdü.

Ayhan akşamları arabasını işte şuraya, Fidan apartmanının önüne park ederdi.

Yaz akşamları bahçe kapısına kadar geçirirdik konuklarımızı. Hepimizin ayak izleri olmalı buralarda. Gülüşerek, öpüşerek vedalaşır sonra ayaküzeri sürdürürdük sohbeti ayrılmak istemiyormuşuz gibi. Başlarımızı göğe kaldırır kayan yıldızlara bakardık.

Ama ben artık bütün bunları bir daha anımsayamayacağım biçimde belleğimden silmek, bir balkonda oturup kayıtsız denize bakmak ve bir yaz öğle sonrası gevşekliği ve uyuşukluğu içinde sonsuza dek kalabilmek istiyorum.

Üşümüş ayaklarımı sobaya uzatıyorum. Daha iyi ısınabilmek için daha iyi bir iş bulmak zorunda olduğumu düşünüyorum. Dergide sürekli ve düzenli çalışmam olanaksız. Sayfayı bir başkası düzenliyor uzun süredir. Ayrıca son günlerde tek bir sergi gezemedim, tek bir yazı hazırlayamadım doğal olarak.

Hole yayılmış kitap kolilerine bakıyorum. Kalkıp küçük el radyomu açıyor, ocağa çay suyu koyuyorum. Mutfağımı yerleştirdim ve bundan huzur duyuyorum. Kaçıncı mutfağım bu benim? Yedi, sekiz?

Mutfak evlilik düzeninin simgesi olarak göründü bana uzun zaman. Yıllarca karavana yemeği yemiş olmanın etkisi de var bunda belki.

Evliliği birlikteliğin rahatlığı, ortak yaşamın toplumca benimsenmiş saygınlığı ve minnet borcu gibi nedenlerle sürdürmeye karşı oldum hep ama bir boşluk, belli belirsiz bir özlem vardı içimde, derinlerde bir yerde. Yaşamı olduğunca, olanca yalınlığı ile yakalayıp kavrayabilmeyi, sıradanlığın kolaylığını, her şeyi öngörüldüğünce kabullenebilmeyi istedim gizlice. Birlikte yaşlanmış insanlara bakarken gözlerim yaşardı. Biriktirdikleri anıları düşündüm. Ne çok gün ve gece. Ne çok anı. Ne çok vazgeçiş, acı ve yalnızlık.

Gece önümde bomboş uzanıyor.

Yatmadan önce bir kaç mektup yazmalıyım.

Sayın Bay;

Süpermarketinizin muhasebesi için verdiğiniz ilanı okudum. Her ne kadar bu alanda deneyimim yoksa da genel yeteneklerim bu işi kısa sürede kavramama ve başarılı olmama yeterlidir. Ayrıca yüzlerce kalem tüketim maddesinin aynı yerde bulunduğu süpermarketler bana her zaman çok çekici gelmiştir ve öteden beri böyle bir yerde çalışmayı istemişimdir.

İlanınızda ayrıntılı özgeçmiş istiyorsunuz. Yalnızca merak ettiğim için soruyorum. Gelen giden malların muhasebesini tutacak birinin özgeçmişi neyse de ayrıntılı özgeçmişini neden bilmek istiyorsunuz? Et, kan, ekşi peynir, sucuk ve klor kokan havasız, penceresiz üstelik flüoresan lamba ile aydınlatılmış bir odada cumartesiler dahil günde on saat oturtacağınız birinin geçmişinden size ne? diyebilirdim, bu işe gereksinmem olmasa.

Ben orta sınıf bir aile çevresinde Kız Çocuğu olarak büyütülmüş ve aile ve çevre baskısı ile korkak, edilgen, uzlaşmacı, uysal ve evcil biri haline getirilmiş otuzbeş yaşlarında bir kadınım. Yüksek öğrenim görmüş olmam bu niteliklerime olumsuz etki yapmadı. Gene de bunca istememe karşın söz konusu işi üstlenmem ne yazık ki olanaksız.

Lise yıllarımda sürekli olarak her yıl matematikten bütünlemeye kalmışımdır. Beşle sekizi toplamakta bile güçlük çekerim. Her ne kadar artık çok gelişmiş hesap makineleri varsa da insanın kafasının biraz olsun bu işlere yatkın olması gerekmez mi?

Bu güne kadar ev kadınlığı, annelik, karılık ve kedi bakıcılığı gibi işlerde çalıştım. Etten ve gıda maddelerinden anlarım. Ancak bir süredir deterjan grubu temizleme gereçlerini şiddetle red ve protesto etmekteyim ve onların marketinizde bol miktarda satılıyor olmasını iş huzuruma olumsuz etkiler yapmasını kaçınılmaz görüyorum. Eğer yalnızca sabun tozu, arap sabunu ve sıvı sabun pazarlamanız konusunda anlaşabilirsek önerinizi yeniden düşünebilir ve matematik engelini şu ya da bu biçimde yenmeye çalışırım.

Su Sönmez

Tel: 996 92 77 – Komşu Nuriye

Sayın Yönetici;

Başvuruların mektupla, içtenlikli ve ayrıntılı özgeçmiş yazılarak yapılmasını istediğiniz 'Metin Yazarı' başlıklı ilanınızı gördüm.

Yakın zamana kadar sevgilimin sanat yönetmeni olduğu bir ajansta bu işte çalışıyordum. Bu durum kaçınılmaz olarak kişisel ve ailevi sorunlara neden oldu. Ayrıca beni aptallaştıran ve dünyadaki her şeyi satılacak bir meta olarak görme saçmalığına düşüren bu iş yüzünden bir takım insani açmazlara girdiğimi söylemeliyim.

Bütün bunları yakından tanıdığım ve sevdiğim bir insan aracılığı ile el altından, adı geçen işe başvurmam için bana haber göndermiş olduğunuz için yazıyorum. Bu el altından durumun bana fazla ücret ödememek kaygısıyla yaratıldığından kuşkulanıyorum ve bu iki yüzlülük nedeniyle sizi nefretle kınıyorum.

Şu sıralar geçmişim ve ek olarak özgeçmişim, özellikle de ayrıntılı özgeçmişim üzerinde yoğun olarak çalışmakta ve kendimle hesaplaşmaktayım. Bu yüzden de okuduğum ve kendimi muhatabı saydığım her türlü özgeçmiş istekli metin karşısında kaleme kağıda sarılmaktan kendimi alamıyorum.

Ben orta sınıf bir aile çevresinde küçük kent yaşam anlayışı ve buna bağlı olarak belli değer ve ilkelerle yetiştirilmiş, buna karşın bu güne kadar yaşamımı bir erkeği her yönden mutlu edebilecek bir kadın olarak koşullanmışlıklarımla savaşarak geçirmiş bir kadınım.

Düzen bozucu, baskı altına girmeye dayanamayan, hiç bir zaman hiç bir durumda kimseyle uzlaşmaya yanaşmayan, uzlaşmazlığı temel felsefe edinmiş biriyim.

Felsefe deyince, kocam Ayhan'ın bana okuttuğu ilk kitap Felsefenin Temel İlkeleri'dir. Arkasından bu alanda daha bir çok kitap okudum zorunlu olarak ve uzlaşmazlığımın boyutları büyüdü.

Gene de arasıra; yürekli, atak, doğrucu, bencil ve sevecen olabiliyorum.

Sanat Tarihi okudum. Kısa bir süre bir lisede öğretmenlik yaptım. Uzunca bir zaman da haftalık bir derginin sanat sayfasını düzenleyerek arada bir resim eleştirileri yazdım. Arada bir, çünkü ancak sevdiğim resimlerden söz etmekten hoşlanırım. Bu amatör bir tavır olarak değerlendirilebilir kuşkusuz. Evet öyleyim.

Metin yazarı ilanınıza baş vurmuyorum. Metin yazarı olacağıma süpermarket muhasebecisi ya da kasiyeri olurum daha iyi.

Telefonumu vermiyorum. Zaten daha bağlanmadı.

Lütfen beni aramayın.

Na Sönmez

Cengiz Bey;

Gazetenizin Güzide Teyze sütununda çalışan bir arkadaşım dün beni arayarak mide ameliyatı olacağını ve yeniden sağlığına kavuşuncaya kadar bu işte geçici olarak çalışmayı düşünüp düşünmediğimi sordu. Bu işi istiyorsam sizi aramamı salık verdi.

Halkımızın duygusal ve cinsel sorunlarına yardımcı olabilmek gerçekten kıvanç verici bir görev olurdu benim için. Ancak şu sıralar ergenlik sivilceleri, kızlık zarları, intihar saplantıları, başka kadınlara giden hain kocalar, acaba gebe kaldım mı'lar, gelin kaynana geçimsizlikleri ve yemek tuzsuz olmuş diye dayak yiyen kadınlarla ilgilenecek, onların nabızlarına göre şerbet sunacak ruhsal dengede değilim.

Bu durumda bakkalın oğluyla girdiği aşk ilişkisinde kızlık zarını kaybetmiş 'Sarı Papatya'ya, üzülme, git diktiriver; intihar etmeyi düşünen 'Karagümrüklü Kadir'e, –mektubuna iki ay sonra sıra geldiğinde– hala intihar etmediysen sen salağın tekisin oğlum, yanıtlarını vermekten nasıl kaçınacağım?

Hem sonra gerçek Güzide Teyze'ler aramızda yaşamıyorlar mı? Neden insanlara otuz yaşındaki arkadaşım Selim'i, sütunun üstüne bastığınız fotoğraftaki sarışın güzel, olgun kadın olarak tanıtıyorsunuz ve bunca derdi kendi sorunlarını bile çözemeyen zavallı Selim'e yükleyerek midesinin delinmesine yol açıyorsunuz? Bu çerçevede Selim'in Güzide Teyze'si niye ben olmak zorunda kalıyorum? Kız arkadaşı Eda'nın uzlaşmaz çelişkilerini yorumlamak niye bana düşüyor?

Size alt kat komşum Nuriye Ablayı öneriyorum. Kendisi yaşını başını almış, olgun, hayatın her türlü sillesini yiyip deneyim kazanmış biridir. Dindar, sabırlı ve kararlıdır. Halkın bağrından çıkmış olması sıradan insanların sorunlarını daha iyi anlamasını sağlayacaktır. Ben de kendisinden yararlanmakta ve şu günlerde boşanmamam konusundaki uyarısını dikkatle incelemekteyim.

Size onun telefon numarasını veriyorum.

Suna Sönmez

Tel.: Nuriye Abla – 996 92 77

KELİMELER(生词注释)

formika	福米加塑料贴面	ut	乌德琴
kloş etek	喇叭裙	mimoza	含羞草
margizet	薄罗纱	kasket	帽子
fitilli	一种带穗的布料	kulak memesi	耳垂
ayak takımı	无赖，瘪三	çift dikiş	留级
bezmek	失望；厌倦	kerte	程度
isterik	歇斯底里的	briç	桥牌
çakırkeyf	微醉的	tiftik	马海毛
kurum	烟尘，烟垢	somya	驮架的底座
derme çatma	胡乱拼凑的	kevgir	漏勺
akasya	刺槐	sıva	灰料，涂料
karavana	食堂的大饭盆	flüoresan	荧光的
meta	商品，货物	muhatap	对话者，交谈者
salık vermek	通知；推荐，建议	sille	耳光

YAZAR HAKKINDA(作者简介)

İnci Aral, 1944 yılında Denizli'de doğdu. Ankara Gazi Eğitim Enstitüsü Resim Bölümü'nü bitirdi. Edebiyat dünyasına 1977'de dergilerde yayınlanan öyküleriyle girdi.

Öykü ve romanlarında genellikle kadın–erkek ilişkilerini, sevgiyi, kadın kimliğini, bağlılık ve özgürlük sorunlarını, insan ilişkilerini irdeledi. Bireyin içinde bulunduğu çevre ve toplumsal koşullar tarafından belirlenen ruh hallerini; bunun sonraki yaşamlara nasıl yansıdığını; kadın erkek arasındaki uyuşmazlık ve algılama farklılıklarını konu edindi.

İlk romanı "Ölü Erkek Kuşlar" ödül aldı. "Gölgede Kırk Derece" adını taşıyan öykü kitabının ekseni de kadındır. Yazar, bu öykülerinde okuru kadın coğrafyasında dolaştırır. Başkaldıran, koşullara uyum sağlayan, yenilenen ya da çekip giden kadınları, kendi yalnızlıklarının ve mutsuzluklarının içinde kaybolmuş kadınları anlatır ve bireyin yaşamının derinliğini sorgular.

Sanatçının "Yeni Yalan Zamanlar" başlıklı eseri "Yeşil", "Mor" ve "Safran Sarı"dan oluşan bir üçlemedir. 1994 yılında yazılan "Yeşil/Yeni Yalan Zamanlar", o günlerde yazılmış bir romanın ülkenin bu günlerindeki tartışmaları yakalamış olduğunu göstermesi açısından oldukça ilgi çekicidir. "Kıran Resimleri" adlı eserinde ise Kahramanmaraş toplumsal olaylarını konu almıştır.

ALIŞTIRMALAR（练习）

1. İnci Aral ile ilgili kısa bilgiler derleyerek arkadaşlarınızla paylaşınız.

2. Suna neden evi terketmeye karar verdi? Ayhan'la arasında bir sorun çıktı mı?

3. "Su" ve "Na" kimlerdir? Arasında en büyük fark nedir?

DERS ON ALTI

PENTİMENTO

托姆利斯·乌雅尔（1941—2003）出生于伊斯坦布尔，高中毕业后考入伊斯坦布尔大学新闻学院学习。大学毕业后，乌雅尔和朋友们一起创办了杂志《纸莎草》。1965 年，乌雅尔创作的第一部短篇小说《克里斯汀》在杂志《土耳其语》上发表。1971 年，乌雅尔出版了她的第一部短篇小说集《丝和铜》。此后，她又陆续出版了《没膝深的洋甘菊》、《心底的镣铐》、《声音、面孔和街道》、《夜游的女孩们》、《转身，回头看和俄罗斯轮盘》、《通往夏天的旅程》、《第八宗罪》、《三十年代的女人》、

《相识的日子/时刻》、《漂亮的笔记本》等各类作品二十余部。1979 年和 1986 年，乌雅尔凭借短篇小说集《心底的镣铐》和《通往夏天的旅程》两夺萨伊特·法伊克短篇小说奖。2002 年，乌雅尔凭借短篇小说集《漂亮的笔记本》荣获赛达特·斯玛威文学奖。

短篇小说集《三十年代的女人》是乌雅尔的代表作品之一，出版于 1992 年。小说集共收录了八篇小说，这八篇小说虽然形式上是独立的，但主题和内容却有着一定的关联。小说《原画重现》是其中的第一篇，讲述的是一位女作家希望通过自己的创作还原母亲生活轨迹的故事。小说以一幅画像为切入点，通过女作家的回忆，一步一步带我们回到三十年代，带我们走进她母亲的生活。小说的情节虽然简单，但构思巧妙；语言虽然朴实，但感情真挚，字里行间流露出一个女儿对母亲无尽的爱和深深的怀念。

PENTİMENTO

I

Olmuyor!

Yine!

Demin yazdığım satırı, bari bir değişiklik olsun diye tükenmezle değil daktilonun X'leriyle karaladım boydan boya. Sabahtan beri kimbilir kaç kağıdı böyle yarısını bile doldurmadan makineden çıkarttım, üstlerine kırmızı tükenmezle çarpı çektim, hepsini buruşturup attım yere. Çarpıdan sonra elyazımla OLMUYOR yazdım özenle, peşine üç ünlem takarak yazgıyı belirledim. Belki de kırmızı tükenmez, bir uyarı, bir gözdağı niteliğini taşıyordu. Çünkü kendime tanıdığım kaçış süresi dolmak üzereydi.

Bilmediğim bir duygu olsa neyse. Ne zaman makinenin başına geçsem, sözcüklerle boğuşmaktan, onları benceleştirmekten inanılmaz bir yorgunluk duyarım: ense çekilmesi, mide yanması, ağız kuruması, göz kapanması: yani kaçış.

Günlerdir evde boş boş dolaştım. Kapalı muslukları bir daha, bir daha sıkıştırdım; saksı çiçeklerinin sararmış yapraklarını kestim, budadım; perdelerin kıvrımlarını eşit öbeklere böldüm; durup dururken mutfağa koşup su içtim, içinde tek sigara izmariti olan bir kül tablasını da götürüp çöpe döktüm, dahası yıkadım. Tam artık kaçış özrü bulamayacağımı sandığım sırada, eski bir eteğliğin sökülmüş çıtçıtı, yazlık bir pantolonun bozuk fermuarı, yüklüğe, toz bezlerinin arasına attığım bir giysinin sedef düğmeleri koştu yardımıma. Kendime verdiğim bu anlamsız dikiş görevini yerine getirirken –çünkü eski gri–mavi giysinin sedef düğmelerini, yıllardır diktirmeyi düşlediğim, yakası krem rengi dantelle çevrili, düğmeleri bele pıt pıt pıt inen dar siyah giyside asla göremeyeceğimi, yani terziye gitmeyeceğimi biliyordum. Olsun! Dikişe duyduğum nefret, katı bir özen gerektiriyor, iş de uzun sürüyor.

Ben pencere yanındaki kırmızı koltukta dikişle cebelleşirken tam karşıma düşen siyah koltuğun üstündeki duvar diliminde, "Otuzların Kadını" hala anlatılmayı bekliyordu. Onun yağlıboya portresinin altında hırçın, boz, yağlıboya bir lodos denizi uzanıyor. Alt çerçevesi boyunca dizilmiş küçük portrelerde Colette, bıçkın kız tavrıyla, erkek giysileriyle bir iskemleye yan ilişmiş, sigara tüttürüyor. Anna Pavlova, Yusufçuk bale giysisiyle parmaklarının ucunda yükselmiş. İkisi de, Otuzların Kadını gibi sola çevirmişler başlarını ve bakışlarını. Virginia Woolf ile Sarah Bernhardt'sa, omuzlarının üstünden, hüzünlü gözlerle sağ köşeye dalıp gitmişler. Altlarındaki sarı dalgalarla yarılmış çırpıntılı deniz, tetikte.

Başımı dikişten her kaldırdığımda Otuzların Kadını'nın "Anlatsana beni" diyen bakışlarıyla karşılaştım.

Konukların, önünde bir süre durakladıktan sonra, "Ne hoş, ne zarif bir kadın!" dedikleri bir portre.

Bugüne kadar taşındığım bütün evlerde benzer kuytu duvarlara asıldığı, baş köşeyi tutmadığı için hep "dışardan" biri sanıldı, belki de öbür portreler gibi ecnebi bir akraba. Zamanla bu konumunu kanıksadı.

Taşındığı evlere onu peşi sıra sürükleyen kızının, konukların, "Annen mi yoksa? Bir benzerlik var aranızda ama ne?" gibi sezgiye; "Ressam ona aşık olmuş herhalde, başındaki şu haleye, şu ışığa bak" gibi bilgiye dayalı sorularına, her keresinde, "Evet, annem, ama onun resmini duvara asmamın nedeni, bence ötekiler gibi öncesiz sonrasız, tarihsiz, her çağda Otuzların Kadını olması, annem olması değil..." gibi yalan sayılmayacak ama tam tamına doğru da denilemeyecek açıklamalar getirmesi sonucu kanıksandı belki.

Şu andaysa, kahverengi gözleri, düz, kısa kirpikleri, ağır gözkapaklarıyla süzüyor beni. Buz gibi bir Mart ayında yazlık pantolonunu onarmaya kalkışan dikiş sevmez kızına hınzır, yine de sevecen bir bakış atıyor.

En iyisi, masanın başına geçmek. Ama ayaklarımın dibinde buruşturulmuş kağıtlardan oluşan, pencereden rüzgar vurdukça hışırdayan öbeği atmamak, kül tablasını dökmemek. Dağınıklığa teslim olmak. O zaman, biliyorum, çaresizliğin verdiği yorgunluk katlanılmazlaşacak, kendine bir kurtuluş yolu arayacak nasılsa. Sözgelimi, OLMUYOR'u X'lerle karalamam iyi gelmiş, bakıyorum da. Bir araya geldiklerinde olumsuzluk belirten bu harfler, üstleri tek tek X'le karalandığında, sözcüğün başındaki ve sonundaki boşluklar da hesaba katıldığında, yedi harflik ve dokuz vuruşluk bir dinlenme, bir yoğunlaşma süresi tanımışlar bana.

Kağıdı değiştirmemin de yararı olur mu? Hayır. Dosya ya da teksir kağıdı, pelür bile olabilir pekala. Harfler italik olsa? Hayır. Takıldığım nokta, onlar değil: sözcükler. Yıllar yılı renklerini, kokularını, tınılarını değişik bileşimlerde denediğim sözcükler. Otuzların Kadını'yla onun özgünlük alanında bire bir karşı karşıya gelemeyecek kadar aşınmışlar artık. Gerçek bir kişilikten çok, bir yazarın iç dünyasını yansıtmaya yatkınlar. Üstelik kurmacada elimin altında bulmaya alıştığım yöntemler, yordamlar da kayıp gitmiş; çünkü Otuzların Kadını, kurgulanmayı değil, anlatılmayı bekliyor. Yazarının en ufak sürçmesinde, kendi biricikliğinden sıyrılıp onun geçmişte kullandığı sözcük ve imge öbeklerinin arasına karışabilir, sıradanlaşabilir, gerçekliğini yitirebilir. İstanbul'da büyüyüp ölmüş, yabancı dil bilen, eldivenlere ve şapkalara tutkun, Markiz'e, Lebon'a, Park Pastanesi'ne, Belediye Gazinosu'na giden herhangi bir Otuzların Beyoğlulusu, bir nostalji nesnesi olup çıkar, hiç yaşamamış gibi.

Tıpkı çok yazıldığı, çok okunduğu ve çok bilindiği için bir zamanlar gerçekten "iliklere işleyen yağmur"un, ya da "bulutların arasından sıyrılan güneş"in artık yazana da, okuyana da, hatta görene de bir şey dememesi gibi. Sonuncu yetkin yorumu, ancak yıllar öncede kalmış ilk acemi yorumunu anımsattığından, gülünesi/acınılası hale gelen bildik bir şarkı gibi ya da. Çok yazılandan, çok özlenenden, herhangi bir çok'tan ayırıp nasıl kendi yerine oturtabilirim bu portreyi? Yağmurun iliklerine ilk işlediği günü, güneşin bulutlardan ilk sıyrılışını gören birinin taze izlenimlerini keşfetmem gerek. Ki bu çerçeveden kurtulsun. Freud'cu ya da Bilmemkimci görüşler yüzünden tezelden yazarının geçmişiyle açıklanmasın. Yağmur bir kere daha, gerçekten işleyebilsin iliklere, güneş bir kere daha gerçekten bulutlardan sıyrılsın.

–Bir ormanda ilerliyor gibiyim, desem portreye.

–Orman'ı sık kullandığını kestirebiliyorum, diyecektir.

–Evet ama bu bambaşka bir orman. Somut bir ikindi ormanı ve sakız kokuyor, desem...

–Senin öykü yazdığın döneme yetişmedim ben. Çevirilerini biliyorum. Zaten ben aslında şiir severim, diyecektir.

(Babama "siz" derdim, ona "sen". Babam, son yıllarında kendisine de "sen" dememde direttiyse de beceremedim.)

–Şiiri bıraksana bir an. İşte o ormanda ilerliyorum varsay. Yanlamasına vuran güneşin, ağaçların kalın yapraklarındaki yansısı gözlerimi alıyor. Güneş, o orman yolunda, karşıdan gelenlerin yüzlerini silikleştiriyor. O kadar ki, yanıma yaklaşanı tanıyamıyorum ilk bakışta. Böyle anlarda, "Az kalsın..." deriz; sesimiz usullaşır ve kırılır. "Az kalsın tanıyamayacaktım seni, görüşmeyeli ne kadar oldu sahi?" desem.

–Bir örnek daha verirsen belki anlarım ne demek istediğini, diyecektir şaşmaz mantığıyla.

–Peki, orman olmasın. Bir kış akşamı. Saati, mevsimi, yeri değiştirmeyi deniyorum. Diyelim, bir otobüs durağındayım. Kar demin başladı. Kuyruğun başında duran biri, cebindeki bileti ararken, eldiveninin tekini düşürüyor. Arkadan baktığım için yüzünü ve cinsiyetini seçemiyorum. Ama yerde duran eldivene uzanan biçimli, uzun, soğuktan morarmış parmakları tanıdık geliyor bana. Tam sırayı bozup ona doğru koşacakken, birdenbire onun bu hattaki bir otobüse binmeyeceğini, cebinde kalan son parayla bile bir taksiye atlayacağını, üstelik çoktan ölmüş olduğunu kavrıyorum. Az kalsın...

–Çocukken de sözcüklerini seçmede, sevgini belirtmede tutumlu davranırdın. Harçlığını bir günde harcardın da hiç değilse borç verme keyfini esirgerdin benden. Ödünsüzlüğün işine yaradı mı bari?

–Belki. Ama seni çok özledim, anne.

Mart 1991:
Bir gece öncenin günlüğünden

Demin, beş gün boyunca kesik olan su, geldi. Birikmiş bulaşıkları yıkadım, plastik şişelerle bidonları doldurdum. Ne kadar çabalarsam çabalayayım, gecekondu düzeninden kurtaramadığım evime baktım. Çaydanlıkta kaynattığım içme suyunun kabarcıklanmasını beklerken zincirleme sigara içtim. Yıkanacak her şeyi yıkadıktan sonra −elbezleri, küçük mutfak havluları, iç çamaşırları− kendimi de yıkadım. Yıkandım demiyorum, çünkü Körfez Savaşı'nın bir ay öncesinden bu yana kendimi de yıkanması gereken bir nesne olarak görüyorum. Bir elli sekiz boyunda ve kırk altı kilo ağırlığındaki bedenimi yıkamak için ne kadar az su gerektiğine şaşıp kalıyorum.

Belki de yazma eylemi, şu ufak tefek insan bedeninin koskoca bir dünyaya açılmasını sağlıyordur. Duşun altında kollarımı iki yana açtım.

II

Bugün, Otuzların Kadını'nı, hem kendisinin yakındığı nesnelliğim çerçevesinde değerlendirmeye, hem de onu resimdeki nesnel çerçevesinden çıkartmaya çalışırken pencereden eğildim. Ne de olsa genç yaşayıp genç öldüğü bu mahallede birçok ipucu olabilirdi:

Karşı kaldırımda manav Çakır, dükkanın önüne çıkartılmış iskemlesinde, yüzünü arada bir gösteren Mart güneşinin, oğlunun ve torununun hoşgörüsüne sığınmış, uyukluyor. Mavi gözleri yumulu ama belli ki kırk yıl önce bu mahallede, kulaklarının arkasına kabak çiçeği iliştirdiği atıyla sebze sattığı günleri görüyor düşünde. Gülümsediğine göre.

1946 yılında. "Dereotu ister misin hanım kızım? Baklam mis gibi" diyor Otuzların Kadını'na. "Kızına bir avuç çağla vereyim. O, benden."

Daha geçen gün, "Hoş geldin kızcağızım" dedi. "Bir an, seni rahmetli annen sandım. İhtiyarlık işte. Oğlun nasıl? Kardeşin? Ortalıkta görünmüyorlar. Güner evladım, bir kilo bakla tart. Çağlamız var mıydı? O, benden." 1991'de, 1946'nın sözcüklerini kullanıyor, duygularını yaşıyor.

"Annen, pazarlık etmeyi sevmezdi, büyük hanıma bırakırdı pazarlığı. Karpuzları taşıyıp sizin kata çıkardığımda çay ikram ederdi bana. Beyoğlu'na çıktığında da çantasında bir pazar filesi olurdu hep −eve dönerken benim dükkanı çiğnemezdi. Bu dükkanı tuttuğuma çok sevinmişti, artık merdiven tırmanmayacaktım ya. Söylemesi ayıp, iyi ki bunların beni bunak saydığı günleri görmedi."

Oğluyla torunu onun artık bunadığını düşünüyorlar. "Beş" dediklerinde "beş bin lira" anlıyormuş, oysa onlar beş milyon diyorlarmış. Hesabı doğru dürüst yapamıyormuş bu yüzden, toplamalar aksıyormuş.

Ama Çakır'ın ve sokağın esintili köşesini tutmuş balıkçının dışında tanıdık bir yüz yok. Her öğlen, aynı saatte gelen kokoreççinin tezgahından ağır bir koku yayılıyor. Kaset satıcısı, içli ve ağdalı şarkılarla yedek parçacıların gönlünü alıyor. Hep bu saatte: 12.00 Lokantaların komileri, eskiden kalabalık ailelerin oturduğu, şimdilerde üst katlarını iki doktorun, bodrumlarıyla ilk katlarınıysa yedek parçacıların paylaştığı işyerlerine kebap–köfte koşuşturuyorlar. Ellerinde tepsiler. Üniformalı olmaları kara bir mizah katıyor sokaktaki gösteriye. Lokantalar, yalnızca öğlenleri çalışıyor. Akşamsa, tur otobüsleriyle sökün eden yaygaracı, alt–orta sınıftan Avrupalı müşterileriyle kendi içlerine kapanan otellerin gerçekdışı, yapay ışıklandırmasından başka tek kıpırtı yok.

Mahallenin eski balıkçısı, artık yalnızca o lokantalara ve otellere siparişle balık getirdiğinden, saat 3'te tezgahını boşaltmış oluyor, çekip gidiyor. Tartısını Çakır'ın dükkanına bıraktıktan sonra. Zaten artık üst katlara tırmanamayacak kadar yaşlandı.

Otuzların Kadını'nın otuz yaşlarında ikinci evliliğini yaşadığı, boşandığı, çocuklarını büyüttüğü ve öldüğü bu mahallenin başlangıçta tasarlanan mimarisi, alt çizgileri, bugün de seçilebilecek belki. Ne var ki mahalle–göğünü yaran çok katlı oteller, günışığını kesiyor. Tam karşımdaki gri ayna–camlardan, bu kaldırımdaki terk edilmiş katların çatlak, badana yüzü görmemiş cephelerini; süpürgelerin, tenekelerin, kovaların, kurumuş sardunya saksılarının yığıldığı küçük balkonlarını izliyorum ancak. Üç yaşımdan başlayarak Otuzların Kadını'yla uzun süre birlikte yaşadığım bu mahallede eskiden kimlerin oturduğunu düşünmeye çalışıyorum. Ama ne yararı var? Arka balkona gitsem... Orası oldukça geniş de yalnızca oturulan birimi gösterişli kılma, gerisine boşverme eğilimindeki Anadolu kökenli şirketlerin acımadan kestiği güzelim asmanın kırık dallarından başka bir şey yok görünürde. Yanımda yöremde yine kutular, boşaltılmış koliler, kırık tahta sandıklar.

Ön cephedeki otellerin ayna–camları, ıssızlığı çoğaltıyor, kalabalıklaştırıyor en azından.

Kalabalık bir çarşıda, kızgın güneşin altında kalmış bir kedi yavrusu kadar çaresizim.

Geçmişi silinmiş birini anlatmak zorundayım. Yeni çaresizliğim ondan. Ertelenmiş bir ceza olsa, seve seve çekerdim. Değil ki. Yaşandığı sırada çok güzel geçmiş ama artık anıları bile silikleşmiş bir tatilin, bir turizm şirketinin ayarladığı eski bir yaz tatilinin, kış ortasında önüme gelen son taksiti, son faturası gibi duruyor karşımda.

Mart 1991:

O gecenin notları

Otuzların Kadını'nın kişiliğini, bulmaca yöntemiyle çözmeliyim.

En iyisi, önce iki üç harfli kesin yanıtları yerleştirmek boş karelere.

Sonra dolan karelerin çevresindeki ses dizgesini kestirip bir yol açmak. Böylelikle harf sayıları birbirini tutan olası iki yanıttan birini elemek.

Yine de, kolaycılığa kaçmamak için (ne de olsa çok yakından tanıyorum onu) bol harfli bir soldan sağa'dan ya da yukardan aşağıya'dan başlamak zorundayım: yüz çizgileri alttan alta belirsin.

Demin onun bütün fotoğraflarını çıkarttım albümlerden, halıya serdim. Bir bölüğü sararmış, örselemeden köşebentlerden sıyırmak güç. Ne kadar çok fotoğraf çektirmiş!

En belirgin özelliği, değişik kılıklara girmeye düşkünlüğü: sporcu kız, kontes, çingene, anne, sevgili, vamp, ciddi iş kadını, üniversite öğrencisi, turist, saygın eş.

Gerçi Dame de Sion'daki sınıf arkadaşlarıyla birlikte çekilmiş fotoğraflarında, ister istemez siyah önlük, siyah çorap, topuksuz siyah pabuçlar giymiş, beyaz öğrenci yakalığı takmış, yine de asi kişiliğini, alaycı gülüşünden, omuzuna astığı hırkadan, saçına taktığı tokadan keşfedebiliyoruz.

(Fransızca'yı kendi başına öğrenip hazırlık sınıfını atlamasını övenlere gülüp geçerdi: Canım ne var bunda büyütecek? O boğucu sıkıdüzene katlanamayan kim olsa, geceyi gündüze katıp bir yılını kurtarmayı denerdi.)

Fransızca konuşmaktan nefret etmesine karşın şiire, daha doğrusu Baudelaire'e, Eluard'a, Rimbaud'ya tutkunluğu yüzünden başucundan eksik etmediği Perles de la Poesie Française derlemesi şimdi benim kitaplığımda. Bazı sayfalar kıvrılmış, bazı dizelerin altı kurşun kalemle çizilmiş.

Okulun avlusundaki fotoğraflardan, yaz tatilinin yakın olduğu anlaşılıyor. Yüzlere güneş ışığı vurmuş yer yer.

O yılların yazları Büyükada'da geçmiş. Ağaçlık toprak bir yolda, denize doğru el ele yürüdüğü delikanlı, denizci kılığında. Ama aslında denizci olmadığı, lacivert spor ceketinin dikiminden, beyaz pantolonunun ütüsünden, özentili kasketinden belli.

Aynı sabah çekilmiş başka bir fotoğrafta, ikisi bir bahçe duvarına ilişmişler. Otuzların Kadını makyajsız, saçları kıvırcık, ıslak. Lacivert pamuklu fanilesi kısacık. Ayağında sandaletler.

Kışlarsa, Bomonti'deki üç katlı ahşap evde geçiyor. Evin ağır Selanikli kokusuna inat olsun diye herhalde, konuk odasında çekilen fotoğraflarda beyaz ipek tuvaletler (kontes), yakasına boyunbağı gibi bağlanmış fularlarla geniş etekli ekose giysiler (sporcu kız), arkadaki küçük bahçedekilerde şort (vamp) giymiş.

Bahçeden çok, ahşap evlerin arka cephelerine, o cephelerin arasındaki boşluğa sıkışmış sığıntı bir yeşillik. Baharda, Otuzların Kadını, maydanoz, kekik, nane ekerdi oradaki bir avuç toprağa. Ne de olsa, o küçük bahçeye sığmıyor geceleri. Annesiyle babasının arasındaki suskun gerginlikten kaçıp. O saatlerde, sokağın gürültüsü dinmiş olurdu. Mutfak penceresinin çıkıntısına ilişir, önündeki bahçe kadar küçük gökyüzü dilimini gözlerdi uzun uzun. Ektiği otların kokularını duyardı. Sonra, cam arasına sıkıştırdığı havanelini alıp doğru içeri.

Çünkü babası evin ön kapısını kilitledikten sonra demir mutfak kapısını da kilitliyor, sürgülüyor. "Kapıdan kilitlesen, bacadan kaçar bu kız."

Haksız da sayılmaz. Çünkü Otuzların Kadını, ara sıra düpedüz evden kaçıp komşu evlerde düzenlenen danslı toplantılara katılıyor. Sınıf arkadaşlarını da kışkırtan bir elebaşı. Korkusu yok. Rahibe öğretmenlerin, "Bu hafta işlediğin suçların, aksattığın ödevlerin cezasını kendin saptayacaksın" yolundaki günah çıkartma yöntemini kanıksamış çoktandır. Okulda da evde de en masum kaytarmasına en büyük cezayı biçerek kişiliğini savunuyor.

Sanırım, psikolojiye ve felsefeye tutkunluğu o dönemde başladı. Ve yaşamı boyunca sürdü.

Neden hiç çocukluk fotoğrafı yok?

Neden birlikteki fotoğraflarımızın çoğu benim çocukluğumda çekilmiş? Genç kızlığımdan yalnızca birkaç fotoğrafımız var birlikte.

Nedeni, benim zorunda kalmazsam bugün de fotoğraf çektirmekten kaçınmam mı?

Yoksa onun, küçüklüğünde sarışın, lüleli, taş bebekleri andıran kızının ergenlik çağında birdenbire serpilip iri göğüslü, koyu kumral saçlı, sivilceli oluşuna içerleyişi mi?

Tek bildiğim, onun fotoğraflarda oynadığı rolleri, bir tür kaçış, yanıltıcı bir avuntu diye değerlendirdiğim. Baştan beri.

Kendime ve okura en kolay doldurulacak
boş karelerden bir liste (1917–1937)

Otuzların Kadını, 1917'de Selanik'te doğdu. Babanın ikinci evliliğiydi; karısıyla akraba değildiler. Hala, çevrenin daracık çemberini kırıp dışardan biriyle evlenen ilk kadınlardandı.

Başlangıçta kültürlü, zeki kişiliğiyle babanın gönlünü çelen annenin, her tür inceliğe, şenliğe düşman bir "zevce" olduğu anlaşıldığında, çiftin ilk çocukları ölmüş, kızları yeni doğmuştu. Boşanmadılar.

İlkokulu ailenin göçtüğü İstanbul'da bitirdi. Dame de Sion'dan sonra Hukuk Fakültesi'ne gitti.

Fakülte bahçesinde çekilen fotoğraflarda, o dönem gençliğinin giyime büyük özen gösterdiği görülüyor: Mustafa Kemal'e layık olmak, Batılı yaşam tarzını benimsemek misyonunu üstlenmiş gençler.

O da bu ilkeleri benimsedi; yaşamı süresince savundu. Çalıkuşu'nun idealist kahramanı

Feride gibi Anadolu'ya geçme görevini azıcık erteledi.

1936'da bir yıl süren bir evlilik yaptı.

Evine dönerken afacan, sevimli bir zenci getirdi yanında. Şevket, çiftlik çalışanlarından bir kadının yetim oğluydu; kadıncağız, ilkokulu yeni bitiren çocuğuna gerektiği gibi bakamayacağını bildiğinden, beyin onu küçük hanıma armağan etmesine karşı çıkmamıştı.

Çiftlikteyken önceleri günboyu ağaçlardan inmemesiyle, haşarılığıyla ilgisini çeken, sonraları duyarlığıyla aralarında sağlam bir köprü kuran bu çocuğun aslında geri zekalı ve saralı olduğunu anlaması uzun sürmedi. Neyse ki babası da sevdi oğlanı, onu dişçi kalfası olarak yetiştirmeye karar verdi.

Kocasından neden boşandığını kimseye söylememekte diredi. Bu soruya tek yanıtı, "Konuşabileceğimiz hiçbir şey yokmuş"tu ki sanırım temelde doğruydu.

⭐ KELİMELER（生词注释）

gözdağı	恐吓，威胁	budamak	修枝，修剪
çıtçıt	按扣	cebelleşmek	忙于做……
ecnebi	外国的，外地的	kanıksamak	习以为常
teksir kağıdı	复印纸	pelür	薄型书写纸
italik	斜体的	tını	音色
yordam	技巧，技能	sürçmek	失足，犯错
nostalji	怀旧	tezelden	快速地
yanlamasına	侧面地	çağla	青巴旦杏
file	网兜	bunak	痴呆的，老糊涂的
kokoreç	烤羊肠串	sökün etmek	接踵而至
yaygaracı	爱吵嚷的人，大嗓门的人	sardunya	天竺葵
örselemek	弄坏，弄皱	kontes	女伯爵；伯爵夫人
çingene	吉普赛人	vamp	荡妇
sandalet	凉鞋	tuvalet	女士礼服，盛装
ekose	格子花呢的	şort	短裤
havaneli	捣锤，杵	lüle	卷发
zevce	夫人，妻子	afacan	聪明活泼的

| haşarılık | 任性，淘气 | sara | 癫痫 |

⭐ YAZAR HAKKINDA（作者简介）

Tomris Uyar, 15 Mart 1941 tarihinde İstanbul'da hukukçu Celile Hanım ile hukukçu ve yazar Ali Fuad Gedik'in kızı olarak doğmuştur. 1952 yılında Taksim'deki Yeni Kolej'in ilkokul kısmından mezun oldu. Ortaokulu İngiliz High School'da okuyarak 1957 yılında bitirdi. Liseyi Arnavutköy Amerikan Kız Koleji'nde 1961 yılında bitirdi. İstanbul Üniversitesi İktisat Fakültesi Gazetecilik Enstitüsü'nünden 1963 yılında mezun oldu.

Ülkü Tamer ile birlikte Cemal Süreya'nın çıkardığı Papilmasında katkıda bulundu. Bir ara Boğaziçi Üniversitesi'nde karşılaştırmalı edebiyat dersleri verdi. Kurucu üyesi olduğu (TYS) Türkiye Yazarlar Sendikasından daha sonra istifa etti; PEN Yazarlar Derneği üyesi idi.

1970 yılından sonra gelişen yeni Türk öykücülüğünün önde gelen isimleri arasında yer aldı. Tomris Uyar'ın deneme, eleştiri ve kitap tanıtma yazıları Yeni Dergi, Soyut, Varlık gibi dönemin belli başlı dergilerinde yayımlandı.

İlk çevirisi ("Şekerden Bebek", Tagore'dan 1962'de Varlık'ta, ilk öyküsü ("Kristin") Mart 1965'te Türk Dili'nde çıktı. Öykü, deneme, eleştiri, günlük ve çevirileri Varlık, Dost, Papirüs, Yeni Dergi, Soyut, Yeni Edebiyat, Gösteri, Adam Öykü gibi belli başlı dergilerde yayımlandı; özellikle 1966'da yayımladığı ürünleriyle adını duyurdu.

Öyküde "yoğunluk, içtenlik ve sahicilik" olması gerektiğini savunan Uyar, ilk kitabı İpek ve Bakır'daki öykülerinde küçük burjuva kökenli insanların yaşama biçimleri üzerine yoğunlaştı.

1980 sonrasında yayımlanan Gece Gezen Kızlar, "Pamuk Prenses ve Yedi Cüceler", "Kırmızı Şapkalı Kız", "Fareli Köyün Kavalcısı", "Uyuyan Güzel" gibi evrensel masalların günümüze yansıması ve dokuz eski masaldan dokuz yeni öykü yaratmanın en ilginç örneklerinden kabul edildi. Yaza Yolculuk'taki öykülerde ise genelde insanlara öğretilen basmakalıp değer yargılarının gözden geçirilmesi, kişinin kendine ya da yaşadığı yere dönüşü gibi bir çeşit dönüş yolculuğu vardır.

Öykücülüğü ile Türk edebiyatında özel bir yer edinmiş olan Tomris Uyar, modern dünya edebiyatından yaptığı çevirilerle de Türk edebiyatına katkılarda bulunmuştur. Bir öyküsü "Sarmaşık Gülleri" adıyla senarist Safa Önal tarafından televizyona uyarlandı. Öyküleri İngilizce, Almanca, Fransızca, Lehçe, Rusçaya çevrilerek çeşitli antolojilerde yer aldı. 60'ı aşkın çevirisi kitaplaşan Uyar'ın günlükleri, "Gündökümü" genel başlığı altında yayımlandı.

Tomris Uyar, 4 Temmuz 2003 tarihinde İstanbul'da kanser nedeniyle 62 yaşında öldü.

ALIŞTIRMALAR（练习）

1. Tomris Uyar ile ilgili kısa bilgiler derleyerek arkadaşlarınızla paylaşınız.

2. Otuzların Kadını'nı anlatmakta neden güçlük çekiyor yazar?

3. Otuzların Kadını kimdir? Onun hakkında bilgileri derleyip anlatınız.

DERS ON YEDİ

GÖLGESİZLER

作品导读

哈桑·阿里·托帕什（1958—）出生于德尼兹利。高中毕业后，托帕什进入乌沙克高等职业学校学习，后因政局混乱被迫中途辍学。托帕什的文学创作始于短篇小说，1987 年他出版了第一部短篇小说集《笑容的身份》。1992 年，托帕什创作的第一部长篇小说《无尽的终点》在土耳其文化部组织的竞赛中获得鼓励奖。这部作品让托帕什进入读者的视野，成为其文学生涯的重要转折点。在这之后，托帕什又陆续创作了《没有影子的人》、《消逝的梦想》、《一千种忧伤的喜悦》、《眠之东》、《虚度》等长篇小说，并屡获殊荣。目前，托帕什的作品已被译成多种文字，在众多国家和地区出版发行。

　　《没有影子的人》是托帕什 1993 年创作的一部长篇小说，曾荣获"尤努斯·纳迪长篇小说奖"。小说的主人公是一个理发师，因为厌倦了都市的生活，他来到一个偏远的小山村，租下村里空置多年的理发店安顿了下来。一天，村里最漂亮的女孩居薇尔金神秘地失踪了。村长对村里所有的人逐一展开调查，最后认定是简内特的儿子掳走了女孩。一番严刑拷打过后，简内特的儿子疯了，可女孩仍然下落不明。这时村里又接连发生了几件诡异的事情：理发师的学徒出去买剃刀却一去不回；村里失踪多年的理发师努里突然现身，可他的妻子却又神秘失踪。接二连三发生的事情让村民陷入了恐慌之中，村长决定去县里寻求宪兵的帮助，结果连他也是有去无回。见证了这一系列离奇事件的理发师决定离开村子回到都市。小说最后以报纸上的一则新闻结束：在某村，一名女孩被熊掳走。整部小说构思独特，情节复杂，作者打破了传统的叙事模式，将事实和虚幻结合起来，在不同的时间、空间和人物之间频繁切换，为小说增添了浓厚的玄幻色彩。

"GÖLGESİZLER" ROMANINDAN SEÇMELER

6

Gömleğini yavaş yavaş düğmelerken pencereye yaklaşıp yorgun gözlerle baktı muhtar; köy, güneşin altında yaralı, beyaz bir hayvan gibi yatıyordu. Soluk alıp verişi durmak üzereydi sanki, ev ev, sokak sokak ürperiyordu. Derken, kağnı gıcırtıları geldi bir yerlerden; duttaki serçe sürüsü hışırtıyla havalandı. İkiye bölündü sonra; yarısı kim bilir kimin avlusuna yağmur hızıyla inerken ötekiler yukarıya, Cıngıl Nuri'nin evine doğru uçtu.

O zamanlar Nuri'nin evinde bir toplantı yapılmıştı. Akşamdı. Kocası daha kolay bulunsun diye midir nedir, odanın köşelerine iki kandil asmıştı kadın; isleri kıvrıla kıvrıla tavandaki mısır koçanlarına doğru yükseliyordu. Nuri'nin akrabaları sedirlere dizilmişti. Yaşlılar arada bir sıkıntıyla sakallarını sıvazlıyor, kimi kandile gözlerini dikip derin derin düşünüyor, kimi de taneleri ne denli şıklatırlarsa her şey o denli kolay çözülecekmiş gibi hızlı hızlı tespih çekiyordu. Kadına göre, artık muhtarın bu işi önemsediği yoktu; devlete haber vermekle yükü sırtından atmıştı. Şimdi merak edip yüzünü ilçeye bile çevirmiyordu. Hatta Nuri'den kalan berber dükkânını komşu köylerden bir berbere devretmek istediği bile söyleniyordu. Ne yapılacaksa kendileri yapmalıydı, bu yüzden her şey yeniden konuşulup doğru dürüst bir karara varmalıydı.

Oturanlar dalgın dalgın dinlemişlerdi kadını; başlarını sallamışlardı sonra, onlar kıpırdandıkça duvarlara vuran gölgeleri uzayıp uzayıp kısalmıştı. Gölgeler de kendi aralarında konuşmuştu sanki, ayrı bir dünyada başka bir Nuri'yi bulmak için çare aramıştı.

Toplantı horozlar ötene dek sürmüştü. Çocuklar duvar diplerine kıvrılıp uyuduğu sırada söz ak sakallı yaşlılardaydı. Önce içlerinden biri, geçmiş olaylardan örnekler verip kimsenin tanımadığı ölülerden söz etti. Birkaç kişi başını sallayarak onun dediklerini onayladı. Derken bir başkası, aynı olayları ayrıntılarıyla anlatmaya koyuldu. Herkes gevrek bir sesin peşine düşüp yıllar öncesine gitti. Artık köyün gizli bir sayfasında, dedelerinin arasında yaşıyorlardı. Ne var ki uzun kalmadılar orada, gevrek ses hepsini toplayıp yeniden odaya getirdi. Üstleri başları kan içinde, birbirlerinin yüzüne bakıyorlardı. Herkes, Nuri'nin kayboluşunda ne denli gizler bulunabileceğini anlamış olmanın dehşetine kapılmıştı.

Şafak sökerken, sabah ezanından kopmuş heceler gibi yavaş yavaş dağılmıştı toplananlar; alacakaranlık sokakları geçip evlerine varmış ve kuş uykusuna yatmışlardı.

Kuşluk vakti uyanmışlardı tabii; birer bardak dağ çayını ya içmiş ya içmemişler, heybelerine birkaç ekmek, peynir ve don koyarak Nuri'yi aramaya çıkmışlardı.

Muhtar sıkı sıkı uyarmıştı gidenleri; ilçeye yolları düşerse Nuri'yi devlet kapılarından hiçbirine sormayacaklardı. Bunun hem gereği yoktu, hem de görevlileri boş yere rahatsız etmek umulmadık sonuçlar verebilirdi. Devletti bu, usandırmaya gelmezdi; sonra devlet her zaman on beş yaşında olurdu, canını sıkıp da bir kere küstürdün mü artık dönüp yüzüne bakmazdı. Bu yüzden, sakın ha sakın devlet kapıları tıklatılmayacaktı. Zaten her yere şerh düşülmüş, her makamda tutanak tutulmuştu; merak etmesinlerdi. Nuri'yi halka sorsunlardı soracaklarsa, lokantalara, kahvelere, hanlara, hamamlara sorsunlardı. Bir de berberlere tabii, ne de olsa Nuri de bir berberdi, onlar birbirlerinin kokusunu alabilirlerdi. Üstelik berber milleti gevezeliği yürürlükte tutan bir milletti, her şeyi sezip her şeyi bilirdi. Sonra bir de şu nokta vardı; Nuri'yi sorarken, artık kaybolduğu günkü gibi tanımlamasınlardı. Aradan bunca yıl geçmişti, her şeyi değişmiş olabilirdi. Hiç kuşkusuz aynı gömleği giymiyordu artık; belki burnu, ağzı, sonra saçı sakalı, hatta bakışları bile aynı değildi. Belki de şimdiye dek bulunamamışsa bu yüzden bulunamamıştı.

Başlarını sallamıştı gidenler. Kimi atına, kimi eşeğine binmiş; yüzlerinde yarım yamalak bir umut, hepsi de ovanın ucundaki dağlara bakıyordu. Belki de bu yüzden, daha yola çıkmadan omuzlarına dönüşlerinin yorgunluğu çökmüştü.

Gidişlerinin üstünden haftalar geçmişti sonra, upuzun aylar, yıllar geçmişti. İlçenin postacıları iki üç ayda bir motosikletle gelerek onların çektiği telgrafları bırakıp gidiyorlardı. Geldiklerinde, kimsenin yüzüne bakmadan köy meydanındaki çınarın çevresinde tur atıyorlardı önce, sonra havaya yükselen toz çemberinin içinden usanç dolu bir yüzle çıkıp muhtarı soruyorlardı. Bütün köy heyecanlanıyordu onları görünce; köy meydanı kısa sürede bayram yerine dönüyor, tarlada çalışanlar işi gücü bırakıp koşup geliyorlardı. Gene de postacılar pek oturmuyordu köyde, telgrafı verir vermez motosiklete atlıyor ve çınarın çevresinde bir tur daha atarak çekip gidiyorlardı. Nuri'nin başına gelenlerden sorumlu tutulmaktan korkuyormuş gibi, telgraflar okunup haber köye yayılmadan hızla kaçıyorlardı sanki; kaçarken, dönüp arkalarına bile bakmıyorlardı. Çocuklar olup biten her şeyden uzakta, aylarca köy meydanındaki tekerlek izleriyle oynuyorlardı sonra; motosiklet sesini taklit ederek çınarın çevresinde koşup duruyorlardı. Çoğu kez Cennet'in oğlu dağıtıyordu onları, çocukların arasına dev bir çocuk gibi dalıp herkesi evine dek kovalıyordu.

Muhtara göre, gönderilen telgrafların hepsi umutsuzdu. Aslında köylünün kafasını karıştırmaktansa, gönderilmeseler daha iyi olacaktı. Yeni gelen bir telgraf o güne dek gelenleri yalanlıyordu kimi zaman; kimi zaman da ilk sözcükle son sözcük arasında çelişip kendi anlamını bulandırıyordu. Köylüler hangisine inanacaklarını şaşırmışlardı. Bu arada bekçi, telgraflar arasında ilinti kurmakta epeyce ustalaşmıştı. Çünkü yüzlerce kez okuyordu onları; Nuri'nin karısı her telgraf kocasından bir parçaymış gibi memelerinin arasında saklıyor, aklına estikçe de bekçiyi bulup okutuyordu.

Aradan üç yıl geçmişti belki; Nuri'yi aramaya çıkanlar, gittikleri günkü kendilerini kim bilir nerelere saçıp savurduktan sonra, çizgilenmiş alınları, çökmüş omuzları ve kurumuş umutlarıyla dönüp gelmişlerdi. Ağızlarını bıçak açmıyordu, onca yıl hiçbir yere gitmemiş ve hiçbir şey görmemişlerdi sanki; ya da gitmişlerdi gitmesine de, geriye başka birileri kılığında dönmüşlerdi. Belki de dönen adamlar, gidenlerin birer yanıydı yalnızca, sıkıntılı birer yanı. Nuri'nin karısı şaşkındı, hangisine ne soracağını bilemiyor, kapıdan kapıya üç civcivli bir tavuk gibi kanat çırpa çırpa koşuyordu.

Gene de, Nuri'ye ilişkin ilk haberi köye yeni gelen berber vermişti. Gıcır Hamza'nın burnuna nohut kaçtığı yıldı; köylüler hala nohudun ne denli şiştiğini, öteki delikten üfüre üfüre çıkarmaya çalışırken nohutla birlikte bir sinek ölüsünün de nasıl olup yere düştüğünü konuşuyorlardı. Muhtarın, köyü evden yönetmekten vazgeçip köy meydanındaki bir samanlığı muhtarlık odasına dönüştürmeye çalıştığı günlerdi. Bayrak direği evin çatısından indirilip yeni muhtarlık odasının önüne dikilmişti. Bir yandan da, ovaya yapılacak sulama kanallarının yerini saptamak için köye milletvekillerinin geleceği söyleniyordu. Gerçi muhtara henüz bu konuda resmî bir yazı iletilmemişti. Zaten seçildi seçileli üst makamlardan hiçbir yazı almamıştı o, gene de milletvekillerinin pat diye gelebileceğini düşünerek hazırlık yaptırıyordu.

Bekçi muhtarlık odasının önünde, muhtarın kılı kırk yararak belirlediği "Köyümüz Size Minnettardır" sözünü beyaz bir beze yazmaya çalışıyordu. Elleri bileklerine kadar kırmızıya boyanmıştı; bu haliyle, muhtarlık odasının önünden ayrılamayan kanlı bir katile benziyordu.

İşte berber tam bu sırada gelmişti köye. Değirmenin yanındaki dereden çıktığında, sıcakta titreşen uzun boylu bulanık bir karaltıydı; ilk bakışta her şeye benzetilebilirdi belki, ama yaklaştıkça insan olduğu anlaşıldı ve çınarın gölgesindeki köylüler merakla bakmaya başladılar. Ama o, kendisine duyulan merakı uzaktan sezmiş gibi oldukça yavaş yürüyordu. Yerinde saydığı, durduğu ya da geri adımlarla uzaklaştığı bile söylenebilirdi. Öyle ki, köy meydanına gelene dek aradan saatler geçmişti. Bu yüzden köylüler beklemekten yorulup gizliden gizliye öfkelenmişlerdi. Oysa berber inanılmayacak kadar sakindi, bavulunu ayaklarının dibine koyup hemen oturmuştu. Yüzü yorgundu; hatta yüzünün bir karış önünde, toprakla yüzünün bileşiminden oluşmuş ikinci bir yüzü vardı sanki; kimi zaman zamana karışmış tozlu bir ayna gibi parlayıp sönüyordu.

Bekçi kıpkırmızı elleriyle, aklında beze yazdığı çarpık çurpuk harfler, mavzerini bacaklarının arasına sıkıştırıp berberin karşısına çökmüştü. Köye elinde bavulla ansızın çıkıp gelen bu adamda bir tuhaflık vardı ona göre; sorulara kısa kısa yanıtlar vererek kendini inatla kendinde gizliyordu. Birkaç gün sonra gelecek olan milletvekilleri bir öncü mü göndermişti acaba? O öncü çevreyi iğneden ipliğe gözden geçirip onlara rapor mu verecekti?

Gözlerini kısıp adama baktı. Bu köyde doğup büyümüştü sanki; çınarın hışırtısı kulaklarını, damların köy meydanına akan beyazlığı gözlerini, toprağın cayır cayır yanan soluğu tenini hiç etkilemiyordu. Belki de bu yüzden, o gün bekçiden başka hiç kimse bir yabancıyla aynı yerde bulunmanın tedirginliğini duymamıştı kendinde. Herkes, konuşma hangi noktada kalmışsa oradan sürdürmeye başlamıştı. Gerçi konuşmayı nereden alıp nereye götüreceğini çok iyi bilen kimi yaşlılar, söz arasında birçok kapı açmışlardı yabancıya, susup beklemişlerdi. Ama adam ağzını açmamıştı. Havada uçuşan sorular çınarın dallarına doğru yükselip köylüleri bunaltmaya başladığında, kunduracı dayanamamıştı artık.

"Böyle nereden gelip nereye gidiyorsun?" diye sormuştu.

Adam yüzünü, yüzüyle toprak arasındaki ikinci yüzüne eğerek; "Ben berberim," demişti.

"Uzaklardan geliyorum. Nereye gittiğimse meçhul..."

Bu sözlerin ardından derin bir sessizlik çökmüştü köy meydanına. Az sonra da muhtar tespihini şıklata şıklata gelip berberin yanına oturmuş, ona çay ısmarlamış ve berberlerin her zaman birbirlerinin kokusunu alabileceklerini düşünerek Nuri'yi sormuştu.

"Nuri diye birini tanırdım," demişti berber. "Saçı sakalı birbirine karışmış, ufak tefek bir adamdı, arada bir gelip tıraş olurdu."

Köylüler bakakalmıştı bunu işitince, hiç kimse kirpiğini bile oynatamamıştı. Gene de Nuri'nin karısı evinde, olup biten her şeyi öğrenmişti. Köy meydanına koşup geldiğinde, berber hâlâ orada, muhtarın yanında oturuyordu. Göz göze geldiler bir an; kadın berbere, berber kadına baktı. Adamda gizli bir suçluluk vardı sanki; bekçi bunu, çömeldiği yerden sezmişti. Gözlerini kısmış ona bakıyordu gene, kuşkulanıp tedirgin oluyordu. Nuri'nin karısıysa kocasıyla yüz yüze gelmişçesine şaşkın ve ağlamaklıydı. Neredeyse adamın ayaklarına kapanacaktı ki, muhtar kollarından tutup onu bir sandalyeye oturttu.

"Nuri'nin karısı işte bu," dedi berbere.

Berber kırk yıldır tanıyormuş gibi baktı kadına. Gözlerindeki cellat gözleri sessizce parlayıp söndü. Bu sırada kunduracı, berberin Nuri olup olmayacağını düşündü bir an; kendi kendine, "Nuri bildiğimiz yanlarını uzak bir yerlere bırakıp köye bu kılıkta dönmüş olamaz mı?" diye sordu.

Kadın, yaşlı gözlerini berberin yüzüne dikmiş, her şeyin yeniden anlatılmasını bekliyordu. Ama berber bir daha ağzını açmadı. Onun yerine muhtar yatıştırdı kadını, ortada isim benzerliği dışında elle tutulur bir dayanak olmadığını söyledi. Kadının buna ne kadar inandığı belli değildi, durup durup berberin yüzüne bakıyordu. Aralarında, kunduracıdan başka kimsenin sezemediği gizli bir bağ kurulmuştu sanki, gitgide güçlenerek onları birbirine yaklaştırıyordu. Belki de bu nedenle, muhtar berbere köyde kalmasını önerdiğinde kadın hemen Nuri'nin dükkânından söz etmişti. Berber istiyorsa, Nuri dönüp gelene dek dükkânı kullanabilirdi.

"Tamam mı?" diye sormuştu muhtar.

Berber ağzını açmadan, tamam, demişti başını sallayarak.

Şimdi çok iyi anımsıyordu muhtar; Nuri'ye ilişkin onca saçma sapan söylenti bu "tamam"dan sonra çıkmıştı. Hemen ertesi gün köyden geçen bir çerçi, Nuri'nin mavi bir kamyonda şoförlük yaptığını söylemişti. Bu inanılacak şey değildi. Hele Nuri'nin karısı, kırda bayırda eşeğinin yularını bile doğru dürüst tutamayan kocasının koskoca bir kamyonu sürebileceğini asla düşünemiyordu. Ne ki haberi duyar duymaz köy meydanına koşup geldiğinde çerçiyi bulup ona bunları anlatamamıştı. Aslında çerçinin köye ne zaman gelip gittiğini bilen yoktu. Bekçi, mavzerini koltuğunun altına alıp değirmene kadar koşmuştu ama, hiç kimseyi görememişti.

Muhtar, Nuri'nin karısı, kunduracı, bakkal Rıza ve daha birçok insan köy meydanındaydı o gün. Cennet'in oğlu, çerçiyi gördüğünü ileri sürüyor, inanmıyorlarsa Kuran'a el basabileceğini söylüyordu. Gıcır Hamza da aynı şeyleri tekrarladı sonra, istenirse Kuran'a o da el basacaktı; çerçiyi kuşluk vakti kahveye gelirken görmüştü, hatta durup konuşmuşlar, kahvenin önüne oturup birlikte çay içmişlerdi.

Bekçi bütün bu konuşmalara sırtını dönmüş, köye gelip giden çerçinin çerçi değil, olsa olsa milletvekillerince gönderilen bir öncü olabileceğini düşünüyordu. Kim bilir neler öğrenip gitmişti buradan, raporunda neler yazacaktı?

Belki de yalnızca Cıngıl Nuri'nin kamyon şoförü olduğunu haber vermek için gelmişti köye, tek görevi buydu. Öyle ki, aylardır bu görevi taşıyordu sırtında; yorulmuştu artık, öyle çok yorulmuştu ki, haberi köye bırakır bırakmaz bir civciv tüyü kadar hafifleyerek uçup gitmişti. Geriye kuyruklu bir yalan kalmıştı. Besbelli ki devlet, Nuri'yi yok ettiği için başvurmuştu böyle bir yalana; o yıllanmış bir ölüdür şimdi. Ama kayıtlara şoför diye yazılmıştır ve şoförlüğünü orada sürdürüyordur. Yollardadır her gece, her gündüz yollardadır ve uykusuzdur yollar kadar, yorgundur. Şu âna, biraz sonraya ya da az önceye göre yolun hangi noktasında olduğu bile bilinmiyordur. Evi sırtındadır yani; nerede olursa olsun, nereye giderse gitsin yerindedir. Devlet ona bir meslek uydurmayı düşünürken şoförlüğü de bu yüzden seçmiştir. Ne de olsa adressiz bir meslek! Köylüler onu bulamasınlar, ama yaşadığına inansınlar istemiştir.

Peki ama, yok edilmeye değecek önemi nereden geliyordu Nuri'nin? İşte bunu bekçi bilemezdi; belki o, sonu sonsuza dayanan bir yok etme tasarısının ilk kurbanıydı. Her köyden birer kişiyi yok edelim bakalım, diyebilirdi devlet; ötekilerin yok olmaya ne denli hazır olduklarını anlamak için. Köyden hayalet hızıyla gelip geçen çerçi, yüzlerden bu hazırlığın ipuçlarını toplamıştı belki; şimdi dağların ardında bir yere oturmuş, topladığı yüzleri yazıyordu kâğıtlara. İşte diyordu halleri, işte gözleri, işte susuşları, sonra bakışları, evleri, köy meydanındaki çınarları, çınarın dibindeki muhtarları, işte bakkal Rıza, onun yanında Cennet'in oğlu, az ötede Reşit...

Ama berber yoktu kalabalığın içinde; dükkânın kapısına dikilmiş, köy meydanına bakıyordu. Kunduracıya göre, Nuri'nin mesleğini ve dükkânını ele geçirmiş sessiz bir canavardı o; ya da Nuri'nin bilinmeyen yanlarını kuşanıp gelmiş başka bir Nuri'ydi ve uzaktan uzağa herkese, hatta her şeye diş biliyordu. Hiç kuşkusuz o gün, köy meydanına gelen imama da aynı gözlerle bakmıştı.

İmamınsa kimseyi gördüğü yoktu, ikiye bükülmüş, burnunu yerde sürüye sürüye yürüyordu. Kalabalığın ortasına gelince durdu. Belini güçlükle doğrultup soran gözlerle muhtarın yüzüne baktı. Nuri'nin karısı ileri atılıp her şeyi anlatmaya niyetlendi ama, muhtar onu bir el hareketiyle susturdu.

"Zaten her şey arap saçına döndü," dedi öfkeyle. "Dur, ben anlatırım!"

Anlattı sonra; imam, o anlattıkça başını sallayıp belini biraz daha doğrulttu. Bir yandan da gözleriyle kalabalığı tarıyor, kimi zaman Cennet'in oğluna, kimi de Gıcır Hamza'ya kuşkulu bakışlar fırlatıyordu. Derken homurdanmaya başladı, ne dediği pek anlaşılmıyordu, ama öfkelendiği belliydi. Kaşları gözlerinin üstüne yığılmıştı.

"Deli misiniz siz," diye bağırdı birden, "bu köye yıllardır çerçi uğramaz!"

Herkes bakakalmıştı. Çerçilerin peşinden koşan çocuklar bile şaşkındı. Sonra yere, göğe ve suya karıştı bu şaşkınlık, bütün köyü bir anda değiştirdi. Köylüler birbirleriyle karşılaştıklarında hayalet görmüş gibi ürperiyorlardı artık, adımlar düşteymişçesine atılıyor, sesler ikinci kez yinelenmedikçe işitilemiyordu. Sokaklar bile düğümlenmişti sanki, hepsi dönüp dolaşıp kendine çıkıyordu. Evlerin kapıları daralmıştı biraz, kuytular çoğalmış ve avlular sessizce genişlemişti. Her şey ikide bir kayboluyordu hatta, yerinde duran bir süpürge bile bulunamıyordu kimi zaman, avlunun köşesindeki bir kürek başını alıp öteki köşeye gidiyor, bulgur keseleri nohut çuvallarının arkasına saklanıyor ya da kaşık, tepsi ve çanak gibi şeyler kayboluşlarından aylar sonra komşu evlerde ortaya çıkıyordu. Tavukların tavuk oldukları bile kuşkuluydu neredeyse, ağaçlar hayvansı bir duruşun sınırlarına girmişti; çiçek açarken her an böğürüp meleyebilir ya da avlulardan fırlayıp sokaklarda salkım saçak koşabilirlerdi.

Köyde herhangi bir şeye en son şaşırması gerektiğini düşünen muhtar bile şaşkındı. Karısıyla sevişirken, tam da soyunup duman duman tüten kuytulara biraz daha sokulduğu sırada imamın sözlerini anımsıyordu. O andan sonra karısının öpüp okşamaları hiçbir işe yaramıyordu artık; keyfi kaçan muhtar, dalgın bir muhtar bedeninin içine büzülerek gözlerini tavana dikiyordu. Onun bu halini Ethem'in kızı Gülcan'a yoruyordu karısı; kocasının, kızı her görüşünde tepeden tırnağa ürperdiğini biliyordu. Bir yıldır sürüyordu bu ürpermeler, Gülcan'ın birer avuçluk memeleri bir yıldır muhtarın bakışlarını değiştirip adımlarını aksatıyordu.

Şükür ki kocası muhtardı; yani herkesle bağlantısı herkesten çoktu. Çekiniyordu tabii, ak sakallı yaşlılardan, gök boncuklu bebeklerden, konudan komşudan, kurttan kuştan ve ille de mührüyle koltuğunun geleceğinden çekiniyordu. Yoksa havadan peygamber yağsa kimse durduramazdı onu; birer avuçluk memelerle o daracık ağzın peşine düşüp ömrünün kalanını Gülcan'ın koynunda geçirirdi. Belki de son günlerdeki dalgınlığın birazı Nuri'den kaynaklanıyorsa birazı da bu sevda yüzündendi. Konuşurken tümceleri yarım bırakmaya başlamıştı. Çoğu kez de bir şey soruyor, ama yanıtını almadan çekip gidiyordu. Kendini orada burada unuttuğu da oluyordu tabii; kimi zaman, onarımı biten muhtarlık odasında tek başına oturup sabahtan akşama dek duvarlara bakıyordu.

Nuri'nin kayboluşu, muhtar seçilir seçilmez onu gafil avlamıştı. Ne yapacağını, nasıl davranacağını bilemiyordu. Bir yanı Nuri'yi hangi cehenneme gittiyse gerçekten bulup çoluğuna çocuğuna teslim etmeyi istiyorsa, öteki yanı ne pahasına olursa olsun köylüleri sakinleştirmeyi düşünüyordu. Ama her şey yörüngesinden çıkmıştı artık; kimsenin ağzını açıp yeni bir yorum yapmasına fırsat kalmadan söylentilerin biri bitip biri başlıyordu. Geceleyin herkes uykuya dalmışken köye garip yaratıklar geliyordu sanki; avlu kapılarına, dut dallarına ya da horozların kuyruğuna binbir söylenti bırakıp gidiyorlardı. Söylentiler tıpkı bir sülük gibi, gecenin karanlığını eme eme büyüyordu sabaha dek; daha inanılası, daha görülesi oluyordu. Köy uykusundan sıyrılıp gözlerini açtığında, kendisinden önce, sokaklarda gezinmeye başlayan bu söylentilerle karşılaşıyordu. Onları kendi karanlığıyla beslememiş gibi şaşırıyordu tabii, inanmakla, "inanılmayacak şey yoktur" un arasında öylece kalakalıyordu.

Nuri'nin Almanya'ya gittiği duyulduğunda da öylece kalakalmıştı köy. Köpekler havlamamıştı bir süre, horozlar ötüp atlar kişnememişti. Herkes Nuri'nin sınır kapısından nasıl geçtiğini konuşuyordu bağda, bahçede; bavulunun şişmanlığından gömleğinin çizgilerine, ayakkabılarının parlaklığından yüzündeki gülümsemenin anlamına kadar bütün ayrıntılar biliniyordu. Bilinmeyen tek şey onu kimin gördüğüydü. Gene de bunu pek düşünen yoktu; öteki ayrıntılar o denli çoktu ve öylesine büyük bir mercek altındaydı ki, herkes her şeyi görmekten körleşmişti.

Sonra, Nuri'ye piyangodan büyük ikramiye çıktığı haberi geldi. Akrabalarından birkaçı onu yeniden aramaya niyetlendiyse de muhtar hepsini yatıştırdı. Hiç gereği yoktu; bulunmak istiyorsa kendisi çıkar gelirdi, istemiyorsa ne yapılsa boşunaydı artık, bulunamazdı. Üstelik, onu yeniden aramaya çıkmak kayboluşunu büsbütün derinleştirirdi.

Bu sözleri işitince Nuri'nin karısı muhtarın kafasından geçenleri doğrusu pek anlayamamıştı. Durup dinlenmeden, kocasının onca parayı başka kadınlarla yediğini düşünerek gözyaşı döküyordu. Kimi zaman eve toplanan komşu kadınlar da katılıyordu ona, hep birlikte dizlerini döve döve ağlıyorlardı. Bu ağlamalar yüzünden imam tahta minareye çıkıp sesini dört yöne bölüştüre bölüştüre gönül rahatlığıyla ezan okuyamaz, köylüler yastığa başını koyamaz, kahvedekiler iki sözcüğü bir araya getirip konuşamaz olmuştu. Gene de kimse ağzını açıp Nuri'nin karısına bir şey diyemiyordu.

Köye gelecek milletvekillerinin aylar önce ilçeden dönüp gittikleri duyulduğunda kadının ağlaması birdenbire kesilmişti. Muhtar, bekçinin binbir emekle yazdığı pankartı kahvenin duvarından indirirken, kadının kendini eve hapsettiğini öğrenmişti. Karısını göndermişti hemen; gitsindi bakalım, baksındı kendini gerçekten hapsetmiş mi? Hapsetmişse nasıl hapsetmiş? Sonra, çocuklar nerede; onlara da hüküm giydirmiş mi giydirmemiş mi?

Karısı ateş almaya gitmiş gibi bir solukta geri dönmüştü. Sonuç tam anlamıyla bozgun; kadın eve kapanıp kapıyı pencereyi sımsıkı çivilemiş, ne amcasına açıyor ne babasına. O boynu bükük kuzular da içeride, melil melil meleşiyorlar. Analarınınsa gıkı çıkmıyor, yanlarında bir yudum suyla bir lokma ekmek var mı yok mu bilinmiyor.

Muhtar, "Bırakalım," demişti o zamanlar, "bırakalım bir de bunu denesin kadın, belki rahatlar."

Oysa kadının inadı muhtarın düşündüğünden uzun sürmüştü. Bekçi iki günde bir, gitgide mezar sessizliğine bürünen evin çevresinde nedenini bilmeden şöyle bir dolaşıyor, gözlerini pencerelere dikip uzun uzun bakıyordu.

"Bu eve bir Nuri gerek," diye mırıldanıyordu sonra ayet okur gibi. Mavzerini omzundan indirip eline alıyordu hemen, kısa ve hızlı adımlarla muhtarlık odasına koşup durumu anlatıyordu.

Muhtarla imamın ısrarıyla tam üç hafta sonra açılmıştı Nuri'nin kapısı. Bütün köylü oradaydı o gün; dam başları, avlular, duvar dipleri salkım saçak insan doluydu. Köpekler bile gelmişti. Boyunları lastik sapanlı çocuklar, açılır açılmaz dışarı hışırtıyla bir serçe sürüsü çıkacakmış gibi kocaman gözlerle kapıya bakıyorlardı. Ağızlar kurumuştu. Kalabalığın içinde kimi kadınlar bir çocuk ölüsünden söz ediyorlardı. Bu fısıltı her yere yayılmış ve herkes yüzünü ölümün soğukluğuna hazırlamıştı. Muhtarla imam kapının önündeydi; kimi zaman yandaki pencereyi tıklatıp içeriye bir şeyler söylüyor, sonra kalabalığa dönerek başlarını sallıyor, kimi zaman da kapıya umutla koşup bekliyorlardı. Onlar kapıya koştuğunda köylülerden çıt çıkmıyor, çocuk ölüsünden söz edenler bile gözleriyle konuşuyordu. Muhtar öfkesini gizliyordu içerideki kadından; ama kalabalık, sesten çekilen öfkenin muhtarın el kol hareketlerine yığıldığını görüyordu. Derken çocuklar havaya bakmaya başladılar. Uzaklardan, kabarıp kabarıp dağılan bulutların arasından bir uçak geçiyordu; ışıltılı, metal bir kuş... Sapan taşlarının erişemeyeceği kadar yüksekte. Ardında, Nuri'nin karısının inadı kadar uzun, upuzun bir duman şeridi.

Kapı yavaşça açıldı.

"Reşit çok sabırsız," dedi muhtarın karısı, "gelmiyor musun?"

Muhtar, çoraplarına uzanırken başını salladı. Sonra, burnundan sarkan anason kokusunu sıvazlayarak odadan çıktı. Reşit ellerini kucağına yığmış, bir mürit sessizliğiyle onu bekliyordu. Selamlaştılar önce. Muhtarın burnu tatsız kokular aldı o sırada; bir şey az sonra büyük bir gürültüyle devrilecekti sanki, şangırtıyla kırılacaktı, ya da yeşil kanatlı sineklerin vızıltısı ansızın artacak ve ortalık, insanı olduğu yere çivileyen amansız bir uğultuya boğulacaktı. Havada, her şeyi varoluşunun son çizgisine iten kalın, kalınlığı kadar da bükülmez binlerce telin gerginliği vardı. Avludaki kağnı tekerlekleri, sığırların bağlandığı demir halkalar, duvarlar, dut ağacının gölgesi ve gökyüzü, olası bir vınlamaya karşı hazır gibiydi.

Muhtar, bakışlarını avlu duvarının üstünden aşırıp gözleriyle köyün görüntüsüne tutunmuştu. Muhtarlığının ilk günlerinden korkuyordu çünkü. Bir keresinde, üçüncü kez seçilişinde miydi neydi, aynı gün üç kişi ölmüştü. Biri, kaya kovuğundan güvercin yumurtası almaya çalışırken düşüp parçalanan gencecik bir çobandı, çocuk bile denebilirdi. Kafası taşlara çarpa çarpa dağılmış, beyni yoğurt gibi oraya buraya saçılmıştı. Öteki, mantar yiyen dul bir erkek; kahvenin önünde, sapasağlamken. Birden baş dönmesi ve köpürüp inleyen kocaman bir ağız. Üçüncüsüyse görülmüş işitilmiş ölümlerden değil. On yedi yaşındaki bir kız, neresi ağrıyorduysa artık, iki şişe sülüğü bedenine yapıştırıp uykuya dalmış, yatağında, kan emmekten balonlaşmış sülük ölülerinin ortasında sapsarı bir et yığını olarak bulunmuştu.

"Evet," dedi muhtar, "derdin nedir Reşit?"

Reşit yutkundu. Şapkasını eline almış, dosdoğru muhtarın gözbebeklerine bakıyordu.

"Güvercin yok," dedi derin bir uçurumun dibinden fısıltıyla; "yok, kayboldu."

⭐ KELİMELER（生词注释）

kağnı	牛车	mısır koçanı	玉米穗轴
sıvazlamak	捋，抚摸	kuşluk	午前

heybe	马褡裢；工具包	şerh	说明，讲解
kılı kırk yarmak	仔细研究	karaltı	黑影
kunduracı	鞋匠	çerçi	货郎
yıllanmak	满一年；拖很长时间	diş bilemek	伺机报复
arap saçına dönmek	变得一团糟	gafil avlamak	使措手不及
yörünge	轨道	sülük	水蛭
gıkı çıkmamak	不吭气，不发表意见	sapan	弹弓
anason	八角茴香	mürit	穆里德派信徒

YAZAR HAKKINDA（作者简介）

Hasan Ali Toptaş, 15 Ekim 1958 yılında Denizli'nin Çal ilçesinde doğdu. Meslek yüksek okulunu tamamlayamadan memurluğa başladı. Veznedarlık, icra memurluğu ve hazine avukatlığında memurluk yaptı.

Temiz bir Türkçe ile yazan Hasan Ali Topaş, öykü, roman ve şiirleriyle tanındı. 1987'de ilk öykü kitabı Bir Gülüşün Kimliği, 1990'da ikinci öykü kitabı Yoklar Fısıltısı yayımlandı.

1990'lı yıllarda yayımlanan kitaplarıyla pek çok ödül alan Toptaş, dili kullanmadaki ustalığıyla tanınmakta, postmodern edebiyatın önemli temsilcilerinden biri olarak kabul edilmektedir.

Hasan Ali Toptaş'ın Gölgesizler romanını yönetmen Ümit Ünal sinemaya uyarlamıştır. Filmde kendisi de rol aldı. 5 Nisan 2013 tarihinde Hasan Ali Toptaş'ın Heba isimli romanı yayımlandı.

ALIŞTIRMALAR（练习）

1. Hasan Ali Topaş ile ilgili kısa bilgiler derleyerek arkadaşlarınızla paylaşınız.

2. Nuri kaybolduktan sonra karısı ve köylüler onu bulmak için ne yaptılar?

3. Nuri'nin kayboluşu hakkında ortaya çıkan söylentileri sıralayınız.

DERS ON SEKİZ

ELMA HIRSIZLARI

作 品 导 读

麦麦特·巴依杜尔（1951—2001）出生于安卡拉，高中毕业后曾前往英国伦敦大学学习社会学，后中途辍学回到土耳其。回国后，巴依杜尔开始进行文学创作，并于 1979 年在杂志上发表了他的第一部短篇小说。1982 年，巴依杜尔的第一部戏剧作品《柠檬》问世。在好友、著名作家阿达莱特·阿奥鲁的强烈推荐下，导演穆什菲克·肯特尔将《柠檬》搬上舞台。演出大获成功，巴依杜尔也因此声名大噪，跻身知名剧作家的行列。在这之后，巴依杜尔又陆续创作了戏剧作品二十余部，其

中代表作品有《共和国之女》、《晌午》、《蒙面骑士》、《卡车》、《紫罗兰大盗》等。2001 年，巴依杜尔病逝于伊斯坦布尔，享年 50 岁。

《偷苹果的贼》是巴依杜尔的代表作品之一，出版于 1996 年。这是巴依杜尔根据土耳其著名法学家、作家法鲁克·埃莱姆的作品《律师回忆录》改编而成的一部两幕剧。作品通过十一个具有代表性的案例客观真实地反映了土耳其社会在司法审判和维护社会公义等方面存在的问题，并借助律师及其助手之间的对话就法律和公平正义之间的关系进行了深层次的探讨。作品主题鲜明，布局巧妙，语言诙谐但不失深度，情节简单却耐人寻味。

"ELMA HIRSIZLARI" OYUNUNDAN SEÇMELER

BİRİNCİ PERDE

(Işık. Jaluzileri yarı açık bir pencerenin önünde siyah takım elbiseli, kravatlı bir Adam düşünceli sigara içer.)

ADAM: *(Kendi kendisiyle konuşur gibidir)* Hukuk ile adaletin birbiriyle ilintili ama iki ayrı kavram olduğunu anlayıp anlatabilsek... ne olur? Biraz daha kolaylaşır mı işimiz? Hukuka uygun her çözüm adaletli değildir. Bazen de adalet yerini bulur ama hukuk dışıdır bu çözüm. Hangisini yeğleyeceğiz? Hukuk ile adalet arasında sıkışıp kalırsa insan, neyi seçmelidir? Avukat, savcı, hakim, bütün hukukçuları ilgilendiren bir ikilem bu.*(Gülümser)* Elbette adalet ile hukukun birbirine yakın durduğu toplumlarda bu ve benzeri ikilemler insanları daha yakından ilgilendirir. Bir tuhaftır ceza avukatlığı. Avukatlık zaten garip meslektir. Sözlük nasıl tanımlıyor biliyor musunuz avakatlığı? Hak ve yasa işlerinde isteyenlere yol göstermeyi, mahkemelerde başkalarının hakkını aramayı, korumayı meslek edinen ve bunun için yasanın gerektirdiği koşulları taşıyan kimse. Savunman: Hak ve yasa işlerinde...böyle başlıyor avukatlığın tanımı. Sözlük bile ayrımını yapıyor: Hak ve yasa! Birbirine yakın duran iki ayrı kavram...Bir de mecazi tanımı var avukatlığın, onu çok seviyorum: Gerekmediği halde başkasının savunmasını üstlenen kimse. Öyle ya, ara rejimlerden bir ara rejimde adam kitap yazmış, hop bir telefon, içeriye alınmış. Durumun hukukla, yasayla yakından uzaktan ilintisi yok. Çıkıp savunuyorsunuz. Davayı kaybettiğiniz gibi, sizi de içeri alıyorlar. Bir tuhaftır ceza avukatlığı... Ceza ne demek oluyor peki? Sözlüğe göre, suç işleyene doğru yola gelmesi ve başkalarına örnek olması için suçun önemine göre uygulanan yaptırım. Ceza. Bizim ülkemizde, başka ülkelerde olduğu gibi türlü çeşitlidir cezalar. Bu kitabı neden yazdın efendim diye sorarlar ve yirmi yıl hapisle cezalandırırsınız örneğin. Ya da beş yaşında, kısa pantolonlu bir veletken salondaki vazoyu kırarsınız. İyi bir sopa yersiniz. Ertesi gün suç da unutulur, ceza da kırılan vazo da. Hoşgörünün ya da adalet duyumunun egemen olduğu dönemlerde bir yıllık ceza ile atlatabileceğiniz bazı suçlar, bazı ilkel kafaların egemen olduğu dönemlerde dar ağacına götürebilir sizi. Onyedi yaşında bile olsanız. Bunlardan ve başka nedenlerden ötürü bir tuhaftır ceza avukatlığı. Ölümle haşir neşir olur insan. Ölüm cezası diye bir ceza var ülkemizde.

Adam birini öldürmüş. Bu suç. Siz de bu suçu, aynı suçu işleyerek düzeltiyorsunuz. Adı ceza oluyor. Adam yaparsa suç, devlet yaparsa ceza.*(Sessizlik)* Hukuk korkutucu olabilir, adalet hep ferahlatıcıdır oysa. Mesleğe ilk başladığım yıllardı...*(Sahnenin sağ tarafı aydınlanır. Bir tabure. Bir mahkûm. Adam mahkûmun yanına gider.)*

ADAM: Suçsuz olduğunu biliyorum.

MAHKÛM: Evet. Ben de biliyorum.

ADAM: Mahkemeyi inandıramadık buna.

MAHKÛM: Evet, öyle oldu. Ama... ikimiz biliyoruz hiç değilse... di mi? Suçsuz olduğumu biliyoruz. İkimiz.

ADAM: Temyiz edeceğiz.

MAHKÛM: Edelim. Yoksa asacaklar beni.

ADAM: Hayır! Nereden çıkardın bunu? Olmaz öyle şey!

MAHKÛM: Avukat bey, karar öyle çıkmadı mı?

ADAM: Hayır. Evet. Öyle çıktı ama temyiz edeceğiz.

MAHKÛM: Edelim. *(Bir an)* Yoksa asacaklar beni.

ADAM: Suçsuz olduğunu biliyorum.

MAHKÛM: Sen biliyorsun, ben biliyorum, bakkal Remzi biliyor, tornacı Kemal biliyor, onun karısı Gülsüm ve oğlu tasviyeci Mahmut biliyor, komşumuz ikinci kaptan Tarık bey ve karısı Mualla hanım biliyor, yedek parçacı Muhsin biliyor suçsuz olduğumu. Bir tek mahkeme bilmiyor. Onlar da idam edilmemi, bir kereye mahsus asılarak bu dünyaya veda etmemi uygun görüyorlar!

ADAM: Bana güven. *(Bir an)* Seni kurtaracağım. *(Işık yiterken son taraftaki pencere aydınlanır. Adam oraya yürürken konuşur.)*

ADAM: Kurtaramadım. Suçsuzdu ve idam edilecekti. İnfaza gittim. Ceza kanununda bir hüküm vardır: Ölüm cezasına mahkûm edilmiş olan kişinin avukatı... İsterse... isterse müvekkili asılırken hazır bulunabilir. Bu hükme göre savunduğunuz insanın öldürülme töreninde gönüllü seyirci olmanıza izin verilir. Bence çok doğru bir hüküm. Aynı kanuna göre mahkeme heyetinden bir zat-ı muhteremin de orada olması gerekir. Aslında ölüm cezasını veren ağır ceza heyeti, bence tam takım orada olmalı. Hukukla adaletin birbirine yakın durmadığı yerlerde uygulama böyle olmaz. İdamlarda ne kararı veren hakimler bulunur, ne de asılacak insanı savunan avukatlar. Bütün idamlara hepimiz katılsak, ölüm cezaları azalacaktır ister istemez. *(Bir an)* Ona söz vermiştim, seni kurtaracağım, idam edemezler filan demiştim. Ölüm cezası kesinleşti. Sıcak, pırıl pırıl, masmavi bir ağustos sabahı...infaza gittim. *(Sağ taraf aydınlanırken Adam o tarafa yürür. Mahkûm, idam giysileriyle aynı taburenin önünde ayakta durur.)*

ADAM:	Merhaba.
MAHKÛM:	Merhaba. *(Sessizlik)*Hoş geldiniz.
ADAM:	Hoş...bulduk. *(Sessizlik)*Böyle...olmaması gerekir...di.
MAHKÛM:	Evet. *(Sessizlik)* Ayıp bir şey.
ADAM:	Evet. *(Sessizlik)* Öyle.
MAHKÛM:	Ben yapmadım.
ADAM:	Biliyorum.
MAHKÛM:	Biliyorsun di mi?
ADAM:	Evet. Biliyorum.
MAHKÛM:	Bu... hukuk dediğiniz acayip bir şey o zaman...
ADAM:	Öyle. *(Sessizlik)* İstediğin bir şey var mı?
MAHKÛM:	Var. Olmaz olur mu? Var!
ADAM:	Ne istiyorsun?
MAHKÛM:	Beni öldürecekler.
	(Sessizlik)
MAHKÛM:	Bir sigara ver.
ADAM:	*(Ceplerini yoklar, üst cebinde bir sigara bulur, verir, yan cebinden bir kutu kibrit çıkarır, mahkûmun sigarasını yakar. Elleri belli belirsiz titremektedir.)*
MAHKÛM:	Ben sigara içmem aslında, biliyor musun?
ADAM:	Ben de bırakacağım yakında. İyi bir şey değil.
MAHKÛM:	*(Gülümser)*Yok, öyle deme, şimdi... iyi bir şey bence.
ADAM:	Evet. Belki. Ama bırakmak lazım.
MAHKÛM:	Bunu da içeyim, bırakacağım avukat bey.
	(Sessizlik)
MAHKÛM:	Bugün?
ADAM:	Evet?
MAHKÛM:	Ayın kaçı bugün?
ADAM:	Dokuz Ağustos.
MAHKÛM:	Dokuz Ağustos?
ADAM:	Evet. Ağustos.

MAHKÛM:	Bir yerlere kar yağıyor olmalı.
ADAM:	Anlamadım.
MAHKÛM:	*(Sigarayı atar, söndürür)* Elimi tutar mısın?
	(Bakışırlar uzun bir an.)
ADAM:	*(Elini uzatır, mahkûmun elini tutar.)*
MAHKÛM:	Üşüyorum.
ADAM:	Buz gibi olmuş elin.
MAHKÛM:	İçim titriyor. Şimdiden başladım soğumaya.*(Tabureye çıkar.)* Sigara için teşekkür ederim. *(Bir an)*Sen de üşüyor musun?
ADAM:	Bilmiyorum. Ben de... titriyorum.
MAHKÛM:	Herkesin ısısı kendine. Bu sistem... üşütüyor insanı.
	(Işık yiter.
	Müzik. Işık. Sahnenin ortasında beyaz bir yuvarlak masa, dört iskemle vardır. Kuş sesleri, bahar havası. Adam, biri elli, öbürü yirmibeş yaşlarında iki kadınla, porselen fincanlardan çay içerek sohbet etmektedir.)
ADAM:	İki ayrı kavramdır zaman ile süre...
GENÇ KADIN:	Bir eylemin için geçtiği, geçeceği ya da geçmekte olduğu süre değil midir zaman?
KADIN:	Zaman kavramı süreyi de içerir diyorsun...
ADAM:	Süre, bir... zaman bölümüdür... bir zaman aralığı. Bilirsiniz, hukuk her şeyin süresinde yapılmasını ister. Oysa bir süre vardır ki, adalette yerini bulamazsınız. Hukuk süresidir belki ama kanunda yeri yoktur.
KADIN:	Bunu mantıksız buluyorum ben.
GENÇ KADIN:	Mantık ile akıl pek yakın durmazlar hep.
ADAM:	*(Güler)* Hukuk ile adalet gibi.
KADIN:	Hukukun süresi ile adaletin zamanı bu denli uzak düşerlerse sizin mesleğin anlamı zayıflamaz mı?
ADAM:	Zayıflar! Hem de nasıl! Hukuk her şeyin süresinde yapılmasını ister. Oysa öyle bir süre vardır ki... insanı isyana teşvik eder.
KADIN:	Nedir Faruk bey, anlatın da anlayalım, merek ettim.
ADAM:	Ölüm cezası verilir. Adam idama mahkûm edilmiştir. Karar kesinleşir ama bu cezanın verilmesiyle, yerine getirilmesi arasında uzun, upuzun bir süre geçer. Cinayete cinayetle yanıt veren güç, şimdi verdiği cezanın kuyruğuna bir de işkence ekler.
GENÇ KADIN:	Siz nasıl bir hukukçusunuz allahaşkına?

ADAM: Kötü bir hukukçuyum. İyi bir adaletçi olmayı yeğledim ben.

KADIN: İşkence... Ne iğrenç, ne ayıp bir sözcük!

ADAM: Yaa, öyle di mi? Adamı işlediği suçtan ötürü yargılıyoruz, ölüm cezası veriyoruz, seni asacağız, öldüreceğiz diyoruz, sonra... bürokratik nedenlerle bekletiyoruz. Artık yarın mı olur, altı ay sonra mı bilemem! Belki yarın, belki yarından da yakın, belki de bir yıl sonra idam edileceksin. Otur hücrende, uslu uslu ölümünü bekle diyoruz. Bu... işkencedir.

(Sessizlik. Çaylarını içerler.)

GENÇ KADIN: İnsanın insana eziyet etmemesi gerekir.

ADAM: Hay canım, hay güzelim, ne güzel söyledin!*(Duraklar)* Ne dedin?

GENÇ KADIN: İnsanın insana işkence etmemesi gerekir dedim.

ADAM: Haklısın. *(Dalar gider. Kendi kendine)* İnsanın insana işkence etmemesi gerekir. İdam cezasına hep karşıydım ama... bunu söylemek kolay değil, bizim hapishanelerdeki yaşam koşulları bazen ölümü yeğletebilir insana. Almanya'da modern bir hapishaneyi gezdirmişlerdi bir ziyaretimde. Yalnız ağır ceza hükümlülerinin konduğu çok modern bir yerdi. Tertemiz, aydınlık bir fabrika görünümündeydi. Cezaevinin çalışma atelyelerini gezerken bir papaz yaklaştı yanıma. Yaşlıca, efendiden bir adam. Bütün hayatını hükümlülere adamış. Yaşamını kendi isteğiyle hapishanede geçiren bir adam. Bin kişilik hapishanede kaç tane müebbet ağır hapis hükümlüsü olduğunu sordum. Beşyüzotuz diye yanıtladı.

KADIN: Hapisanenin yarısı müebbet mi?

ADAM: Öyle. Ben de şaşırdım sizin gibi. Ne kadar çok dedim. Papaz yüzüme baktı. Biz dedi, sizin gibi asmıyoruz.

(Sessizlik. Sonra bir akordeon sesi, derinden.)

ADAM: Polatlı'da, yıllarca önce iki Alman turist öldürülmüştü. Ankara Ağır Ceza Mahkemesinde yargılanıyordu sanıklar. Mahkeme sürerken, Alman Kiliseler Birliğinden bir telegraf geldi: Öldürülenler bizim vatandaşımızdır. Bizse idam cezasına karşıyız. Asmayınız.

KADIN: Ne oldu?

ADAM: Astılar.

(Işık yiter.

Işık. Beyefendi, şişmanca, kelce, orta boyluca, kahverengi takım elbiseli bir adamdır. Elinde ince bir dosya vardır. Adam da sigara içerek beyefendinin karşısında durur. Ortalarındaki koltukla şaşkın ve sevimli bir işçi oturur,

suçlu ama pişman değil bir çocuk gibidir. Bir fikir suçlusudur adam.)

BEYEFENDİ:	Özgürlük! Özerklik! İnsan Hakları! Yok devenin nalı! Hukukun üstünlüğü! Bağımsızlık! Höst yani!*(İşçi'ye)* Ne ilgisi var ulan Hukukun üstünlüğü ile Bağımsızlığın? Ha!
İŞÇİ:	Vardır.
BEYEFENDİ:	Yoktur. Herkesin hukuku kendine. Biz bize benzeriz.
İŞÇİ:	Evrensel değerlerdir bunlar.
BEYEFENDİ:	Şimdi ben seni kabak gibi oydurup içine evrensel değerler koydurtayım da gör.
İŞÇİ:	Tehdit mi ediyorsunuz?
ADAM:	*(Beyefendi'ye)* Müvekkilim ondokuz yazısından ötürü dört kere yargılandı, hepsinde beraat etti.
BEYEFENDİ:	Hukukun üstünlüğü diye tutturmasından belli.
ADAM:	Hukukun üstünlüğü evrensel bir kavramdır beyefendi.
BEYEFENDİ:	Ne ilgisi var buranın evrensellikle?
İŞÇİ:	Haklısınız efendim. Buranın evrensellikle hiçbir ilişkisi yok.
BEYEFENDİ:	Sen sus, fikrini soran olmadı.
İŞÇİ:	Susmam. *(Muzip)* Susmam. Özgürüm çünkü.
ADAM:	Müvekkilim beşinci kez beraat etti bugün. Özgür bir yurttaş.
BEYEFENDİ:	Öyle mi? İyi. Pekiyi. Gidebilirsiniz.
ADAM:	*(İşçi'ye)* Gidelim Muhsin. *(Çıkmadan önce bakışırlar. İşçi seksek oynayan bir çocuğun neşesiyle, Adam ise nedeni belirsiz bir hüzünle çıkar.)*
BEYEFENDİ:	*(Elinde dosyayla sahnenin ön ortasına yürür. Görünmeyen bir görevliye emir verir gibi konuşur.)* Bu iş böyle olmayacak. Hukuk mukuk derken yüzünüze gözünüze bulaştırdınız işi. Susturulması gerekiyor. Başka bir yol deneyeceğiz. Yurt dışına kaçmaya ikna edin bu herifi. Hemen. Öyle bir ikna edin ki, yurt dışına gitmekten başka hiçbir şey düşünemesin. Sonra...*(Işık yiter.)*
	(Işık. Birinci tablodaki jaluzili pencerenin önünde Adam ve genç kadın. Konuşmadan birbirlerine bakarlar. Bir an.)
ADAM:	Gece yarısı beş kişi gelmişler eve.
KADIN:	Orası evi değildi. Bir... arkadaşının bekar odası. Böyle bir şeyi bekliyordu. Çocukları ve beni rahatsız etmemek için, bir haftadır orada kalıyordu.
ADAM:	Rahatsız etmemek için mi?
KADIN:	Öyle dedi. Sözcüklerle dalga geçmeyi severdi biliyorsunuz.

ADAM:	Son günlerde hiç mi görüşmediniz?
KADIN:	Olur mu öyle şey! Her gün görüşüyorduk. Öğle tatilinde buluşup konuşuyorduk. Hollanda'ya gideceğini söyledi.
ADAM:	Hollanda mı?
KADIN:	Evet. Beni burada rahat bırakmayacaklar, giderim Hollanda'ya, bulurum bir iş, aldırırım seni ve çocukları yanıma diyerek ayrıldık. *(Sahnenin sağ tarafında elinde küçük, eski bir valizle işçi belirir.)*
İŞÇİ:	Beş kişi geldiler. Bir otomobile binip istasyona gittik. Trene bindik. Hep beraber. Adamlar gülüyorlardı. Biri bana bir tane bisküvi verdi. *(Cebinden ucu ısırılmış bir bisküvi çıkarır, gösterir)* Bir lokma aldım, ağzımda büyüdü. Kalanı cebime koydum. Çantamı açtılar. Utandım. Don, gömlek, fanila, senin ve çocukların fotoğrafları, beş on kitap... Trene binince, kompartımanın perdelerini çekip örttüler sıkı sıkı. Kapıya da "hizmete mahsustur" diye bir karton astılar.
KADIN:	*(Adam'a)* Korkmuş mudur? Trenleri severdi.
İŞÇİ:	Korkmadım. Trenleri severim. Beş kişi, bir de ben... Bir gece treninin içinde, hizmete mahsus bir kompartımanda. Saatlerce sonra bir istasyonda durdu tren. Haydi iniyoruz dediler. İndik. Tren kalktı gitti. Karanlıktı. Pek benzemiyordu Hollanda'ya. Uzakta köpekler havlıyordu. Çok uzakta tek tük ışıklar görünüyordu. Gün ağarmaya başlamıştı. İki saattir yürüyorduk.
KADIN:	*(Adam'a)* Yorulmazdı.
İŞÇİ:	Yorgun değildim. Karımı, çocuklarımı düşünüyordum.
KADIN:	*(Adam'a)* Beni, çocukları düşünmüştür biliyorum.
İŞÇİ:	İn cin yok, bir yerde dur dediler durdum. Yağlı saçlı, burnu sivilceli olanı yanaştı yanıma. Bak dedi, şu tepenin ardı sınır. Oradan sonra artık Hollanda'ya mı gidersin, Moskova'ya mı, ne halt edersen et ama bir daha gözümüze görünme. Bizden bu kadar, yolun açık olsun. Yolun açık olsun, yolun açık olsun. Beş kere el sıkıştık. Çantamı alıp yürüdüm. Derin bir nefes aldım. *(Sağdan çıkar çıkmaz beş el silah sesi duyulur. Sol taraf iyice aydınlanır.)*
ADAM:	Muhsin dört beş adım atmıştı, arkasından beş el ateş edildi. Yüzü koyun yere düştü. Ölmüştü.
KADIN:	Gövdesinde bir tek kurşun yarası vardı. Sol kürek kemiğinin altından giren tek kurşun yüzünden ölmüştü.
ADAM:	Oysa adamlar yakından ateş etmişler. Beşi de keskin nişancı. Bu iş için

seçilmişler. Dördü boşa, biri doluya atmıştı. Daha sonra zabıt tutuldu. Adam gizlice sınırdan kaçmak isterken vurulmuştu.

KADIN: Beş kişiden biri gelip bana anlattı olup biteni. Nereden, kimlerden, ne zaman emir aldıklarını, bütün işin nasıl planlandığını anlattı. Size dava açmanızı istemek için geldim.

(Adam'la kadın uzun bir an yüzyüze, birbirlerine bakarlar. Kadın döner, sağdan çıkar.)

ADAM: Dava açamadım. O dönemde bazı davaları açmak kolay değildi. Meslek hayatımda yürekli olamadığım için, kendimi hor gördüğüm anılarım da olmuştur. *(Sağdan elinde küçük valiziyle İşçi görünür.)*

İŞÇİ: *(Seyirciye)* Hollanda'ya gitmek istiyordum. *(Işık yiter.)*

(Işık. Avukat giysileriyle Adam ve Arkadaşı mahkeme girişinde söyleşirler.)

ADAM: Yahu hep söylüyorum, hukuk başka, adalet başka! Hukuk tarafsızdır. Soğukkanlı yaklaşır soruna.

ARKADAŞ: Hangi soruna!

ADAM: Adalet sorununa!

ARKADAŞ: Adalet, hiçbir ülkede tarafsız değildir! Burjuva adaleti var, yöntemli adalet var... Siyasal rejimi ne olursa olsun her ülkenin ceza adaletinde insana saygı, insanın düşünce özgürlüğne saygı gibi kavramlar ayvayı yemiştir. İş böyle olunca, ister Amerika'da ol, ister Küba'da, adaletten kaçmak ya da kaçmamak ilginç bir sorun haline gelir.

ADAM: Yani kanunlara ya da geçerli hukuka karşı çıkmak ya da çıkmamak meselesi mi sözünü ettiğin şey?

ARKADAŞ: Bir kanunun yanlışlığını, haksızlığını göstermek için ve değişmesini sağlamak için o kanuna itaat fikrini küçümsememek gerekir diyorum.

ADAM: Ah yine Sokrates ile Aristo ikilemi!

ARKADAŞ: Sokrates, o adalet fikrinden kaçabilirdi. Kaçmadı. Kaçmadığı için, kendini yargılayan beşyüz hakimli mahkemeyi kabul etmiş mi oluyor? Mahkemeyi, kendini ölüme mahkûm eden mahkemeyi, kaçmamakla reddediyordu. Kaçsaydı Atina'nın düşmanı sayılır, kararın doğru görülmesine neden olurdu. Sokrates'i ölüme mahkûm eden hakimlerden bir tanesi bile bugüne kadar yaşayabilmiş değildir. Ama sayın ve sevgili Sokrates hep aramızda. Yaşıyor!

ADAM: Sokrates'ten yetmiş altı yıl sonra yargılanan Aristo ise sürgünü yeğlemiş.

ARKADAŞ: Aristo ne demiş ama?

ADAM:	Atinalıların özgür düşünme hakkına karşı ikinci bir suç işlemelerine izin vermeyceceğim!
ARKADAŞ:	İki ayrı davranış. İkisi de düşündürücü. Sokrates "Benden nefret ediyorlarsa, söylediklerim doğru olmalı" diyordu. Aristo ise "Benden nefret edilirse, söylediklerimin doğruluğunu kanıtlayamam" demeyi seçti.
ADAM:	Ben Sokrates'e daha yakın hissediyorum kendimi.
ARKADAŞ:	*(Gülümser)* Bazı ülkelerin hukuk sistemlerinde ve adalet anlayışlarında avukatların Sokrates'i yeğlemeleri doğaldır. *(Işık yiter.)*

⭐ KELİMELER（生词注释）

jaluzi	百叶窗	ikilem	两难的处境，困境
dar ağacı	绞刑台	haşir neşir olmak	同某人亲密无间
temyiz	上诉	tornacı	车工
tasviyeci	清算师	infaz	执行
müvekkil	委托人	muhterem	尊敬的
müebbet	终生的	akordeon	手风琴
beraat etmek	被判无罪	seksek	跳房子游戏
in cin yok	空无一人	zabıt tutmak	做记录
hor görmek	鄙视	ayvayı yemek	吃苦头，吃亏
itaat	服从		

⭐ YAZAR HAKKINDA（作者简介）

Memet Baydur, 9 Ağustos 1951 tarihinde Ankara'da doğmuştur. Orta öğrenimini Ankara'da bitirdikten sonra uzun yıllar Paris'te yaşadı. 1974 yılında İngiltere'ye giderek Londra Üniversitesi'nde sosyoloji eğitimi görmekte iken öğrenimini yarıda bırakarak Türkiye'ye döndü. Kısa öyküler yazan Memet Baydur'un ilk yazısı 1979 yılında "Yeni İnsan" dergisinde çıktı.

Daha sonra Milliyet Sanat, Gösteri, ve Sanat Dünyamız dergilerinde yazı ve öyküleri çıkmaya başladı. Dışişleri Bakanlığında çalışan ve büyükelçi olan eşi Sina Baydur'un atandığı görev yerleri nedeniyle değişik ülkelerde bulundu. 1982 yılında Afrika'ya Kenya'nın başkenti Nairobi'ye gitti. 1982–1986 yılları arasında Afrika'da Kenya Toplu İletişim Okulu'nda sinema tarihi ve sinematografi dersleri verdi.

1982 yılında yazdığı ilk oyunu olan Limon'u edebiyat çevrelerinden tanıdığı ve ölümüne kadar dostluğunu sürdürdüğü Adalet Ağaoğlu vasıtası ile Müşfik Kenter'e okutur. Limon, 1984 yılında Müşfik Kenter tarafından sahnelenir ve hem yazarına hem yönetmenine ödül getirir.

1988–1992 yılları arasında Madrid'deki Uluslararası Akdeniz Tiyatro Enstitüsü'nün kurucu üyeleri arasında yer aldı. 1992'den itibaren Bonn Tiyatro Bienali'nin Türkiye danışmanlığını yaptı. Uğur Mumcu Araştırmacı Gazetecilik Vakfı'nda sinema dersleri verdi, Cumhuriyet gazetesinde yazılar yazdı. 1996 yılında eşinin işi gereği Washington D.C. yakınlarında Virginia eyaletinin McLean şehrinde bulundular.

Memet Baydur, çoğu Devlet Tiyatrosu sahnelerinde ve özel tiyatrolarda sahnelenmiş 23 tiyatro oyunu yazmıştır. Memet Baydur'un oyunları çağdaş geleneksel Türk mizah anlayışının buruk–alaycı tavrını sürdüren, şaka ile ciddi arasında gidip gelen, gerçeğin benzerini değil, sahneye özgü oyunsu bir gerçekliği yakalamaya çalışan yapıtlardır. Benimsenmiş değerleri sorguya çeker. İçi boşalmış doğruları, kalıplaşmış kuralları yerinden oynatmaya çalışır.

Memet Baydur, 24 Kasım 2001 tarihinde ABD'de tedavi gördüğü kanser rahatsızlığından sonra İstanbul'da 50 yaşında ölmüştür.

ALIŞTIRMALAR (练习)

1. Memet Baydur ile ilgili kısa bilgiler derleyerek arkadaşlarınızla paylaşınız.

2. "Hukuka uygun her çözüm adaletli değildir" düşüncesine katılıyor musunuz? Sizce nasıl bir hukuk sistemi kurulmalı?

DERS ON DOKUZ

ADI AYLİN

⭐ 作品导读

阿依赛·库琳（1941—）出生于伊斯坦布尔，高中就读于阿尔纳乌特科伊美国女子高中，主修文学。高中毕业后，库琳曾在《共和国报》、《民族报》等报纸杂志担任过编辑和专栏作家，还在不少影视作品中担任过舞台设计、艺术指导和编剧等职。自 1984 年第一部短篇小说集《面朝太阳》问世以来，库琳先后创作了 20 多部作品，其中代表作品有《晨图》、《她的名字叫阿依琳》、《塞夫达琳卡》、《福莱娅》、《午夜回声》、《桥》、《告别》、《如我心中的红玫瑰》、《折翼之鸟》等。

　　长篇传记小说《她的名字叫阿依琳》是库琳的成名之作，创作于 1997 年。小说问世后好评如潮，库琳也因此被伊斯坦布尔大学传媒学院评为"年度作家"。库琳在小说中为我们讲述了她的童年挚友——阿依琳·戴芙丽梅尔极富传奇色彩的一生。阿依琳，一个拥有贵族血统的土耳其女孩，高中毕业后便远赴巴黎踏上了漫漫的求学之路。外表看似柔弱的阿依琳有着一颗强大的内心，她克服了求学路上的重重困难，完成学业成为一名心理医生，并最终取得了事业上的成功。和事业相比，阿依琳的爱情生活可谓坎坷，几段婚姻都以分手而告终。小说采用了倒叙的写作手法，以阿依琳的葬礼作为开篇，通过爱情和事业两条主线来展开叙述。整部小说语言流畅，感情真挚，让我们在走进阿依琳传奇人生的同时，也明白了一个深刻的道理：面对困难不要轻言放弃。只要敢于坚持，最终的成功一定属于你。

"ADI AYLİN" ROMANINDAN SEÇMELER

Paris ve Prens

Nilüfer, Londra'dan Paris'e, 1960 yılında taşındı. Aziz'in Londra'daki üniversite tahsili bitmiş, Ali Tansever de, nihayet oğlunun balık ticareti yapmaya yatkın olmadığına ikna olarak, onu istediği mesleği seçmesinde serbest bırakmıştı. Aziz, uluslararası diplomat olmak için Nato'ya başvurmuş, kabul edilmiş, Paris'e tayini çıkmıştı. Karı koca, hemen Paris'e geçip, Passy'de güzel bir eve yerleştiler. Bu evi de Londra'daki ev gibi, yine Leyla Hanım ayarlamıştı onlara. Meşhur ressam Osman Hamdi Bey'in kızının eviydi. Torunu Cenan Sarc, Leyla Hanım'ın arkadaşıydı. Annesini yeni kaybetmişti ve onun Passy'deki dayalı döşeli evini ne yapacağını bilemiyordu. Nilüfer ve Aziz, Paris'e gelir gelmez, tepeden tırnağa antikalarla ve nadide resimlerle dolu bu evde yaşamaya başladılar.

Nilüfer, Londra'da başladığı eğitime devam etmek için, Ecole de Louvre'un arkeoloji ve sanat tarihi kurslarına yazıldı.

Aylin, üniversitesini yarım bırakmıştı. Annelerinin ölümü her iki kızını da çok üzmüştü ama, Aylin annesini kaybettikten sonra bir bunalımın eşiğine gelmişti. Belki, o çocukluk yıllarını yaşarken, Nilüfer İstanbul'da okuduğu için, Leyla Hanım çok düşmüştü küçük kızının üstüne. Belki de Nilüfer'e çok baskı yaptığından, Aylin'e daha hoşgörülü yaklaşmış, daha anlayışlı davranmış, aralarında özel bir iletişim kurulmuştu. Nilüfer, babasının ilk göz ağrısı olduğu için, anneleri de, içgüdüsel olarak, çirkin ördeğini koruması altına almış olabilirdi. Sebebi her neyse, annenin ölümünün tahribatı küçük kızının üstünde çok ağır olmuştu. Onu bir süre dayısının yanına yollamayı düşündüler ama aksi gibi, Hilmi Bey de Amerika'ya yerleşmeye karar vermişti o sıralarda. Cenevre'den ayrılacaktı. Aylin, o üzüntülü günlerinde, annesini kaybettiği evde yaşamayı göze alamadı, bir süre için ablasının yanında Paris'te kalmaya karar verdi.

Paris Aylin'e, Aylin de Paris'e çok yakışmıştı. Aylin'in Paris'e gittiği ilk günlerde, iki kardeş, sokaklarda başıboş dolaşıp durdular. Dünyanın en güzel şehrinde, bir gün ormanda, bir gün nehir kenarında uzun yürüyüşler yapıyor, resim ve heykel galerilerini, müzeleri geziyor, kahvelerde oturup, kentin havasını kokluyor, dolu dolu yaşıyorlardı Paris'i. Annelerinin ölümünden sonra, tembellikten başka, içlerinden hiçbir şey yapmak gelmiyordu. Sanki hedefleri kaybolmuştu. Artık, yol göstericileri yanlarında olmadığı için, yaptıklarını takdir edecek, onlara "aferin" diyecek biri de yoktu. Amaçsız kalmışlardı. Kendini ilk toparlayan Nilüfer oldu. Kardeşine bir istikamet çizmesi için ısrar etmeye başladı. Paris'te çok kapsamlı sanat kursları vardı. Hatta, Fransızcasını biraz daha ilerletince Aylin, ciddi bir üniversite tahsiline bile başlayabilirdi.

"Üniversiteye ancak tıp okumak için giderim," dedi Aylin.

"Sen tıp tahsilini ne zannediyorsun, Aylin? Çocuk oyuncağı değil bu."

"Annem gibi konuşup durma," dedi Aylin. "Tıp tahsilinin ne olduğunu ben de biliyorum herhalde."

"Acaba? Yirmi iki yaşına geldin. Altı sene okuyacaksın, sonra da doktor olabilmek için bir o kadar zaman daha."

"Ne kadar süreceği umurumda bile değil."

"Ne dediğini bilmiyorsun sen. Ticaret okumak bile zor geldi sana."

"Nilüfer, nankör olma, geçen yılın şartlarını biliyorsun."

"O şartlar değişti şimdi. Bari bıraktığın yerden başla," dedi Nilüfer.

"Ticareti sevmedim, okuyamam."

"Ticareti sevmedin, ama tıbbı seveceksin öyle mi? Tıp daha zor."

"Tıp daha zor olabilir ama ben onu istiyorum."

"Bir hayal bu," dedi Nilüfer. "Abuk subuk hayallerin peşinde zaman kaybedeceğine, gir bir fakülteye, sanat oku, tarih oku, ne bileyim, iki üç yıllık bir konu bul."

"Ya tıp ya da hiçbir şey," dedi Aylin.

"Aylin! Annemiz öldü. Doktor olsan bile onu geri getiremezsin. Öldü o." dedi Nilüfer.

"Üniversiteye gitmediğim takdirde, İstanbul'a mı dönmemi istiyorsun?" diye sordu Aylin.

"Hayır. Dilediğin kadar kal. Ama Tanrının günü amaçsız gez gez, Deux Maggots'da kahve iç! Süslen püslen La Cuopole'de yemek ye! Hayat mı bu, Allah aşkına?" dedi Nilüfer.

İlkbaharda, teyzeleri Esma Nayman, Milletlerarası Kadınlar Konseyi Yönetim Kurulu üyesi olduğu için, o yıl Paris'te yapılan kurul toplantısına katılmak üzere Paris'e geldi. Esma Hanım, George V Oteli'nde kalıyordu. Bir akşamüstü yeğenlerini otele çaya davet etti. Kızlar süslenip püslenip gittiler. Lobide bir kenara oturup, teyzelerini beklemeye başladılar. Otel kalabalıktı, giren çıkanı seyrediyorlardı. Birden, bir hareketlenme oldu. Şalvarlı, başları sarıklı iki Arap, koşturdular, hazır ola geçtiler. Uzun paçalarını konçları sırmalı kısa çizmelerinin içine sokmuş, üstünde kenarları simle işlenmiş siyah bir kaftan, başında da fes olan, orta boylu, esmer bir adam, yanında büyük bir kalabalıkla otelin kapısından girdi ve eteklerini uçurarak hızlı hızlı kızların oturduğu tarafa doğru yürüdü. Tam önlerinden geçerken, Aylin bir an göz göze geldi adamla. Kor gibi simsiyah gözleri, delici bir bakışla bir an Aylin'in gözlerinde durdu. Sonra, peşinde kaftanlı kalabalık, yürüdü gitti.

"Bunlar da kimin nesi?" dedi Nilüfer. "Bu garip kıyafetlerle... Arabistanlı olmalılar."

Birazdan indi odasından Esma Hanım. Birlikte çay salonuna yürüyüp, bir masaya oturdular. Çaylarını, pastalarını ısmarladılar.

"Sen kendine bir çeki düzen verebildin mi, Aylin?" diye sordu teyzesi.

"Daha iyiyim, teyze," dedi Aylin.

"Ölenle ölünmüyor kızım. Acını içine gömüp, kendine yeni bir yol seçmelisin. Leyla senin evlenmeni isterdi ama, ortalıkta bir koca adayı görünmediğine göre, sen tahsiline devam et, bence."

"Tıp okumak istiyorum."

"Bu yaştan sonra mı? Geç kaldın Aylin."

"Rahmetli annem, 'tıp tahsili çirkin kızlar içindir,' derdi," dedi Nilüfer.

"Ben de ailenin çirkini değil miydim zaten?"

"İdin!.. Birkaç yıldan beri kozasından çıkmış kelebek gibisin, pek hoşlaştın," dedi teyzesi.

Birden çay salonunda da bir hareketlenme oldu. Biraz önce lobiden geçen tuhaf giysili adamlar, bu kez de çay salonuna girip, Aylin'lerin masasının tam karşısına oturdular.

"Ay, deminkiler buraya da geldiler," dedi Nilüfer.

"Kimler?" diye sordu Esma Hanım.

"Seni beklerken lobide rastladığımız Araplar. Teyze, senin arkan dönük, göremiyorsun."

"Daha iyi," dedi Esma Hanım. "Hiç hoşlanmam Araplardan. Görmesem de olur."

Sohbetlerine devam ettiler. Biraz sonra Nilüfer, "O fesli adam, devamlı bize bakıyor," dedi. Aylin, başını çevirip yana doğru baktı ve gözleri yine o kapkara delici bakışlarla buluştu.

"Bakar tabii, Arap işte, kendi memleketinde peçe gerisindeki kadın suratlarını göremiyor ki, ne yapsın zavallı," dedi Esma Hanım.

"Nilüfer'in güzelliğine bakıyordur," dedi Aylin.

"Kusura bakma ama, bu Arap, bana değil sana bakıyor," dedi Nilüfer.

"Arap değil mi, bana bile bakar," dedi Esma Hanım. Aylin yine hafifçe çevirdi başını o tarafa doğru.

Birazdan garson elinde çay servisiyle geldi yanlarına, masalarının üzerini doldurmaya başladı. Nilüfer garsona doğru eğilip sordu, "Şu karşı masada oturan fistanlı beyleri tanıyor musunuz?"

"Evet," dedi garson, "Bu otelin müşterileridir, sık sık gelirler. Siyah kaftanlı olan, Libya prenslerinden, Şeyh Ben Tekkouk Senusi'dir. Yanındakiler de maiyeti."

"Aaa, bak Prensmiş o adam," dedi Aylin.

"Aman kızım, Libya'da herkes prens. Libya Kralı'nın oğullarının sayısı herhalde beş yüzü buluyordur. Sen o prensleri, İngiltere'dekilerle karıştırma," dedi Esma Hanım. Aylin çayını içtikten sonra, tuvalete gitmek üzere kalktı. Lucy Claytons'da öğrendiği gibi, başını dimdik tutup, karnını içeri çekerek, bir kuğu gibi süzüle süzüle yürüdü.

"Buna ne oluyor böyle, kuzum?" dedi teyzesi.

"Manken yürüyüşü yapıyor," dedi Nilüfer.

"Prens zannettiği Arap'a mı? Zahmetine değmez," dedi Esma Hanım. "Nilüfer, sen artık bu kızın annesi sayılırsın, ısrar et de doğru dürüst bir fakülteye girsin, fazla geç kalmadan."

"Elimden geleni yapıyorum teyze," dedi Nilüfer. "Ama annemin ölümü onu tahminlerin ötesinde sarstı. Bir vurdumduymazlık geldi üstüne. Geçecek elbette, zamanla."

"Zaman dediğin şey, çok önemlidir. Farkına bile varmadan geçer. Bir bakarsın, üniversite yaşını geçivermişsin. Bir bakarsın evlenmek için geç kalmışsın. Çocuk yapma yaşını geride bırakıvermişsin." Bir an sustu, "Bu sonuncusu sanaydı, Nilüfer," dedi.

"Biz çocuk istemiyoruz, teyze."

"Neden kızım?"

"Aziz bana çok düşkün. Çocuğumuz olursa, ona olan ilgimin azalacağından korkuyor."

"Peki, ya sen?"

"Bir tarafın istemesiyle olmaz bu iş. Çocuğu ikimiz de istemeliyiz." Teyzesi tam ağzını açıyordu ki, Nilüfer, lafını ağzına tıktı, "Nerede kaldı bu kız? Teyze, bir şey söyleyeceğim, Aylin tuvalete kalkınca, o Arap da peşinden gitti."

"Hemen koş git tuvalete bak kızım. Bu Arap milletinden korkarım ben. Her şeyi yapar onlar. Koş, koş, haydi... Niye söylemedin daha önce?"

Nilüfer tam kalkmıştı ki, salonun kapısında Aylin gözüktü. Salına salına geldi, yerine oturdu.

"Nerede kaldın?" dedi Nilüfer.

"Tuvaletteydim."

"Bu kadar uzun zaman kalınır mı tuvalette, miden mi bozuldu?"

"Makyaj yaptım," dedi Aylin.

"O Arap peşinden mi geldi senin?"

"Prens mi?" diye sordu Aylin.

"Prens olduğunu ne biliyorsun, elin Arap'ının? Garsonun demesiyle prens olunur mu?" dedi Esma Hanım.

"Teyze, çok şüphecisin. Biraz da ırkçısın sen," dedi Aylin.

"Yahudileri ve Arapları sevmem. Evet, ırkçıyım," dedi Esma Hanım.

"Fransızları, İngilizleri ve İtalyanları seversin ama değil mi?"

"Severim. Ne varsa Avrupa'da var. Medeniyetin, sanatın beşiği burasıdır," dedi Esma Hanım. Biraz sonra hesap istedi garsondan.

"Hesabınız ödendi Madam," dedi garson.

"Çayın hesabı oda numarama yazılacak ama, ben henüz imzalamadım ki fişini," dedi

Esma Hanım şaşkınlıkla.

"Çayınız ödendi Madam."

"Kim ödedi?"

"Prens Senusi."

"O da kim?"

"Şu arka masada oturan bey."

"Ne münasebet. Ben o beyi tanımıyorum. Kabul etmiyorum. Siz hemen benim hesabımı getirin bana," dedi Esma Hanım. Aylin hafifçe kızarmıştı.

"Teyze uzatma," dedi yavaşça.

"Nasıl uzatmam. Kim oluyor o münasebetsiz Arap." Münasebetsiz Arap'ı görmek için arkasını döndü. Arka masa boşalmıştı.

"Teyze... hadise çıkarma bir çay hesabı için," dedi Aylin. "O Arap'ı yakında tanıyacaksın. Ben o adamla evleneceğim."

Prens Ben Tekkouk Senusi'nin Aylin'e kur yapma yöntemi son derece etkileyiciydi. Nilüfer'le Aziz'in evi her gün baygın kokular saçan, en nadide çiçeklerle dolup taşıyordu. Aylin'i, siyah ve upuzun limuzini ile almaya geldiğinde, sokaktaki evlerin pencerelerine insanlar üşüşüyordu. Aylin birdenbire kendini bir peri masalının içinde bulmuştu.

Nilüfer, ne akıl vereceğini bilemiyordu. Bir otel lobisinde, bir anlık bakışmanın bu boyutlara gelebilmesi inanılır gibi değildi. Bir anlık bakışmanın sonucunda, tuvaletlerin önünde yapılan bir evlenme teklifi!.. Ne kadar abes olsa da, gerçekti işte. Prens, Aylin'in peşinden yürümüş, tanışmak istediğini söylemiş, Aylin, Türk kızlarının yabancılarla konuşma alışkanlıkları olmadığını bildirmişti.

"Niyetleri çok ciddi olsa bile mi?" diye sormuştu Prens.

"Ne kadar ciddi?"

"Evlenme teklifi yapacak kadar."

"O halde ailemle görüşmeniz gerekecek," demişti Aylin. Kaftanlı adama Nilüfer'in ev telefonunu verirken, kararını da o anda vermişti aslında. Eğer söyledikleri doğruysa, prens olduğunu iddia eden bu adam bir evlenme teklifiyle gelecek olursa, onunla evlenecekti. Annesi sık sık tekrarlardı Napolyon'un sözlerini, "Fırsat avucunuzun içindeyken, ondan yararlanın. Yoksa parmaklarınızın arasından akıp gider."

Nilüfer'in içinden bir ses, kılığı kıyafeti, dili, kültürü kendilerinden bu kadar ayrı biriyle, kız kardeşinin alelacele evlenmesinin doğru olmayacağını söylüyordu, mantığı ise, Aylin'in başına konan bu devlet kuşunun kaçırılmaması gerektiğini. Aziz karışmıyordu. En büyük zorluğu da Esma teyzeleri çıkarıyordu. Bu adam hakkında bir araştırma yapılmalıydı. En azından Libya Konsolosluğu'na sorulabilirdi. Üstelik Ben Tekkouk, "aşçının oğlu" demekti.

Kız kardeşi Leyla hayatta olsa, bu işe asla müsaade etmezdi. Oysa Cemal Bey'e, bir Libyalı prensin Aylin'e talip olduğunu söylemişlerdi, o da "Hayırlısı olsun," demekle yetinmişti. Cemal Bey, yıllardan beri, evlerinde çocuklara ilişkin kararları hep karısına bırakmıştı. Hiçbir zaman da hata yapmamıştı Leyla Hanım. Bir ömür boyu evini, ailesini, çocuklarını tek başına idare etmiş olan karısı, artık yoktu. Hem karısının ölümü, hem de emekli olmak ve iş hayatında da saf dışı kalmak, çok sarsmıştı Cemal Bey'i. O da kendi bunalımını yaşıyordu. O sıralarda Paris'te bulunan Esma Hanım'ın kararına güvendi. Teyzeleri Aylin'i caydırmak için elinden geleni yapıyordu. Yeğenlerine her gün boğazı kuruyana kadar dil döküyordu. Aylin'i Sindrella'ya benzeten bir arkadaşlarını bile fena halde azarlamıştı Esma Hanım.

"Aylin, sultanlara danışmanlık etmiş, çok önemli mevkilerde bulunmuş devlet adamlarının soyundan geliyor. Şansı dönen Aylin değil, o kim olduğunu hâlâ bilmediğim şalvarlı Arap," demişti. Teyzeyi yumuşatmak Nilüfer'e düşüyordu.

"Teyze, her kıza bir prens nasip olmuyor. Kısmetine mani olmayalım."

"Kimbilir kaç karısı daha vardır, babası yaşındaki bu adamın."

"Adam Fransa'da tahsil görmüş, medeni, kibar, görgülü..."

"İyi de, Aylin kendini bir haremde bulursa, nasıl çıkar oradan, hiç düşündün mü?"

Kızların baştan beri önyargılı buldukları teyzelerini ciddiye almaya pek niyetleri yoktu. Bunu fark eden Esma Hanım boş durmamış, araya Paris'teki Türk sefiri Bülent Uşaklıgil'in eşi Leyla Hanım'ı da sokmuştu, Aylin'e nasihat etmesi için. Leyla Hanım, aile dostu sıfatıyla, Aylin'i bu evlilikten vazgeçirmeye çalışmıştı.

"Kızım, niçin istiyorsun bu evliliği? Adamın kimliğini soruşturamıyoruz bile. Bir sürü darbe oluyor Libya'da. Her prens, bir ötekine düşman. Bu Senusi'yi sordurduk, diplomatik yollardan, Batı'yla yakınlaşma taraflısı olan partiden olduğu için, dışarı kaçmak zorunda kalmış. Şu andaki Libya hükümetinden sağlıklı bilgi gelmedi. Birtakım tehlikeli ilişkiler içinde bu adam. Haberin olsun."

"Ben severim böyle şeyleri."

"Böyle şeyler sadece romanlar, filmler içindir. Gerçek hayatta roman yaşayamazsın."

"Ben cesaret gösterip, deneyeceğim."

"Ya aranızdaki yaş farkı ne olacak? Sen yirmi iki yaşındasın, o kırk altı."

"Ben kendi yaşımdaki erkekleri her zaman çok sığ ve sıkıcı buldum," demişti Aylin. Aslında doğru söylüyordu. Hayatı boyunca hep kendinden en az on beş, yirmi yaş büyük erkeklere kayacaktı gönlü.

"Bu evlilik uzun sürmez, kızım."

"Sürdüğü kadar." Aylin'in Leyla Uşaklıgil'e son sözü buydu. Teyzesinin, araya tanıdıklar katarak, kendini değilse bile, ablasını etkilemeye başladığını sezen Aylin, kestirip atmıştı.

"Onayınızı vermezseniz, Nilüfer gibi yaparım. Hepinizden gizli evlenirim."

"Bari bir süre nişanlı kalın ki, adamın karakteri hakkında bilgi edinelim," demişti Esma Hanım. Ama Prens hazretleri hiç vakit kaybetmeden bu güzel Türk kızını nikâhına almak istiyordu. Düğün, sonradan geleneklere uygun olarak, Libya'da yapılacaktı. Esma Hanım endişeli ve kızgındı. "Kızım, bu adam seninle evlenmek istiyorsa, gider babandan ister seni. Doğru dürüst bir düğün yapar. Madem prensmiş, prensler gibi düğün dernek evlenir. Biz de senin çeyizini hazırlarız. Yangından mal kaçırır gibi, başka ülkede alelacele evlenilir mi?"

"Teyze, üstüne varırsak, benim Aziz'le yaptığım gibi inada bindirir işi. Bütün bu debdebe hoşuna gitti onun. Biraz tadını çıkarsın, sonra kendiliğinden tavsar, merak etme," diye teselli etmeye çalışmıştı Nilüfer.

"Hangi debdebe? Bir Limuzin'in kapısını açmaya koşuşan iki şalvarlı Arap'ı debdebe mi zannediyor? Allah bilir o araba da kiralıktır," demişti teyzesi.

Aylin'i ikna edemeyen Esma Hanım, Paris'ten endişeli ayrıldı. Ne yapması gerektiğini bilemeyen ama kardeşinin de bu işi evliliğe vardıracağına hiç ihtimal vermeyen Nilüfer de yaz tatili için İstanbul'a gitti. Aylin'in bu gösterişli kur üslubundan kısa bir süre sonra sıkılacağını umuyordu. Şeyh ile flört eden Aylin Paris'te kaldı.

Hilmi Bayındırlı, Paris'in bir belediye salonunda yapılan nikâha son dakikada yetişti. Aylin'in Prens Senusi ile tanıştığı günlerde, Amerika'daydı. Olayı takip edememişti. Zaten her şey göz açıp kapayıncaya kadar oluvermişti. Bir gün yeğeni telefon etmiş, "Dayı, evleniyorum, ailemden kimse yanımda değil, bari sen beni yalnız bırakma," demişti.

Hilmi Bey nikâhtan bir gün önce tanıdı damat adayını. Başını ellerinin arasına aldı ve, "Başımıza bu da mı gelecekti?" dedi, perişan bir sesle.

Nikâh töreninde, çok az insan vardı. Hilmi Bey ve yeni evlendiği eşi Rozi, Aylin'in şahitliğini yapacak olan Türk Sefiri Bülent Uşaklıgil, eşi Leyla Hanım ve kızları Emine ile Zeynep, nikâhta bulunan yegâne Türklerdi. Ben Tekkouk Senusi de, siyah kaftanlı beş Libyalı ile birlikte gelmişti. Temmuz sıcağında, sırma işlemeli bordo kadifeden bir kaftan ve krem rengi ipek elbise giyiyordu. Aylin'in üstünde, mini etekli pembe ketenden bir tayyör, başında da o yılların modası, minik beremsi bir şapka vardı. Kara sakallı Senusi'nin yanında küçücük bir kız gibi duruyordu. Nikâhı Belediye Başkanı kıydı. Hiçbir dini tören yapılmadı. Nikâhtan sonra, hep beraber George V'in barına gidip, şampanya içtiler. Prens genç karısına evlilik armağanı olarak, bir zümrüt yüzük ve zümrüt küpeler taktı.

Evliliklerinin ilk gecesinde, Aylin süitin yatak odasında soyunurken, kocası yanına geldi. "Yüzüğünüzle küpelerinizi çıkardınız mı?" diye sordu.

"Hayır."

"Çıkarmayacak mısınız?"

"Niye soruyorsunuz?"

"Onları kasaya kilitleyeceğim."

"Sonra veririm."

"Şimdi verin, aşağı yollatacağım. Sonra unutulabilir," dedi kocası.

Aylin istemeye istemeye mücevherlerini kulaklarından, parmaklarından çıkarıp, Prens'in avucuna koydu. O gece giymek için kendine krem rengi ipekten bir gecelik almıştı. Banyoya girip soyundu, geceliğini üzerine geçirdi. Aynada, ince uzun siluetine baktı. Birden arkasında, simsiyah parıldayan gözleri görünce irkildi.

"Bunu giymenize gerek yok," dedi Prens. "Taze teniniz yeterlidir. Verin bana geceliğinizi." İki üç adımda yanına geldi. Kocası soyunmuştu. Onu ilk defa çıplak görüyordu. Bol etekli kaftanını, fesini ve uzunca topuklu çizmelerini çıkardığında, heybetli havası kaybolmuştu. Şimdi sadece çıplak başlı, esmer tenli, cılız bir erkekti. Aylin'in ayakları çıplaktı. Senusi Aylin'den beş karış kısa duruyordu. Başındaki sarmayı çıkarınca daha da kısalmış gibiydi. Paris sokaklarında eteklerini savururken, kadınların yüreklerini hoplatan adam gitmiş, kara kuru biri gelmişti yerine. Ama gözleri hâlâ delici nazarlarla bakıyordu. Aylin, korku ve pişmanlıkla karışık bir heyecan içindeydi. Hayal kırıklığını yenmeye çalışarak yutkundu. "Gözleri çok etkileyici," diye düşündü Aylin, "Gözlerini beğeniyorum. Muhteşem gözleri var. Aşk bu olmalı."

Aylin, nikâh sonrasında, İstanbul'a giderek babasına ve diğer akrabalarına kocasını tanıştırdı, İstanbul'da basının gösterdiği ilgi ve gazetelere manşet olmak hoşuna gitmişti, İstanbul'da kaldığı sürece, sık sık arkadaşlarını Hilton'daki süitine ya da çay salonuna davet ediyor, ikramlarda bulunuyor, otelin lobisindeki dükkânlardan alışveriş ediyordu. Bunlar evliliğinin hoş taraflarıydı.

Fransa'ya döndükten sonra, Aylin ev aramaya başladı. Hayatı, evli bir kadının sıradan yaşamına benzemiyordu, ama romanlarda okuduğu, filmlerde gördüğü doğulu prenseslerin büyülü, gizemli ihtişamından da eser yoktu yaşamında, ihtişam, Türkiye'deki gazete sayfalarında kalmıştı. Ben Tekkouk, sabahları çok geç kalkıyor, uzun bir kahvaltıdan sonra, Arapça ve Fransızca gazeteleri okuyor, yatağın içinde öğlene kadar oyalanıyor, öğleden sonrasını oturma odalarına doluşan Araplarla geçiriyor ve yaklaşık yedi sularında, dünyaya dönüp, Aylin'le yaşamaya başlıyordu. Süitlerini dolduran adamların konuşmalarından tek bir kelime anlamıyordu Aylin. Bazen kafası şişip kazan oluyordu. Kocası ortalığa çıkana kadar da onlara ev sahibeliği yapmaya mecbur hissediyordu kendini. Bu nedenle çoğu günler erkenden Nilüfer'in evine gidiyor, bazı geceler de orada yatıyordu. Ablasında kaldığını bildiği sürece, dışarda gecelemesine izin veriyordu kocası. Zaten bazı geceler kendi de dönmüyordu otele. Aylin, verilen yanıtların doğruluğundan şüphe ettiği için, sormaz olmuştu neden gelmediğini.

Çoğu kez kumar oynamaya gittiğini varsayıyordu. O da birçok ırktaşı gibi, hoşlanıyordu kumar oynamaktan.

Evliliğin başlarında, hiç para sorunu yoktu Aylin'in. Kocası her sabah tomarla para bırakıyordu Aylin'e. Gönlünce alışveriş yapıyor, pahalı mağazalardan elbiseler, ayakkabılar alıyor, arkadaşlarını yemeğe, çaya davet edebiliyordu. Ama bir süre sonra, bu harcamalara da bir kısıtlama getirildi. Ben Tekkouk, ailesi tarafından yollanan paranın eline zor ulaştığını söyleyerek, Aylin'e giderek daha az para vermeye başladı. Libya'da olacağı söz verilen, Arap geleneklerine uygun, muhteşem düğün ise hiç gerçekleşmedi. Zaten Libya'ya da hiç gidemediler. Hep, ailenin düşmanlarının hükümette olduğu ya da bu düşmanların kilit noktaları tuttuğu söylentisi vardı. Libya'ya gitmek, tehlikeye atılmak olacaktı. Güya Prens, yıllardır, Libya'da hükümet eden aileye karşı, Cezayir ve Paris'te mücadele vermekteydi. Birçok akrabasının bulunduğunu söylediği Cezayir'e de gitmediler nedense.

Aylin, evlendiği adamın gerçekten bir prens olup olmadığından şüphe eder olmuştu. Ama değirmenin suyu, her şeye rağmen akmaktaydı. Aylin'in eline para vermemekle birlikte, her akşam yemeklere, oradan diskoteklere, gece kulüplerine ya da kumar oynamaya gidiyorlar, bol bol da misafir davet ediyorlardı. Ben Tekkouk, karısının arkadaşlarını ya da aile fertlerini ağırlamaktan hiç çekinmiyordu. Konuklarını ağırlarken, su gibi para harcıyordu, gözünü kırpmadan. Akşamları en lüks lokantalara ve gece kulüplerine giderken, Aylin'e verdiği kolyeleri, bilezikleri, broşları ve yüzükleri, otele dönüşte, kasaya kilitleyeceği bahanesiyle geri alıyordu. Böylece Aylin'in elinden, hem Arap işi hem de Paris'in seçkin mücevhercilerinden alınma bir sürü ziynet eşyası geçiyor, ama hiçbiri gerçek anlamda onun olmuyordu. Bir süre sonra Aylin her evli genç kadın gibi, otelde değil de kendi evinde yaşamak istediğini belirtti kocasına. Uzun süre ev aradılar. Elbette, yeni evli bir genç karı kocanın oturabileceği bir apartman dairesi değil, prenslere layık bir villa arıyorlardı. Aylin'in emlakçılar aracılığı ile bulduğu her evi, bir bahane bulup reddediyordu Prens. Aylin, evin hiçbir zaman bulunamayacağına kanaat getirirken, Bois de Boulogne'da muhteşem bir kat, Senusi'den onay aldı. Yarı döşeli katı, hemen kiraladılar. Bir hizmetçi, bir de aşçı tuttular. Şoför ve korumaları zaten vardı. Aylin, nihayet bir eve kavuştuğu için, yeni evli bir genç kadın gibi davranabileceğini sanmıştı. Aşçısına Türk yemekleri tarifleri vermek, evde partiler düzenlemek, misafir ağırlamak istiyordu. Ama kocası eve yerleşmelerinden sonra, büsbütün garipleşti. Bazen günlerce yok oluyordu ortadan. Büyük milli davaların peşinde koştuğunu söylediği için, fazla soru da soramıyordu Aylin. Tüm çabalarına karşılık, Senusi'nin gerisindeki sırrı bir türlü çözemiyordu. Allahtan Nilüfer Paris'teydi. Hiç olmazsa onunla dertleşebiliyordu.

"Eve gelmediği akşamların sabahında, hiç hesap sormuyor musun?" diye sordu Nilüfer.

"Nasılsa doğru yanıtı almayacağımı biliyorum."

"Başka kadınlara mı gidiyor dersin?"

"Biliyor musun Nilüfer, beni zerre kadar ilgilendirmiyor ne yaptığı. Milli davasının da peşinde koşuyor olabilir, kadın peşinde de."

"Hiç kıskanmıyor musun Aylin?"

"Tersine, eve gelmediği geceler, yatağıma gönlümce serilip, mışıl mışıl uyuyorum, ona numara yapmaya mecbur kalmadan."

Nilüfer, kardeşinin hayatındaki dramı yeni yeni anlıyordu. "Sen sevmiyorsun bu adamı."

Yanıtlamadı Aylin.

"Boşanmak ister misin?"

"Kabul etmez."

"Teyzemin dediği oldu. Kendini bir altın kafese hapsettin."

"Üstelik kafes altın bile değil," dedi Aylin.

Aylin'in Bois de Boulogne'deki güzel evindeki yaşantısı çok uzun sürmedi. Dokuz ay dolmadan, kendini yine V. George'un süitinde buldu genç kadın. Prens, evi boşaltmalarını söylerken bir açıklama da yapmamıştı karısına. Her saniye yanlarında olan korumaların birinden, Prens'in otelde kendini daha emniyette hissettiğini, kocaman bir evi korumanın zor olduğunu öğrenmişti. Otele geçince, hizmetçiye, uşağa ve aşçıya yol verildi. Aylin, zamanının çoğunu yine Nilüfer'in evinde geçirmeye başladı.

Bir sabah bembeyaz bir suratla geldi Nilüfer'e.

"Neyin var Aylin, hortlak gibisin. Makyaj yapsana biraz," dedi Nilüfer.

"Nilüfer, korkunç bir şey oldu. Bana yardım et."

"Ne oldu? Neyin var senin?"

"Korkunç bir şey..."

"Seni dövdü mü yoksa?"

"Daha neler!"

"Sen onu öldürdün?"

"Daha da kötü... hamileyim Nilüfer."

Nilüfer dondu kaldı. Aylin ağlamaya başlamıştı.

"O biliyor mu bunu?"

"Hayır. Asla bilmeyecek. Öğrenecek olursa, bir daha ondan hiç kurtulamam. Bu çocuğu aldırmalıyız."

"Evet, bu çocuğu aldırmalıyız," dedi Nilüfer, "Paris'te çok zor. Hemen İstanbul'a gitmelisin."

"Bırakmıyor. Babamın hasta olduğunu söyledim ama inanmadı."

"Ne yapacağız şimdi?"

"Hafta sonuna doğru, Cezayir'e gitme ihtimali var. Eğer gidecek olursa, ancak o sırada bir şeyler yapabiliriz."

"Paris'te yaptıramayız bu işi."

"Burada da mutlaka kürtaj yapan doktorlar vardır. Ne olur bul onları bana."

"Ben nereden bulayım onları, deli misin sen?"

"Evli arkadaşlarına sor, hizmetçine sor, kapıcının karısıyla konuş. Lütfen Nilüfer!"

Ben Tekkouk Senusi'nin Cezayir'e gittiği hafta, kapıcının karısının yeğenine kürtaj yapmış bir doktorun yolunu tuttular iki kardeş. Aylin'in, ya doktor kabul etmezse diye bacakları titriyordu korkudan. Nilüfer de kardeşinin başına kötü bir şey gelirse diye korkuyordu.

"Sizi hastaneye alıp, doğrudan doğruya kürtaj yapamam," dedi doktor. "Kürtaj yaptığım öğrenilirse, bu benim meslek hayatımın sonu olur."

Aylin atıldı, "Bu çocuğu almazsanız, bu da benim hayatımın sonu olur."

"Müsaade edin de anlatayım," dedi doktor, "Şimdi sizin rahminizin içine bir şey yerleştireceğim, evinize döneceksiniz. Akşam saatlerinde bir kanama başlayacak. Hemen evime telefon edin. Adresini vereceğim hastaneye gideceksiniz. Sizi hemen acile alıp, geçirmekte olduğunuz kanamadan dolayı müdahale edeceğim. Böylece mecburi bir kürtaj geçireceksiniz Madam."

Aylin o gece Nilüfer'in evinde kaldı. Olanlardan Aziz'in haberi yoktu. Gece yarısı Aylin yatak odalarının kapısını vurduğunda, gerçekten çok heyecanlandı. Karısıyla, baldızını hemen hastaneye koşturdu. Aylin'in niye kendine bir kenar mahalle doktoru seçtiğini bir türlü anlamıyordu. Aylin olup bitenleri eniştesinden saklamak istememişti ama, Nilüfer, aralarından birinin gerçekten telaşlı görünmesinin inandırıcılık payını düşünerek, kocasına gerçeği anlatmamıştı.

Her şey planladıkları gibi oldu. Doktor, Aylin'e düşük yapmakta olduğu için, mecburi kürtaj yaptı. Aylin'in adı hastane kayıtlarına Devrimel olarak geçti. Zaten, kısa ekose eteğinin ve poplin bluzunun içinde titreşen, saçları alnına yapışmış ürkek, sıska kızın, prensese benzer hiçbir tarafı yoktu. O geceyi hastanede geçirip, ertesi gün Nilüfer'in evine çıktı. Ben Tekkouk, Aylin'i ablasının evinde aradığında, Aylin'in midesinden rahatsızlandığını, muhtemelen yedikleri istiridyelerden zehirlendiğini, birkaç gün kardeşine evinde bakacağını söyledi Nilüfer.

Aylin'e kürtajdan sonra bir durgunluk gelmişti. Oysa o kadar istediği bir şey gerçekleştiği için, onun memnun olacağını zannetmişti Nilüfer. Hastanede, bayılması için yüzüne maskeyi kapadıklarında, Aylin, kendinden geçmeden evvelki o bir an içinde, yüz yüze gelivermişti hayatının gerçeği ile. Bir esirdi o. Çarşaflara, peçelere bürünmemişti gerçi, ama dört bir yanında görülmez demirlerden parmaklıklar duruyordu. Kollarını yana doğru açtığında bu parmaklıklara çarpıyordu elleri. Aylin ne yapıp etmeli, bu parmaklıkların arasından süzülüp çıkmayı becermeliydi. Ancak ondan sonra çırpabilirdi kanatlarını mavi ufuklara doğru. Yepyeni ufuklara ve onu bekleyen hayata.

Senusi Paris'e döndüğünde, Aylin korka korka boşanma konusunu açtı kocasına. Belki Prens kendi dilini konuşan, kendi sorunlarını anlayan bir Libyalı hanımla daha mutlu olabilirdi. Aylin, Libya'da olan olaylarla gönülden ilgilenemiyor, kocasına istediği desteği veremiyordu.

"Bizde boşanma olmaz," diye kestirip attı Senusi.

"Ama İslamda boşanma var. Kadınlar bile boşanmak isteyebiliyor," dedi Aylin.

"Siz ne zaman öğrendiniz İslamın gerçeklerini?"

"Benim de Müslüman olduğumu unutuyorsunuz."

"İslamda boşanma olabilir ama, benim ailemde uygulanmaz bu. Siz de benim ailemsiniz." dedi Senusi.

Yazın Aylin babasını görmek için İstanbul'a gitmek istedi. Ben Tekkouk Senusi, siyasi sorunlarla uğraştığı zor bir dönem geçiriyordu. Tüm dikkatini Libya'da olup bitenlere vermişti, karısının ailesiyle uğraşacak hali yoktu. Nilüfer ile birlikte gitmesine izin verdi. İki kardeş uçakla İstanbul'a gelip, Cemal Bey'in Şişli'deki evine yerleştiler. Aylin hemen arkadaşlarını ve kuzini Tülin'i aradı. Tülin o yaz Koç ailesinin yeğeni Sami Aktar ile evlenecekti, İstanbul sosyetesi Moda Kulübü'nde yapılacak bu düğüne hazırlanıyordu harıl harıl. Yıllar sonra Aylin, ilk flörtü Erkan Mermerci ile karşılaşacaktı düğünde. Bu düğünde çok şık ve hoş olmalıydı, İstanbullular onu mutlu bir prenses olarak görmeliydiler. Kendine pahalı bir elbise almıştı Dior'dan. Ama takmak istediği mücevherler, Paris'teki otelin kasasındaydı ne yazık ki.

Uzun zamandan beri görmediği akrabalarını da çok özlemişti. Kendini tenkit edip duran Esma teyzesini bile görmek istiyordu. Her gün Betin, Kler ve Feride ile buluşuyor, ilk gençliğinin sorumsuz günlerine dönmek için çaba harcıyordu. Ama gençlik arkadaşları da değişmişlerdi. Betin, kolejdeyken flört ettiği Ender Akay ile evlenmiş, bir bebek bekliyordu. Kler, Erdoğan Tanbay ile evlenmişti. Aylin'in kuzini Semra, evlenip Ankara'ya yerleşmiş, ve çocuğu olmuştu. Semra'nın kardeşi Orhan Kulin, Siyasal'ı bitirip Dış İşleri'ne girmiş, ilk postu olan Brüksel'e tayini çıkmıştı. Ayşe Kulin Londra'da yaşıyordu ve ikinci çocuğuna hamileydi. Buket evlenmişti, Sevgi evlenmişti. Herkes ya evliydi ya çocuk bekliyordu. Hiçbiri prenses değildi ama, hepsinin severek evlendikleri ve sevgileri bittiğinde boşayabilecekleri genç kocaları vardı. Aylin hiç boşanamayacağı bir adamla evlenmişti. Küçük flörtlerin dışında, aşkı yaşamamıştı henüz. Aşkı hiç tatmamıştı ve tadamayacaktı bu gidişle. Ne çabuk geçiyordu zaman. Çocukluk, gençlik, okul yılları, sorumsuz, sorunsuz günler ne çabuk geçiveriyordu.

Yazı İstanbul'da bu ruh haliyle yaşamaya başladı Aylin ve hasretini çektiği aşkı, yaz sonuna doğru Paris'e dönmeden birkaç hafta önce buldu.

KELİMELER（生词注释）

dayalı döşeli	设备齐全的	nadide	珍贵的，稀有的
ilk göz ağrısı	第一个孩子；初恋	tahribat	破坏，伤害
konç	袜筒，靴筒	sim	银，银色金属
kaftan	男式束腰长袍	kor gibi	通红的
koza	茧，蛹	peçe	面纱
fistanlı	穿短裙的	maiyet	随从人员；部下
kuğu	天鹅	limuzin	豪车
abes	荒谬的	devlet kuşu	幸福鸟；好运
sefir	大使，公使	sığ	肤浅的
debdebe	排场	tavsamak	降温，减缓
süit	套房	flört	调情，勾搭
keten	府绸	tayyör	定制女服
siluet	轮廓	cılız	瘦弱的
ihtişam	排场	broş	胸针
ziynet eşyası	贵重物品	hortlak	鬼怪，幽灵
ekose	格子花呢的	poplin	府绸
istiridye	牡蛎		

YAZAR HAKKINDA（作者简介）

Ayşe Kulin, 1941 yılında İstanbul'da Beyazıt'ta doğmuştur. Baba tarafı Bosnalıdır.

Babasının adı Muhittin, Çerkes olan annesinin adı (Hatice) Sitare'dir. İlkokulu Ankara'da okudu. Öğretmeninden yediği bir tokat yüzünden okula bir yıl gitmedi. Üçüncü sınıfta okulun adı Ankara Koleji oldu. İlkokul bitince İstanbul'da Arnavutköy Amerikan Kız Koleji Edebiyat bölümünde yatılı olarak 7 sene okudu. 1961 yılında mezun oldu. Bu arada yazar olmaya karar verdi.

1960 yazında, Büyükada'da tanıştığı Mehmet'le arkadaşlığı ilerledi. Mehmet, İngiltere'de okumuş ve fabrikatör İsmail Bey'in oğlu. 1961 yılında Mehmet'le evlendi. Ve evlendikten sonra yurtdışına çıktılar. Roma ve Paris'ten sonra Londra'ya yerleştiler.

Çeşitli gazete ve dergilerde editör ve muhabir olarak çalıştı. Uzun yıllar televizyon, reklam ve sinema filmlerinde sahne yapımcısı, sanat yönetmeni ve senarist olarak görev yaptı. 1967'de iki sene boyunca bir otomobil dergisinin yazı işleri müdürlüğünü yaptı. 1977 yılından 1982 yılına kadar Cumhuriyet Gazetesinde yazıları çıktı. Bir süre de Dünya Gazetesi'nde çalıştı. Uzunca bir süre de Sabah Grubu'nun 1 Numara adıyla çıkardığı dergilerde yazıları çıktı. Adı Aylin romanının gördüğü ilgi üzerine Milliyet'te köşe yazarlığı yaptı.

Öykülerden oluşan ilk kitabı Güneşe Dön Yüzünü 1984 yılında yayınlandı. Bu kitaptaki Gülizar adlı öyküyü, Kırık Bebek adı ile senaryolaştırdı ve bu film 1986 yılının Kültür Bakanlığı Ödülü'nü kazandı.

1986'da sahne yapımcılığını ve sanat yönetmenliğini üstlendiği "Ayaşlı ve Kiracıları" adlı dizideki çalışmasıyla Tiyatro Yazarları Derneği'nin En iyi Sanat Yönetmeni Ödülü'nü kazandı.

1996 yılında Münir Nureddin Selçuk'un yaşam öyküsünün anlatıldığı biyografik çalışması Bir Tatlı Huzur adlı kitabı yayınlandı. Aynı yıl, Foto Sabah Resimleri adlı öyküsü Haldun Taner Öykü Ödülü'nü, bir yıl sonra aynı adı taşıyan kitabı Sait Faik Hikâye Armağanı'nı kazandı.

1997'de yayınlanan Adı Aylin adlı biyografik romanı ile İstanbul Üniversitesi İletişim Fakültesi tarafından yılın yazarı seçildi.

1998 yılında Geniş Zamanlar adlı öykü kitabını yayımladı. Geniş Zamanlar 2007 yılında Serdar Akar'ın yönetmenliğinde TV dizisi oldu.

1999'da İletişim Fakültesi tarafından yılın romanı seçilmiş olan Sevdalinka ve 2000'de yine bir biyografik roman olan Füreya, 2001'de Köprü, 2002'de Nefes Nefese ve İçimde Kızıl Bir Gül Gibi, 2004'te Kardelenler ve Gece Sesleri yayınlandı.

ALIŞTIRMALAR（练习）

1. Ayşe Kulin ile ilgili kısa bilgiler derleyerek arkadaşlarınızla paylaşınız.

2. Aylin nasıl bir kız? Bu parçayı okuduktan sonra onun hakkında nasıl bir izlenim oluşturuldu aklınızda?

3. Aylin olsaydınız Prensin evlenme teklifini kabul edecek miydiniz?

DERS YİRMİ

KAR KOKUSU

⭐ 作品导读

阿赫迈德·于米特（1960—）出生于加齐安泰普。大学就读于马尔马拉大学公共管理系。年轻时的阿赫迈德曾是左翼运动的积极参与者，他不仅加入了土耳其共产党，还曾前往莫斯科学习马克思主义。1989 年以后，阿赫迈德逐渐淡出政治活动，投身文学创作，并于当年出版诗集《街头秘处》。1992 年，阿赫迈德出版了他的第一部短篇小说集《赤脚的夜》，并一举夺得"菲利特·奥乌兹·巴耶尔思想和艺术奖"。此后，阿赫迈德又陆续出版了《划破夜空的声响》、《雾与夜》、《雪的气息》、《阿加莎的钥匙》、《奈夫扎特警长和园丁之死》、《灵魂地图》、《杀死苏丹》等各类作品共计二十余部。

《雪的气息》是阿赫迈德最知名的代表作品之一，创作于 1998 年。这是阿赫迈德根据自己的留学经历创作的一部长篇侦探小说，故事发生在莫斯科，国际列宁主义学院里集中了各国共产党前来进修的党员，六名来自土共的青年党员也在其中。这里的生活本是平淡无奇的，可是一名土共党员的意外死亡彻底打破了生活的平静。在这里进修的党员们都陷入了恐慌之中，彼此之间相互猜疑。为了查明事实的真相，克格勃对学院和来自土共的党员展开了秘密调查……整部小说围绕着谋杀案展开叙述，构思精妙，语言流畅，情节曲折，扣人心弦。小说既真实地反映出理想和现实之间的巨大差异，也让读者对于个人命运在国家利益面前脆弱不堪的残酷事实嗟叹不已。

"KAR KOKUSU" ROMANINDAN SEÇMELER

I

İki gündür aralıksız yağan kar akşam üzeri durdu. Moskova'nın gri silueti geceyle birlikte mavi bir ayaza büründü. Kenti çevreleyen birbirinin aynı apartmanlardan merkezdeki yüzyıllık görkemli taş yapılara, devlet binalarının kızıl yıldızlı kulelerinden ünlü katedrallerin altın kubbelerine kadar, camdan bir gecenin içine gömülen bu yaşlı kent, pusulasını yitirmiş, nereye gittiğini bilmeyen buzdan bir gemiye benziyordu.

Moskova'nın kuzeybatısındaki Kurkino köyünde, yabancı ülkelerden gelen öğrencilerin kaldığı sitenin nöbetçi kulübesinde, her zamanki görevlinin yerinde Viktor ile Nikolay oturuyordu. Kardan yansıyan ışık kulübenin camlarına vuruyor, sigara içmekte olan adamların yüzünü mavi bir aydınlığa boğuyordu.

Nikolay, kadranı neredeyse bileğinin üstünü tümüyle kaplayan saatine bakarak söylendi:

"On buçuğa geliyor. Bu saatten sonra kimse dışarı çıkmaz. Biz niye bekliyoruz hala?"

Daha iri yapılı olan Viktor soruyu yanıtlamadı. Arkadaşının tavrına bozulduğu her halinden belliydi. Bu yeniyetmeyi niye vermişlerdi ki yanına. Toyluğuna bakmadan bir de ukalalık yapıyordu. Sigarasından derin bir nefes çekerken, "Artık konuşmasa" diye geçirdi aklından.

Ama yeniyetme Nikolay, alnını kaşıyarak sürdürdü sözlerini.

"Yıldırım'ın, mesajı buradaki öğrenciler için bıraktığı bile belli değil."

Viktor'un sabrı taşmak üzereydi.

"Bu bölgede Türklerin bulunduğu başka bir yer biliyor musun?" dedi.

"Mesajı alacak kişinin Türk mü olması gerekiyor? Azerileri niye araştırmıyoruz?"

"Saçma" dedi Viktor, sinirlendiğini gizlemeye gerek duymadan. "Bir Sovyet vatandaşıyla bağlantı kuracak olsalardı herkesin dikkatini çekebilecek böyle küçük bir yeri seçmezlerdi. İlişkiye geçecekleri kişi Moskova'yı tanımadığı için, Yıldırım, Kurkino gibi tehlikeli bir bölgeye, yani adamının bildiği az sayıdaki yerlerden birine gelmeyi göze aldı."

"Bilemiyorum" dedi Nikolay, arkadaşının söyledikleri onu ikna edememişti. "Belki mesajın şifresi çözüldüğünde anlarız. Klasik bir şifreymiş değil mi?"

"Osip öyle söyledi, şu anda Türkçe kitapların bulunduğu bir kütüphanede harıl harıl şifrenin hazırlandığı kitabı arıyorlar" dedi Viktor, sonra anlamlı bir ses tonuyla ekledi. "Yani bu gece dışarda olan yalnızca biz değiliz."

Viktor'un serzenişini anlamamazlıktan geldi Nikolay.

"Ya kitabı bulamazlarsa?"

"Bulurlar bulurlar, bugüne kadar çözemedikleri şifre olmadı" dedi. "Ama bu mesaja fazla bel bağlamayalım. Hiçbir şey çıkmayabilir; yan yana sıralanmış dört satır rakamla ne anlatılabilir ki?"

Kendisine sorulduğunu sanan Nikolay, sıralamaya başladı:

"Bir uyarı, yeni bir buluşma yeri ya da bir soru..."

"Haklısın" dedi Viktor. "Kısa ve net talimatlar; sitedeki köstebeğin neler yapmasını istiyorlarsa..."

Nikolay sigara tutan eliyle, Kurkino'daki iki katlı ahşap evlerden farklı olarak modern tarzda inşa edilmiş sitedeki binaları gösterdi.

"Adamımızın burada olduğundan emin gibisin."

"Gibisi fazla, öyleyim."

"O zaman neden siteye girmedik? İçerden gözetlemek daha kolay olmaz mıydı?"

"Öğrenciler bizi fark edebilirdi."

"Öğrenciler deyip duruyorsun da Viktor Zaharoviç, burası hiç okula benzemiyor."

"Haklısın, alışılmış bir okul değil. Burada komünist ve işçi partilerinin üyeleri eğitim görüyor. Zaten adı da Uluslararası Leninizm Enstitüsü. Merkez binası Moskova'da. Belki görmüşsündür; Aeroport Metro İstasyonu'nun karşısında, küçük parkın yanındaki sarı taştan görkemli bina."

"Okul ordaysa öğrencilerin burda ne işi var?"

"Moskova'daki binada çoğunlukla Almanya, İsveç, Yunanistan, İspanya, Portekiz gibi ülkelerde yasallık kazanmış partilerin üyeleri eğitim görüyorlar. Ülkelerinde yasadışı çalışmak zorunda bırakılan partilerin üyeleri ise CIA, MOSSAD gibi istihbarat örgütlerinin takibinden uzak olsun diye bu sitede konuk ediliyorlarmış."

Nikolay'ın gözleri kurnazca parladı.

"Öğrencilerin hepsi yabancıysa siteye girmemiz sorun olmazdı. Kolayca çevirmen ya da öğretmen diye gösterebilirdik kendimizi."

Viktor, genç arkadaşına ilk kez hak veriyordu, çaresizlik içinde açıkladı:

"Merkez şu aşamada içeri girmemizi istemiyor. Andrey Alegoviç defalarca uyardı beni. Sanırım parti izin vermiyor. Ne de olsa burdakiler Merkez Komitesi'nin konuğu."

"Merkez Komitesi'nin konukları arasında bir köstebek ha!" dedi, hınzırca gülümseyerek Nikolay. "Hem de konukların hepsi komünist!"

"Bunda şaşıracak bir şey yok" dedi Viktor. Arkadaşının alaycı tavrına katılmadığı belliydi. "Kapitalist ülkelerdeki komünist partiler zor koşullarda savaşıyorlar, oralar düşmanın sızmasına en açık alan."

Sesi içtenlikten yoksundu ama işe yaradı, Nikolay'ın yüzü ciddileşti. Merakla sordu:

"Yalnızca Türk istihbaratı mı var dersin bu işin arkasında? Amerikalılar da bulaşmış mıdır?"

"Ne fark eder ki? Hem Türkleri küçümseme, dünyanın en sinsi istihbarat örgütüne sahipler."

Türklerin istihbarat örgütünü pek iplemedi Nikolay, aklını partinin tavrına takmıştı.

"Ya adamı yakaladığımızda Merkez Komitesi sorun çıkarırsa?"

Sigarasından derin bir nefes daha çeken Viktor küçümseyen bakışlarla süzdü arkadaşını. Neyin önemli, neyin önemsiz olduğunu anlamaktan yoksundu bu yeni kuşak.

"Olmaz öyle şey" dedi kesin bir tavırla. "Sosyalist anavatanın güvenliği her şeyin üstündedir."

Bir süre ikisi de sustu. Yakınlarda bir yerlerden köpek havlamaları duyuldu. Sesin geldiği yöne döndüler. Kimsecikler görünmüyordu. Yeniden söze başladı Nikolay.

"Diyelim ki yaralıyoruz. Diyelim ki adamlar bizi yanlış yönlendirmek istiyor..."

"Eee" dedi Viktor, arkadaşının söylediklerini aptalca bulduğunu gizlemeye gerek duymayarak.

"Bilirsin işte" dedi Nikolay, Viktor'un umursamazlığını bu defa gerçekten de fark etmemişti. "Aslında köstebek filan yoktur ortada. Ama sanki varmış gibi gösterilir. Her yana izler serpiştirilir, ipuçları bırakılır. Biz de seçilen kurbanı suçlu diye yakalarız."

"Hayal gücün fazla çalışıyor. Komünist partilere karşı operasyonlarda bu yöntem pek kullanılmaz."

"Bugüne kadar kullanılmamış olması bundan sonra kullanılmayacağı anlamına gelmez. Belki de gördüğümüz buzdağının küçük bir kısmı. Altından ne çıkacağı belli değil. Belki de komünist partisi değil de daha büyük bir balık vardır işin içinde."

"Neden daha basit düşünmüyorsun? Türkiye'de askerî bir yönetim var. Devrimciler bu diktatörlüğe karşı dövüşüyorlar. Türk istihbarat örgütü de onları yakalamak, partilerini dağıtmak istiyor. Anlaşılan o ki, aralarına bir köstebek sızdırmışlar. Biz de adamı fark ettik. Elimizdeki bilgiler köstebeğin bu sitede yuvalandığını gösteriyor. Hepsi bu..."

"Ben hepsinin bu olduğunu sanmıyorum" diyerek varsayımını sürdürdü Nikolay.

"Baksana, Yıldırım'ın bıraktığı mesajı da kimse gelip almadı."

"Dışarı çıkma fırsatını bulamamıştır. Bugün Türk komünistleri için önemli bir gün."

Nikolay anlayamamıştı; soru dolu bakışlarını arkadaşına dikti.

"Bundan 65 yıl önce, Türkiye Komünist Partisi'nin on beş yöneticisi Sovyetler Birliği'nden ülkelerine dönerken öldürülmüş. Bugün, yani 28 Ocak gecesi o toplu kırımın yıldönümüymüş. Sitede bir anma toplantısı düzenlemişler."

"Ne yani, adamımız düşmanlarının anısına saygısızlık olacak diye mi mesajı almaya gelmedi!"

Onun bu alaycı tavırlarından nefret ediyordu Viktor. Ama soğukkanlılığını korumayı bildi.

"Hayır" dedi donuk bir sesle. "Herkes toplantı telaşı içinde koşuştururken köstebeğimizin dışarı çıkması dikkat çekerdi. O yüzden mesajı almaya gelmedi. Anladın mı?"

"Anladım... Anladım... O zaman adamımız mesajı almaya yarın gelecek."

"Büyük olasılıkla, ama fırsat bulamazsa öbür gün de gelebilir."

"Benim de söylemek istediğim bu" diyerek taşı geldiğine koydu Nikolay. "Bizim burada beklememizin ne faydası var?"

Viktor başını kaldırıp, Nikolay'ın gölgede iyice koyulaşan uçuk yeşil gözlerine sertçe baktı. Bu oğlanın işi çözmekten çok kişiliğini ispat etme derdinde olduğunu biliyordu. Bütün bu alaycı tavırların, cin bakışların altında, geri kafalı bir istihbaratçı olarak gördüğü Viktor'un inisiyatifini kırma, sorumluluğu ondan alma düşüncesi yatıyordu. Zeki, sezgileri güçlü, parlak bir istihbaratçıydı Nikolay. Tıpkı bir av köpeği gibi işin kokusunu hemen alır, parçaları hızla birleştirip kısa sürede sonuca ulaşırdı. Ama pürüzler çıkıp da iş uzamaya başlayınca dikkati dağılır, sonuca gitmekte zorlanırdı. Türk Büyükelçiliği'nde kültür ataşe yardımcısı olarak çalışan, gerçekte MİT'in güvenilir elemanlarından olan Yıldırım Koru'nun buralarda bir iş çevirdiğinin kokusunu ilk alan da Nikolay olmuştu. Onun uyarısıyla Yıldırım'ı izlemişler. Kurkino'daki oyuncak mağazasının tuvaletine yerleştirdiği şifreli mesajı böyle tespit etmişlerdi. Bunu Nikolay'ın uyanıklığına, sezgilerindeki yanılmazlığa borçluydular. Ama öte yandan sabırsızlığı, deneyimsizliği operasyonu batırabilirdi. Belki de bu yüzden onu başına bela etmişlerdi. "Belki kişilik olarak da zayıf biridir" diye düşündü Viktor. Bu karanlık kulübede avlarını beklemek yerine, sevgilisinin koynunda yatmayı istiyordur. Eh, pek de haksız sayılmaz, kim istemez ki... Sevgilisi ya da sarılıp yatacağı bir kadını olduktan sonra... Beş ay önce bir jimnastik öğretmeniyle kaçan karısını anımsadı. "Bunun gibi genç, yakışıklı bir piç..." diye geçirdi aklından. Ama karısı evde onu bekliyor olsaydı da Viktor bu sigara dumanına boğulmuş kulübeyi terk edip gidemezdi. Görevi her şeyin üstündeydi. Bu yeniyetme de görev bilinci ne demektir, öğrenmeliydi.

"Bak yoldaş Nikolay" dedi, gözlerini arkadaşının yakışıklı yüzünden ayırmadan. "Burada oyun oynamıyoruz. Bizim işimizde fırsat bir kez kaçtı mı bir daha bok yakalarsın. Fırsatı kaçırmamak için bu pis kulübede bekleyeceğiz. Anladın mı? Gerekirse sabaha kadar, hatta ertesi gün akşama kadar bekleyeceğiz."

Nikolay bu düşünceye katılmıyordu ama sesini çıkarmadı. Ülkede yaşanan büyük değişimin güvenlik örgütüne de yansıması kaçınılmazdı. Viktor gibilerin suyu hızla ısınıyordu, çok az ömürleri kalmıştı örgütte. Onlarla dalaşıp kariyerini tehlikeye atmaya değmezdi. Elindeki sigarayı önündeki metal kül tablasında ezdikten sonra bakışlarını dışarıya, karın aydınlığında mistik bir görüntüye bürünen yola çevirdi.

Sitede çalışanlar yoldaki karları temizlemiş; çiğnene çiğnene topraklaşan kalın buz kütlesini ortaya çıkarmışlardı. Sert rüzgar, ince bir kar bulutunu, buz kütlesinin üzerinde sürükleyerek sitenin içlerine götürüyordu.

II

Rüzgar, önüne kattığı kar bulutunu, telaşla yürümekte olan Mehmet'in ayaklarına çarptı. Beyaz tanecikler genç adamın siyah postallarına, kadife pantolonunun yumuşak yüzeyine tutundular. Rüzgar, Mehmet'in bacaklarına yapışan kar tanelerine aldırmadan yoluna devam etti, sitenin çitlerini aşarak kuzey denizlerine doğru uğultuyla savrulup gitti.

Mehmet'in, ne kuzey denizlerine doğru esen bozkır rüzgarını ne de ayaklarına çarpan kar bulutunu görecek hali yoktu. Adımlarını açmış, Asaf'ın kaldığı binaya doğru yürüyordu. Ayazın yüzünü kavurduğunu hissetti; gür bıyıkları sanki teker teker donup dikiliyorlardı. Yün paltosunun yakasını kaldırıp, tüylü siyah kalpağını kulaklarına kadar indirerek biraz daha hızlandı. Asaf'la bu gece konuşmalıydı. Yarın çok geç olabilirdi. Aslında kendi yoldaşları dururken Asaf'a gitmesi doğru değildi. Parti Sekreteri Hikmet neyse de öteki yoldaşlar fena bozulacaktı bu işe; ne de olsa Asaf onların kolektifinden biri değildi. Ama olayları daha iyi değerlendirebilme yeteneğine, daha önemlisi geniş bir yetkiye sahipti. Kolektifte onu sevmeyenlerin sayısı her geçen gün artmasına karşın, yine de Asaf'ın yoldaşlar üzerinde yadsınmaz bir etkisi vardı. Çünkü o Merkez Komitesi üyesiydi.

Asaf'ın kaldığı küçük daire, bej renkli sekiz bloktan oluşan sitenin ilk binasındaydı. Binalar beyaz kar örtüsünün arasında, kara bir yılan gibi uzanan asfalt yolla birbirine bağlanıyordu. Küçük bir korusu, kıyısına yaban ördeklerinin konup kalktığı, sazlıklarla çevrili bir deresi bulunan bu eğimli arazinin üzerine üç yüzer metre aralıklarla yerleştirilen binalar, 1980 Olimpiyatları'nda yarışacak konuk sporcular için inşa edilmişti. Site, Olimpiyatlar'dan sonra Sovyetler Birliği Komünist Partisi'nin kullanımına açılmış, parti de Uluslararası Leninizm Enstitüsü'nün hizmetine sunmuştu burayı.

Sitedeki binalardan biri okula dönüştürülmüş, geniş odalar dershane gibi düzenlenmişti. Şili, Türkiye, Lübnan, Nikaragua gibi ülkelerden, çoğu sağlıksız tutukevi yaşamından, iç savaşın ateşinden, yeraltının ağır koşullarından gelen bu insanların görecekleri eğitim kadar, kısa bir süreliğine de olsa dinlenmeleri, moral değerlerini yükseltmeleri, kendilerini toparlamaları da önemliydi. Sağlığı bozulmuş birçok yaşlı komünist biraz da bu amaçla gönderiliyordu Moskova'ya. Ama öğrencilerin büyük bölümü devrimci teoriyi öğrenmek, geleceğin parti yöneticileri, hatta uluslararası komünist hareketin önderleri olabilmek için gelmişlerdi buraya.

Sitedeki ışıkların birer birer karardığı bu soğuk gecede aceleyle yürüyen Mehmet de onlardan biriydi. Alışılmışın dışında o, 1970 sonrası Türkiye'yi saran eylem fırtınasına kapılarak değil, Marksist kuramı okuyarak gelmişti partiye. Hukuk Fakültesi'ndeyken sol düşüncelere yakınlık duyduğunu, ama kendi görüşlerine yakın bir örgütü seçmekte zorlandığı için hiçbir politik gruba katılmadığını söyleyecekti sonradan arkadaşlarına. O dönemde okumaya vermişti kendini. Fakülteyi bitirip avukatlık yapmaya başladığı yıllarda, biraz da aynı büroyu paylaştığı meslektaşının etkisiyle partiye yakınlaşmış, doğru çözümlemeleri, sağduyulu kararlarıyla yöneticilerin ilgisini çekmişti. Partiyle ilişkiye geçtikten sonra da okumakla geçirdiği eylemsiz yılların acısını çıkarmak istercesine olayların en önünde yer almaya başlamıştı. Bazı arkadaşlarının onu soğuk, hırslı bulmasına karşın, aldığı her görevden yüzünün akıyla çıkmayı başararak, adını yetenekli kadroların listesine yazdırmıştı. Ama bu gece o ünlü soğukkanlılığının yerinde yeller esiyordu. Gizlilik nedeniyle sorununu herkesle konuşamazdı. Yemekten sonra konuyu bilen tek kişiye, Cemil'e anlatmıştı kaygısını. Cemil, nedense söylediklerini önemsemez görünmüş, sakin olmasını önermişti ona. Ama sakin olacak hali kalmamıştı Mehmet'in. Bu sorunu ancak Merkez Komitesi üyesi Asaf çözebilirdi.

Asaf, okulun Moskova'daki merkez binasında kalıyordu. 28–29 Ocak anma günü nedeniyle Kurkino'ya gelmiş, akşam yemeğini yoldaşlarıyla birlikte yedikten sonra geceyi de burada geçirmeye karar vermişti.

Yemekhanenin yolu üzerindeki Latin Amerikalıların kaldığı beş numaralı bloğa yaklaşırken, bir gitar sesi duydu. Hemen Rosa geldi aklına. Alman asıllı Brezilyalı kız... Moskova'nın kül rengi ışığında bile parıldamayı sürdüren altın sarısı saçlar, yüzündeki çocuksu anlamı pekiştiren bal rengi çiller, derin bir kuyu gibi gölgeli gözler... Kızın "Hola" diyen genç sesi çınlar gibi oldu kulaklarında. Ama hemen kovdu bu hayali kafasından. Şimdi aşk düşünecek hali yoktu. Hem parti bu tür ilişkileri pek hoş karşılamıyordu. Gerçi yoldaşlardan bazıları bu kuralı bozmuyor değildi, ama Mehmet'in de onların yanlışına uyması gerekmezdi.

Binanın kapısından geçerken gitar tınısına neşeli sesler de eklendi. "Brezilyalılar" diye söylendi. "Bu adamlar eğlenceden başka bir şey bilmez mi?" Bakışları binanın duvarına kaydı. Duvara dayanmış sıra sıra demir çubukları gördü. Avuçlarında bir sızı duydu. Akşam yemeğinden önce, bu uçları mızrak gibi sivri çubuklarla yemekhanenin yolundaki buzları kırmışlardı. Yemekhanenin sorumlusu anaç Nina Andreyevna, yemek için kuyruğa giren öğrencileri başına toplayarak, yarı şaka yarı ciddi bir tavırla, eğer yemekhanenin yolundaki buzları kırmazlarsa, bu akşam aç kalacaklarını söylemişti. Çünkü yemekhaneye malzeme taşıyan görevlilerden biri düşüp ayağını incitmişti.

"Haydi yoldaşlar" demişti kadın, altın kaplama dişlerini gösteren şen gülüşüyle.

"İşlemeyen dişlemez."

Yemenliler her zamanki gibi bu işe çok bozulmuş, hemen kaytarmanın yollarını aramaya başlamışlardı, öteki grupların da çalışma fikrinden pek hoşlandıkları söylenemezdi, ama Türkler her zamanki gibi hemen demir çubukları kapıp işe koyulmuşlardı. Türklerin arasındaki en hevesli kişilerden biri de kuşkusuz Mehmet'ti.

Latinlerin kaldığı binayı Rosa'nın güzel görüntüsüyle birlikte arkada bırakıp koruluğun içine girdi Mehmet. Yaprakları çoktan dökülmüş ak gövdeli kayınların, kar parçalarının dallarına tutunup kaldığı uzun boylu çam ağaçlarının arasından ilerleyerek kısa sürede korunun ortalarına vardı. Gözleri, ağaçların arasından seçilmeye başlayan Asaf'ın kaldığı binadaydı. Dairenin ışığı yanıyor muydu? "Evet" dedi sevinçle. Aynı anda arkasında bir ses duydu. İrkilerek durdu, hızla geriye döndü. Gözlerini kısarak çevresine bakındı. Kimsecikler yoktu, ağaçların arasında koyulaşarak uzanan yol bomboştu.

"Kim var orda?" diye seslendi. Sonra Rusça aynı sözcükleri tekrarladı: "Ktotam?"

Ama küçük koruda yankılanan kendi ürkek sesinden başka bir şey duymadı. "Kargalar olmalı" diye geçirdi aklından. "Bu soğukta karga olur mu" diye duraksadı sonra. "Niye olmasın" diyerek rahatlattı kendini, çok dayanıklı kuşlarmış kargalar, yüz–yüz elli yıl yaşarlarmış. Osmanlı–Rus Savaşı'nı görenleri bile vardır belki. Tedirgindi ama yoluna devam etmek için acele etmedi. Bir süre daha arkasına bakındı, kimsenin olmadığından emin olunca dönüp daha hızlı adımlarla yürümeyi sürdürdü.

Bakalım Asaf ona yardım edecek miydi? Bundan çok emin değildi, ama anlatacaklarının bu yoldaşı yakından ilgilendireceğini biliyordu. Çünkü Asaf kolektifin işleyişine karışmaya can atıyor, önemli biri olduğunu hissettirmek için her olanağı değerlendiriyordu.

"Bu gece, bu gece bitmeli bu iş" diye söylendi, korunun çıkışına geldiğinde. Asaf'ın kaldığı daire elli adım ötesindeydi. Onun odasındaki solgun ışıklara bakarken, yanındaki dairenin penceresinde birinin dikildiğini fark etti. Adam başını hafifçe öne eğmiş, elindeki kâğıdı okuyordu. Dikkatle baktı; ışık arkadan vurduğu için yüzü gölgede kalıyor, kim olduğunu seçemiyordu. Biraz daha yaklaşınca balıkçı yaka, bordo kazağından tanıdı onu: bu, sınıf öğretmenleri Leonid'di.

Leonid Türk kolektifinin sevgilisiydi. Ciddi bir öğretmenden çok, esprili bir arkadaş, içten bir dost gibiydi. Asıl mesleği öğretmenlik değildi. Üniversiteyi bitirdikten sonra uzun yıllar Dışişleri'nin memuru olarak Birleşmiş Milletler'de çalışmıştı. Emekliliğinden önceki son beş yılını ise Sovyetlerin İstanbul Konsolosluğu'nda geçirmişti. Emekli olduktan sonra da partinin isteği üzerine Uluslararası Leninizm Enstitüsü'nde Türk komünistlerine öğretmenlik yapmaya başlamıştı.

Oldukça düzgün bir Türkçesi vardı. Öğrenciler onun eski bir KGB ajanı olduğunu sanıyorlardı, hatta aralarından cesur olan birkaçı bu düşüncesini sesli olarak dile getirmişti. Leonid bunun yanlış olduğunu söylemiş, ama gözlerinde tuhaf bir parıltıyla anlamlı anlamlı gülümsemekten de geri durmamıştı. Kolektifteki herkesin kabul ettiği bir gerçek vardı ki, o da Leonid'in pek alışıldık bir komünist olmadığıydı. Partinin görüşleri kadar, hatta belki daha da fazla kendi düşüncelerine önem verir, bunları açıklamaktan da çekinmezdi. Ama onu ötekilerden ayıran yalnızca bu özelliği değildi. Okuldaki öğretmenlerin çoğunun artık mimiklerine, davranışlarına sinmiş olan o soğuk, bıkkın ifadenin zerresi yoktu Leonid'de. Ağarmaya yüz tutmuş, düz kumral saçlarını eliyle geriye doğru tarar, hep enerjik bir ifadeyle bakardı insanların yüzüne. O konuşurken dikkatle izlerseniz, ağzından çıkan her sözcüğün duygusal yansımasını yüzünde görebilirdiniz, bazen abarttığı da olur, ama hiçbir zaman içtenliğini bozacak bir düzeye ulaştırmazdı bunu.

Leonid'in penceredeki görüntüsünü izleyen Mehmet, "Tıpkı dershanedeki gibi yine ayaküstü bir şeyler okuyor" diye düşündü. Yanılmamıştı, Leonid gözleri elindeki kağıtta, yavaşça dönüp pencerede kayboldu. Hastalığına rağmen bu kadar enerjik olması hayret vericiydi. Uzun yıllar alkol tedavisi gördüğünü duymuşlardı. Bunu yabancı ülkelerde, Özellikle New York'ta geçen zorlu günlere bağlamıştı Türk öğrenciler. Kimse onu kınamamıştı. Hatta bunu bir devrimcinin tutukevinde hastalanması türünden bir olay kabul edip, ona daha çok saygı duyar olmuşlardı. Artık ağzına içki koymuyor, farklı iklimlerde yetiştirilmiş bitkileri karıştırarak, değişik tatta, değişik kokuda çaylar elde ederek içindeki derin susuzluğu bu enternasyonal içecekle gideriyordu.

Bir defa evinde konuk etmişti kolektifi. Yalnız yaşıyordu. Karısı Larissa on yıl önce bir uçak kazasında ölmüştü. Karısının ölümünden sonra birçok sevgilisi olmuş ama kadınlarla sürekli bir ilişki kuramamıştı. Aleksandra adında nükleer fizik mühendisi olan bir kızı vardı; Kiev'de bir santralda çalışıyordu. Leonid'in geniş odasındaki gösterişsiz kütüphane Rusça, İngilizce, Türkçe kitapların yanı sıra Aleksandra'nın değişik yaşlardaki gümüş çerçeveli üç fotoğrafını da taşıyordu; dört yaşında şeker mi şeker bir Oktobrist, yedi yaşında boynunda kızıl fularıyla bir öncü ve on sekiz yaşında dünyalar güzeli bir Komsomol.

"Evli mi?" diye sormuştu Can.

"Değil" demişti kısaca Leonid. Evlilik konusundan hoşlanmadığı belliydi. Ama kızıyla ilgili öteki konulardan söz ederken gri gözleri daha bir aydınlanıyor, sohbeti iyice tatlılaşıyordu.

Mehmet koruluğun sınırındaki dereye geldiğinde, Leonid yine yaklaşmıştı pencereye. Ama Mehmet onu görmedi. Gözleri geçeceği derenin üzerindeki küçük köprüye takılmıştı, yerler buzdan parıldıyordu. Köprüye doğru bir adım atmıştı ki, ayağı kaydı. Düşmekten son anda tahta korkuluğa tutunarak kurtuldu. Doğrulup yeniden yürümeye başlayacaktı ki, arkasında birinin varlığını hissetti. İrkilerek başını çevirmeye çalıştı ama geç kalmıştı; derinden gelen bir ses duydu, aynı anda sırtında şiddetli bir darbe hissetti; hızla öne savruldu, ama elleri hala korkuluklarda olduğu için yere düşmedi. Başını çevirip vuranı görmek istedi, başaramadı. Bakışları usulca aşağı, göğsüne kaydı, hiçbir şey göremedi. Ama sırtındaki ağırlık hissedilmeyecek gibi değildi. Birkaç saniye ayakta kaldı, başı dönüyor, kusmak istiyordu. Engellemek istedi, başaramadı, ağzından koyu bir sıvının boşaldığını fark etti. Elleri korkuluktan çözüldü, yüzüstü yere yıkıldı. Düşerken başını köprünün buzlanmış tahta döşemesine çarpmıştı, ama hiç acı duymuyordu. Yalnızca hızla uzaklaşan birinin ayak seslerini işitti. Başını çevirmeye çalışmadı, yüzünü görmese de onun kim olduğunu biliyordu.

Açık kalan gözleri, düştüğü yerden Leonid'in penceresine bakıyordu. Ölmekte olduğunun farkındaydı. Tuhaftır, bu dehşet verici düşünce sanki onu etkilemiyor, bedeni hiç tanımadığı bir uyuşukluğun içinde eriyip gidiyordu.

Rus öğretmenin yeniden pencereye yaklaştığını gördü. Demek bilinci yerindeydi; gördüğünü anlayabiliyordu. Gözlerini açıp kapamaya başladı. Hayır, bu huzur verici yumuşaklığa teslim olmamalıydı. Katili kaçtığına göre, kimse engel olmazdı ona; Leonid'den yardım isteyebilirdi. Evet, Leonid'e seslenebilir, kurtulabilirdi. Ama nedense bu düşünce ona pek cazip gelmiyordu. Bakışları on beş–yirmi santim kadar ilerde hareketsizce duran sağ eline kaydı. Kendine doğru çekmek istedi, başaramadı ama parmaklarını oynatabilmişti. Bu küçük kazanım bir umut kıvılcımı çaktı içinde. Ölmeyebilirdi. Belki de yarası o kadar ağır değildi... Bu tatlı uyuşukluktan sıyrılmalı, ölüme teslim olmaya başlayan bedenine karşı durmalıydı. Gücünü toplamaya çalıştı. Kıpırdanınca şiddetli bir acıyla sarsıldı. Bağırmak istedi, yapamadı.

Leonid hala pencerenin önündeydi. Başını okumakta olduğu o lanet olası kağıttan kaldırsa... Dışarı biraz dikkatli baksa onu görebilirdi. Yine o uyuşukluk... Hayır buna izin vermemeliydi. Ne olursa olsun Leonid'e ulaşmalı, dikkatini çekmeliydi. Yeniden toparlanmaya çalıştı, daha şiddetli bir acıyla sarsıldı bedeni, ama yılmadı, ağzını açıp kapamaya başladı. Yeni doğmuş bir kedi yavrusunun miyavlamasını andıran bir hırıltı çıktı ağzından. Dudakları yeniden kıpırdadı, yine bir hırıltı... Ne kadar çabalarsa çabalasın boşuna, bu hırıltılar bir türlü sözcüğe dönüşemiyordu. "Boşuna uğraşıyorum" diye geçirdi kafasından, "Son gördüğüm manzara Leonid'in penceresi olacak. Ölmek... Türkiye'den binlerce kilometre ötede, karlar altındaki bu ülkede..."

Hayır ölmek istemiyordu. Bütün gücünü toplayıp yeniden denemeye karar verdi. Ağzını açıp kapamayı sürdürdü. Sonunda kendi sesini duyabildi. Cılız bir "Leonid" çıktı ağzından. Umutlandı, "Leonid" diye tekrarladı. Bu kez sesi daha güçlü çıkmıştı. "Leonid" dedi daha gür bir fısıltıyla; sanki yaşayacağım, der gibi. Sesi küllendü. Sesi güçlendikçe acısı da artıyordu, olsun, buna katlanabilirdi, Leonid'in onu kurtardığını, arkadaşlarının yardımıyla bir ambulansa bindirildiğini gördü, hatta revirdeki doktor Nataşa'nın o şefkat yüklü iri yeşil gözlerini yüzüne dikerek, "İyileşeceksin" dediğini bile duydu. Kurtulacaktı, fısıltısının herkesin duyabileceği bir çığlığa dönüşeceğini umarak, "Leonid" sözcüğünü yinelemeyi sürdürdü. Son kez fısıldarken, bakışları sınıf öğretmeninin penceresine takılıp kalmıştı, ama onu bulanlar gözlerinde donup kalmış bir acının yanı sıra hiç gerçekleşmeyecek bir umudun belli belirsiz iyimserliğini de göreceklerdi.

KELİMELER（生词注释）

ayaz	严寒；危险的地方	katedral	大教堂
kadran	钟面，表面	yeniyetme	成年人
toyluk	幼稚	serzeniş	责备，指责
köstebek	卧底	iplemek	重视，在乎
taşı geldiğine koymak	巧妙地反驳	inisiyatif	倡议，牵头
dalaşmak	争吵	postal	粗制长筒皮靴
kalpak	大毡帽，羊皮帽	kolektif	集体，团体
bej	米色的，棕灰色的	kaytarma	逃避
enternasyonel	国际的	külünmek	变弱

YAZAR HAKKINDA（作者简介）

Ahmet Ümit, 1960 yılında Gaziantep'te doğmuştur. Babası kilim tüccarı, annesi terzi olan Ahmet Ümit'in kendinden büyük 6 kardeşi vardır. Liseyi Gaziantep Atatürk Lisesi'nde okudu. 14 yaşından itibaren sol görüşlü bir aktivist oldu. Lisedeyken ülkücülerle aralarında çıkan bir kavgadan dolayı 24 arkadaşıyla birlikte sürgün edildi ve liseyi Diyarbakır'ın Ergani ilçesinde bitirdi.

1979 yılında İstanbul'a gelerek Marmara Üniversitesi'nin Kamu Yönetim Enstitüsü'nde yüksek öğrenimine başladı. Üniversite öğrencisi iken 1981 yılında Vildan Hanım ile tanıştı ve evlendi. 1982'de düzenlenen "Anayasaya Hayır" kampanyasında aktif rol aldı. Türkiye'de askeri rejimin olduğu o dönemlerde Ahmet Ümit askeri rejime karşı mücadele eden sol bir örgütün içerisindedir. 82 Anayasası'na karşı duvarlara afişler yapıştırırlar. Ve Ümit'in birkaç arkadaşı yakalanır. O da operasyon hakkında bir rapor yazar. İşte o raporla aslında ilk hikayesini yazmıştır. O hikaye Prag'da 40 ayrı dilde yayınlanan Barış ve Sosyalizm Sorunları Dergisi'nde yayınlanır. Ve böylece Ümit'in ilk hikayesi 40 ayrı dilde yayınlanmış olur.

1983 yılında Üniversiteden mezun oldu, ve Türkiye Komünist Partisine (TKP) üye oldu. 1985 yılında parti tarafından Moskova'ya gönderilerek 1986 yılına kadar Moskova Sosyal Bilimler Akademisi'nde eğitim gördü. Moskova'da iken şiir yazmaya başladı. Daha sonra 1998 yılında yazdığı "Kar Kokusu" adlı romanı, bu dönemde yaşadıklarından izler taşır.

1989 yılında siyasetten ayrılarak "Sokağın Zulası" adlı şiir kitabını çıkardı. Aynı zamanda arkadaşı tiyatro yönetmeni Ali Taygun ile bir reklam ajansı çalıştırmaya başladı. 1990 yılında arkadaşlarıyla beraber "Yine Hişt" adlı kültür-sanat dergisini çıkardı. Ahmet Ümit, yazdığı şiir, öykü ve yazılarını Yine Hişt, Adam Sanat, Öküz ve Cumhuriyet Kitap dergilerinde ve Yeni Yüzyıl gazetesinde yayımladı.

Ahmet Ümit'in "Çıplak Ayaklıydı Gece" adlı ilk hikaye kitabı 1992 yılında yayınlandı ve aynı yıl Ferit Oğuz Bayır Düşün ve Sanat Ödülü'ne layık görüldü.

1993 yılında ATV için çekilen "Çakalların İzinde" adlı polisiye dizinin öykülerinin ve senaryosunun yazılmasına katkıda bulundu. Ardından da 1995'te Ahmet Ümit, çeşitli gazete ve dergilerde Franz Kafka, Dostoyevski, Patricia Highsmith, Edgar Allan Poe ve polisiye roman yazarları üzerine inceleme ve tanıtım yazıları kaleme aldı. Hikayelerinden yola çıkarak yönetmen çıkılarak Uğur Yücel tarafından Karanlıkta Koşanlar ve Cevdet Mercan tarafından Şeytan Ayrıntıda Gizlidir dizileri yapılmıştır. "Sis ve Gece" adlı romanı 2007 yılında Turgut Yasalar tarafından sinemaya uyarlanmıştır.

25 Eylül 2010 tarihinden itibaren Habertürk Televizyonu için "Yaşadığın Şehir" adlı bir program serisi yaptı. Ve şu anda Ahmet Ümit, Okan Üniversitesi Danışma Kurulu üyeliği yapmaktadır.

⭐ ALIŞTIRMALAR (练习)

1. Ahmet Ümit ile ilgili kısa bilgiler derleyerek arkadaşlarınızla paylaşınız.

2. Viktor ve Nikolay kimdirler? Niye geç geceye kadar nöbetçi kulübesinde bekliyorlar?

3. Asaf kimdir? Mehmet ona ne konuşacaktı?

DERS YİRMİ BİR

UZUN HİKAYE

穆斯塔法·库特鲁（1947—）出生于埃尔津詹，高中毕业后考入埃尔祖鲁姆阿塔图尔克大学土耳其语言和文学系学习。大学毕业后，库特鲁曾在高中当过一段时间的文学老师，后辞职进入出版社工作。工作之余，库特鲁还积极从事文学创作。自 1968 年第一部作品问世以来，库特鲁共发表小说、随笔、剧本等各类作品三十余部，其中代表作品有《萨伊特·法伊克的短篇小说世界》、《秘密》、《城市信笺》、《忧愁和巧合》、《漫长的故事》、《蓝色的鸟》、《开门》、《塔希尔·萨米先生的私生活》、《不同寻常的颁奖礼》、《好人不死》等。

长篇小说《漫长的故事》是库特鲁的代表作品之一，出版于 2000 年。小说的主人公名叫阿里，和缪妮莱是两情相悦的一对恋人。缪妮莱的哥哥一心想让妹妹嫁入豪门，百般阻挠两人的婚事，无奈之下阿里只有带着缪妮莱远走他乡，四处漂泊。命运像是在和阿里开玩笑似的，每当他的生活稍有起色，厄运便会从天而降：为了捍卫自己的权益而被校长攻讦；妻子难产离世，剩下他和儿子穆斯塔法相依为命；辛苦搭建的窝棚被城管强拆；遭到检察官的陷害入狱……即便如此，阿里仍然没有向命运低头。小说的最后，他还鼓励自己的儿子带着心上人远走高飞。小说语言质朴、情节紧凑，作者围绕着主人公阿里的悲惨遭遇展开叙述，真实地再现了社会底层民众的生活景象，在深刻批判社会积弊的同时，也赞美了主人公坚毅顽强、勇于抗争的高贵品质。

"UZUN HİKAYE" ROMANINDAN SEÇMELER

Ben işte, tuhaf bir şey, yollarda doğmuş, yolculukta büyümüşüm. Elbette ki bir kazanın nüfus kütüğüne yapılmış kaydım, ama oralı değilim ki.

Nereliyim acaba?

Bunu kendime de sorar, bir cevap bulamam.

Coğrafyaya, mekana dair bir bağlanma, bir aidiyet duygusu yok bende. Zihnimi eşiyor, hafızamı yokluyorum. Hep yollar, kıvrılıp giden tozlu yollar, eski dökülen otobüsler, kamyon karoserleri, tiren rayları, vagonlar, kurum, iş.

O vagondan eve gelmeden önce, artık ben beş yaşında mıyım, daha mı fazlayım her neyse, babam bir kasabada ortaokul katibi imiş. Bu okul büyükçe bir arsanın ortasında. Ön bahçede birkaç ihtiyar akasya, bir iki kavak falan. Arka bahçe tamamen boş. Çocuklar oynuyor orda, yağmurda çamur olup sınıfları berbat etmesinler diye zemine kaba çakıl döşenmiş, çiğnene çiğnene beton gibi olmuş.

Ön bahçe öyle değil. Buradan idareci personel, hocalar girip çıkıyor. Ancak yıllarca bakımsız kalmış, her yanını yabani otlar bürümüş. Babam çalıştığı odanın penceresinden bu bahçeye bakar bakar:"Yahu şurayı işe çıkarsak, meyve dikip, zerzevat eksek ne güzel olur" diye söylenirmiş.

Tabi çocukluğunda dedesi ile bahçeli bir evde büyüdüğü için, hem bu işleri biliyor, hem seviyor. Tutmuş bir münasip zamanda fikrini müdüre açmış. Müdür baştan savarcasına:"Mesai saatleri dışında çalışın, benden size izin" demiş.

O yıl karlar eriyip, toprak bir anaç tavuk gibi kabardığında, babam okulun hademeleri ile beraber işe girişmiş. Hevesle çalıştıklarından az zamanda bahçeyi höllük gibi elemişler. Kayısı, vişne, kiraz, dut artık ne buldular ise meyve dikmiş, bahçenin ortasına güzel bir havuz kondurmuş, havuzun üzerine de sarmaşıklardan, asma fidanlarından bir çardak kurmuşlar.

Müdür gider gelir, şöyle göz ucuyla bakar, dudak büker, Allah için bir kez olsun "Kolay gelsin" bile demezmiş. Dünyada ne adamlar var, yüzü insan içi odun. Neyse.

Bahar erişmiş, çiçekler yapraklar açmış, o önceleri çöplüğe dönmüş olan bahçe bu bahar cennetten bir köşe haline gelmiş.

Akşamın önü sıra hademeler hortum ile oraları, sebze maşaralarını, fidanları falan sulayıp, havuzun çardağına iki de sandalye atınca müdür efendi başköşeye kuruluvermiş.

Mevsimi gelip domatesler kızarmaya, hıyarlar olgunlaşmaya, patlıcanlar saplarında sallanmaya başlayınca, müdürün ilgisi daha da fazlalaşmış.

Artık ikide bir kasabanın mülki erkanından misafirlerini çağırır, havuzbaşında onlara mangal ziyafetleri çeker, "Bakın ne güzel işler yapıyorum" diye de şişinir olmuş.

Varsın yesin, varsın övünsün ama.

Bütün bu işleri yapıp çatan, alın teri döken babam ile hademelere de arada bir "Buyurun siz de alın" demek gerekmez mi?

Hayır. Herifte tık yok.

İşte babam böyle şeylere gelemez.

Bir gün herkesin ortasında dikilmiş müdürün karşısına. "Ne demek yani" diye gürlemiş, "Madem biz bu bahçeyi alın teri dökerek yetiştirdik, ürünü de eşit olarak bölüşmeli değil miyiz"...

Haydaaa... Müdür o vakte dek böylesi bir diklenme ile karşılaşmamış olacak ki, şaşırmış. Sonra kendini toplayarak babamı tepeden tırnağa süzüvermiş.

Babam anlatırken hikayenin burasında elini eline vurarak güler ve şöyle derdi:"Adam ne diyeceğini bilemedi önce, sonra toparladı kendini".

Evet kendini toparlayan müdür, tehdit dolu soğuk bir ses ile:

"Eşit bölüşüm de ne demek. Yoksa sen sosyalist misin?" diye sormuş.

Bak, bak, bak... Hani babam Bulgar muhaciri ya, onu çıtlatmak istiyor, bu bir. İkincisi o yıllarda birine "sosyalist" demek, anasına sövmek gibi bir şey. Hele bir de şikayetçi olsa, adamı anında uçururlar.

Babam hiç istifini bozmadan, sosyalizmi falan da hiç bilmez iken, onca adamın arasında "Evet" demiş, "Sosyalistim, var mı bir diyeceğin"...

İş bu noktaya varınca, o zamana kadar babamın safında duran hademeler, katibeler falan kıçın kıçın oradan sıvışmışlar. Babamla müdür kalmışlar karşı karşıya. Babam zayıfın irisi, ama sırım gibi. Boyu da uzun. Müdürün gözü kesmemiş, sözünü yutup gitmiş. Gitmiş ama, haftasına kalmadan babamı işten atmışlar. Bu olay ile birlikte adı "Sosyalist Ali Bey"e çıkmış.

Hep tıraşlı, kravatlı gezer babam. Hele bir de güneş gözlüklerini taksın, müdürden, kaymakamdan geri kalmaz. Ayakkabılar pırıl pırıl cilalı, pantolon jilet benzeri ütülü, çakı gibi. Bayağı yakışıklı adamdır. Öyle olmalı ki annemin gönlünü çalıvermiş.

İşte böylesi bir adam pes eder mi kolayına. O gece bir at arabası çekmiş mektebin önüne. Bahçede ne kadar mahsül varsa hepsinin yüklemiş. Darmaduman etmiş bahçeyi, müdüre çöp bırakmamış.

Meyve fidanlarını da kıracaktım ama, kıyamadım diyor. Hem o hırbo, o mektebe kazık kakacak değil a.

O gider başka bir insan evladı gelir, diktiğimiz fidanlar meyve verdikçe kurt-kuş faydalanır.

Tabi bunlar babamın lafları. Yahu baba desem, oralarda hiç mi nöbetçi hademe, bekçi falan yoktu yani. Bana yine o muzip gülümsemesi ile bakar "Bekçilerle hademeler,

sosyalistlerden yanadır. Onlar da bir nevi proleter" der.

Böylece o kasabadan da kaçıvermişler. Üstelik annem hamile ve gidecek sığınacak bir yerleri yok. Üç beş parça eşya ile kendilerini bir trene atmışlar. Nereye gideceklerini bilmiyorlar. İnanılmaz bir şey.

KELİMELER（生词注释）

kaza	县，县政府	eşmek	挖，刨；深入研究
karoser	车身	arsa	地，地皮
çakıl	砾石，卵石	zerzevat	蔬菜
baştan savmak	敷衍	höllük	铺在婴儿身下的干土
elemek	筛	maşara	小块菜地
mülki	行政的	erkan	上层人物；官员
muhacir	移民	kıçın kıçın	后退
sıvışmak	溜走，偷偷离开	sırım gibi	瘦长而结实的
pes etmek	认输	darmaduman etmek	使变得混乱
hırbo	蠢笨的	kazık kakmak	久留
proleter	无产者		

YAZAR HAKKINDA（作者简介）

Mustafa Kutlu, 6 Mart 1947'de Erzincan ili Iliç ilçesinde doğdu. 1968 yılında Atatürk Üniversitesi Türk Dili ve Edebiyatı bölümünü bitirdi. Tunceli ve İstanbul'daki liselerde öğretmenlik yaptı. 1974 yılında öğretmenlikten ayrılarak Dergâh Yayınları'nda idareci olarak çalışmaya başladı. Hareket ve Dergâh dergileriyle Türk Dili Edebiyatı Ansiklopedisi'nin yayın faaliyetlerini yürüttü. Zaman ve Yeni Şafak gazetelerinde köşe yazıları yazdı.

İlk öyküsü 1968 yılında "O" adıyla Hareket dergisinde yayımlandı. Bundan sonran Mustafa Kutlu, "Ortadaki Adam", "Gönül İşi", "Yokuşa Akan Sular", "Yoksulluk İçimizde", "Ya Tahammül Ya Sefer", "Uzun Hikaye", "Sait Faik'in Hikaye Dünyası" vs. eserlerini yayımladı.

ALIŞTIRMALAR（练习）

1. Mustafa Kutlu ile ilgili kısa bilgiler derleyerek arkadaşlarınızla paylaşınız.

2. Neden "Ben"de coğrafyaya, mekana dair bir bağlanma, bir aidiyet duygusu yok?

3. "Babam"la Müdürün arası neden bozuldu?

DERS YİRMİ İKİ

MUTLULUK

欧麦尔·祖尔夫·李凡纳利（1946—）是土耳其著名的作家、音乐家和电影导演。1971 年，李凡纳利因持不同政见被捕入狱，出狱后他便流亡欧洲，直到 1984 年才回到土耳其。1996 年，李凡纳利被联合国教科文组织任命为亲善大使。2002 年至 2006 年间担任土耳其大国民议会议员。

李凡纳利堪称一个全能型的艺术人物，在土耳其拥有很高的知名度和影响力。作为音乐家，他的作品被伦敦交响乐团收录，他为电影《自由之路》配的曲子还曾荣获"戛纳"电影节金棕榈奖；作为电影导演，他所执导的电影《铁地铜天》、《迷雾》、《告别》等在西班牙圣塞巴斯蒂安电影节、法国蒙比利埃电影节、西班牙瓦伦西亚电影节等各种国际电影节中屡屡获奖。2000 年，素有"土耳其奥斯卡"之称的安塔利亚金橙电影节授予李凡纳利终身成就奖；作为作家，2009 年李凡纳利凭借小说《最后的小岛》一举夺得土耳其文学界最高奖项之一"奥尔罕·凯马尔小说奖"，其作品不仅在土耳其长期雄踞畅销书排行榜，还被译成三十多种文字，受到世界各国读者的关注和好评。

出版于 2002 年的《伊斯坦布尔的幸福》是李凡纳利的代表作品之一，2006 年荣获美国巴诺书店"发现杰出新作家奖"。2007 年，由李凡纳利亲自担任编剧和作曲的同名电影还获得了安塔利亚金橙电影节九项大奖。小说中的故事起源于一场"荣誉谋杀"。十七岁的乡村少女梅尔耶姆被身为族长的大伯强暴后，痛苦地发现全家人都在等待着她的自决。特种兵杰玛尔是梅尔耶姆的堂兄，退役后回到家乡的他被迫领受了父亲交代的任务，带着梅尔耶姆踏上了"荣誉谋杀"之旅。伊尔凡教授事业有成，精神却极度空虚，最终他抛弃了世俗的一切，只身漂泊大海，寻找心灵的解脱。最后，三个人的命运在象征着自由和幸福的爱琴海上交织，开启了一段找寻幸福的航程。整部小说构思巧妙，笔触细腻，深刻地反映了土耳其社会各阶层存在的复杂矛盾。

"MUTLULUK" ROMANINDAN SEÇMELER

Bütün İnsanlığı Öldürmek ya da Yaşatmak

Cemal, ahmak ıslatan yağmurun altında Meryem'in suratına o korkunç darbeyi indirdiği anda, elini kolunu bağlayan kahredici bir çaresizliğe kapılmıştı ve bu durum çırpıntılı, lacivert Marmara denizinin kıyısındaki Balık Hali'ne girerken de olanca ağırlığıyla üstüne abanmaktaydı.

Öldürülmek için kendisine teslim edilmiş olan kızı, canlı hem de ölümden kurtuluşun yarattığı ihtirasla yaşama daha da bağlanmış bir halde ne yapacak, nereye saklayacaktı!

Dinmek bilmeyen hafif yağmurun, oraya buraya yerleştirilmiş plastik kovalara tıp tıp damladığı uzun gece boyunca bunları düşünüp durmuş, boşa koyup dolmamasının, doluya koyup almamasının yürek sıkıntılarını yaşamıştı. Bir an önce trene binip memlekete gitmekten ve Emine'ye kavuşmaktan başka bir şey düşünemez olmuştu.

Sabaha karşı aklına gelen ve onu birden heyecanlandıran fikir yüzünden, yanında yatan Yakup'u uyandırmış ve, "Ben yola çıkıyorum," demişti. "Şansım varsa sabah trenine yetişirim. Hadi eyvallah!"

Aslında yalan söylüyordu. Önce hasreti burnunda tüten asker arkadaşı Selahattin'i bulacak ve onunla birkaç gün geçirdikten sonra gidecekti memlekete. Orada Meryem konusunda hiçbir şey söylememe yolunu seçecek, anlamlı bir ketumluk içinde susup duracaktı. Zaten az konuşan, hele askerden geldikten sonra hiç ağzını açmayan birisi değil miydi! Herkes bu suskunluğu, olayın konuşulmasını istemediği biçiminde yorumlayacak ve üstüne gitmeyecekti. Hem kimsenin işine gelmezdi bu işi kurcalamak.

Tam ayağa kalkmıştı ki uyku sersemi Yakup'un hırıltılı bir sesle, "Meryem'i de uyandır!" dediğini duydu.

"Abi," dedi, "biliyorsun Meryem'i geri götüremem. O bir süre burada, sizin yanınızda kalsın. Hem Nazik Yengemle de iyi anlaşıyorlar. Ev işlerinde ona yardım eder."

Bunun üzerine Yakup doğruldu ve gece lambasının ışığında çökük avurtlarını daha da koyulaştıran çok ciddi bir ifadeyle, "Bana bak Cemal," dedi, "bu dediğin olamaz. Bir boğaz daha beslememe imkân yok. Hem ben memleketten bu dertlerden kurtulmak için kaçtım, taa buralara kadar gelip buldunuz beni. Rahat bırakın artık; düşün yakamdan, düşün yakamdan!"

Bunları o kadar kesin bir dille söyledi ve 'düşün yakamdan' sözlerini öyle derin bir heyecanla tekrarladı ki Cemal, abisinin içindeki memleket ve aile nefretinin şiddetini hissederek şaşkınlığa düştü ama aynı zamanda bu işin de olamayacağını anladı.

Sabah evden Yakup'la birlikte çıktılar. Yakup şehirdeki bir kebapçıda garson olarak çalışıyordu. Aslında daha iyi para kazanacağı işler bulunabilirdi belki ama onun planı başkaydı. Kebapçılık işinde iyi para vardı; gün geçmiyordu ki yeni bir kebap–lahmacun dükkânı açılmasın. Ve bu lokantaları hep eski garsonlar açıyordu. Bu işte bir süre çalışıyorlar, et nereden alınır, sinirleri nasıl ayıklanır, döner nasıl sarılır, dönerci ustası kaça çalışır gibi incelikleri iyice öğrendikten sonra üç beş garson bir araya gelip kendi lokantalarını açıyorlardı.

Yakup'un da dilini dişini kilitleyen bir ihtirasla istediği şey, kendi kebapçısını açmaktı. Belki ilk lokantayı tutturduktan sonra arkasından şubeleri gelirdi, kimbilir; bir de bakarsın beş yıl sonra üç kebapçı dükkânının –lokantada profesyonellerden öğrendiği gibi o da lokantaya dükkân diyordu artık– sahibi oluverirdi; müşteri gani, lokantalar vızır vızır işliyor; hem içerde masalara servis veriyorsun hem de gelip geçenlerin ağzının suyunu akıtması için sokağa açılan bir bölmeye yerleştirilmiş döneri, ekmek arasına koyup ayaktaki müşteriye satıyorsun. Adana, Antep, Urfa, içli köfte, lahmacun, ayran, şalgam suyu dolu tepsiler gidip gidip geliyor, gidip gidip geliyor. İsmet, Zeliha ve Sevinç için bunları mutlaka yapacaktı, mutlaka. Onun çocukları memlekettekiler gibi kendi karanlık kaderleriyle baş başa kalmayacak, İstanbul'un iyi okullarında okuyacaklardı; Doğu'nun âdetlerinden, sertliğinden, mutsuzluğundan mutlaka kurtulacaklardı, mutlaka. Buna her gün yemin ediyordu.

Ayrıldıkları zaman Yakup ona gideceği yeri tarif etmişti; Cemal fazla zorlanmadan Balık Hali'ni buldu. İstanbul'u ilk gördüğü gün üzerine abanan ve onu şaşkına çeviren, çılgın, neşeli, kalabalık ve baş döndürücü hava vardı burada da. Balıkçı teknelerinin biri yanaşıp biri ayrılıyor, mendireğin üzerine serilmiş ağlar tuhaf tuhaf kokuyor, avdan gelen teknelerden on binlerce balık bir gümüş sağanağı gibi dökülüyor, martılar çıldırmışçasına inip kalkıyor, kırmızı renkli, daire biçiminde büyük tahta tepsilere konulmuş balıkların üstüne su serpiliyor; mavi önlüklü satıcılar müşteri kızıştırmak için seslerinin olanca gücüyle bağırıyor, şişman kediler balık kapmak için gizli harp planları geliştirerek köşelere siniyor, kuşkulu müşteriler balıkların galsamelerini, kırmızı olup olmadığını anlamak için durmadan elliyor ve ne kadar taze olduğunu anlamak amacıyla ölü balıkların gözlerindeki son hayatiyet ışıltılarını yakalamaya çalışıyorlardı.

Yerler ıslaktı, çünkü hortumlarla sık sık ve kimsenin üstüne başına sıçramasına aldırmadan su fışkırtılıp duruyordu.

Cemal bu kargaşa arasında birkaç kişiyi çevirip elindeki kartı göstererek Selahattin'in yerini bulmak istedi. Önce yanlışlıkla müşterilere sorduğu için kimse bilemedi ama gözünü döndüren gürültülü meşguliyetinden bir an için kurtarıp da soru sorma olanağı bulduğu ilk balıkçı, eliyle ileride bir tezgâhı gösterdi.

Cemal kalabalık arasında tezgâha doğru yürürken şu İstanbulluların amma da acayip adamlar olduğunu düşünüyordu; çünkü yanına yaklaştığında bile yüzüne bakmıyorlar ve sorduğu sorulara güç bela cevap veriyorlardı; o da, sesini yükselterek üç beş kere bağırdıktan sonra.

Tezgâhta balık satan mavi önlüklü gençler, bir yandan plastik kovadan aldıkları suyu balıkların üstüne serpiyor bir yandan da, "Gel gel, lüfere gel, kalkana gel! Var balık! Var balık!" diye gırtlaklarını paralarcasına bağırıyorlardı. Cemal'i önce alıcı zannederek balıkların 'canlı canlı' olduğunu anlatmaya giriştiler ama 'onun ısrarlı soruları karşısında Selahattin'in yazıhanede olduğunu söyleyip, arkalarda bir yeri tarif ettiler.

Aylar boyunca aynı ranzayı altlı üstlü paylaşmış olan iki arkadaşın kavuşması, Cemal'in beklediğinden de daha sıcak ve dostane oldu. Selahattin askerden sonra hemen kilo almış, pembe yanaklı yüzü yuvarlaklaşmış ve yeni bıraktığı ince telli kumral bıyıklarıyla, askerlik günlerine pek benzer bir tarafı kalmamıştı. "Vay!" diyerek onu kucaklamak için ayağa kalktığında Cemal, Selahattin'in topalladığını gördü. Demek ki kurşun bir ekleme isabet etmişti.

Bu sırada yazıhaneye pek çok girip çıkan oluyor ve masadaki iki telefon sürekli çalıyordu.

Selahattin Cemal'i masanın önündeki koltuğa oturttu, ona çay söyledi ve kaşıyla gözüyle kusura bakma işaretleri yaparak, gülücükler fırlatarak telefonlara cevap vermeye, gelip giden müşterilerin işlerini görmeye koyuldu. Belli ki önemli bir ticarethaneydi burası.

Cemal askerdeyken aynı koşullarda yaşadığı arkadaşının, sivil hayatta kendisinin ulaşamayacağı kadar önemli bir yerde olduğunu görüyor ve orada, 'patronun arkadaşı' olarak oturup çay içmekten bile sıkılıyor, utanıyordu. O kalabalıkta hiçbir şey konuşmaları mümkün değildi zaten.

Selahattin'in öğle yemeği için götürdüğü esnaf lokantasında, Cemal'i 'askerlik arkadaşım' diye tanıştırdığı birçok insan vardı. Tezgâhta balık satan çocuklardan birisi Selahattin'in kardeşiymiş; o da masalarına oturdu ve yemek, askerlik anılarını tazelemekle, gülmekle, şakalaşmakla geçti.

Selahattin, asıl soruyu akşam evde sordu: "Senin büyük bir derdin var. Anlat bana. Gün boyunca arpacı kumrusu gibi tasalı tasalı düşündüğünü gördüm. Nedir derdin, para mı, iş mi, gönül meselesi mi?"

Öğleden sonra yine yazıhaneye döndüklerinde Cemal birkaç kez kalkmak için davranmış ama her seferinde Selahattin'in müthiş ısrarıyla karşılaşmıştı: "Hayır; akşam bizim eve gideceğiz. Dünyada bırakmam."

Sonra Selahattin'in Honda arabasına binmişler ve sık apartmanlar sokaklara yer bırakmadığı için otomobillerin birbirine değerek geçebildiği bir mahalleye gitmişlerdi. Selahattin'in evi ikinci kattaydı ve kapısının önünde ayakkabılar çıkarılmıştı. Cemal de çıkardı.

Selahattin, kapıyı açan başı bağlı, akça pakça genç kadını, "Yengen!" diye tanıttı ve kadın, "Hoş geldiniz!" dedi. El sıkmaya davranmamıştı hiç, dindar kadındı. İçeri girdiklerinde Cemal, bu salonun hayatında gördüğü en güzel yer olduğunu düşündü. Hiç bu kadar eşyayı bir arada görmemişti. Altın yaldızlı beyaz koltuk takımları ve oymalı kakmalı sehpalardan o kadar çok vardı ki bunlar, ancak birbirlerine yapıştırılarak sığdırılabilmiş, bu yüzden de salonda hareket edebilmek epeyce güçleşmişti. Adım atılacak yer kalmaması ve birkaç koltuk takımının bir araya konması müthiş bir zenginliğe işaret ediyordu.

Cemal'in mobilyalara hayran hayran baktığını gören Selahattin, bilgiç bilgiç, "Bunlar Lükens!" dedi. Cemal Lükens'in ne demek olduğunu bilmiyordu, daha önce hiç duymamıştı. (Selahattin Lükens modasını biliyordu ama o da Türkiye'de her yerde reklamı yapılan bunca yaygın Lükens tarzının, aslında "Louis Quinze" demek olduğunu bilmiyordu.)

Televizyon, duvarda bulunan ceviz kaplama büfenin içine yerleştirilmişti ve açıktı; dini kanallardan birisinde başı örtülü bir kadın konuşuyordu. Evin her tarafının halıyla kaplı olduğu yetmiyormuş gibi duvarlarda da Mekke-i Mükerreme'yi ve heyecanlı bir geyik avı sahnesini gösteren halılar asılıydı. Ortalığı, televizyon dahil her eşyanın üstüne konmuş ve herhalde "yenge"nin çeyizini hazırladığı genç kızlık yıllarına mal olmuş elişi danteller kaplamıştı. Tavandan sallanan bir kristal avize, bütün bu kargaşayı aşırı bir parlaklıkla aydınlatıyordu.

Cemal, Selahattin'le arasındaki farkın artık uçuruma dönüştüğünü hissederek daha çok korktu. Bu kadar göz kamaştırıcı bir yerde oturan bir insan nasıl kendi arkadaşı olabilirdi ki!

Selahattin akşam namazını kıldıktan; tezgâhtan gelen taze balıkların sunulduğu acele bir yemekten ve 'yenge' onlara çay servisi yapıp çekildikten sonra baş başa kaldılar; Selahattin can alıcı soruyu o zaman sordu.

Cemal bir yandan bu olayı nasıl anlatacağını düşünüyor kem küm ediyor, bir yandan da Selahattin'in ısrar etmesini istiyor, sorudan vazgeçmemesi için dua ediyordu. Çünkü Selahattin'den başka, başına gelenleri anlatabileceği ve akıl danışabileceği hiç kimsesi yoktu.

Kristal avizeden, süslemeli koltuklardan ve Kayseri, Bünyan, Kars halılarıyla, Yağcıbedir kilimleriyle kaplı evden biraz ürkmüş bir halde kısa cümlelerle, abartmadan, uzatmadan her şeyi anlattı.

Selahattin onu dinledikçe hayret ediyor, başını sallıyor ve "Yok canım, daha neler!" gibi sözlerle araya giriyordu.

Sonunda dedi ki: "Dün, müthiş bir günahın eşiğinden dönmüşsün. Yoksa bugün buraya bir katil olarak gelecektin. Demek Allah son anda kalbine bir ilham vermiş ve seni günahtan döndürmüş. Buna çok memnun oldum."

Cemal'in biraz kafası karışmıştı. Birlikte G3 piyade tüfekleriyle onca adamın üstüne ateş açtıkları Selahattin, bir insanın öldürülmesini ne kadar önemsiyordu böyle.

Selahattin, "O, savaş," dedi. "Kuranıkerim'de savaşla ilgili hükümler ayrıdır. Ama bu, masum bir kızı öldürmek. Hiç aynı şey olur mu?"

Cemal onunla konuştukça kızı öldürememiş olmanın verdiği eziklikten kurtulduğunu hissediyor, bunun için konuşmayı uzatıyordu.

"Ama Müslümanlıkta, günaha girmiş kadınları öldürmek yok mu?"

"Yok!"

"Peki recim; hani zina yapanların yarı beline kadar toprağa gömülüp taşlanarak öldürülmesi; o da mı yok?"

"Yok!" dedi Selahattin. "Bunların hiçbiri Kuranıkerim'de yok. Hepsi sonradan uydurma!"

"Nasıl olur?" dedi Cemal.

Selahattin, babasından öğrendiği her şeye karşı çıkıyordu.

"Babam, Atatürk devrine kadar recmin uygulandığını söylüyor."

"Bazı Arap ülkelerindeki yanlış bir uygulama bu, dinde yeri yok. Osmanlı'da da tek bir kere yapılmış. Hem zinanın ispat edilmesi de çok zordur. Osmanlı hükümleri, bu konuda üç kişi tarafından 'kılıcın kında görülmesini' ve bu konuda tanıklık yapılmasını şart koşar. Sen, bu kızın... adı neydi?"

"Meryem."

"Hah! Meryem'in kınında kılıç gördün mü hiç?"

Cemal kızardı, "Görmedim!" diye fısıldadı.

"O zaman nereden biliyorsun?"

"Söylediler."

"Söylenti yüzünden insan öldürülür mü Cemal?"

Selahattin'in dini kendi dinlerinden farklı mıydı yoksa; Cemal hiç bu kadar hoşgörülü bir Müslümanlık duymamıştı şimdiye kadar.

Selahattin, "İslam'da adam öldürmek günahtır," diye devam ediyordu.

Cemal artık dayanamadı ve, "Herhalde sen yanılıyorsun," dedi. "Baksana Hizbullah gibi birçok dini örgüt durmadan adam öldürüyor."

"Onlar sapık!" dedi Selahattin. "Onlar, siyaset için İslam'ı kullanıyor. Her dinin mensuplarından katil de çıkar, terörist de. Sen ana kaynağa yani Kuranıkerim'e bakacaksın, bir de peygamberin hadislerine. Sahih-i Buhari'yi okudun mu?"

Cemal başını önüne eğdi ve, "Hayır!" dedi.

"Allah bilir Kuranıkerim'i de okumamışsındır sen. Peki senin baban nasıl din adamı? Seni nasıl yetiştirdi?"

Sonra can ciğer arkadaşının din kültüründeki yanlış, hatta tehlikeli bulduğu bilgilerini düzeltmek ve onu 'irşat' etmek için, ertesi akşam Eyüp Sultan'da yapacakları tarikat ayinine götüreceğini söyledi.

Bu iş karara bağlandıktan sonra da ana konuya dönüldü. İkisi birlikte bütün ihtimalleri düşünüp kafa patlattılar. Düğüm bir türlü çözülemiyordu. Çünkü Meryem memlekete geri gidemezdi, Yakup kesin olarak istemediğine göre İstanbul'da da kalamazdı; 'maazallah sonra sokaklara düşer'di; onu bırakıp gitme olanağı kalmadığına göre Cemal ne iş yapacak, neyle geçinecekti; hadi geçimini sağladı diyelim, birlikte ev mi tutup oturacaklardı; bu da olacak iş değildi; evli olmayan bir kadınla erkek aynı evde nasıl otururdu. Onlara kimse ev bile vermezdi. Hem Cemal'in oralarda kalmaya hiç niyeti yoktu, bir an önce memlekete dönüp sevdiğiyle evlenmek istiyordu.

Bunları, saatlerce evire çevire konuştular. Sonra Selahattin, anlaşılan bu işi bu gece çözemeyeceklerini; en iyisi sorunun üstüne bir 'istihare uykusu' uyumalarının doğru olacağını söyleyip ona kalacağı odayı gösterdi.

Cemal kendisini o evde, ağır perdeli misafir odasında, 'yenge'nin kendisi için hazır ettiği temiz havlu asılmış banyoda çok iğreti hissediyordu.

Ertesi gün, elini öpmek üzere çıktıkları üst katta, Selahattin'in babasının oturduğunu görecekti. Zaten apartmanın her dairesinde bir akrabaları vardı; aralarına yabancı almamışlardı. Selahattin'in babası, uzun yıllar balıkçı gemilerinde reislik yaptığı için olmalı, televizyona bakarken elini gözlerinin üstünde siper ediyordu; fırtınada kaybolmuş ve 'kara göründü' müjdesini vermek için sabırsızlanan bir gemici gibi. Onlarla konuşurken ve başka yönlere bakarken normal davranıyor ama bakışlarını televizyona çevirdiği anda elini gözlerine siper ediveriyordu.

Ertesi sabah kahvaltıdan sonra evden birlikte çıktılar ve gene Selahattin'in yazıhanesine gidip, öğle yemeğini aynı lokantada yediler.

Akşam saat altı sularında ise Honda'yı, Eyüp yamaçlarında, Eyüp Sultan Camii'ni ve mezarlığı gören tek katlı, genişçe bir evin önüne park ettiler. Evin müthiş bir manzarası vardı; çünkü burası, bir zamanlar 'Altın Boynuz' denilen, şimdi altını gidip sadece boynuz şekli ve rengi kalmış olan deniz girintisine, Eyüp Sultan Camii'nin kubbelerine ve Piyer Loti kahvesine bakıyordu. Birçok otomobilin park edildiği ve kapı önünde yine onlarca çift ayakkabının biriktiği bir yerdi burası.

Cemal biraz garipseyerek ve hep birbirini tanıyan insanların arasına katılan yeni birisinin duyduğu tedirginlikle Selahattin'in arkasından içeriye girdi. Alışık olduğu kasaba evleri gibi bir yerdi burası. Genişçe bir oturma odası vardı ve bu oda şimdi, halının üstüne bağdaş kurmuş erkeklerle doluydu. Giyimlerine bakılırsa gelenlerin çoğu esnaf olmalıydı. Bir kısmı kravat takmıştı.

Sonra bu insanlardan biri, yanık ve tiz bir sesle ilahi okumaya başladı; Yunus Emre'den Cemal'in de duyduğu bir ilahi. Bu sırada halının üstündekiler namaz kılacakmış gibi saf tutup dizildiler ama hiç ayağa kalkmadılar. Başlarında beyaz takkeler vardı. Cemal, sıraların en önünde sırtı dönük bir adamın oturduğunu görüyordu. Aynen babası gibi. Galiba kendi bağ evlerinde yapılan zikir ayinlerinden birisi olacaktı şimdi. Gerçekten de bir süre sonra hu çekmeler duyuldu ve bir şakirdin tempo tuttuğu daire sesi eşliğinde müritler iki yana sallanmaya ve, "Allah, Allah," diye inlemeye başladılar. Giderek hızlanıyorlar ve hızlandıkça da kendilerinden geçiyorlar, arada bir içlerinden birisinin attığı tiz, "Allah!" çığlığıyla daha da heyecanlanıyorlar ve ayağa fırlamamak için kendilerini zor zaptediyorlardı. Sonunda iş öyle bir noktaya vardı ki yerdeki müritlerden bazıları, aynen Cemal'in çocukluğunda bağ evinde gördükleri gibi bayıldılar. Yere yuvarlananlar, çırpınanlar, ağzından köpükler gelenler görüldü. Babası bu durumu, "Allah adının yarattığı ruhi cuş u huruş"a bağlardı. Aslında Cemal bilebilecek durumda olsa, bu işin insan gövdesinin işlevleriyle açıklanabileceğini anlar ve dakikada yüz yirmi dört vuruşun sırrını kavrayabilirdi. Çünkü bütün Ortadoğu ayinlerinde insanlar, dakikada yüz yirmi dört kez vurulan daire eşliğinde Allah diyordu; bu da raksesen bir insanın kalp atışlarına denk düşen sayıydı; böylece her kalp atışında bir kez Allah demiş oluyor ve bir süre sonra trans haline giriyorlardı. Ama Cemal ne bunu bilebilecek durumdaydı ne de aynı formülün bütün dünya diskolarında uygulandığını ve orada çalınan parçalardaki davulun da dakikada yüz yirmi dört kere vurduğunu.

Fazla heyecanlanmadan alışık olduğu törenin bitmesini ve insanların sakinleşmesini bekledi. Zikir ayininden sonra tarikat şeyhi onlara nasihat etti, hadisler okudu.

İnsanların bir kısmı biraz dağıldıktan sonra da Selahattin, Cemal'i şeyhe götürdü, elini öptürdü ve onun hem askerlik arkadaşı hem de dini bütün bir Müslüman olduğunu ama cebir ve şiddet konularında biraz kafasının karışmış olduğunu anlattı.

Şeyh, beyaz sakalını sıvazladı. Küçük mavi gözlü, çok yaşlı olmasına rağmen dinç kalmış ve cin gibi bakan bir adamdı.

"Evladım," dedi, "Bu devirde doğru eğriye, iyi kötüye, güzel çirkine karıştığı için Müslümanların çoğu arayış ve buhran içinde. Bunu ayıplamıyorum; ama İslam'ı bir intikam dini haline getirenlerden kendini sakın; bunlara inanma. İslam kelimesi teslim olmak demektir ve bir barış dinidir. Eğer İslam'ı anlamak istiyorsan, Kuranıkerim ve peygamberin hadislerinden ve sünnetlerinden başka hiçbir şeye itibar etme. Çünkü İslamiyet, din-i mübindir; yani açık bir dindir. Siyaset dini bozar, içine nifak tohumları eker; bid'attir. Bak, Kuranıkerim, Maide Suresi 32. Ayet'inde ne buyuruyor..."

Hoca burada ayınları çatlatarak önce ayetin Arapça'sını okudu ve sonra Türkçe'ye tercüme etti: "Kim, kimseyi öldürmemiş veya yeryüzünde fesat çıkarmamış birini öldürürse bütün insanlığı öldürmüş gibi olur. Kim onu yaşatırsa, ölümden kurtarırsa, bütün insanlığı yaşatmış gibi olur."

Şeyh efendi, Cemal'i şaşırtacak kadar yumuşak bir ses ve gülümsemeyle konuşuyordu. Cemal, ömründe ilk defa dinin korkutucu bir şey olmaktan çıktığını hissediyor ve neredeyse içi serin sularla yıkanıyordu.

Şeyh devam ediyordu: "Evladım Sûra Suresi 40. Ayet buyuruyor ki: 'Kötülüğün karşılığı, ona eşit kötülüktür. Fakat kim bağışlar, barışı sağlarsa mükâfatı Allah'a aittir; şüphe yok ki Allah zalimleri sevmez.'"

Şeyh uzun uzun konuştu, Kuran'dan Bakara, Maide, En'am, A'raf, İsra, Hac, Mümtehine, Mümin, Nisa Surelerinden barışa, iyiliğe dair ayetler okudu ve en sonunda konuşmasını, Cemal'i kalbinden vuracak şu ayet-i kerimeyle bitirdi. "Anaya, babaya, yakınlara, yetimlere, düşkünlere, yakın komşuya, uzak komşuya, yanınızdaki arkadaşa, yolcuya ve size tabi olan kimselere iyilik edin."

Nisa Suresi'nin 36. Ayeti'ydi bu. Sonra şeyh, "Tamam mı evladım?" dedi. "İçindeki şüpheler zail oldu mu? Allah'ın kitabına ve peygamber efendimizin buyruğuna uygun hareket edenlerin zulümden uzak durduklarına, barışçı ve hoşgörülü olduklarına ikna oldun mu? Cinayet teşkilatlarının Allah ile hiçbir ilgileri olamayacağını anladın mı şimdi?"

Cemal, bu bilgisi derin mi derin şeyh karşısında heyecandan eli ayağına dolaşarak, "Oldum hocam! Allah razı olsun!" diyebildi ve onun elini öptü.

Dönüş yolunda Cemal şeyhin nasıl olup da kalbini okuduğuna ve sanki Meryem'i öldüremediğini bilmiş gibi konuştuğuna hayret ederken bir an yanında araba kullanmakta olan Selahattin'den kuşkulandı. Acaba önceden şeyhe durumu anlatmış mıydı? Çünkü Meryem'in yetim olduğunu bile anlamış gibiydi. Ama hemen sonra bu kuşkunun saçmalığını anladı; olamazdı böyle bir şey.

Eve geldiklerinde, 'yenge'nin yanında genç bir kız vardı. Selahattin onu, "Kız kardeşim!" diye tanıttı Cemal'e. Kız onun elini sıkmadı, uzaktan başıyla selam vermekle yetindi. Belli ki 'yenge' gibi o da erkek eline dokunmuyordu. Başını bir türbanla sıkıca bağlamış ve boynunu da kapatacak biçimde arkadan sıkmıştı. Bütün bu önlemlere rağmen Cemal onun güzel bir kız olduğunu görebiliyordu ama ne hikmetse onun da yanağı Meryem gibi morarmış, daha doğrusu bir çizgi halinde yaralanmıştı. Bu arada –Selahattin'in ona seslenişinden adının Saliha olduğunu öğrendiği– genç kız, heyecanla o gün olanları anlatmaya başladı.

Yine her zamanki gibi okula gitmişlerdi ve türbanlı öğrencileri okula almayan polis barikatıyla karşılaşmışlardı. Bunun üzerine ellerindeki pankartları açmışlar, başlarını örtmenin bir insanlık hakkı olduğunu haykırmışlar, "İslam gelecek, zulüm bitecek!" diye sloganlar atmışlar ve ceplerindeki düdükleri çıkararak öttürmeye başlamışlardı. Çevredeki esnaf da onlara destek veriyor ve avuçları patlayıncaya kadar alkışlıyorlardı. Üniversitedeki erkek öğrenciler eylemi destekliyor ve polise yuh çekiyorlardı.

Aslında alışılmış bir görüntüydü bu; her gün tekrarlanıyordu. Polis, hükümetin kararı gereği başı kapalı kız öğrencileri okula almıyor, bunun üzerine onlar da eylem yapıyorlardı.

Yalnız o gün iş çığırından çıkar gibi olmuştu. Belki de İstanbul'a yeni atanan emniyet müdürünün laik Ankara ve laik ordunun gözüne girme gayretkeşliğiyle polisler, eylem yapan kızları dağıtmak için saldırmışlar ve nereden peyda olduğu anlaşılamayan bir panzer üstlerine su sıkmaya başlamıştı. Polisler de coplarını çekmişler ve türbanlı kızlara, "Allah yarattı!" demeden vurmaya girişmişlerdi. Kızlar çığlık çığlığa bağırıyorlardı; kimi yere düşüyor, kiminin yüzü kanıyor, kimi de heyecandan bayılıp asfalta düşüyordu. Bu sırada Saliha polislere, "Sizin de ananızın başı kapalı değil mi, sizin bacınız yok mu, siz Müslüman değil misiniz?" diye bağırıyordu ki yanağına inen bir cop darbesi onu susturuvermişti. Kız bunları, yüzü al al olarak heyecanla ve neredeyse sevinçle anlatıyor ve hiç de üzülmüş gibi görünmüyordu. Yarın daha büyük bir eylem yapacaklar ve "bu deccallara günlerini göstereceklerdi. Ankara'daki Kemalist deccal rejimi, iman dolu kızlardan oluşan bu ordu karşısında dağılacak ve yenilecekti.

Selahattin, "Yapma be Saliha!" dedi. "Geçen gün babam da sana uzun uzun nasihat etti ama bir kulağından girip ötekinden çıkıyor bunlar. Hükümetle oyun oynanmaz. Yaşadığın ülkede kanunlar neyse ona itaat edeceksin. Hem saçın görünse namusun elden mi gidecek?"

Saliha abisine hınçla baktı. "Senin de beynini yıkıyor bu kâfirler abi!" dedi. "Sen bükemediğin bileği öpebilirsin belki ama biz öyle yapmayacağız."

"Geçen yıla kadar senin de başın kapalı değildi Saliha. Üniversiteden önce namusun elden mi gitmişti sanki?"

"O başka! O zaman Allah'ın emrini bilmiyordum, üniversiteye başlayınca arkadaşlardan öğrendim. Siz de dindar geçinirsiniz ama böyle kuralları öğretmezsiniz hiç! Çok meraklıysan kendi karının başını açtır."

Selahattin kimbilir kaç kez anlattığı şeyleri bir kez daha anlatmaktan ve kızın heyecanlı, dirençli tavrından yorgun düşmüş, bıkmış bir edayla, "Allah size akıl fikir versin!" dedi. "Sizi kullanıyorlar; sizin sırtınızdan siyaset yapıyorlar."

Saliha ona öfkeyle baktı: "Sen Türk ordusunda general olmalıymışsın abi!" dedi. "Aynen onlar gibi bizi gâvurlaştırmak istiyorsun. Hem başımı örtüp örtmemek benim insanlık hakkım. Kimseyi ilgilendirmez," ve çıkıp üst kata babasının evine gitti.

Yemek boyunca Selahattin Türkiye'de dini silah olarak kullanan tehlikeli akımlardan söz etti; bu gençleri saf bulup kandırdıklarını söyledi. Akılları sıra İran gibi Türkiye'deki İslam devrimini başörtüsü isyanıyla başlatacaklardı.

Akşam el ayak çekildiğinde Selahattin, "Cemal senin durumunu düşündüm," dedi. "İstanbul'da kalman imkânsız; memlekete de dönemiyorsun; uzun vadede ne olur bilmem ama şu anda en büyük meselemiz size geçici de olsa kalacak bir yer bulmak. Hem de gözden uzak bir yerde. Gel şu işe bir çözüm bulalım."

Cemal Selahattin'e, "Allah senden razı olsun," dedi; hem de canı gönülden.

KELİMELER（生词注释）

ahmak ıslatan	毛毛雨	ihtiras	强烈的欲望
ketumluk	守口如瓶	gani	大量的，丰富的
mendirek	防波堤	galsame	鳃
lüfer	一种类似青鱼的小鱼	kalkan	大菱鲆
ranza	上下铺	akça pakça	白净漂亮的
recim	用石头砸死的刑罚	zina	通奸
kın	壳，鞘	hadis	圣训
irşat	纠正，教导	istihare	占梦
takke	小圆帽	zikir	（宗教）齐克尔
şakirt	学徒，见习生	daire	小手鼓
raksetmek	跳动，晃动	trans haline girmek	进入忘我的状态
cebir	暴力	nifak	纷争

bid'at	异教	fesat	混乱，争吵
mükafat	奖励，回报	zail	结束的，消失的
gayretkeşlik	狂热	peyda olmak	出现
panzer	装甲车	cop	警棍
deccal	蛊惑人心的	iman	信仰，笃信

⭐ YAZAR HAKKINDA（作者简介）

Zülfü Livaneli, Türk müzisyen, politikacı, yazar ve yönetmen. Gerçek adı Ömer Zülfü Livaneli'dir. 20 Haziran 1946 yılında Mustafa Sabri Livaneli ve Şükriye Livaneli'nin çocukları olarak Konya'da dünyaya geldi. Henüz küçük yaşlardayken müzikle ilgilenmeye başladı ve bağlama çalmayı öğrendi.

1964 yılında Ülker Tunçay ile evlenen Livaneli çiftinin 1966'da kızları Aylin Livaneli dünyaya geldi. Politik duruşu sebebiyle, 1971'de yaşanan darbe sonrasında cezaevine giren sanatçı 1972 yılında İsveç'e yerleşti. Stockholm'da bir yıl müzik eğitimi gördü. 1973'te ilk albümü Belçika'da yayınladı. Bağlama çalarak yaptığı geleneksel türkü formundaki müziğiyle batı enstrümanlarını bir arada kullanıyordu. Zengin ve farklı bir müzikal altyapı oluşturmaya başlamıştı. 1976'da Otobüs filminin müziklerini yazan sanatçı, daha sonraki yıllarda da filmler için beste yapmaya devam etti. Nazım Hikmet'in şiirlerinden bestelediği şarkılarını, 1978 yılında yaptığı "Nazım Türküsü" albümünde bir araya getirdi. Müziği geniş kitlelere ulaşmaya başladığında, dünyaca ünlü pek çok müzisyenin de ilgisini çekmeye başladı. Maria Faranduri ve Mikis Theodorakis'le çeşitli ülkelerde konserler verdi, plaklar doldurdu.

1987'de senaryosunu da yazdığı ilk filmi "Yer Demir Gök Bakır" için kamera arkasına geçti. German Camera Award ve San Sebastián International Film Festival tarafından ödüle layık görülen ilk filmin başarısı büyük oldu. 1988'de çektiği ikinci uzun metrajlı filmi, "Sis"te, ünlü aktör ve yönetmen Elia Kazan rol alıyordu. Kazan'ın aktör olarak rol aldığı son film olan Sis, Montpellier Mediterranean Film Festival ve Valencia Festival of Mediterranean Cinema gibi iki önemli festivalden de ödülle döndü.

1993'te Livaneli ilk kitabı olan "Diktatör İle Palyaço"yu yayınladı. 1994'te ikinci kitabı "Sosyalizm Öldü mü?" çıktı. Sanatçı aynı yıl, yerel seçimlerde İstanbul Büyükşehir Belediye başkanlığına aday oldu.

1996'da merkezi Paris'te bulunan UNESCO tarafından büyükelçi olarak seçildi.

1998'te, "Orta Zekalılar Cenneti", "Arafat'ta Bir Çocuk", "Livaneli Besteleri–Nota" kitaplarını yayınlayan sanatçı, 1999 yılında ikinci kez İstanbul Büyükşehir Belediye başkanlığına aday oldu.

2001 yılında "Bir Kedi Bir Adam Bir Ölüm", "Engereğin Gözündeki Kamaşma" kitaplarını yayınlayan Livaneli, 2002 genel seçimlerinde Cumhuriyet Halk Partisi İstanbul milletvekili seçildi. 2004 yılında partisinden istifa edip bağımsız milletvekili olan sanatçı, 2005'te Mikis Theodorakis ve Kanada'da yaşayan bilim adamı Apostolos Papageorgio ile birlikte, antik dönemin en önemli hekimlerinden biri olan Efesli Soranos adına verilen 'Soranos Dostluk ve Bilim Ödülü'nü aldı. 18 Temmuz 2006'da, Yunanlı besteci ve yorumcu Mikis Theodorakis adına verilmeye başlayan, Türk-Yunan dostluğuna katkıda bulunanların ödüllendirildiği Theodorakis Ödülü'nün sahibi oldu.

Livaneli, halen Vatan Gazetesi'nde köşe yazarlığı yapmakta ve UNESCO kültür elçiliği görevine devam etmektedir.

ALIŞTIRMALAR（练习）

1. Zülfü Livaneli ile ilgili kısa bilgiler derleyerek arkadaşlarınızla paylaşınız.

2. Yakup ne iş yapıyor? Neden memleketinden İstanbul'a kaçtı?

3. Müslümanlıkta günaha girmiş kadınları öldürmek var mı? Selahattin, Cemal'i ikna edebildi mi?

DERS YİRMİ ÜÇ

İSTANBUL: HATIRALAR VE ŞEHİR

★ **作品导读**

　　奥尔罕·帕穆克（1952—）是土耳其文学的代表性人物，被文学评论家们誉为"当代欧洲最杰出的小说家之一"。2006 年，凭借小说《我的名字叫红》，帕慕克成为第一位获得诺贝尔文学奖的土耳其作家。如今，他的作品已被译成 40 多种语言，在众多国家和地区出版发行。

　　1952 年，帕慕克出生于伊斯坦布尔的一个中产家庭。23 岁时，他放弃学业，投身文学创作，并于1982 年出版了第一部小说《塞夫德特州长和他的儿子们》。1985 年，帕慕克的第一部历史小说《白色城堡》问世，这部作品让帕慕克开始为世人所关注。真正为帕慕克带来世界声誉的是他在 2003 年出版的小说《我的名字叫红》。这部小说先后获得了都柏林文学奖、法国文艺奖以及意大利格林扎纳·卡佛文学奖，并最终修成正果荣获诺贝尔文学奖。

　　忧伤一直是帕慕克作品中的主旋律，在《伊斯坦布尔：一座城市的记忆》中帕慕克将这种忧伤表现得淋漓尽致。《伊斯坦布尔：一座城市的记忆》是帕慕克 2005 年创作的一部自传体小说，曾荣获德国书业和平奖以及美国《华盛顿邮报》年度最佳图书称号，并获得当年的诺贝尔文学奖提名。这部作品没有明确的主人公，没有引人入胜的情节，有的只是对伊斯坦布尔的纯描写。帕慕克将个人的成长记忆和伊斯坦布尔这座城市的历史变迁巧妙地融合在一起，通过天马行空般的回忆以及对细节近乎严苛的描写，为我们拼贴出当代伊斯坦布尔的生活画卷。跟随着帕慕克的笔触，我们既可以了解他个人的生活经历，也可以认识传统和现代并存的伊斯坦布尔，感受土耳其文明的忧伤。

"İSTANBUL: HATIRALAR VE ŞEHİRLER" ROMANINDAN SEÇMELER

5

SİYAH-BEYAZ

Çocukluğumun İstanbul'unu siyah–beyaz fotoğraflar gibi, iki renkli, yarı karanlık, kurşuni bir yer olarak yaşadım ve öyle de hatırlıyorum. Kasvetli bir müze evin yarı karanlığında büyümeme rağmen ev içlerine düşkün olmamın bunda payı vardır. Sokaklar, caddeler, uzak mahalleler bana, tıpkı siyah–beyaz gangster filmlerinde olduğu gibi tehlikeli yerler olarak gözükürdü. Her zaman İstanbul'un kışını yazından daha çok sevdim. Erken gelen akşamüstlerini, poyrazda titreyen yapraksız ağaçları, sonbaharı kışa bağlayan günlerde kara palto ve ceketleriyle yarı karanlık sokaklardan hızlı hızlı evlerine dönen insanları seyretmeyi severim.

Eski apartmanların, yıkılan ahşap konakların bakımsızlık ve boyasızlıktan özel bir İstanbul rengine kavuşan duvarları da bende hoşlandığım bir keder ve seyretme zevki uyandırır. Kış günleri, akşam erken gelen karanlıktan sonra acele acele evlerine dönen insanların siyah–beyaz renkleri bana bu şehre ait olduğum, bu insanlarla birşeyler paylaştığım duygusunu verir. Hayatın, sokakların ve eşyaların yoksulluğunu gecenin karanlığı sanki örtecek ve hepimiz ev içlerinde, odalarda, yataklarda soluk alıp verirken, İstanbul'un artık çok uzaklarda kalmış eski zenginliğinden, kaybolmuş yapılarından ve efsanelerinden yapılmış rüyalarla, hayallerle haşır neşir olacağız gibi hissederim. Soğuk kış akşamlarının, tenha kenar mahallelere, soluk sokak lambalarına rağmen şiir gibi inen karanlığını, yabancı, Batılı gözlerin bakışlarından uzakta olduğumuz, şehrin utançla saklamak istediğimiz yoksulluğunu örttüğü için de severim.

Tenha arka sokaklarda, beton apartmanlarla ahşap evlerin benim çocukluğumdaki kıvamını gösterdiği (sonra yavaş yavaş ahşap evler yıkıldı ve bana bir şekilde onların devamı gibi gelen apartmanlar aynı sokakta, aynı yerde, aynı duyguyu vermeye devam etti), sokak lambalarının soluk ışığı hiçbir şeyi aydınlatmadığı ve İstanbul'u benim için İstanbul yapan "akşamüstü siyah–beyaz" duygusunu çok iyi yansıttığı için Ara Güler'in bu fotoğrafı bazan aklıma gelir.

Benim çocukluk yıllarımdan kalan parke taşları, arnavutkaldırımları, pencerelerin demir korkulukları, içleri boşalmış, kırılganlaşmış ahşap evler kadar beni bu fotoğrafa bağlayan şey, akşamın daha tam inmemiş olmasına rağmen sokakta geç saatin yaşanması ve peşlerinde gölgeleri bu iki insanın evlerine dönerlerken sanki kendileriyle birlikte şehre geceyi de getirmeleridir.

1950'lerde, 60'larda şehrin her köşesinde bir kenara park etmiş bir film şirketi minibüsü, jeneratörle çalıştırılan iki iri lamba, rollerini ezberleyemeyen aşırı boyalı kadınla yakışıklı jöne yardım ederken jeneratörün gürültüsünü bastırmak için bütün gücüyle bağıran bir "suflör" (fısıldayan adamın Fransızcası) ve onları seyreden meraklı kalabalık ve çocukları tekme tokat girişerek kameranın görüş alanından uzaklaştıran set işçilerinden ibaret küçük "film ekipleriyle" karşılaşır, ben de herkes gibi olanlara uzun uzun bakardım. Kırk yıl sonra Türk film sanayii daha çok kendi senarist, oyuncu ve yapımcılarının beceriksizliği yüzünden, biraz da taklit etmeye paralarının yetmediği Hollywood'un gücüyle çökünce televizyonlarda hepsi yeniden gösterilen bu siyah–beyaz filmlerdeki sokak sahnelerini, eski bahçeleri, Boğaz kıyılarını, yıkılmış konak ve apartmanları, tam onları yaşadığım ve hatırladığım gibi siyah–beyaz olarak görünce, kimi zaman seyrettiğim şeyin film değil hatıralarım olduğu duygusuna kapılır, bir an hüzünden sersemlerdim.

Şehrin bu siyah–beyaz dokusunun ayrılmaz bir parçası, bu eski filmlerde her görüşümde beni heyecanlandıran sokaklardaki parke taşlarıdır. Kendimi İstanbul sokaklarının izlenimci ressamı olarak hayal ettiğim on beş–on altı yaşlarımda parke taşlarını tek tek çizmekten bir acı çekme zevki alırdım. Üzerleri gayretkeş belediyelerce acımasızca asfaltla örtülmeden önce, arabalarını çok çabuk yıprattığı gerekçesiyle dolmuş ve taksi şoförleri parke yollardan sürekli şikâyet ederlerdi.

Dolmuş şoförlerinin müşterilerine sürekli dert yandığı bir başka şey de tabii ki kanalizasyon, elektrik vs. tamiri yüzünden yolların sürekli kazılıp açılmasıydı. Bu tür bir tamirat için parke taşlarının tek tek sökülmesini izlemekten ve daha çok da hiç bitmeyecek sanılan bir kazı –bazan bir Bizans dehliziyle karşılaşılırdı– en sonunda tamamlanınca, işçilerin parke taşlarını bana sihirli gelen bir el hüneriyle bir halı gibi döşeyişlerini seyretmekten çok hoşlanırdım.

Şehri benim için siyah–beyaz yapan bir başka şey, çocukluğumun ahşap konakları, konak denemeyecek, ama büyük ve yıkıntı halindeki eski ahşap evleriydi. Yoksulluk ve ihmal yüzünden bu evlerin hiçbiri boyanmadığı, soğuktan, nemden, kirden ve eskilikten ahşapları yavaş yavaş karardığı, siyahlaştığı için ortaya çıkan o özel renk ve dokuyu, siyahla beyazın bu iç karartıcı, ama korkutucu bir şekilde güzel rengini taşıyan pek çok ahşap evi arka mahallelerde yanyana gördüğüm için, çocukken bu yapıların ilk renklerinin de böyle olduğunu zannederdim. Belki en yoksul sokaklarda, yapıldıktan sonra hiç boyanmayan birkaç tanesi, bu siyahla beyaz arası, yer yer kahverengiye çalan rengi ta baştan beri taşıyorlardı.

Ama İstanbul'a on dokuzuncu yüzyılın ortasında ya da daha önce gelmiş Batılı gezginlerin yazdıkları, özellikle zengin konaklarının renklerinin ve pırıl pırıl havasının şehre güçlü, doymuş, zengin bir güzellik verdiğine tanıklık eder. Ben de, bazan çocukluğumda, bütün bu ahşap binalar boyansa, gibi hayaller kurardım, ama kararmış eski ahşabın bu çok özel dokusunu, havasını şehirden ve hayatımdan çekip gittikten sonra kederle özledim. Yaz günleri kupkuru kesilip koyu bir kahverengiye çalan ya da tebeşir gibi mat bir dokuya bürünen ve çıtır çıtır gevrekliğinden bir anda çıra gibi yanıp tutuşabileceği hissedilen bu eski evlerin ahşabı, kışları uzun süren soğuklardan, kardan ve yağmurlardan sonra kendine özgü bir nem, küf ve tahta kokardı.

Cumhuriyet'in yasaları yüzünden içlerinde herhangi bir dini faaliyet yapılmayan, çoğu boşaltılmış olan ve yıllardır azgın çocuklar, hortlaklar ve eski eser arayanlardan başka kimsenin girmediği ahşap tekke binaları da bende aynı korku, merak ve çekim karışımı duyguları uyandırır, yarı yıkık bahçe duvarlarıyla ıslak ağaçlar arasından kırık camları gözüken bu yapılara ürpererek ve istekle bakardım.

Şehrin bu siyah-beyaz ruhuyla beni hemen başbaşa bıraktığı için, Le Corbusier gibi meraklı Doğu yolcularının çizdiği kara kalem resimlere bakmaktan, İstanbul'da geçen elle çizilmiş siyah-beyaz resimli romanları okumaktan zevk alırım. (Yaratıcısı Herge çizsin diye çocukluğumda uzun yıllar beklediğim Tenten'in İstanbul macerası hiç çizilmedi, ama ilk Tenten filmi İstanbul'da çekildi. 1962'de çekilen bu başarısız filmin kimi karelerinin resimleştirilmesiyle ve diğer Tenten maceralarından kesilmiş karelerin montajıyla, İstanbullu yaratıcı bir korsan yayımcının ürettiği Tenten İstanbul'da diye siyah-beyaz bir macera vardır.) Eski gazetelerdeki (hepsi siyah-beyazdı) cinayet, intihar ve soygun haberlerini de, çocukluğumdaki gibi, bir korkudan çok geçmişe özlem ve hüzünle okurdum.

Tepebaşı'nın, Cihangir'in, Galata, Fatih ve Zeyrek'in, bazı Boğaz köylerinin, Üsküdar'ın arka sokakları, anlatmaya çalıştığım bu siyah-beyaz ruhun hâlâ gezindiği yerlerdir. Sisli, dumanlı sabahlar, yağmurlu, rüzgârlı geceler, cami kubbelerine yerleşmiş martı sürüleri, hava kirliliği, evlerden sokaklara top namlusu gibi uzanıp kirli bir dumanı üfleyen soba boruları, paslanmış çöp tenekeleri, kış günleri boş ve bakımsız kalan parklar ve bahçeler ve kış akşamları karda çamurda evlerine dönen insanların telaşı içimde bir mutluluk ve keder gibi kıpırdanan bu siyah-beyaz duygusuna seslenir: Yüzyıllardır akmayan orası burası kırık eski çeşmeler, kenar mahallelerdeki eski camilerin ya da artık farkına varılmayan büyük camilerin çevresinde kendiliğinden oluşuveren derme çatma dükkânlar, siyah önlüklü, beyaz yakalı ilkokul öğrencilerinin sokaklara bir anda yayılan kalabalığı, kömür yüklü yorgun ve eski kamyonlar, içleri eskilikten, işsizlik ve tozdan karanlıklaşmış küçük bakkal dükkânları, kederli işsizlerle dolu küçük mahalle kahvehaneleri, inişli çıkışlı, eğri büğrü kirli kaldırımlar, bana koyu nefti değil, karaymış gibi gelen servi ağaçları, tepelere yayılmış eski mezarlıklar, dikine yükselen parke kaplı sokaklar gibi gözüken yıkık şehir surları, bir süre sonra hepsi bir şekilde birbirine benzeyen sinema girişleri, muhallebici dükkânları, kaldırımlarda gazete satan insanlar, gece yarıları sarhoşların gezindiği sokaklar, soluk sokak lambaları, Boğaz'da aşağı yukarı gezinen şehir hatları vapurları ve bacalarından çıkan dumanlar ve şehrin kar altındaki manzaraları, bana hep aynı siyah–beyaz ruhun belirtileriymiş gibi gelir.

Kar çocukluğumun İstanbul'unun ayrılmaz bir parçasıydı. Kimi çocukların yaz tatilini bir yolculuğa çıkmayı iple çekerek beklemeleri gibi, ben de çocukluğumda karın yağmasını beklerdim. Dışarıya sokaklara çıkıp karda oynayacağım için değil, kar altında şehir bana daha "güzel" gözüktüğü için. Bu güzellikten şehrin çamurunun, pisliğinin, çatlaklarının ve bakımsız yerlerinin örtülmesindeki yenilik ya da şaşırtıcılık duygusundan çok, karın şehre getirdiği telaş ve hatta felaket havasını kastediyorum.

Her sene üç beş gün yağmasına, şehrin bir hafta on gün kar altında kalmasına rağmen, kar her seferinde İstanbulluları ilk defa yağıyormuş gibi hazırlıksız yakalar; yollar kesilir, savaş ve felaket zamanlarında olduğu gibi ekmek fırınlarının önünde hemen kuyruklar oluşur ve en önemlisi bütün şehir aynı konunun, karın etrafında bir cemaat duygusuyla birleşirdi. Şehir ve insanları dünyanın geri kalanından iyice koparak kendi dertleriyle içlerine kapandıkları için karlı kış günlerinde İstanbul hem daha tenhalaşmış, hem de masallardan çıkma eski günlerine biraz daha yaklaşmış gibi gelirdi bana.

Çocukluğumdan hatırladığım ve şehri birleştiren, yıllar boyunca yeniden anlatılan bu tür meteorolojik harikalardan biri de Tuna'dan Karadeniz'e akan buzların kuzeyden aşağı inerek, Boğaz'a girmeleriydi. Bütün İstanbul'u, en sonunda bir Akdeniz şehri olduğu için hem tuhaflığıyla ürküten, şaşırtan hem de hiç unutulmayacak bir hatıra olduğu için çocuklar gibi sevindiren bu olay hakkında yıllar sonra hâlâ hikâye anlatanlar vardı.

Bu siyah–beyaz duygusunun bir yanı elbette şehrin yoksulluğu, tarihi ve güzel olanın ortaya çıkarılamayıp, eskimiş, solmuş, gözden düşmüş ve bir kenara itilmiş olmasıyla ilgilidir. Bir başka yanı ise, en gösterişli, debdebeli zamanında bile Osmanlı mimarisinin alçakgönüllü yalınlığıyla ilgilidir. Bir büyük imparatorluktan artakalmanın hüznüyle coğrafi olarak hiç uzakta olmayan Avrupa'ya göre İstanbulluların bir çeşit ezeli yoksulluğa, onulmaz bir hastalığa yakalanmış gibi mahkûm olmaları da şehrin bu içedönük ruhunu besler.

Şehrin ayrılmaz bir parçası olan hüzün duygusunu vurgulayan ve İstanbullular tarafından bir kader gibi paylaşıldığı için, yeniden, yeniden üretilen bu siyah–beyaz havasını daha iyi anlamak için zengin bir Batı şehrinden İstanbul'a uçakla gelmek ve hemen kalabalık sokaklara dalmak ya da bir kış günü şehrin kalbi Galata Köprüsü'ne çıkıp kalabalıkların burada nasıl hep rengi farkedilmeyen, solgun, boz, gölgemsi elbiselerle dolaştığını görmek gerekir. Zengin ve mağrur atalarının tersine parlak renkleri, kırmızıları, ışıltılı turuncuları, yeşilleri çok seyrek giyen benim yıllarımın İstanbulluları, dışarıdan gelen yolcuya, ilk başta gizli bir ahlak gereği, kıyafetlerinin dikkat çekmemesine özen gösteriyorlarmış gibi gözükür. Böyle bir gizli ahlak yoktur elbette, ama bir alçakgönüllülük ahlakını öneren yoğun bir hüzün duygusu vardır. Son yüz elli yıldır, şehre ağır ağır çöken yenilgi ve kayıp duygusu, yoksulluk ve yıkıntı izlerini siyah-beyaz manzaralardan İstanbulluların kıyafetlerine kadar her şeyde gösterir.

Lamartine'den Nerval'e ya da Mark Twain'e, on dokuzuncu yüzyılda şehre gelen bütün Batılı gezginlerin aynı heyecanla hakkında yazı yazdığı sokaklardaki köpek çeteleri de bendeki siyah-beyaz duygusunu, bir gerilimle zenginleştirerek besler. Her biri birbirine benzeyen ya da hiçbirinin aşırı belirgin bir rengi olmayan boz, kül rengi, renksiz ya da karmakarışık bir renk yumağı olan ve şehirde hâlâ aynı özgürlük ve iktidar duygusuyla gezen bu köpekler bütün Batılılaşma ve modernleşme çabalarına, askeri darbelere, devlet, okul disiplini ve Batılı belediye anlayış ve söylemlerine rağmen İstanbul'un gizli sinir uçlarında devlet ve iktidarın gücünden çok, bir beyhudelik, boşvermişlik ve şefkat duygusunun oradan oraya serseri mayınlar gibi gezindiğini hatırlatır.

Siyah-beyaz duygusunu daha da kalıcı kılan bir başka şey ise, şehrin geçmişinde kalan muzaffer ve mutlu renklerin şehrin içinden çıkan gözlerce saptanıp ellerce resmedilemeyişidir. Bugünkü göz zevkimize kolayca seslenebilecek bir Osmanlı resim sanatı yoktur. Osmanlı resmine ve örnek aldığı klasik İran resmine göz zevkimizi alıştıracak, yaklaştıracak bir yazı, bir eser de bugün dünyanın hiçbir yerinde yok. İran minyatüründen sınırlı bir heyecanla etkilenen Osmanlı nakkaşları İstanbul'u (tıpkı Divan şairlerinin şehri gerçek bir yer değil bir kelime olarak övmeleri, sevmeleri gibi) bir hacim ya da manzara olarak değil, bir yüzey ve bir harita olarak gördüler (en iyi örnek Matrakçı Nasuh). Surnamelerde olduğu gibi, dikkatleri padişahın kullarına, loncalarına, aletlerin, hünerlerin ve eşyaların zenginliğine yöneldiğinde, şehir günlük hayatın yaşandığı bir yer olarak değil, bir resmi geçit sahnesi ya da sanki bütün film boyunca aynı noktaya odaklanan bir kameranın görebildiği önemli bir köşe olarak resmedildi.

Böylece, az çok fotoğraf ve kartpostal zevki edinmiş milyonlar için gazetelere, dergilere, okul kitaplarına İstanbul'un geçmiş manzaraları gerektiğinde Batılı seyyahların, ressamların siyah-beyazlaştırılan gravürleri kullanıldı. Melling örneğinde ileride anlatacağım gibi, şehrin en mutlu zamanları, alçakgönüllü guaj renkleriyle resmedildi resmedilmesine, ama İstanbullular kendi mutlu geçmişlerini o renklerle bile görme zevkini tadamadılar ve şehirlerini, çok fazla isyan edilmeyen ve bir kader gibi benimsenen teknik nedenlerle her zaman bir siyah-beyaz duygusuyla yaşadılar. Bu eksiklik onların hüznüyle tam bir uyum halindeydi.

Çocukluğumda geceler, şehrin yoksullaştıkça içine gömüldüğü karmakarışık ve yorucu havayı –tıpkı kar gibi– örttüğü, şiirselleştirdiği için güzeldi. İstanbul gecesi, benim çocukluğumda şehirde yüksek yapılar da az olduğu için evlere, ağaçların, dalların arasına, yaz sinemalarına, balkonlara, açık kalmış pencerelere kaba bir yüzey gibi değil, şehrin kıvrım kıvrım yapısına, yokuşlarına, tepelerine uygun bir zarafetle sokulurdu. Thomas Allom'un bir seyahat kitabı için 1839'da yapılmış olan bu gravürünü karanlığı esrarlı bir masal unsuru olarak gösterdiği için severim. Geceyi kör karanlık olmaktan kurtaran dolunayı, bütün İstanbul'un paylaştığı mehtap kültürünü, daha çok da karanlığın esrarlı gücünü bir kötülük kaynağı olarak göstermeye yaradığı için, yanmayı ya da bu resimde olduğu gibi önü bulutlarla kesilerek, tıpkı cinayet işlensin diye kısılan bir lamba gibi, zayıflatılmış ay ışığını severim.

Gece, şehre bir rüya ve masal havası verdiği, esrarlı bir kötülük kaynağı olduğu için de İstanbul'un siyah–beyaz ruhunu güçlendirir. Batılı gezginin geceye esrarı yapan ve örten, şehrin ulaşılamaz tuhaflığını gizleyen ve karanlığıyla yeni kötülükler işlenmesini sağlayan bir şey olarak bakışıyla, sarayların içerisinde çevrilen dolap ve kumpasları anlayamayan İstanbullunun bakışı birbirine benzer. Sarayda katledilmiş bir harem kadınının ya da bir suçlunun cesedinin saray duvarından Haliç'e açılan bir kapıdan geçirilerek sandalla denize atılması hem gezginlerin, hem de İstanbulluların sevdiği, tekrarladığı bir hikâyedir.

Okuma yazmayı öğrenmemden önceki 1958 yazında işlenen ve gece, sandal, Boğaz'ın suları gibi her birine ayrı bir bağlılık duyduğum benzeri malzemeyle kurulmuş Salacak Cinayeti yalnız kafamdaki siyah–beyaz Boğaz suları imgesini zenginleştirmekle kalmadı, hayatım boyunca korkulu bir hayal olarak içimde hep yaşadı. Evdeki konuşmalardan ilk duyduğum ve bütün İstanbul'un ve gazetelerin tekrarlaya tekrarlaya efsaneleştirdiği bu olayın kahramanı genç, yoksul ve sarhoş bir balıkçıydı. Çocuklarını gezdirmek için sandalına binen bir annenin ırzına geçmek amacıyla iki çocuğunu ve bir de arkadaşlarını denize atarak boğan "Salacak Canavarı"nin korkunçluğu yüzünden, yalnızca Heybeliada'da yazlık evde balıkçılarla ağ atmaya çıkmak gibi eğlenceler değil, evin bahçesinde bile yalnız gezinmemiz bir süre yasaklanmıştı. Balıkçının dalgalı denize attığı çocukların sandalın kenarlarına parmakları ve tırnaklarıyla tutunmaya çalışması, annenin çığlıkları, çocukların ve annelerinin kafalarına kürekle vuran balıkçının hayali yıllar sonra, İstanbul gazetelerinde cinayet haberlerini okurken (severek yaptığım bir iş) siyah–beyaz bir hayal olarak kafamdan şöyle bir geçiverir.

6

BOĞAZ'IN KEŞFİ

Salacak Cinayeti'nden sonra bir daha annem ve ağabeyimle Boğaz'da sandal gezisine çıkmadık. Oysa önceki kış ikimiz de boğmaca olduğumuz için bir dönem her gün ağabeyimle Boğaz'da sandalla gezintiye çıkardık. Hastalık önce ağabeyimde başlamış, on gün sonra da bana geçmişti. Hastalığın beni mutlu eden bir yanı da vardı: Annem bana daha iyi davranır, çok hoşuma giden o tatlı sözlerden söyler, istediğim küçük oyuncakları alır getirirdi. Çektiğim acının sebebi hastalıktan çok, hep birlikte bizim katta ya da yukarıda yenen öğle ve akşam yemeklerine katılamamak, sofra konuşmalarını, çatal, bıçak, tabak gürültüsünü, gülüşmeleri uzaktan merakla dinleyememekti.

Çantasından bıyığına kadar her şeyinden korktuğumuz çocuk doktoru Alber ilk ateşli geceler geçtikten sonra, ağabeyimle benim tedavi için bir süreliğine her gün Boğaz'a hava almaya götürülmemiz gerektiğini söylemişti. Boğaz kelimesinin Türkçedeki asıl anlamıyla, "hava almak" işi kafamda böyle birbirine karıştı. Tarabya'nın şimdiki gibi turistik lokantalar ve oteliyle ünlü bir gezi yeri değil, yüz yıl önce ünlü şair Kavafis'in çocukluğunda yaşadığı sakin bir Rum balıkçı köyü olduğu zamanlar, oraya Therapia (iyileşme) dendiğini öğrendiğimde de belki bu yüzden fazla şaşırmamıştım. Belki de kafamda tedavi fikriyle karıştığı için Boğaz'ı görmek bana hep iyi gelir.

Şehri için için çürüten yenilgi, yıkım, eziklik, hüzün ve yoksulluğa karşı Boğaz, hayata bağlılık, yaşama heyecanı ve mutluluk duygularıyla derinden bir şekilde kafamda birleşmiştir. İstanbul'un ruhu ve gücü Boğaz'dan gelir. Oysa şehir başlangıçta Boğaz'ı fazla önemsememiş, burayı bir yol, güzel bir manzara ve son iki yüzyılda bir de yazlık bir saray ya da yalı yeri olarak görmüştü.

Bir dizi Rum balıkçı köyünün halkından başka kimseciklerin yaşamadığı Boğaz'a on sekizinci yüzyıldan itibaren Osmanlı seçkinleri sayfiye yeri olarak yerleşmeye başlayınca da, özellikle Göksu, Küçüksu, Bebek, Kandilli, Rumelihisarı, Kanlıca civarında İstanbul'a ve Osmanlı uygarlığına ait dışa kapalı bir kültür gelişti. Osmanlı paşalarının, seçkinlerin, son yüzyılın zenginlerinin yaptırıp içinde yaşadığı yalılar, daha sonra, yirminci yüzyılda, Cumhuriyet'in ve Türk milliyetçiliğinin heyecanıyla, Türk–Osmanlı kimliğine ve mimarisine örneklik etti. Boğaziçi Anıları adlı kitabında bu yalıların eski fotoğraflarını, Melling gibi ressamlarca yapılmış gravürlerini, planlarını toplayan Sedad Hakkı Eldem'in yalılardan örnek aldığı ince ve yüksek pencereli, geniş saçaklı, ince bacalı ve cumbalı "modern" yapıları ve onların taklitleri bu yıkılan, yok olan kültürden artakalan gölgelerdir yalnızca.

Taksim–Emirgân otobüs hattı, 1950'lerde Nişantaşı'ndan da geçiyordu. Boğaz'a gitmek için otobüse, annemle birlikte evin önündeki duraktan binerdik. Tramvay ile gidersek son durak olan Bebek'te, kıyıda uzun uzun yürüdükten sonra her gün, aynı yerde bizi beklemekte olan sandalcının kayığına binerdik. Bebek koyunda sandallar, kotralar, şehir hatları vapurları, kenarları midyeyle kaplı dubalar ve deniz feneri arasında kayıkla gezmekten, açılıp Boğaz akıntısının gücünü hissetmekten, geçen gemilerin dalgalarıyla sandalımızın sallanmasından çok zevk alır, bu gezintilerin bitmesini istemezdim hiç.

Boğaz'da gezmenin zevki, büyük, tarihi ve bakımsız bir şehrin içinde hareket ederken derin, güçlü ve hareketli bir denizin özgürlük ve gücünü içinizde hissetmektir. Boğaz'ın akıntılı sularında hızla ilerleyen yolcu, çok kalabalık bir şehrin kirinin, dumanının, gürültüsünün ortasında denizin gücünün kendisine geçtiğini, bütün bu kalabalığın, tarihin, yapıların içinde hâlâ bir başına ve özgür kalmanın mümkün olduğunu sezer. Şehrin içinde gezinen bu su parçası, Amsterdam'ın, Venedik'in kanallarıyla ya da Paris veya Roma'yı ikiye ayıran nehirlerle karşılaştırılamaz: Akıntılı, rüzgârlı, dalgalı, derin ve karanlıktır burası.

Akıntıyı arkanıza aldığınızda ya da onunla birlikte şehir hatları vapurlarının yönünde bir yengeç gibi yan yan ilerleyerek sürüklenmeye başladığınızda, balkonlarında çay içerek sizi seyreden teyzelerden, apartmanlardan, yalılardan, yakındaki iskeleyle çardaklı kahveden, sahildeki lağım borularının boşaldığı yerden donlarıyla denize giren ve ısınmak için asfalta uzanan çocuklardan ve kıyıda balık tutanlardan ve kotralarının içinde pinekleyenlerden, ellerinde çantaları okuldan çıkıp kıyı boyunca yürüyen öğrencilerden ve trafik tıkanınca otobüsün pencerelerinden denize bakan yolculardan, rıhtımda balıkçıları bekleyen kedilerden, ne kadar yüksek olduğunu şimdi keşfettiğiniz çınar ağaçlarından ve sahil yolundan asla gözükmediği için varlığını ancak denizden bakarsanız farkedebileceğiniz bahçe içindeki konaklardan, yokuşlardan, yokuşların ardındaki tepelerden, uzaktaki yüksek apartmanlardan başlayarak, İstanbul, ağır ağır bütün karmaşası, camileri, uzak mahalleleri, köprüleri, minareleri, kuleleri, bahçeleri, her gün bir yenisi yapılan yüksek yapılarıyla önünüzden geçer. Boğaz'da vapurla, motorla ve benim çocukluğumda yaptığım gibi sandalla gezmek, insana İstanbul'u hem yakından ev ev, mahalle mahalle dikizleme, hem de uzaktan sürekli değişen bir siluet ve hayal olarak görme zevkini verir.

Çocukluğumda bile hep birlikte arabayla gezmeye gittiğimiz zamanlarda hissettiğim asıl Boğaz zevklerinden biri burada, bir zamanlar Osmanlı medeniyet ve kültürünün Batı etkisine girdiği, ama kendi özgünlüğünü ve gücünü kaybetmediği çok zengin bir dönemin kalıntılarının varlığını görmekti. Bir büyük yalının boyası dökülmüş muhteşem demir kapısından, bir başkasının yosun tutmuş kalın ve yüksek duvarlarının sağlamlığından, hâlâ yanmamış bir başkasının pancurlarından ve ahşap işçiliğinden ya da bazı yalıların arkalarındaki yüksek tepenin sonuna kadar uzanan ve erguvanlar, Boğaz çamları ve yüzer yıllık çınarlarla kaplı karanlıklar içindeki bahçesinden, bitmiş ve geride kalmış gösterişli uygarlığın izlerini sezer, bir zamanlar biraz bize benzeyen bazı insanların buralarda bambaşka bir hayat sürdürdüklerini, ama artık bu zamanların geçtiğini ve bizlerin de bu insanlardan biraz daha başka onlardan daha yoksul, daha kırık, daha ezik ve taşralı olduğumuzu hissederdim.

İstanbul'un eski merkezi, tarihi yarımada, on dokuzuncu yüzyılın ortalarından itibaren belirgin bir şekilde yoksulluğun, çürümenin, yenilginin, nüfus patlamasının, teker teker kaybedilen savaşların ve Batılılaşma etkisindeki modern Osmanlı bürokrasisinin büyük binalarıyla hırpalanır, ezilirken; aynı bürokrasi, zenginler ve paşalar, yazları uzaklaşıp kaçtıkları Boğaz kıyılarında yaptırdıkları yalılar çevresinde, dış dünyaya kapalı bir kültür oluşturdular. İlk başlarda karayolunun olmaması, on dokuzuncu yüzyılın ortalarından itibaren ise, gemi yolculuğuna ve iskelelere rağmen İstanbul'un hâlâ tam bir parçası olmadıkları için yabancıların ellerini kollarını sallayarak gezinemedikleri bu yerler ve dışa kapalı kültürleri hakkında, zamanında orada yaşayan Osmanlılar da bir şey yazmadığı için, bilgimiz daha çok ikinci, üçüncü kuşağın özlemle kaleme aldığı hatıralara dayanır.

Bu hatıra yazarları içinde en parlağı, severek okuduğu Proust'un duyarlığını ve uzun cümlelerini "Boğaziçi Medeniyeti" dediği bu çevreye taşıyan Abdülhak Şinasi Hisar'dı (1887–1963). Çocukluğunu Rumelihisarı'nda bir yalıda geçiren, gençliğinin bir kısmında Paris'te, şair arkadaşı Yahya Kemal (1884–1958) ile birlikte siyaset bilimi okuyan ve Fransız yazarlarından tat almayı öğrenen Hisar, Boğaziçi Mehtapları ve Boğaziçi Yalıları adlı kitaplarında yok olup giden bu özel kültürü ve âlemi "bir müddet daha yaşatabilmek için elinden gelen bütün dikkat ve itina ile, bir eski zaman nakkaşı gibi örmek ve işlemek" ihtiyacı duymuştu.

Boğaziçi'ndeki mehtaplı gecelerde kayıklarla toplanıp, uzak bir sandalda çalınan musiki faslını dinlemek ve ay ışığını ve sulardaki gümüşten oyunlarını seyretmek için sabahtan yapılan hazırlıklardan başlayarak, bütün bir günü ve uzun geceyi, sessizlikleri, aşkları, alışkanlıkları ve yazarın ısrarla üzerinde durduğu ince törenleriyle anlatan Boğaziçi Mehtapları adlı kitabın "sükût faslı" kısmını arada bir yeniden açıp okumaktan, içine giremediğim bu kayıp dünya için kederlenmekten ve geçmişe özlemle dolu yazarın bu kayıp âlem içerisinde nefret, insani zaaf, güç ve iktidar ile yapılmış, şeytani ve kötücül olanı görmezlikten gelmesine sinirlenmekten hoşlanırım: Mehtaplı gecelerde, durgun denizde sandallarla toplanıp dinlenilen musiki faslı susup gecenin sessizliği başladığı zamanlarda, "Hiçbir rüzgâr esmezken sular bazan sanki kendi içlerinden gelen hafif bir ürperişle menevişlenirdi," diye yazar A. Ş. Hisar.

Annemle yaptığımız sandal gezintilerinde de Boğaz tepelerinin içinden gelen renkler dışarıdan gelen bir ışığın yansıması değilmiş gibi gelirdi bana. Sanki damların, çınar ve erguvan ağaçlarının, birden gözümüzün önünden hızla geçen martıların kanatlarının, yarı yıkık kayıkhane duvarlarının içinden hafif solgun bir ışık dökülüyor zannederdim. Yoksul çocukların sahil yollarından denize atladığı en sıcak yaz gününde bile, Boğaziçi'nde güneş, iklime ve manzaraya bütünüyle hâkim değildir. Yaz akşamüstlerinde de göğün kızıllığıyla Boğaz'ın kendi esrarlı karanlığını birleştirdiği o benzersiz ışığı seyretmeyi, onu anlamaya çalışmayı severim. Köpük köpük çılgıncasına akan, önüne gelen sandalları delice sürükleyen suyun, şimdi benim onu şaşkınlıkla seyrettiğim iki adım ötedeki bir başka köşede, Monet'in nilüferli havuzu gibi ağır ağır salınarak renk değiştirdiğini görmeyi de severim.

1960'ların ortasında Robert Kolej'de liseyi okurken, sabahları erkenden Beşiktaş'tan Sarıyer'e giden otobüslerde, kalabalıkla birlikte ayakta dururken, karşı kıyıdan Asya tepelerinin ardından güneşin doğuşunu ve karanlık, esrarlı bir deniz gibi kıpırdanan Boğaz'ın sularının renk değiştirerek aydınlanışını seyretmeyi severdim. Şehirde tek bir yaprağın oynamadığı sisli bahar gecelerinde ya da mehtapsız, rüzgârsız ve sessiz yaz gecelerinin ilerlemiş bir saatinde, Boğaz kıyısında yalnızca kendi ayak seslerini işiterek tek başına uzun uzun yürüyen hüzünlü bir adam birden bir burna, Akıntıburnu'na ya da Aşiyan Mezarlığı'nın önündeki fenere geldiğinde, sessizlikte birden bütün coşkusuyla gürleyen akıntının ürpertici sesini duyunca ve suyun nereden aldığını bilmediği bir ışıkta parıldayan bembeyaz köpüklerini korkuyla farkedince, bir zamanlar benim de yaptığım gibi ve tıpkı A. Ş. Hisar gibi Boğaz'ın kendine has bir ruhu olduğunu şaşkınlıkla teslim eder.

Servi ağaçlarının, vadilerdeki karanlık koruların, terkedilmiş, boşaltılmış bakımsız yalıların, kimbilir ne taşıyan kırık dökük paslı gemilerin renginden, Boğaz gemilerinin ve yalılarının ancak bu kıyılarda bir ömür tüketmiş olanların anlayabileceği şiirinden, bir zamanlar büyük, güçlü, son derece kendine özgü bir üsluba ulaşmış bir uygarlığın yıkıntıları arasında hayatın tadını keşfetmekten ve tarihe ve uygarlıklara hiç aldırmayan bir çocuğun mutlu olma, eğlenme, bu dünyayı içtenlikle anlama iştahıyla, elli yaşındaki yazarın kararsızlıklarından, acılarından, yaşam dediği zevklerinden ve deneyimlerinden söz ediyorum.

Boğaz'ın, İstanbul'un, karanlık sokakların güzelliğinden ya da şiirinden ne zaman söz etmeye başlasam, içimden bir ses, benden önceki kuşakların yazarları gibi yaşadığım hayatın eksikliğini kendimden gizlemek için, yaşadığım şehrin güzelliklerini abartmamam gerektiğini bana söyler. Şehir bize güzel ve büyülü geliyorsa hayatımız da öyle olmalıdır. İstanbul hakkında konuşan benden önceki kuşakların pek çok yazarı, şehrin güzelliğiyle başlarının döndüğünü her anlatışlarında, bir yandan beni hikâyelerinin ve dillerinin büyülü havasıyla etkilerken, öte yandan da sözünü ettikleri büyük şehirde artık yaşamadıklarını, onların artık Batılılaşmış İstanbul'un modern rahatlıklarını tercih ettiklerini bana hatırlattılar.

İstanbul'u ölçüsüz ve lirik bir coşkuyla övebilmenin bedelinin artık o şehirde yaşamamak ya da "güzel" bulunan şeye dışarıdan bakmak olduğunu onlardan öğrendim. Bunun suçluluk duygularını ruhunda hisseden yazar, şehrin yıkıntı ve hüznünden dem vurduğunda bunların kendi hayatına düşürdüğü esrarlı ışıktan söz etmeli, şehrin ve Boğaz'ın güzelliklerine kendini kaptırdığında, kendi hayatının sefaletini ve şehrin geçmişte kalmış muzaffer ve mutlu havasına kendisinin hiç yakışmadığını hatırlamalı.

Annemle çıktığım sandal gezintisi, bir iki kere akıntıya kapılmak, geçen bir geminin dalgalarıyla sallanmak gibi birkaç "tehlikeden" sonra bitince, sandalcı bizi akıntının kıyıya iyice yaklaştığı Rumelihisarı burnundan önce Aşiyan'da bırakır, annemle Rumelihisarı'na, Boğaz'ın bu en dar noktasına kadar yürür, iki kardeş Rumelihisarı'nın dış avlusuna süs diye yerleştirilmiş, Fatih döneminden kalma toplarla oyalanır, sarhoşların, evsizlerin içinde uyuyakalarak gecelediği bu iri silindirlerin içindeki cam kırıkları, pislikler, teneke parçaları, sigara izmaritlerinden İstanbul'un ve Boğaz'ın büyük tarihi mirasının şimdi orada yaşayanların çoğunluğu için karanlık, esrarlı ve anlaşılmaz bir şey olduğunu sezerdik.

Rumelihisarı vapur iskelesine geldiğimizde annem iskelenin hemen öte yanında, yarısı parke yol, yarısı da kaldırım olan ve bir küçük kahvenin işgal ettiği bir yeri işaret ederek, "Burada eskiden ahşap bir yalı vardı," diye hatırlatırdı bize. "Ben küçük bir kızken, deden yazları bizi buraya getirirdi." Her seferinde korkutucu, eski, harap bir bina, yıkılıp yakılmayı hak edecek bir virane olarak hayal ettiğim bu yazlık ev hakkında aklımdan hiç çıkmayan ilk hikâye, paşa kızı olan ve alt katta oturan ev sahibesi kadının o yıllarda, 1930'ların ortasında hırsızlarca esrarengiz bir şekilde öldürülmüş olmasıydı. Bu hikâyenin karanlık yanına çok düşkün olduğumu gördüğünde, yok olmuş yalının kayıkhanesinin izlerini bize gösterirken, annem başka bir hikâyeye geçer, anneannemizin pişirdiği bamyalı türlüyü hiç beğenmeyince dedemizin bir öfke anında yemeği tenceresiyle birlikte pencereden aşağı, Boğaz'ın derin ve akıntılı sularına nasıl attığını gülümseyerek ve kederle anlatırdı.

Babamla kavgalı olduğu dönemlerde, annemin gidip yanlarında kaldığı uzak bir akrabanın İstinye'de, tersaneye bakan bir yalısı vardı; orasının da daha sonraları yıkıntı haline geldiğini hatırlıyorum. Benim çocukluğumda, günün yeni zenginleri, yavaş yavaş palazlanmaya başlayan İstanbullu burjuvalar için Boğaz yalıları çekici yerler değildi hiç. Eski Boğaz yalıları, poyraza ve kış soğuğuna karşı korunaklı da değildiler ve ısıtılmaları bile zor ve masraflıydı. Cumhuriyet döneminin yeni zenginleri Osmanlı paşaları kadar güçlü olmadıkları ve Taksim çevresindeki semtlerde, uzaktan Boğaz'a bakan apartman katlarında otururlarsa kendilerini daha Batılılaşmış hissedecekleri için eski Boğaz yalılarını iktidardan uzaklaşmış Osmanlı ailelerinden, fakir düşmüş paşa çocuklarından, A. Ş. Hisar gibilerinin akrabalarından satın almadılar. Böylece şehrin hızla büyüdüğü 1970'lere kadar, Boğaz'ın büyük ahşap konaklarının ve yalılarının çoğu, içlerindeki deli saraylılar, birbirlerini mal, mülk paylaşımı yüzünden dava eden paşa torunlarıyla birlikte, kimi zaman kat kat, hatta oda oda bölünüp kiraya verilerek, bakımsızlıktan çürüyerek, boyaları dökülüp ahşapları soğuk ve nemden karararak ve yerlerine bir apartman yapılma umuduyla sinsice yakılarak benim çocukluğumda yok olup gittiler.

1950'lerin sonunda, babamın ya da amcamın kullandığı 1952 model Dodge marka araba ile hava almak için bir Boğaz gezisine çıkmak pazar sabahlarının vazgeçilmez alışkanlığıydı. Bizler kaybolup giden bu Osmanlı kültürü için biraz kederlensek bile, Cumhuriyet'in yeni zenginlerinden olduğumuz için "Boğaziçi Medeniyeti" bize kayıp duygusu ve hüzünden çok büyük bir medeniyetin uzantısı olmanın gururunu ve teselli duygusunu verirdi. Boğaz'a her gidişte, mutlaka Emirgân'a uğranıp Çınaraltı kahvesinde kâğıt helvası yenilir, bir yerde, Bebek'te, Emirgân'da kıyı boyunca yürünür, Boğaz'dan geçen gemiler seyredilir, yolda annem arabayı durdurtup bir saksı ya da iki iri lüfer alırdı.

Yaşım ilerledikçe anne–baba–iki erkek çocuklu bu çekirdek aile gezintilerinden sıkıldığımı, bunaldığımı hatırlıyorum. Küçük aile kavgaları, ağabeyimle her seferinde yoğun bir rekabet ve kavgaya dönüşen oyunlar, bir arabaya doluşup apartman hayatının dışında yeni bir soluk arayan "çekirdek ailenin" mutsuzlukları Boğaz'ın çağrısını zehirlerdi, ama bu küçük pazar gezintilerine her seferinde de çıkardım. Daha sonraki yıllarda, Boğaz yollarında başka arabaların içinde, gene bizimkiler gibi pazar gezintisine çıkmış ve mutsuz, kavgalı, gürültülü başka aileler görmek yalnız kendi hayatımın öyle çok özel olmadığını bana hatırlatmaz, Boğaz'ın İstanbullu aileler için belki de tek mutluluk kaynağı olduğunu sezdirirdi.

Çocukluğumun Boğaz'ını özel bir yer yapan pek çok şey yavaş yavaş, tıpkı tek tek yanan yalılar gibi yok olunca Boğaz'a gitmek bana aynı zamanda bir hatıra zevki de vermeye başladı. Eski dalyanların yokoluşundan, bir dalyanın ağlarla balıklara kurulan bir çeşit kapan olduğunu babamın nasıl anlattığından, sandalıyla yalı yalı gezerek şehre meyve satan satıcı kayıklarından, annemle gittiğimiz Boğaz plajlarından, Boğaz'da yüzmenin zevklerinden, tek tek kapanan, terkedilen, daha sonra da lüks bir lokantaya çevrilen Boğaz iskelelerinden, bu iskelelerin yanında sandallarını çeken balıkçılardan, onların sandalıyla bir küçük gezinti yapmanın imkânsız olduğundan artık ben de söz etmekten hoşlanıyorum. Ama Boğaz'ı benim için Boğaz yapan şey, gene de hâlâ çocukluğumdakinin aynısı: İnsana sağlık veren, iyileştiren, şehri ve hayatı ayakta tutan bitmez tükenmez bir iyilik ve iyimserlik kaynağıdır benim için Boğaz.

"Hayat o kadar berbat olamaz," diye düşünürüm bazan. "Ne de olsa, sonunda insan Boğaz'da bir yürüyüşe çıkabilir."

KELİMELER（生词注释）

kasvetli	阴郁的	gangster	匪徒
parke taşı	铺路石	jeneratör	发电机
jön	青年男主角	dehliz	走廊
tebeşir	白垩	mat	无光泽的，晦暗的
dikine	垂直地	mahallebici	制售木哈乐比的人（店）
meteorolojik	气象的	ezeli	永恒的
beyhudelik	徒劳	muzaffer	胜利的
minyatür	细密画	nakkaş	画匠
lonca	社团；行会	hüner	技能；学识
gravür	雕刻，板画	kumpas	密谋，阴谋
boğmaca	百日咳	sayfiye	夏季别墅
cumba	圆肚窗	kotra	帆艇
duba	小驳船	lağım	下水道
pineklemek	打盹	erguvan	紫荆
hırpalamak	破坏	itina	谨慎；精心
zaaf	虚弱；意志薄弱	menevişlenmek	（颜色）闪变
dem vurmak	谈到	sefalet	贫穷；不幸
virane	废墟，遗迹	bamya	秋葵
türlü	烩菜	palazlanmak	发财
dalyan	鱼栅		

YAZAR HAKKINDA（作者简介）

Orhan Pamuk, 1952'de İstanbul'da doğdu. Cevdet Bey ve Oğulları ve Kara Kitap adlı romanlarında anlattığına benzer kalabalık bir ailede, şehrin batılılaşmış ve zengin semti Nişantaşı'nda büyüyüp yetişti. Pamuk, çocukluğundan yirmi iki yaşına kadar yoğun bir şekilde resim yaparak ve ileride ressam olacağını düşleyerek yaşadı. Liseyi İstanbul'daki

Amerikan lisesi Robert College'de okudu. İstanbul Teknik Üniversitesi'nde üç yıl mimarlık okuduktan sonra, mimar ve ressam olmayacağına karar verip bıraktı. İstanbul Üniversitesi'nde gazetecilik okudu, ama bu işi de hiç yapmadı. Pamuk, yirmi üç yaşından sonra romancı olmaya karar vererek başka her şeyi bıraktı ve kendini evine kapatıp yazmaya başladı.

İlk romanı Cevdet Bey ve Oğulları yedi yıl sonra 1982'de yayımlandı. İstanbullu zengin ve Pamuk gibi Nişantaşı'nda yaşayan bir ailenin üç kuşaklık hikâyesi olan bu roman, Orhan Kemal ve Milliyet roman ödülleri aldı. Pamuk ertesi yıl Sessiz Ev adlı romanını yayımladı ve bu kitabın Fransızca çevirisiyle 1991 Prix de la découverte européene'i kazandı.

Venedikli bir köle ile bir Osmanlı alimi arasındaki gerilimi ve dostluğu anlatan romanı Beyaz Kale (1985), 1990'dan sonra da başta İngilizce olmak üzere pek çok dilde yayımlanarak Pamuk'a uluslararası ilk ününü sağladı. Aynı yıl Pamuk, karısıyla Amerika'ya gitti ve 1985-88 arasında New York'ta Columbia Üniversitesi'nde "misafir alim" olarak bulundu. Büyük bir çoğunluğunu burada yazdığı ve İstanbul'un sokaklarını, geçmişini ve dokusunu, kayıp karısını arayan bir avukat aracılığıyla anlatan Kara Kitap adlı romanı 1990'da Türkiye'de yayımladı. Fransızca çevirisiyle Prix France Culture (ödülünü) kazanan bu roman hem popüler hem de deneysel olabilen, geçmişten ve bugünden aynı heyecanla söz edebilen bir yazar olarak Pamuk'un ününü hem Türkiye'de, hem de yurt dışında genişletti.

1991'de, Pamuk'un Rüya adını verdiği bir kızı oldu. Aynı yıl Kara Kitap'taki bir sayfalık bir hikâyeden senaryolaştırdığı Gizli Yüz filme çekildi. 1994'te Türkiye'de yayımlanan ve esrarengiz bir kitaptan etkilenen üniversiteli gençleri hikâye ettiği Yeni Hayat adlı romanı Türk edebiyatının en çok okunan kitaplarından biridir. Pamuk'un Osmanlı ve İran nakkaşlarını ve Batı dışındaki dünyanın görme ve resmetme biçimlerini bir aşk ve aile romanının entrikasıyla hikâye ettiği Benim Adım Kırmızı adlı romanı 1998'de yayımladı. Bu kitapla Fransa'da Prix Du Meilleur Livre Etranger, İtalya'da Grinzane Cavour ve İnternational İmpac-Dublin ödülünü kazandı.

Orhan Pamuk, 1990'ların ortasından itibaren yazdığı makalelerle Türk devletine karşı eleştirel bir tutum aldı, ama siyaset ile fazla ilgilenmedi. "İlk ve son siyasi romanım" dediği Kar adlı kitabını 2002'de yayımladı. Doğu Anadolu'daki Kars şehrinde, siyasal islâmcılar, askerler, laikler, Kürt ve Türk milliyetçileri arasındaki şiddeti ve gerilimi hikâye eden bu kitap ile yeni tarz bir "siyasal roman" yazmayı denedi. 2004 yılında bu roman, New York Times Book Review tarafından yılının en iyi 10 kitabından biri seçildi. Uluslararası ve Türk gazete ve dergilerine yazdığı edebi ve kültürel makalelerle, kendi özel not defterlerinden yaptığı geniş bir seçmeyi 1999 yılında Öteki Renkler adıyla yayımladı.

Pamuk'un 2003 yılında yayımladığı kitabının adı İstanbul'dur. Yazarın hem yirmi iki yaşına kadar olan hatıralarından, hem de İstanbul şehri üzerine bir deneme olan ve yazarın kendi kişisel albümüyle, Batılı ressamların ve yerli fotoğrafçıların eserleriyle zenginleştirilmiş bu şiirsel kitabı sınıflamak zordur.

Orhan Pamuk New York'ta geçirdiği üç yıl dışında, bütün hayatını İstanbul'da aynı sokaklarda, aynı semtlerde geçirdi. Şimdi de doğduğu binada yaşıyor. Otuz yıldır roman yazan Pamuk yazarlıktan başka hiçbir iş yapmadı. 2006 yılında Pamuk, Benim Adım Kırmızı romanıyla İsveç Akademisi tarafından verilen Nobel Edebiyat Ödülü'nün sahibi oldu ve Pamuk, bu ödülü alan ilk Türk yazar olarak tarihe geçti.

ALIŞTIRMALAR(练习)

1. Orhan Pamuk ile ilgili kısa bilgiler derleyerek arkadaşlarınızla paylaşınız.

2. Pamuk'un bu eserde tasvir ettiği İstanbul ile bugünkü İstanbul arasında çok büyük fark var mı? Varsa örneklerle açıklayınız.

3. Bu eserin sizde uyandırdığı duyguları anlatınız.

DERS YİRMİ DÖRT

ŞU ÇILGIN TÜRKLER

图尔古特·厄扎克曼（1930—2013）出生于安卡拉。大学就读于安卡拉大学法学院，毕业后曾短暂从事律师工作。因为热爱戏剧，图尔古特放弃了律师的职业，远赴德国科隆大学学习戏剧创作。学成归国后，图尔古特进入国家剧院工作，成为一名编剧。图尔古特在国家剧院和土耳其广播电视台工作多年，并担任过国家剧院院长、土耳其广播电视台副台长、土耳其广播电视高等委员会副主席等领导职务。此外他还长期在大学任教，是爱琴海大学、安卡拉大学等多所高校的名誉教授。

图尔古特的一生著作颇丰，代表作品有长篇小说《别害怕，可怜人》、《那些疯狂的土耳其人》、《重生——恰那卡莱 1915》、《共和国：土耳其奇迹》；戏剧《啊，那些年轻人》、《三部史诗》、《墙的那边》、《支离破碎》；剧本《凯洛兰就在我们中间》、《解放》等。

《那些疯狂的土耳其人》是图尔古特最具影响力的作品之一，出版于 2005 年。这是图尔古特在多年实地走访和调研的基础上，精心创作的一部长篇纪实小说。小说为我们展现了土耳其人民在国父凯末尔的带领下顽强抗击侵略者、最终实现民族解放的壮丽画卷。小说在引言部分详细介绍了一战失利后奥斯曼帝国被列强侵略瓜分的情况；第一部分以"希腊军队的大进攻"为题，主要讲述了伊诺努会战、屈塔赫亚—埃斯基谢希尔会战以及萨卡利亚战役的详细经过；第二部分则以"土耳其军队的大反攻"为题，讲述了土耳其人民为大反攻所做的准备以及大反攻的详细经过。整部小说主题鲜明，脉络清晰，气势恢宏，扣人心弦。作者将紧张激烈的战斗场景和感人至深的细节描写巧妙地结合在一起，小中见大，小中见情，极大地增强了作品的艺术感染力。

"ŞU ÇILGIN TÜRKLER" ROMANINDAN SEÇMELER

Afyon Güneyine Yürüyüş

14 Ağustos 1922 – 25 Ağustos 1922

AFYON'UN GÜNEYİNE dört kolordu kaydırılacaktı: 100.000 kadar insan, binlerce at, hayvan ve araba.

Birinci Kolordu Çay yakınında, İkinci Kolordu Emirdağ'da, Dördüncü Kolordu Bolvadin civarında, Süvari Kolordusu Ilgın ve Akşehir çevresindeydi.

Bu gece (14 Ağustos) yola çıkacak olan 15. Tümen'in Komutanı, Batı Cephesi eski Kurmay Başkanı Yarbay Naci Tınaz'dı. 15. Tümen'in eski Komutanı Şükrü Naili Bey, 2. Ordu'ya bağlı Üçüncü Kolordunun Komutanı olmuştu.

Subaylar ve askerler erkenden yemeklerini yediler.

Komutanlar alayları, bataryaları ve ağırlık kollarını denetlediler. Bir Yunan taarruzu olasılığına karşı önlem olarak yer değiştirdiklerini sanan subaylar ve askerler, neşesiz ve öfkeliydiler.

Hava iyice kararınca 15. Tümen yürüyüşe geçti.

ANKARA'da Azerbaycan Büyükelçiliğinde yemek vardı. Zengin bir büfe hazırlanmıştı. Azerbaycan elçiliği görevlileri ile Türk ve Rus misafirler, öbek öbek oturmuş sohbet ediyor, yiyip içiyorlardı. Piyanoda bir hanım alçak sesle Azeri şarkıları söylüyordu.

M. Kemal Paşa, İbrahim Abilov ve Aralov, bir köşede oturuyorlardı. İbrahim Abilov her zamanki gibi Sovyet rejimini överek M. Kemal Paşa'yı etkilemeye çalışmaktaydı. M. Kemal Paşa, "İbrahim Bey.." dedi gülerek, "..Türkiye çok farklı bir memleket. Kaldı ki rejiminizin ne gibi safhalar geçireceği de daha belli değil. Henüz deneme safhasındasınız."

İbrahim Bey itiraz etti:

"Yo, bizim rejim tamamdır."

"Şimdi bu tartışmayı bırakalım. Size söyleyeceklerim var. Uygun bir yere geçelim."

İbrahim Abilov'in çalışma odasına geçtiler.

"Bir hafta sonra, taarruza geçmek üzere cepheye hareket edeceğim.."

Abilov ve Aralov heyecanlandılar.

"..Ama bunu dünyadan gizlemek, özellikle İngilizlerin Yunanlıların yardımına gelmesini önlemek istiyorum. Sizden bir rica var. Ben Ankara'dan ayrıldıktan sonra, Çankaya'da bir çay partisi vereceğim ilan edilecek. Bu parti ertelenecek. Siz de birkaç gün sonra, bir kabul resmi düzenlediğinizi açıklarsınız. Kabul resmi başladığı saatte, görevlendireceğim biri gelip rahatsızlandığım için katılamayacağımı bildirir. Bu bana birkaç gün daha kazandırır. Ne dersiniz?"

"Tamam."

Aralov da, "Kabul" dedi.

"Teşekkür ederim."

Abilov, "Paşam.." dedi heyecan içinde, "..sen muzaffer olacaksın. Çünkü Allah vatanını savunanla beraberdir." Sarıldılar.

Dışarda piyanoya bir Türk geçmiş olmalıydı. Bir İzmir türküsü duyuldu:

"İzmir'in kavakları

Dökülür yaprakları..."

TAARRUZ ZAMANI yaklaştıkça Yakup Şevki Paşa'nın huysuzluğu artmaktaydı. Erkenden yatmıştı ama uyuyamıyordu.

Emrinde sadece iki kolordu kalmıştı, yani beş piyade ile bir süvari tümeni. 1. Ordu cepheyi yarana kadar, bu kadarcık kuvvetle iki buçuk düşman kolordusunu, sürekli hücum ederek yerinde tutması gerekiyordu.

Yerinde tutulması gereken düşman, 2. Ordu'dan üç kat kalabalık, silah bakımından beş kat güçlüydü ve 1. Ordu, cepheyi kaç günde yarabilirdi?

Yarabilir miydi?

Taarruzdan önce elbette bir toplantı yapılacaktı. Bu toplantıda sözünü geçirinceye kadar plana yine itiraz etmeye karar verince biraz rahatladı, az sonra uyudu.

KÂZIM PAŞA öğleye doğru M. Kemal Paşayı Meclis'teki odasında buldu.

"Bütçe Komisyonu, Milli Savunma bütçesi için bir alt kurul kurmuş. Ordu hakkında bilgi vermem için beni çağırıyorlar. Ne emrediyorsunuz?"

"Seni hırpalayacaklardır. Ne derlerse desinler, sineye çek. Taarruzdan bahsetme. Fevzi Paşa'nın cepheye gittiğini de söyleme."

"Peki efendim."

YUNANLILAR sonsuza kadar Anadolu'da kalacakları ümidi ile çeşitli hazırlıklara girişmişlerdi.

Hükümet Anadolu'da Yunan Milli Bankasının şubeler açmasını uygun görmüştü. İlk şube eylülde Ayvalık'ta açılacaktı. İzmir'de de bir üniversite kurulması kararlaştırıldı.

Türk ordusunun bu rüyalara son verecek olan sessiz yürüyüşü kesintisiz sürüyordu. Dördüncü Kolordu'dan 5. Tümen de 17 Ağustos akşamı güneye doğru yola çıktı.

M. KEMAL PAŞA da 17 Ağustos gecesi Konya'ya hareket edecekti.

Gündüz Rauf Bey'e, Kâzım Paşa'ya ve evinde hasta yatan Yusuf Kemal Bey'e veda etmişti. Hükümet M. Kemal Paşa'nın Ankara'da olduğu izlenimini verecekti.

Akşam yemeğini annesi, Fikriye ve Abdurrahim'le üst kattaki sofada yedi. Annesinin elini öperek veda etti, duasını aldı.

Aşağıya indi. Merkez Komutanı Yarbay Fuat Bulca ve yardımcısı Yüzbaşı Vedat gelmiş, bekliyorlardı. "Ankara'dan ayrıldığımı belli etmeyeceksiniz.." dedi, "..hazırladığımız sahte programı uygulayın. Bana zaman kazandırın."

"Başüstüne."

İki araba kapıdaydı. Bavullar yerleştirilmişti. Bu kez Mahmut Soydan Bey de refakat subayı olarak beraber geliyordu. Gazi Fikriye ve Abdurrahim'le de vedalaştı. Fikriye her zamanki gibi sırtını sıvazlayarak yolcu etti.

Arabalar hareket ettiler.

Yarbay Fuat Bulca, Yüzbaşı Vedat, muhafızlarla birlikte küçük Abdurrahim de selam durdu. Bir muhafız arkalarından su döktü.

Konya'ya ulaşır ulaşmaz telgrafhaneyi denetim altında aldırarak, bilgi sızmasına fırsat vermeyeceklerdi.

ALT KURULUN Başkanı Hüseyin Avni Bey'di. Üyeler ve dinlemeye gelmiş olan milletvekilleri büyük masanın çevresinde yer almışlardı. Muhalif üyeler arasında Kara Vasıf Bey ile Selahattin Bey vardı. Ali Şükrü Bey ve Hafız Mehmet Bey de takviye için katılmışlardı.

Muhalif üyeler Kâzım Paşa'ya yüklenmeye başladılar. Kâzım Paşa'nın kaçamak cevapları, Müdafaa-yı Hukukçu milletvekillerini de sinirlendirdi. Kara Vasıf Bey, "Meclis'te ordu kıpırdamayacak dediğim zaman, M. Kemal Paşa beni ağır şekilde tenkit etmişti." dedi, "..haklı olduğum anlaşıldı. Başkomutanlık uzatılalı bir ay oldu, ordu hâlâ bulunduğu yerde çürütülüyor. Taarruz ümidi vererek bizi oyalıyorsunuz.."

"Bravo!"

"..Taarruz edileceğine dair en ufak bir işaret bile yok."

Selahattin Bey söz aldı:

"Milli Savunma Bakanının ordunun gerçek durumunu ve kararını, bugün, burada, kaçamak yapmadan açıklamasını talep ediyorum!"

Bu talebi birçok milletvekili destekledi. Kâzım Paşa, "Efendim.." dedi, "..bildiğiniz gibi ordumuz taarruz için hazırlık yapmaya devam ediyor."

Muhalifler güldüler:

"Bu masalı bir yıldır dinliyoruz."

"Ne zaman hazır olacak, onu söyleyin!"

"Kışa mı?"

"Yoksa gelecek yaza mı?"

Kâzım Paşa, "O kadar uzun süreceğini sanmıyorum" diye cevap verdi. Kahkahalar patladı.

Kâzım Paşa'nın içinden, yerinden fırlamak, "Bir hafta sonra taarruz edeceğiz!" diye bağırmak, hepsini şaşırtmak, zıplatmak, susturmak geliyordu ama dişini sıkıp sustu, sataşmalara, küçümsemelere katlandı.

Durumu bilmeyen Zamir Bey, Süreyya Yiğit'e, "Bu ne zavallı Bakan yahu!" diye yakındı. Bir de okkalı küfür savurdu.

20 AĞUSTOS AKŞAMI, İkinci Kolordu ile Süvari Kolordusu da harekete geçtiler. İki kolordu güneye inerken, büyük komutanlar da Akşehir'de, Başkomutan'ın geniş odasında biraraya geldiler.

Saat 23.00'tü.

Başkomutan kısa bir açıklama yaptı, kararının kesin olduğunu söyledikten sonra, taarruzun nasıl yapılacağını harita üzerinde ayrıntılı olarak anlattı.

O âna kadar güneye elli bin kişi kaydırılmış, düşmanın ruhu bile duymamıştı. Düşman ordusu eski durumunu koruyordu. Ne var ki bu başarı Y. Şevki Paşa'yı yatıştırmadı, Başkomutan susar susmaz lafı kaptı, 'durumu tehlikeli bulduğunu, başarılı olunmazsa, şimdiye kadarki kazançların da elden gideceğini' uzun uzun yineledi.

Başkomutan, cevap vermedi, Asım Gündüz'e döndü:

"25 Ağustos akşamı her türlü haberleşmeye son verilecek. Limanlara giriş–çıkış durdurulacak. İstanbul ile İzmit arasındaki kara ve demiryolu ulaşımı kesilecek. Yani biz işi bitirene kadar dünyanın Anadolu'dan haberi olmayacak. Yeteri kadar uçağımız var. Çocuklar düşmanın hava keşfi yapmasını da önlesinler."

"Başüstüne."

İsmet Paşa'ya baktı:

"Siz de ordulara yazılı emrinizi veriniz. 26 Ağustos Cumartesi sabahı düşmana taarruz edeceğiz."

Üç yüz yıldır verilmemiş bir karar ve emirdi bu.

Ayağa kalktı. Başta Y. Şevki Paşa olmak üzere hepsi ayağa fırlayıp esas duruşa geçti. Nurettin ve Fahrettin Paşaların gözleri dolmuştu.

"Paşalar! Gazanız mübarek olsun!"

ÜÇ GÜN SONRA Afyon orduevinde bir balo verilecekti. Birinci Kolordu Komutanı General Trikupis baloya ilişkin sorunlarla ilgileniyordu. İyi bir moral gecesi olacaktı. Kurmay Başkanı Albay Merentidis odaya girdi:

"Generalim, bir Türk askeri cephemize sığınmış. Türklerin Afyon güneyine gizlice üç tümen yığdıklarını söylüyormuş."

Trikupis durakladı:

"Güney cephemizde zaten üç tümenleri var. Üç daha altı eder. Altı tümen taarruz için az, savunma için çok."

Acele hava keşfi istedi. İki saat sonra gözlemci subay telefon etti:

"Bir hareket yok. Fotoğrafları gönderiyorum."

Eski ve yeni fotoğraflar karşılaştırıldı. Türk mevzilerinde hiçbir yenilik, değişiklik görünmüyordu. Yine de Trikupis birliklere dikkatli olmalarını ve gözlerini açmalarını emretti.

İngiliz Haberalma Örgütü de ciddi bir sürpriz beklenmediğini bildirince, Atina Elçisi Lord Granville, huzur içinde yaz tatiline çıktı. Sir H. Rumbold da çıkmak için hazırlık yapıyordu.

UÇAK BÖLÜĞÜ Akşehir'den Çay'daki alana taşınmış, cepheye yakınlaşmıştı.

Uçak bölüğünde çalışır durumda 10 uçak vardı: 6 Brege–XlV keşif, 3 Spat–XIII av ve bir de De Hawilland–9. Havacıların ve ustaların ağzı kulaklarındaydı.

Yunan keşif uçaklarına engel olunması emri öğleye doğru geldi. Yunan uçakları ile çarpışma demekti bu. Hızlı ve kıvrak Spat av uçakları bu iş için biçilmiş kaftandı. Fazıl devriye uçuşu yapması için hemen birini görevlendirdi. Spat az sonra ok gibi uçtu.

Eşref Usta, "Bunlar sülün gibi uçuyorlar" dedi.

Abdullah Usta uyardı:

"Maşallah de."

"Maşallah."

25 Ağustos akşamına kadar sürekli devriye uçuşları yapılacak, 4 Yunan uçağı inmeye zorlanacak ya da düşürülecekti.

BAŞKOMUTAN, Akşehir'de eski bir Rum evinde kalıyordu.

Gazi öğleyin uyandı. Tıraş olup aşağıya indi. Mahmut Bey, Salih ve Muzaffer bekliyorlardı. Ali Metin Çavuş kahvesini getirdi. Önce düşmanda bir hassasiyet olup olmadığını sordu. Az önce İsmet Paşa telefon edip bilgi vermişti:

"Yokmuş efendim."

En önemli sorun buydu. Memnun oldu:

"Biliyor musunuz, gece Reşat Nuri Bey'in Çalıkuşu romanını okumaya başladım. Çok beğendim. İhmal edilmiş Anadolu'yu ve genç bir hanım öğretmenin yaşadığı zorlukları, ne güzel anlatmış. Bitirince İsmet'e vereceğim. Sonra da sizler okuyun."

Mahmut Bey, "Savaşa beş kala roman okuyabiliyor.." diye düşündü, "..M. Kemal Paşayı, M. Kemal Paşa yapan da herhalde bu özelliği olsa gerek."

1. ORDU KOMUTANI Nurettin Paşa taarruz edecek iki kolordu komutanını çağırdı. Birlikte Kocatepe'ye çıkarak taarruz edilecek hedefleri ve araziyi incelediler.

Arazinin hırçınlığı, direnek merkezlerinin ve dayanak noktalarının kat kat tel örgüler içinde olması ikisini de etkilemedi. Bir yıldır taarruz eğitimi görmüş olan subay ve askerlerine güveniyorlardı.

BUGÜN bir Yunan keşif uçağı bir Türk avcı uçağının saldırısına uğramış, Afyon Garipçe meydanına zorunlu iniş yaparak kurtulmuştu. Türk cephesinden geceleri yol çalışması yapıldığını düşündüren boğuk sesler yansıyordu.

Trikupis Türklerin taarruz edeceğinden kuşkulandığını orduya bildirdi. Hacianesti güldü:

"Cephedeki komutanlar abartıcı ve duyarlı olurlar. General Trikupis de böyle. Bugüne kadarki bilgilerimiz gösteriyor ki düşmanın genel bir taarruza geçmesi olası değil. İngilizler de bu kanıda."

Passaris itiraz etmeye yeltendi:

"Fakat generalim.."

Hacianesti bu kuruntulu kurmayını küçük bir el hareketiyle susturdu:

"Olsa olsa kendi kamuoyunu oyalamak için sınırlı bir hareket yapacaktır."

Valettas, "Buna rağmen.." dedi, "..bazı önlemler almamız doğru olmaz mı?"

Komutan General Valettas'ı dinlemek inceliğini gösterdi:

"Pekâlâ. Orduyu uyarın. Ama telaşa vermeden."

HABERCİ HÜSEYİN iki hafta önce, emir almak için gizlice cepheye gitmişti. Beklenmedik bir anda Alaçam dağındaki saklanma yerlerine neşe içinde, bağıra bağıra çıkageldi:

"Akıncılar! Müjdemi isterim! Ordudan haber vaaaaar!"

Akıncılar ayaklandılar. Hüseyin, İbrahim Ethem Beye askerce selam verdi, heybesinde sakladığı kâğıdı çıkarıp uzattı:

"Ordu emridir beyim. Taarruz başlayınca ne yapacağınız burada yazılıymış."

Müfreze komutanlarından Veli Ağa, "Taarruzun zamanı belli mi Hüseyin?" diye sordu.

"Bir şey demediler ama eli kulağında olmalı."

Bir akıncı avaz avaz haykırdı: "Ey namert düşman! Saatin geldi! Yaptıklarının hesabını vermeye hazır ooool!"

İntikam tutkusu yorgun, sefil akıncılara ürkütücü bir canlılık verdi.

İ. Ethem Bey emri okudu. Ordu bütün akıncı gruplarıyla birlikte Demirci Akıncılarının da taarruz başlayınca harekete geçmesini, cephe gerisini de Yunanlılar için hep birden cehenneme çevirmelerini istiyordu. Gülümsedi. Bugünü düşünerek çevredeki birçok köyü örgütlemişti. Köylüler de düşmanı kırmaya katılacaklardı.

Faris Ağa sakladığı son tutam kahveyi pişirmişti. Teneke bir kupa içinde İ. Ethem Bey'e getirip verdi:

"Haklı çıktın beyim. Afiyet ve helal olsun."

BİRİNCİ VE DÖRDÜNCÜ KOLORDU Komutanları da, kendilerine bağlı tümenlerin komutanlarını, gözetleme yerlerinde topladılar. Araziyi ve taarruz edecekleri hedefleri göstererek, görevlerini anlattılar.

Tümen komutanlarına, taarruz edileceğini birliklerine açıklama izni verildi.

Ordu üç yıldır bugünü beklemişti!

Her acıya bu gün hayal ve ümit edilerek katlanılmıştı. Şamatasız bir kıyamet koptu. Tümenler akşam yola düğüne gider gibi çıktılar. Dıştan yine sessizdiler ama içlerinden sevinç çığlıkları attıkları gözlerinden belli oluyordu.

23. Tümen'in 68. Alayı'ndan saka eri Kel Zeynel de taarruzla ilgili bir şeyler duymuştu. Yanından geçen takım çavuşuna, alçak sesle seslendi:

"Çavuşum, İzmir'e gidiyormuşuz, kaç saatte varırız?"

Gülmek değil, hapşırmak bile yasaktı. Ama bu konuşmayı işitenler kahkahalarını tutamadılar.

Zapartayı yediler.

SÜVARİ KOLORDUSU karargâhı ve 1. Süvari Tümeni 24 Ağustos sabaha karşı Sandıklı'ya geldi.

Bu kolordu, düşman cephesi yarılınca, açılan gedikten geçerek Sincanlı ovasına, düşman gerisine akacaktı. Bunun için cephe yarılıncaya kadar beklemesi gerekiyordu. Bu durum Fahrettin Paşa'yı sıkıyordu. Başka bir çözüm bulmalıydı.

Çiğiltepe ile Toklu Sivrisi arasında, 15 km. genişliğinde, sarp, sık ormanla kaplı ve yolsuz Ahır Dağı vardı. Buradan geçmenin imkânsızlığı yüzünden Yunanlıların geceleri bu kesimde nöbetçi bırakmaya gerek duymadıklarını öğrendi. Sol yanda mevzilenmiş olan 6. Tü–men'in akıncıları buraları iyi bilirdi. Bu tümenin komutanı ile ilişki kurdu. 1. Süvari Tümeni'ne de Ahır Dağı'na 3 keşif kolu çıkarmasını emretti.

Ballıkaya denilen yerden Yunan cephesinin gerisine, Sincanlı ovasına inen dar, uçurumlu, gerçekten geçilmez gibi görünen bir dağ yolu olduğu öğrenildi.

Fahrettin Paşa orduya, Süvari Kolordusu'nun, cephenin yarılmasını beklemeden, 25 Ağustos akşamı, bu keçi yolundan dağı aşmasını, 26 Ağustos sabahı Yunan cephesinin gerisine inmesini önerdi.

Ordu komutanının da gözü karaydı. Bu tehlikeli öneriyi kabul etti.

24 AĞUSTOS günü, akşama doğru, Başkomutan, Genelkurmay Başkanı ve Batı Cephesi Komutanı ile karargâhları bir dizi otomobil ve kamyonla Akşehir'den ayrıldılar.

Bu gece cephe gerisindeki Şuhut kasabasında kalacak, 25 Ağustos günü Kocatepe'nin eteğindeki çadırlı ordugâha geçeceklerdi.

Öndeki arabada M. Kemal, Fevzi ve İsmet Paşalar vardı. M. Kemal Paşa gülümseyerek, "Fransız Başbakanı Mösyö Poincare gizli bir mesaj yollamış.." dedi, "..diyor ki: 'Eğer taarruz edip Afyon'u alabilir ve on beş gün elinizde tutabilirseniz, yakında Venedik'te toplamayı düşündüğümüz barış konferansında bu başarı, sizin için oldukça önemli bir koz olur!'

Fevzi ve İsmet Paşalar yüksek sesle güldüler. Fevzi Paşa, "Bunlar hâlâ gücümüzün farkında değil" dedi.

"İyi ki."

M. Kemal Paşa Çalıkuşu'nu bitirmişti. Kitabı İsmet Paşa'ya verdi.

M. KEMAL PAŞA ve arkadaşları Şuhut'a girerken, Afyon'daki orduevinde balo başlamıştı. Görevleri baloya katılmalarına elveren subaylar ve eşleri, sevgilileri salonu doldurmuşlardı. Neşe içinde yiyip içiyorlardı. Bazı subaylar İzmir'deki eşlerini bu balo için Afyon'a çağırmışlardı.

Hanımların hepsi tuvaletliydi.

General Trikupis ile kolordusuna bağlı 1. Tümen Komutanı General Frangos, 4. Tümen Komutanı General Dimaras, 5. Tümen Komutanı Albay Rokka, 12. Tümen Komutanı Albay Kalidopulos, birlikte oturmaktaydılar. Baloya katılabilen subaylarının mutluluğunu izliyorlardı.

Sakarya yenilgisinin acı etkisi hayli azalmıştı.

İzmir'den getirtilen orkestra dans müziğine geçince, pisti şık subaylar ve güzel kadınlar kapladı. Rugan çizmeler ve ayakkabılar, ince ve yüksek topuklu iskarpinler, yeni cilalanmış pist üzerinde daireler, helezonlar, zikzaklar çizmeye başladılar.

BU SAATLERDE Birinci ve Dördüncü Kolorduya bağlı tümenler ve ağır top taburları da, derin bir heyecan ve sessizlik içinde, son konaklarına yürüyorlardı.

Cepheye yaklaşıldığı için birçok ek önlem alınmıştı. Atların, katırların, kadanaların ayaklarına, top ve araba tekerlerine çuval sarılmış, huysuz hayvanların ağzı bağlanmıştı.

Sabah ulaşacakları konaktan bir sonraki durak, taarruza hazırlık hattıydı.

Tümenler, bataryalar, ağır top taburları ve süvari bölükleri, gün doğmadan son konaklarına ulaşıp yerleştiler. Balo da bu sırada dağılıyordu. Akşama kadar sessizlik içinde saklanacaklardı. Saklanacak yeterli yer olmayan konaklarda kalacak birlikler bol yapraklı dal parçalarıyla gelmişlerdi. Açıkta kalanlar bunların altına girdiler.

Tarih 25 Ağustos 1922, günlerden cuma idi.

İsmet Paşa saat 12.00'de ordulara ve Kocaeli Grubu'na genel taarruz emrini yolladı.

CEPHEDEKİ bazı kıpırtılar, tecrübeli Trikupis'i iyice huylandırdı. Her olasılığa karşı tümenleri alarma geçirdi. Hastanelerdeki ağır hastaların İzmir'e yollanmasını emretti. İkinci (İhtiyat) Kolordu'dan takviye olarak 7. Tümeni istedi. Kolordu kurmayları Türklerin Afyon önünde en fazla 6 tümen toplayabileceğini hesap etmişti. Bu kadar bir kuvvet Afyon müstahkem mevkii için bir tehlike değildi.

Trikupis, Türklerin Afyon güneyinde bunun iki katı kuvvet topladıklarını bilmediği için akşam orduevinde iştahla yemek yedi, keyifle şarap içti.

Erkenden yatacak, cehenneme uyanacaktı.

GÜN BATIYORDU. Sesi güzel askerler, topların, cephane sandıklarının ya da taşların üzerine çıkarak ezan okudular. Cephe boyunca tabur tabur akşam namazı kılındı ve zafer için dua edildi.

Sessizce sıcak yemek yenildi.

Uzun asker kaputlu, beyaz başörtülü Gül Hanım Dördüncü Kolordu birliklerini dolaşıyordu:

"...Hiç yakınmadan silahınıza cephane, size ekmek taşıdık. Yüksünmeden siperlerinizi kazdık. Severek yaranızı yıkadık, kırığınızı sardık. Ateş altında suyunuzu yetiştirdik. Yolunuza saçımızı serdik. Şimdi bunca kadının hakkını, erkek olmanın bedelini ödeme vaktidir. Eğer bu sefer kardeşlerinizi kurtarmadan dönerseniz, bilin ki ananız da, bacınız da, yavuklunuz da hakkını helal etmeyecektir..."

23. Tümen'de bir er onbaşısına fısıldadı:

"Alay sabah sancak açacak mı?"

"Öyle duydum."

"Açarsa, askere rüzgâr yetişemez."

15. Tümen'de bir teğmen takımını çevresine toplamıştı:

"Eğer gözümü bir an için olsun geriye çevirirsem, ölümden yılıp da geriye tek bir adım bile atarsam, beni hain bilin. Kanım size helal olsun!"

Askerler köyden gelmiş mektup, sigara tabakası, işlemeli çorap gibi değerli eşyalarını bölük eminine teslim ettiler. Sonra birbirleriyle helalleştiler. Dargınlar barıştı.

Toplan boruları vurmaya başlamıştı. Silahları kuşanıp düzene girdiler. Sallanıp da ses çıkaracak ne varsa hepsini sıkılayıp bağladılar.

Takımlar, bölükler, taburlar, alaylar, bataryalar, cephane ve yiyecek kolları, sıhhiyeciler, muhabereciler, istihkâmcılar, gündüzden yolları öğrenmiş kılavuzların öncülüğünde, taarruza hazırlık mevkilerine doğru, büyük bir sessizlik içinde yürümeye başladılar.

Kısa bir yürüyüş yapacaklardı.

Üç günlük bir hilal vardı gökyüzünde. İnce kollarıyla bir yıldızı kucaklamıştı. Yaşlılar bunu zafere yordular.

DAĞ YOLUNUN bir yanı dik yamaç, bir yanı uçurumdu. Çok dikkatli olmak gerekiyordu. Albay Mürsel Baku'nun komutasındaki 1. Süvari Tümeni, kılavuzla birlikte, öncü olarak tek sıra olup Ballıkaya'dan yola çıktı.

1. Süvari Tümeni'ni, Kolordu Komutanı ve karargâhı izledi. Arkadan 14. Tümen, en sondan 2. Tümen gelecekti. Topları, telsiz ve ağırlık kollarını 2. Tümen getirmeye çalışacaktı.

Sabah Sincanlı Ovası'nda olabilmek için Süvari Kolordusu'nun, hiç durmadan yürüyüp zifiri karanlıkta bu ip gibi dağ yolunu geçmesi gerekiyordu.

PAŞALAR ve karargâhlarının savaş kademeleri, halkın "Kılıcınız keskin olsun! Allah'a emanet olun!" sesleri arasında Şuhut'tan ayrılıp Kocatepe'nin eteğindeki çadırlı ordugâha taşınmışlardı. Ordugâh Çakırözü deresinin yanına kurulmuştu.

Yalnız telgraf takırtıları, telsiz bipleri ve su değirmeninin gıcırtısı duyuluyordu.

İsmet Paşa ile Asım Bey gelen raporları inceliyorlardı. Fevzi Paşa çadırına çekilmiş, Kuran okuyordu. Başkomutan çadırının önünde asılı büyük gaz lambasının ışığında, portatif masaya serili haritanın başına geçmişti.

Saklamaya çalışıyordu ama heyecanlı olduğu belliydi. Oyalanmak için Mahmut Bey'e bilgi vermeye başladı:

"Şurası Afyon'un güneyindeki tepeler. Bunların hemen arkası Sincanlı ovası. Bu ovadan Afyon–İzmir demiryolu geçiyor. Yani Yunan ordusunun can damarı.

Asıl taarruz bölgesinde Birinci ve Dördüncü Kordularımız, düşmanınsa takviyeli iki tümeni var. Yarma bölgesinde düşmandan altı kat daha güçlüyüz. İşte gizlice yürüyerek yaptığımız yığınakla bunu sağladık. Yüz bin kişi yürüdü Mahmut Bey. Planlama, uygulama ve disiplin bakımından müthiş bir olay bu. Düşman duymadı. Akşamki hava keşfine göre düzeninde hiçbir değişiklik yok. Kısacası baskın başarılı olmuştur.

İkinci Kordumuz, öndeki kordularınızın gerisinde, yedekte bekleyecek.

Yunan ordusunun düzeni ise şöyle: Kuzeyde, Kocaeli Grubumuz karşısında 11. Tümeni, Eskişehir ve çevresinde Üçüncü Kolordusu, Afyon ve çevresinde Birinci Kolordusu var. İkisinin arasında ise General Digenis'in İkinci Kolordusu bulunuyor. Bu kolordu kuzeye, gü–neye yetişmeye hazır yedek kuvvet.

Genel savaşçı sayısı bakımından denk sayılırız. Ama silahça bizden hayli üstün oldukları kesin. Daha fazla silahlanmamız mümkün olmadı.

Bunca emeğin ve çabanın boşa gitmemesi için General Digenis yetişip de Trikupis'in kolordusunu takviye etmeden önce, cepheyi en geç iki gün içinde yarmamız gerekiyor. Üçüncü güne kalırsak durumumuz zorlaşır.

Ama inanıyorum ki en geç ikinci gün kesinlikle yararız.

Cepheyi yarıp Sincanlı ovasına inerek, General Trikupis'in ve General Digenis'in

kolordularının İzmir'le bağlantılarını kesmiş olacağız. Bu iki kolorduyu birkaç gün içinde çevirip imha edeceğimizi sanıyorum. Sonra..."

Sustu.

Dalıp gitti.

⭐ KELİMELER（生词注释）

batarya	炮台，炮兵连队	safha	阶段
sineye çekmek	忍受住	sıvazlamak	抚摸
takviye	支援	sataşmak	挑衅，找茬
okkalı küfür	极为难听的骂人话	esas duruş	立正
gaza	伊斯兰教圣战	kıvrak	敏捷的，灵活的
biçilmiş kaftan	十分合适	devriye	巡逻
yeltenmek	竭力	kuruntulu	多疑的
müfreze	小队；部队	namert	卑鄙的
sefil	受苦的	şamata	喧闹
zapartayı yemek	挨训	gedik	缺口，突破口
koz	法宝，优势	rugan	漆皮
iskarpin	薄底浅口皮鞋	kadana	比丘格马
müstahkem	筑有工事的	yüksünmek	偷懒
yavuklu	订了婚的；未婚妻	dargın	生气的
hilal	新月，月牙	zifiri karanlık	漆黑
yığınak	集结		

⭐ YAZAR HAKKINDA（作者简介）

Turgut Özakman, 1 Eylül 1930 tarihinde, Ankara'da dünyaya geldi. Ankara Üniversitesi Hukuk Fakültesi'nden mezun olmasının ardından bir dönem avukat olarak çalışan Özakman, daha sonra Köln Üniversitesi'nde tiyatro eğitimi aldı ve Devlet Tiyatrosu'nda dramaturg görevine atandı.

TRT'de Merkez Program Daire Başkanlığı, Genel Müdür Yardımcılığı, Devlet Tiyatrolarında Genel Müdür Başyardımcılığı ve 1983–1987 yılları arasında Genel Müdürlük görevlerinde bulunan Özakman, 1988–1994 yılları arasında ise RTÜK'de başkan yardımcısı olarak görev yaptı.

Ankara Üniversitesi Dil ve Tarih Coğrafya Fakültesi'nin Tiyatro Bölümü'nde kadrolu öğretim üyesi olarak uzun yıllar görev yaptı. 2007 yılında Ege Üniversitesince ve Ankara Üniversitesince 'fahri doktor' unvanı verildi.

Turgut Özakman'ın 2005 yılında kaleme aldığı Şu Çılgın Türkler adlı roman, kısa sürede 300'ün üzerinde baskı yaparak 600.000'e yakın kopya sattı. Kurtuluş Savaşı'nı ele alan tarihi roman,1921–1922 yılları arasında yaşanan olayları akıcı bir dille kaleme alırken, gençlere yakın tarihimizi hatırlatmak açısından büyük bir önem ve etkiye sahip oldu. Şu Çılgın Türkler'in ardından 2008 yılında Diriliş–Çanakkale 1915, 2009 yılında ise Cumhuriyet–Türk Mucizesi adlı kitapları kaleme alan Özakman, 2010 yılında tamamlanan ve Atatürk'ü genç nesile tanıtmak gibi önemli bir hedefi olan Dersimiz; Atatürk adlı belgeselin yazarlık ve editörlük görevlerini üstlendi. Özakman'ın yakın tarihimizi konu alan 1994 tarihli Kurtuluş ve 1998 tarihli Cumhuriyet adlı iki yapımı daha bulunmakta.

Eskişehir Belediye Başkanlığının yaptırdığı yeni bir Tiyatroya Nisan 2002'de "Turgut Özakman Sahnesi" adı verilmiştir. 2006 yılında Orta Doğu Teknik Üniversitesi Özakman'a Üstün Hizmet Ödülü verdi. Turgut Özakman, 28 Eylül 2013 tarihinde Ankara Özel Güven Hastanesinde 83 yaşında vefat etmiştir.

⭐ ALIŞTIRMALAR (练习)

1. Turgut Özakman ile ilgili kısa bilgiler derleyerek arkadaşlarınızla paylaşınız.

2. Büyük Taarruz ne zaman başlayacak? Türk ordusu ne gibi hazırlıklar yaptı?

3. Türk ordusu neden Afyon güneyine yürüyüş yaptı?

DERS YİRMİ BEŞ

AŞK

　　艾丽芙·沙法克（1971—）出生于法国斯特拉斯堡，自幼父母离异，由母亲抚养长大。沙法克的本科、硕士和博士均就读于中东技术大学，主要的研究领域是女性文化以及伊斯兰神秘主义哲学。1994 年，尚在攻读硕士学位的沙法克出版了她的第一部短篇小说集。1997 年沙法克的第一部长篇小说《神秘主义者》问世，并于次年荣获"鲁米奖"。2000 年，沙法克出版了长篇小说《巨光》，并一举夺得"土耳其作家协会最佳小说奖"。此后，沙法克又陆续出版了《跳蚤宫殿》、《失常的圣人》、《伊斯坦布尔的私生子》、《爱》、《伊斯坎德尔》等长篇小说。目前，沙法克的作品已被译成三十多种文字，在众多国家和地区出版发行。

　　《爱》是沙法克 2009 年创作的一部长篇小说，曾荣获法国"外国文学特别奖"。小说出版后深受读者的喜爱，很快便刷新纪录成为土耳其历史上销量最多的小说。小说讲述的是一个名叫艾拉的美国女人的故事。艾拉是个家庭主妇，年届四十，生活平淡无奇。机缘巧合，艾拉成了一家出版社的助理编辑。工作后艾拉的第一项任务是阅读一本名为《渎神蜜语》的小说，作者是一个名叫扎哈拉的男子。这是一部涉及伊斯兰神秘主义哲学的小说，讲述了沙姆斯是如何点化鲁米，将鲁米转变成一个虔诚的神秘主义者和爱的拥护者的。随着阅读的深入，艾拉的内心也在悄然发生着变化。她觉得小说中的鲁米正是自己的写照，而扎哈拉就如同小说中的沙姆斯一样，给她以启示，让她对生活和爱有了全新的认识。最后艾拉鼓起勇气，决定远赴荷兰寻找扎哈拉。小说中，沙法克通过艾拉和鲁米两条平行的叙事主线，将过去和现在、东方和西方完美地融合在一起。整部小说构思巧妙，情节引人入胜，语言轻松幽默，让读者在不知不觉中对生活和爱进行深刻的反思。

"AŞK" ROMANINDAN SEÇMELER

Ella

Boston, 17 Mayıs 2008

Mevsimlerden bahardı. Ilık mı ılık, yumuşacık bir günde başladı bu tuhaf hikâye. Nice sonra Ella geriye dönüp baktığında başlangıç anını zihninde o kadar çok tekrarlayacaktı ki, sanki geçmişte yaşanmış bitmiş bir hatıra gibi değil de, hâlâ evrenin bir köşesinde sürmekte olan bir tiyatro sahnesi gibi gelecekti ona her şey.

Zaman: Mayıs ayında bir cumartesi öğleden sonra.

Mekân: Evlerinin mutfağı.

Ailecek hep beraber oturmuş yemek yiyorlardı. Kocası tabağına en sevdiği yemek olan kızarmış tavuk butları doldurmakla meşguldü. İkizlerden Avi çatal bıçağını baget yapmış, hayali bir davul çalar gibi sesler çıkarıyordu; kız kardeşi Orly ise günde ancak 650 kaloriye izin veren yeni diyetine uymak için toplam kaç lokma yiyebileceğinin hesabını yapıyordu. Büyük kızı Jeannette bir dilim ekmek almıştı eline, dalgın dalgın krem peynir sürüyordu üstüne.

Ailenin yanı sıra bir de Esther Hala vardı masada. Pişirdiği kakaolu mozaik keki bırakmak için şöyle bir uğramış, ama ısrarları kıramayıp yemeğe kalmıştı. Ella'nın yemek biter bitmez yapacak bir dolu işi olsa da henüz masadan kalkası gelmiyordu. Son zamanlarda böyle ailecek bir araya gelemiyorlardı bir türlü. Fırsat bu fırsat, herkesin arayı ısıtacağını ümit ediyordu.

"Esther Hala, Ella sana müjdeyi verdi mi bakalım?" dedi David birdenbire. "Karım harika bir iş buldu, biliyor musun? Hem de seneler sonra."

Ella üniversitede İngiliz Dili ve Edebiyatı okumuştu. Edebiyatı seviyordu sevmesine ama mezun olduktan sonra düzenli bir iş hayatı olmamıştı. Yalnızca birkaç kadın dergisine ufak tefek yazı takviyeleri yapmış, bazı kitap kulüplerine katılmış, aralarda yerel gazetelere kitap eleştirileri yazmıştı. Hepsi buydu. Bir zamanlar, saygın bir kitap eleştirmeni olmayı istemişse de o günler çoktan geride kalmıştı. Hayatın rüzgârının onu bambaşka mecralara sürüklediği gerçeğini kabullenmişti.

Meşhur bir edebiyat eleştirmeni değil, bitmez tükenmez ev işleri ve ailevî yükümlülükleri olan, üstüne üstlük bir de üç çocukla uğraşan titiz bir ev kadını olmuştu sonunda.

Hani bundan da yoktu pek bir şikâyeti. Anne olmak, eş olmak, köpeğe bakmak, evi çekip çevirmek, mutfak, bahçe, alışveriş, çamaşır, ütü derken... zaten yeterince meşguliyet vardı hayatında. Bunlar yetmezmiş gibi bir de aslanın ağzından ekmeği almak için uğraşmasının ne gereği vardı? Her ne kadar feministlerle kaynayan Smith Üniversitesi'ndeki sınıf arkadaşlarının hiçbiri Ella'nın seçimine takdirle bakmasa da, o bunun üstünde durmamış; evine bağlı bir anne, eş ve ev hanımı olmaktan uzun seneler boyunca en ufak bir rahatsızlık duymamıştı. Maddi durumlarının iyi olması, çalışma gereği duymamasını kolaylaştırmıştı tabii. Ella bundan dolayı minnettardı hayata. Edebiyata olan merakını evinden de devam ettirebilirdi nasıl olsa. Hem okuma sevgisi asla bitmemişti ki, hâlâ bir kitap kurduydu –ya da öyle olduğuna inanmak istiyordu.

Ama gün geldi, çocuklar âkil baliğ oldu. Dahası, annelerinin sürekli üstlerine titremesini istemediklerini apaçık belli ettiler. Ella da mebzul miktarda boş vakti olduğunu görüp, en nihayetinde bir iş bulmanın iyi olabileceğini düşünmeye başladı. Kocasının onu yürekten teşvik etmesine ve aralarında sürekli bu konuyu konuşup fırsat kollamalarına rağmen, Ella için iş bulmak pek de kolay olmayacaktı. Başvurduğu yerlerdeki işverenler ya daha genç birini arıyordu ya daha tecrübeli. Reddedile reddedile gururu örselenen Ella nicedir iş aramaktan vazgeçmiş, konuyu rafa kaldırmıştı.

Mamafih, 2008 yılı mayıs ayında, bunca sene iş bulmasının önüne dikilmiş her ne engel varsa beklenmedik biçimde ortadan kalktı. Kırk yaşına basmasına birkaç hafta kala, Boston'daki bir yayınevinden cazip bir teklif aldı. İşi bulan da kocasıydı aslında. Müşterilerinden biri vesile olmuştu. Belki de metreslerinden biri...

"Aman canım, büyütülecek bir iş değil" diye hemen açıklamaya koyuldu Ella. "Bir yayınevinde edebiyat editörünün asistanının asistanıyım altı üstü. Tavşanın suyunun suyu yani!" Ama David karısının yeni işini küçümsemesine fırsat vereceğe benzemiyordu. "Hayatım niye öyle diyorsun?" diye atıldı. "Anlatsana ne kadar saygın bir yayınevi olduğunu."

David Ella'yı dirseğiyle hafifçe dürttü ama baktı ki karısından gık çıkmıyor, kendi söylediklerine şevkle kafa sallayarak kendisi onay verdi: "Gayet meşhur ve itibarlı bir yayınevi bu, Esther Hala. Ülkenin en iyilerinden! Diğer asistanları bir görsen! Hepsi gencecik! Hepsi en iddialı üniversitelerden mezun! Aralarında Ella gibi bunca sene ev hanımı olup da tekrar çalışmaya başlayan tek bir kişi yok. Ne kadın ama, değil mi?"

Ella hafifçe kıpırdayıp omuzlarını dikleştirdi. Zoraki, iğreti bir tebessüm kondu dudaklarına. Bir yandan da merak ediyordu, acaba kocası niye bu kadar çırpınıyordu? Bunca sene onu meslek sahibi olmaktan alıkoyduğu için birdenbire senelerin kaybını telafi etmeye mi çalışıyordu? Yoksa onu aldattığı için pişmanlık duyup bu şekilde arayı yumuşatmayı mı umuyordu? Hangisi doğruydu acaba? Aklına başka bir açıklama gelmiyordu doğrusu. David'in bu kadar iştiyakla ballandıra ballandıra konuşmasının başkaca bir izahı yoktu. "Gözü pek diye buna denir. Hepimiz Ellacımla gurur duyuyoruz" diye konuşmasını taçlandırdı David.

Esther Hala dokunaklı bir sesle katıldı sohbete. "Yaaa, bir tanedir Ellacık; her zaman öyleydi" dedi. Sanki Ella masadan kalkıp son yolculuğuna çıkmıştı da, kesif bir hüzünle onu anıyordu.

Masadaki istisnasız herkes şefkatle baktı Ella'ya. Nasıl olduysa Avi kinayeciliği bir kenara bırakmış, Orly ise bir kez olsun dış görünümü dışında bir şeye dikkatini verebilmişti. Ella bu sevgi dolu anın tadını çıkarmaya çalıştı ama yapamadı. Bir isteksizlik, takatsizlik vardı üzerinde. Nedenini bilemiyordu. Keşke birisi değiştirseydi şu tatsız konuyu. İlgi odağı olmaktan hoşlanmıyordu.

İşte o anda büyük kızı Jeannette, bu sessiz duayı duymuş gibi bir anda söze karışıverdi: "Benim de sizlere bir haberim var! Müjdemi isterim!"

Tüm başlar Jeannette'e döndü. Merakla, ağızları kulaklarında, lafin devamını beklediler.

"Scott ve ben evlenmeye karar verdik" dedi Jeannette pat diye. "Aman biliyorum şimdi ne diyeceğinizi! Daha üniversiteleriniz bitmedi, bir durun hele ne aceleniz var, daha gençsiniz, falan filan... Ama anlayın ne olur, ikimiz de bu büyük adımı atmaya hazırız artık."

Mutfak masasına bir tuhaf sessizlik çöktü. Daha bir dakika evvel hepsini saran yumuşaklık ve yakınlık buhar olup uçtu. Orly ve Avi boş ifadelerle birbirlerine baktılar. Esther Hala elinde bir bardak elma suyuyla, çılgın bir heykeltıraşın elinden çıkma komik, şişman bir heykel gibi donakaldı. David iştahı kesilmişçesine çatalı bıçağı bir kenara koydu ve gözlerini kısıp Jeannette'e baktı. O açık kahve gözlerinde bir gerginlik, tedirginlik vardı. Suratında da bir şişe sirke suyu içmek zorunda kalmış gibi ekşi bir ifade...

Durumun vehametini kavrayan Jeannette sızlanmaya başladı: "Off, buyrun bakalım! Ben de zannediyordum ki ailem sevinçten havalara uçacak, ama nerdeee? Şu hâlinize bakın! Suratınızdan düşen bin parça. Gören de zanneder ki felaket haberi verdim."

"Kızım, az önce evleneceğini söyledin" dedi David, sanki Jeannette ne dediğini bilmiyormuş da bunu birinden duyması gerekiyormuş gibi.

"Babacım farkındayım, biraz ani oldu ama Scott geçen akşam yemekte evlilik teklif etti. Ben de evet dedim, bile."

"Peki ama neden?"

Bunu soran Ella'ydı. Cümle ağzından çıkar çıkmaz kızının kendisine bakışlarından böyle bir soruyu garipsediğini anladı. "Peki ama ne zaman?" diye sorsa, yahut "Peki ama nasıl?" dese, hiç mesele olmayacaktı. Her iki soru da Jeannette'i mutlu ve tatmin edecek; "Hadi o zaman, düğün hazırlıklarına başlayabiliriz" anlamına gelecekti. Oysa, "Peki ama neden?" beklenmedik bir soruydu. Ve Jeannette cevabını vermeye hazır değildi.

"Ne demek peki ama neden? Herhalde Scott'a âşık olduğum için! Başka bir sebebi olabilir mi anne ya?"

Ella kelimeleri tane tane seçerek, sözlerine açıklık getirmeye çalıştı. "Canım demek istediğim... Aceleniz neydi yani? Hamile falan mısın yoksa?"

Esther Hala oturduğu yerde şöyle bir kıpırdandı, kasıldı, üst üste öksürdü. Elma suyunu bırakıp, cebinden bir kutu mide asidi tableti çıkarttı. Çiğnemeye koyuldu.

Avi ise kıkır kıkır gülmeye başladı: "Vay, bu yaşta dayı olacağım desenize!"

Ella, Jeannette'in elini tutup, kendine doğru çekerek hafifçe sıktı. "İşin doğrusu neyse bize rahatlıkla söyleyebilirsin, biliyorsun değil mi? Ne olursa olsun ailen olarak hep arkandayız."

Jeannette sert bir hareketle elini çekti ve patladı: "Anne kes şunu lütfen. Hamile falan değilim, alâkası yok. Beni utandırıyorsun."

"Yalnızca yardım etmek istiyorum" diye mırıldandı Ella, sakin ve metin olmaya gayret ederek. Doğrusu sükûnet ve metanet, son zamanlarda korumakta en çok zorluk çektiği iki meziyetti.

"Bana hakaret ederek mi yardım edeceksin anne? Belli ki sana göre sevdiğim erkekle evlenmek istememin bir tek açıklaması olabilir: Kazara hamile kalmam! Ya, sen beni bu kadar basit mi görüyorsun? Sırf sırılsıklam âşık olduğum için Scott'la evlenmeyi isteyebileceğim aklının ucundan geçmiyor mu? Tam sekiz ay oldu biz çıkmaya başlayalı."

"Çocuk olma" dedi Ella. "Zannediyor musun ki bir erkeğin huyunu suyunu öğrenmeye sekiz ay yeter? Babanla yirmi yıldır evliyiz, biz bile birbirimiz hakkında her şeyi bildiğimizi iddia edemeyiz. Beraberliklerde sekiz ay ne ki? Devede kulak!"

Avi sırıtarak araya girdi: "Ama sonra da diyorsunuz ki Tanrı tüm dünyayı altı günde yarattı! Oo, sekiz ayda neler olur."

Masadaki herkes ters ters bakınca, Avi çenesini kapayıp, olduğu yerde sindi.

Bu arada kaşlarını çatmış düşünen David gerilimin arttığını sezerek ortama acilen müdahale etti: "Canım bak, annen şunu demek istiyor: Biriyle çıkmak başka şey, evlenmekse bambaşka bir şey."

"Ama babacığım, ölene dek flört mü edeceğiz yani?" diye sordu Jeannette.

Ella, derin bir of çekip, tekrar kendini ringe attı: "Valla, lafı evirip çevirmeden bir seferde söyleyeceğim. Ben de baban da daha münasip birini bulmanı bekliyorduk. Bu ciddi bir ilişki sayılmaz ki. Zaten ciddi bir ilişki için yaşın daha ufak." Kısık, puslu, belli belirsiz bir sesle, "Biliyor musun ne düşünüyorum anne?" diye sordu Jeannette. "Vaktiyle senin korktuğun ne varsa, şimdi benim başıma gelecek zannediyorsun. Hâlbuki sırf sen genç yaşta evlenip, benim yaşımdayken çocuk doğurdun diye, ben de aynı hataları yapacak değilim!" Suratına okkalı bir tokat aşkedilmiş gibi kıpkırmızı kesildi Ella. Zihninin bir köşesinde hatırlamak istemediği hatıralar canlandı: Jeannette'e hamileykenki hâlleri, çaresizlikleri, ağlama nöbetleri, bunalımları, buhranları... İlk gebeliğinde hayli zorlanmış, hem sağlık sorunları hem depresyonlar atlatmış, üstelik erken doğum yapmak zorunda kalmıştı. Yedi aylık doğan büyük kızı, hem bebekliği, hem çocukluğu boyunca âdeta tüm gücünü emmişti. Öyle ki, sırf bu yüzden tekrar çocuk sahibi olmak için tam on sene beklemişti Ella. Bu arada David farklı bir strateji denemeye karar vermiş olacak ki, gayet temkinli bir şekilde araya girdi: "Tatlım, Scott'la çıkmaya başladığınızda, anne baba olarak bizler de memnun olmuştuk. Düzgün çocuk tabii... Son derece efendi. Bu zamanda böyle birini bulmak kolay değil. Ama aceleniz yok ki. Hele bir mezun olun, sonra ne düşüneceğiniz ne belli? Bir bakmışsınız, o zamana işler değişmiş."

Jeannette "olabilir" dercesine başını salladı ama görünen o ki, babasının dediklerine aklı tam yatmamıştı. Sonra birden beklenmedik bir soru atıverdi ortaya:

"Yoksa tüm bu itirazlarınız sırf Scott Yahudi olmadığı için mi?"

David kızının böyle bir yakıştırma yapmış olmasına inanamıyormuş gibi gözlerini devirdi. Ne de olsa hep gurur duymuştu kendisiyle, "açık fikirli, kültürlü, modern, liberal, demokrat bir babayım" diye. Doğrusu sırf bu sebepten ötürü evlerinde halk, din, cinsiyet, sınıf meselelerini konuşmaktan bile kaçınırdı. Gelgelelim Jeannette ısrarcıydı. Babasını devre dışı bırakıp, tekrar annesine çevirdi sorgulayan bakışlarını: "Anne gözümün içine bak da söyle. Eğer sevdiğim çocuğun adı Scott değil de Aron Filancastein olsaydı, gene böyle itiraz eder miydin onunla evlenmeme?"

Buruk kırık, diken dikendi Jeannette'in sesi. Ella'nın yüreği sıkıştı. Bu kadar mı öfke ve sitem doluydu kızı ona karşı? Bu kadar mı kinayeli, mesafeli, şüpheci?

"Hayatım bak, hoşuna gitsin ya da gitmesin, madem ki annenim, sana söylemem gereken hakikatler var. Genç olmak, âşık olmak, evlilik teklifi almak, bunlar son derece güzel şeyler, bilmez miyim... Başında kavak yelleri... Ben de yaşadım zamanında. Ama evlilik dedin mi, orda duracaksın! Senden çok farklı birisiyle evlenmek, resmen kumar oynamak demektir. Bizler anne baba olarak tabii ki en doğru seçimi yapmanı isteriz."

"Peki ya sizin için en doğru olan seçim benim için düpedüz yanlışsa ne olacak?"

Ella böyle bir soru beklemiyordu. Kaygıyla iç geçirip alnını ovalamaya başladı. Migren krizine tutulmuş olsa bu kadar ağrımazdı başı.

"Ben bu çocuğa âşığım anne. Anlıyor musun? Bu kelimeyi hatırlıyor musun bir yerlerden? Aşk! Hani yüreğin pır pır eder, hani onsuz yaşayamazsın!"

Gayriihtiyarî bir kahkaha patlattı Ella. Kızıyla alay etmek gibi bir niyeti yoktu hâlbuki. Ama öyle çıkıvermişti gülüşü. Öylesine alaycı. Anlayamadığı bir şekilde gerilmiş, gerginleşmişti. Oysa daha evvel onlarca, belki yüzlerce kez kavga etmişti büyük kızıyla. Hiçbirinde böyle diken üstünde oturduğu olmamıştı. Bugünse sanki öz evladıyla değil, çok daha sinsi ve çetrefilli bir düşmanla ediyordu kavgasını.

"Anne niye gülüyorsun, sen hiç mi âşık olmadın?" diye laf çarptı Jeannette.

"Offf yeter! Uyan hayatım, uyan lütfen! Bu kadar da saf olunmaz ki, böyle..." Ella bir an takılıp, aradığı kelimeyi bulabilmek için gözleriyle etrafı taradı. En nihayetinde ekledi. "Bu kadar da romantik" "Nesi varmış romantik olmanın?" diye sordu Jeannette, gücenmişçesine.

Sahi, nesi yanlıştı ki romantik olmanın? Düşüncelere daldı Ella. Hâlbuki böyle değildi eskiden. Geçmişte kendi kocasını yeterince romantik olmadığı için eleştirecek kadar sahip çıkardı bu kelimeye. Peki ne zamandan beri hoşlanmıyordu "romantik" insanlardan? Cevabını bulamadı. Gene de aynı katı ve yargılayıcı üslupla konuşmaya tam gaz devam etti:

"Hayatım, hangi asırda yaşıyorsun? Şunu kafana sok bir kere, bir kadın âşık olduğu erkekle evlenmez. Baktı bıçak kemiğe dayandı, geleceği için bir tercih yapması lâzım, o zaman tutar iyi baba ve iyi koca olacağını tahmin ettiği, sırtını yaslayabileceği adamı seçer. Anladın mı? Yoksa aşk dediğin bugün var yarın yok cici bir histen ibaret."

Ella cümlesini yeni bitirmişti ki kocasıyla göz göze geldi. David ellerini önünde kavuşturmuş, kıpırtısız ve soluksuz, sabit gözlerle bakıyordu ona. Daha evvel hiç böyle baktığını görmemişti Ella. İçi cız etti.

"Ben senin derdinin ne olduğunu biliyorum anne" dedi Jeannette aniden. "Sen benim mutluluğumu kıskanıyorsun. Gençliğimi çekemiyorsun. Benim de tıpkı senin gibi olmamı istiyorsun. Mutsuz, pasif, can sıkıntısından bunalmış bir ev hanımı!" Ella midesinin ortasına koca bir taş gelip oturmuş gibi kalakaldı. Demek böyle görüyordu onu öz kızı? "Mutsuz, pasif, can sıkıntısından bunalmış bir ev hanımı" öyle mi? Yolun yarısını geçmiş, çökmeye yüz tutan bir evlilik içinde mahpus kalmış, sıradan bir kadın? Demek buydu imajı! Kocası da böyle mi görüyordu onu? Peki ya dostları, komşuları? Bir anda içini bir endişe kemirmeye başladı: Etrafında kim varsa, gizliden gizliye kendisine acıdığı şüphesine kapıldı. Ve öyle canını yaktı ki bu sinsi şüphe, nefesi kesildi, suspus oldu.

David kızına döndü. "Annenden özür dile çabuk" dedi.

Kaşları çatık, suratı asıktı ama ne inandırıcı, ne de doğaldı somurtkanlığı.

"Dert değil. Özür beklediğim yok" dedi Ella, donuk gözlerle. Jeannette inanmaz bir bakış fırlattı annesine. Ve bir hızla, hışımla, önündeki peçeteyi atıp sandalyeyi ittiği gibi masadan kalktı, mutfaktan fırladı. Bir dakika geçti geçmedi, Orly ve Avi de peş peşe ayaklanıp, parmaklarının ucuna basarak çıktılar. Ya beklenmedik bir biçimde ablalarına destek vermek istemiş ya da büyüklerin muhabbetsiz muhabbetlerinden sıkılmışlardı. Onların arkasından Esther Hala da ayaklandı. Son mide asidi tabletini kıtır kıtır çiğneyerek, sudan bir bahaneyle sıvıştı.

Böylece masada sadece David ve Ella kaldı. Havada bir acayip gerilim... Karı koca arasındaki boşluk neredeyse elle tutulacak kadar yoğundu. Ve ikisi de gayet iyi biliyordu ki aslında mesele ne Jeannette idi ne de diğer çocukları. Mesele ikisiydi. Ateşi çoktan tavsayan evlilikleri!

David az evvel masaya bıraktığı çatalı eline aldı, ilginç bir şey bulmuş gibi evirip çevirmeye başladı. 'Yani şimdi senin bu dediklerinden sevdiğin adamla evlenmediğin sonucunu mu çıkarmalıyım?"

"Hayır hayatım, tabii ki kastettiğim bu değildi."

"Ne kastettin o zaman?" diye sordu David, hâlâ çatala doğru konuşarak. "Oysa ben evlendiğimizde bana âşık olduğunu zannediyordum."

"Âşıktım" dedi Ella ama eklemeden duramadı. "O zamanlar öyleydim."

"Peki ne zaman bıraktın beni sevmeyi?"

Ella hayret dolu gözlerle kocasına baktı. Ömrü hayatında hiç aynadaki aksini görmemiş birine ayna tuttuğunuzda nasıl şaşırıp kalırsa, o da beklemediği bir hakikatle yüzleşmişçesine donakaldı. Sahi ne zamandır sevmiyordu kocasını? Hangi eşik, hangi dönüm noktası, hangi milad? Bir şeyler söyleyecek gibi oldu. Kelime bulamadı. Durakladı.

Aslında karı koca her ikisi de her zaman en iyi becerdikleri şeyi yapmaktaydı: "Anlamazdan gelmek." Bir boşvermişlik içinde geçip gidiyordu günler. O bildik, kaçınılmaz güzergâhında, donuk ve tekdüze, âdeta tembel tembel, biteviye akıyordu zaman.

Birdenbire ağlamaya başladı Ella. Tutamadı kendini. David sıkıntıyla yüzünü çevirdi. Kadınların fazlasıyla sulugöz olduklarını düşünür, bilhassa kendi karısını ağlarken görmekten nefret ederdi. Bu yüzden Ella kocasının yanındayken kolay kolay ağlamazdı. Ama işte bugün olan biten her şeyde bir anormallik vardı. Neyse ki tam o anda telefon çaldı ve ikisini de bu gerilimli anın pençesinden kurtardı.

Telefonu David açtı: "Alo... Evet, kendisi burada. Bir dakika lütfen."

Ella uzatılan ahizeyi alırken kendini toparladı, elinden geldiğince neşeli konuşmaya çalıştı: "Alo, buyurun."

"Merhaba Ella! Michelle ben. Yayınevinden arıyorum. Nasıl gidiyor?" diye cıvıldadı genç bir kadın sesi. "Verdiğimiz romanın üzerinde çalışmaya başladın mı diye merak ettim.

Editörümüz bir soruver demişti de, onun için aradım. Bizim Steve çok titizdir bu konularda, haberin olsun."

"A, iyi ettin aramakla" dedi Ella ama, içinden sessiz bir of çekti.

Şu ünlü yayınevinde edebiyat editörünün asistanının asistanı olarak ona verilen ilk görev, adı sanı bilinmeyen bir yazarın romanını okumaktı. Evvela kitabı okuyacak, okuduktan sonra da hakkında ayrıntılı bir rapor yazacaktı.

"Söyle Steve'e hiç dert etmesin. Çalışmaya başladım bile" diye ayaküstü yalan söyleyiverdi Ella. Daha ilk işinde Michelle gibi hırslı ve kariyer odaklı bir kızla takışmaya niyeti yoktu. "Hadi ya, aman çok iyi! Peki nasıl buldun romanı?"

Ella duraladı, ne diyeceğini bilemedi bir an. Elindeki metin hakkında hiçbir şey bilmiyordu ki. Tek bildiği bunun tarihi, mistik bir roman olduğuydu; bir de meşhur şair Rumi ile onun Sufi dostu Şems'i konu edindiği. Bu kadarcıktı bilgisi. "Şey... eee... valla gayet mistik bir kitap" dedi işi şakaya vurup, vaziyeti idare etmeye çalışarak.

Ama Michelle hafiflikten ya da espriden anlayacak biri değildi. "Hımm" dedi gayet ciddi. "Bak bence bu işi iyi planlamalısın. Böyle kapsamlı bir romanın raporunu çıkartmak tahmin ettiğinden uzun sürebilir" dedi ve telefonda kayboldu.

Michelle'in sesi bir an gitti geldi, geldi gitti. Bu arada Ella telefonun öbür ucundaki genç kadının o anda neler yaptığını kafasında canlandırmaya çalıştı. Bir yandan birilerine talimat yağdırırken, bir yandan da yayınevinin yazarlarından biri hakkında New Yorker'da çıkan bir eleştiri yazısına göz gezdiriyor; satış raporlarını denetlerken yeni e-posta geldi mi diye ekranı kolluyor; ton balıklı sandviçini hızlı hızlı yerken lokmasını buzlu kahveyle yumuşatıyor olabilirdi pekâlâ. Beş altı işi birden maharetle yapıyor olmalıydı şu esnada.

"Ella... oradasın değil mi?" diye sordu Michelle bir dakika sonra geri geldiğinde.

"Evet, burdayım hâlâ."

"Hah, kusura bakma. Burası o kadar yoğun ki kafayı sıyıracak hâle geldim. Kapatmam lâzım. Aman aklında olsun, işin teslimine üç hafta var. Bir bakalım... bugün mayısın on yedisi. Yani, en geç haziranın onuna kadar rapor elimde olmalı. Anlaştık, değil mi?"

"Merak etme" dedi Ella, sesine mümkün olduğunca azimli bir hava vermeye çalışarak. "Zamanında teslim ederim."

Ama işte, telaffuz ettiği kelimelerden ziyade, aralara serpiştirdiği suskunluklar, duraklamalardı Ella'nın esas duygularını eleveren. İşin aslı kendisine verilen romanı okumak istediğinden bile emin değildi.

Hâlbuki ilk başta gayet hevesli bir şekilde almıştı bu görevi üstüne. Hiç tanınmamış bir yazarın, henüz basılmamış romanının ilk okuru olmak heyecan verici bir oyun gibi gelmişti ona. Romanın ve yazarın kaderinde ufak da olsa bir rol oynayacaktı. Ama şimdi farklı hissediyordu. Pek emin değildi böyle bir metne vakit ayırmak istediğinden. Kendi hayatıyla ilgisi alâkası olmayan bir konusu vardı romanın: Sufizmmiş! Mistisizmmiş! Hele bir de 13. yüzyıl gibi, uzak bir zaman dilimi... Mekân desen daha da uzak: Küçük Asya... Hikâyenin geçtiği yerleri haritada bile bulamazken nasıl kafasını toparlayıp okuyacaktı onca sayfayı? Hiç bilmediği bir konuya zihnini nasıl verecekti? Bu arada Michelle, Ella'nın tereddütlerini sezmiş olmalıydı.

"Ne o? Bir sorun mu var yoksa?" diye sıkıştırdı. Karşıdan hemen bir yanıt gelmeyince de ekledi: "Ella, bana güvenebilirsin. İçine sinmeyen bir şey varsa bu aşamada bilmemde fayda var."

"İtiraf etmeliyim ki şu sıralar kafam pek yerinde değil. Tarihi bir romana aklımı veremezmişim gibi geliyor. Yanlış anlama, Rumi'nin hayatı ilgimi çekiyor elbette ama bu konulara öyle yabancıyım ki. Hani acaba diyorum, okumam için başka bir roman mı versen bana? Yani daha kolay yakınlık kurabileceğim bir şey olsa..."

"Ay bari sen yapma, bu ne kadar sakat bir yaklaşım" diye ofladı Michelle. "Ama ne yazık ki bizim meslekte yeni olan hemen herkes yapar bu hatayı. Sen zannediyor musun ki insan aşina olduğu bir konuda yazılmış bir romanı daha kolay okur? Yok öyle bir kural! Böyle editörlük mü olur? Biz şimdi 2008 yılında Amerika'da, Massachusetts'te yaşıyoruz diye, yalnız bu civarda, bu zamanda geçen romanları mı yayına hazırlayacağız yani?"

"Yok, tabii ki bunu kastetmedim" diye savunmaya geçti Ella. Geçer geçmez de bugün devamlı kendini yanlış anlaşılmış hissettiğini ve savunmak zorunda kaldığını fark etmesi bir oldu. Omuzunun üstünden kaçamak bir bakış attı kocasına. Acaba o da böyle mi düşünüyordu? Ama David'in yüzündeki ifade kilitli, mühürlü bir kapı gibiydi. Öylesine sırlıydı. Çözemedi.

"Valla çoğu zaman kendi yaşantımızla en ufak bağlantısı olmayan kitapları okumak zorunda kalıyoruz. Bizim meslek böyledir, ben sana söyleyeyim. Bak mesela bu hafta, Tahran'da bir genelev işletirken ülkeden kaçmak zorunda kalan İranlı bir kadının kitabını yayına hazırladım. Ne yapsaydım yani? Kadın İranlı diye, gitsin İranlı bir editöre versin bu kitabı mı deseydim?"

"Hayır, tabii ki öyle değil" dedi Ella kekeleyerek; aptal durumuna düşmüş, suçüstü yakalanmış gibi ezik hissederek.

"Hem edebiyatın gücü uzak diyarlar, farklı kültürler arasında köprüler kurmaktan gelmez mi? İnsanları birbirlerine bağlamaz mı edebiyat?"

"Elbette öyle. Söylediklerimi unut, ne olur. Rapor teslim tarihinden önce masanda olur" diye kestirip attı Ella. Michelle'den nefret etti o an, ama asıl kendinden nefret etti; çünkü bu genç kadına böyle ukalaca konuşma cesaretini ve fırsatını o vermişti!

"Hah şöyle! Oh be! Aynen böyle azimle devam et" dedi Michelle. "Yanlış anlama ama bence ortada unutmaman gereken bir gerçek var. Şu anda senin yerinde olmayı, bu işi almayı isteyen en az yirmi kişi var yedek listemde. Çoğu da senin yarı yaşında. Aklının bir kenarında dursun. Bak nasıl çalışma şevki gelecek."

Ella nihayet telefonu kapattığında kocasıyla göz göze geldi. Vakur bir hâli vardı David'in. Kaldıkları yerden konuşmaya devam etmeyi beklediği belliydi. Oysa artık oturup büyük kızlarının istikbaline hayıflanmak gelmiyordu Ella'nın içinden –tabii eğer tâ başından beri karı koca hayıflandıkları esas mesele buysa...

Birkaç dakika sonra tek başına verandada, sallanan iskemlesine yerleşmişti Ella. Kızılla turunç arası bir günbatımı hızla yaklaşıyordu Northampton semalarına. Öyle yakındı ki gökyüzü, elini uzatsa dokunacaktı âdeta. Bunca patırtı, bunca nümayişten bunalmış olacaktı ki beyninin içinde çıt çıkmaz olmuştu şimdi. Ne kredi kartlarının ödemeleri, ne Orly'nin yeme bozuklukları ve saplantılı rejimleri, ne Avi'nin kötü giden dersleri, ne Esther Hala ve o zavallı mozaik kekleri, ne Gölge'nin elden ayaktan düşmesi, ne Jeannette'nin beklenmedik evlilik planları, ne de kocasının kendisini senelerdir aldatıyor olması... Normalde kafasını meşgul eden tüm sorunları tek tek ensesinden yakaladı, küçümen kutulara sokup üstlerine de birer kilit vurdu.

İşte bu hâlet-i ruhiyeyle Ella, RBT Yayınevi tarafından kendisine verilen metni eline aldı, şöyle bir tarttı. Kağıtlar özenle zımbalanmış, saydam bir dosyaya konulmuştu. Romanın adı ilk sayfaya çivit renkli mürekkeple yazılmıştı: AŞK ŞERİATI

Yazar hakkında kimsenin bir şey bilmediği söylenmişti Ella'ya. Hollanda'da yaşayan esrarengiz bir adammış. Adı A. Z. Zahara. Herhangi bir telif hakları ajansı tarafından temsil edilmiyormuş. El yazısıyla yazdığı üç yüz sayfalık romanı, Amsterdam'dan postalamış. Yanına bir de kartpostal iliştirmiş. Kartpostalın ön yüzünde göz kamaştıran güzellikte pembeli, sarılı, morlu lale tarlaları, arkasında da yine zarif bir el yazısıyla yazılmış bir not varmış:

Sayın Editör,

Size bu satırları Amsterdam'dan yolluyorum. İlişikteki hikâyem ise, Anadolu'da geçmekte, 13. yüzyıl Konya'sında. Ama samimi düşüncem şudur ki, işbu hikâye zamandan, mekândan ve kültür farklılıklarından münezzehtir. Evrenseldir. Umuyorum ki, islam âleminin şair-i azamı, en meşhur mutasavvıfı Rumi ile türlü fevkaladeliklerin müsebbibi, fevri Kalenderi derviş Şems-i Tebrizî arasındaki emsalsiz dostluğu konu edinen bu tarihi, mistik romanı okumaya fırsat bulursunuz. Bu temenniyle AŞK ŞERİATI'nı yayınevinize yolluyorum.

Meramınız aşk, aşkınız baki olsun,

Saygılarımla,

A. Z. Zahara

Ella bu ilginç kartpostalın, yayınevi editörünün merakını celbettiğini tahmin etti. Ama Steve meşgul adamdı. Oturup amatör yazarların romanlarına ayıracak vakti yoktu. Bu nedenle gelen paketi asistanı Michelle'e vermiş olmalıydı. Oysa hırsküpü Michelle'in vakti daha da kıymetli ve kısıtlıydı. O da saman altından su yürüterek romanı yeni asistanına iletmişti. Böylece Aşk Şeriatı elden ele geçerek en nihayetinde Ella'nın üzerine kalmıştı. Kitabı okuyup, hakkında kapsamlı bir rapor yazmak artık onun göreviydi.

Nereden bilebilirdi ki Ella, bunun öylesine bir roman olmadığını? Nereden bilebilirdi bu kitabın tüm hayatının akışını değiştireceğini? Aşk Şeriatı'nı okurken kendi hayatının da satır satır sil baştan yazılacağını.

İlk sayfayı açtı. Burada yazara dair bazı bilgilerle karşılaştı.

A. Z. Zahara, dünyayı gezmediği zamanlar kitapları, dostları, kedileri, kaplumbağaları ile birlikte Amsterdam'da yaşamakta. Aşk Şeriatı onun ilk ve muhtemelen son romanı. Romancı olmak gibi bir heves taşımayan yazar, bu kitabı sadece Rumi'ye ve onun sevgili güneşi Şems-i Tebrizî'ye olan hürmetinden ve sevgisinden kaleme aldı.

Ella'nın gözleri bir sonraki satıra kaydı. Ve işte o zaman tanıdık bir cümle buldu sayfada.

Zira her ne kadar bazıları aksini iddia etse de, aşk dediğin bugün var yarın yok cici bir histen ibaret değildir.

Hayretten ağzı açık kaldı Ella'nın. İyi de, bu onun cümlesiydi. Daha birkaç dakika evvel mutfakta kızına söylediği cümlenin tıpatıp aynısı hem de!

Bir an saçma bir şüpheye kapıldı. Kâinatın bir köşesinden gizemli bir göz tarafından gözetleniyordu sanki. İçi ürperdi. Yirmi birinci yüzyıl, on üçüncü yüzyıldan o kadar da farklı değil aslında. Her iki yüzyılın da kaydı şöyle düşülecek tarih kitaplarına: Dini ihtilaflar, kültürel çatışmalar, önyargılar ve yanlış anlamalar; her yere sirayet eden güvensizlik, belirsizlik, endişe ve şiddet; bir de ötekinden duyulan şartlanmış tedirginlik. Karışık zamanlar. Böylesi zamanlarda, aşk lâtif bir kelime değil, başlıbaşına bir pusuladır. Kimsenin aşkın inceliklerine vakit bulamadığı bir dünyada "aşk şeriatı" daha büyük önem kazanmakta.

Soğuk bir yel esti Ella'ya doğru, verandadaki kuru yapraklar havalandı, uçuştu etrafta. Batı ufkuna doğru kapandı güneş. Neşesi, sıcağı çekildi göğün.

Çünkü aşk, hayatın asıl özü, esas gayesidir. Mevlânâ'nın bizlere hatırlattığı üzere, gün gelir, herkesi, ondan köşe bucak kaçanları bile, hatta "romantik" kelimesini bir suçlama gibi kullananları dahi kıskıvrak yakalar aşk.

Gözleri sayfaya mıhlanmış, alt dudağı hafifçe sarkmış vaziyette, eğilmiş öylece kalakaldı Ella. Düpedüz kendisiydi burada bahsedilen! Eğer okuduğu sayfada, "Herkesi yakalar aşk Boston yakınlarında yaşayan, EUA Rubinstein adındaki üç çocuk annesi bir ev kadınını bile" yazsa, ancak bu kadar şaşırabilirdi. İçinden bir ses, dosyayı bir kenara kaldırmasını, derhal içeri gidip Michelle'e telefon açarak bu tuhaf kitabı okuyamayacağını söylemesini fısıldadı.

Ne ki kısa bir tereddütten sonra, derin bir iç çekip sayfayı çevirdi ve işte böylece ılık bir mayıs akşamı ismini bile duymadığı bir yazarın, hiç bilmediği bir dünyayı anlattığı romanı okumaya başladı.

⭐ KELİMELER（生词注释）

baget	小棒；指挥棒	mecra	航道；进程
feminist	女权主义者	akil baliğ	成年的
mebzul	充足的，大量的	vesile	借口
metres	情妇	zoraki	勉强的
iştiyak	渴望	dokunaklı	刺耳的
kinaye	暗示；讥讽	takatsizlik	疲惫
vehamet	危险；严重	metanet	坚强
devede kulak	九牛一毛	aşk etmek	猛击
temkinli	稳重的；审慎的	migren	偏头疼
çetrefilli	棘手的	mahpus	被监禁的
somurtkanlık	赌气；阴沉，不高兴	biteviye	不停地
takışmak	争吵	maharetle	熟练地，精巧地
aşina	熟悉的	vakur	庄重的，严肃的
istikbal	未来，前途	hayıflanmak	感到遗憾
veranda	露台	hâlet-i ruhiye	精神状态
zımbalamak	钻眼，打孔	telif hakkı	版权
münezzeh	远离……的	mutasavvıf	苏菲派信徒
müsebbip	发端者，领头者	emsalsiz	独一无二的

meram	目标，心愿	baki	永恒的
celbetmek	吸引	kainat	世界；世人
ihtilaf	分歧，争端	sirayet	传播，蔓延
latif	柔和的，优雅的	mıhlamak	把钉子钉进，钉牢

★ YAZAR HAKKINDA（作者简介）

Elif Şafak, 25 Ekim 1971 tarihinde babasının eğitimi için bulundukları Fransa, Strazburg'da doğmuştur. Babası sosyal psikolog Nuri Bilgin, annesi diplomat Şafak Atayman'dır. Elif dünyaya geldikten kısa bir süre sonra annebabası boşandıkları için annesinin yanında büyüdü ve annesinin adını soyadı olarak kullandı. Elif Şafak, çocukluğunu ve gençliğini Ankara, Madrid, Amman, Köln, İstanbul, Boston, Michigan ve Arizona'da geçirdi. İlkokula Ankara'da Kubilay İlkokulu'nda başladı. Madrid'de ortaokulu okudu. Liseyi ise Ankara'da Ankara Atatürk Anadolu Lisesinde okudu.

Elif Şafak, Üniversite eğitimini ise Ortadoğu Teknik Üniversitesi Sosyal Bilimler Enstitüsü Uluslararası İlişkiler Bölümünde okuyarak mezun oldu. Yüksek lisansını aynı üniversitede Kadın Çalışmaları Bölümünde yaptı. İslamiyet, kadın ve mistisizm hakkındaki bu yüksek lisans tezi Sosyal Bilimler Derneği tarafından ödüle layık görüldü. Ardından ODTÜ Siyaset Bilimi bölümünde doktorasını tamamladı.

1994 yılında "Kem Gözlere Anadolu" adlı öykü kitabını, 1997 yılında da "Pinhan" adlı ilk romanını yayımladı. "Pinhan" ile Mevlana Büyük Ödülü'nü kazandı. 1999 yılında "Şehrin Aynaları", 2000 yılında da "Mahrem" adlı kitapları çıktı. "Mahrem" kitabı ile Türkiye Yazarlar Birliği Ödülü'nü kazanan Şafak, okur kitlesini giderek artırdı.

Bir bursla doktora sonrası çalışması için ABD'ye gitti. 2003-2004 akademik yılı boyunca Michigan Üniversitesi'nde yardımcı doçent olarak bulundu ve ders verdi. Ardından Arizona Üniversitesi Yakın Doğu Araştırmaları bölümünde yardımcı doçent olarak görev yaptı.

Elif Şafak, 2004 yılında beş yazarın (Murathan Mungan, Faruk Ulay, Elif Şafak, Celil Oker, Pınar Kür) ortak kaleme aldığı bir roman projesinde yer aldı, bu roman Beşpeşe adıyla yayımlandı.

2005-2009 yılları arasında Zaman Gazetesinde yazarlık yaptı.

Elif Şafak, 2006 yılında senenin en çok okunan kitabı Baba ve Piç'i yayımladı. Türk-Ermeni ilişkilerini inceleyen bu romanı hakkında Türklüğe hakaret ettiği gerekçesi ile dava açıldıysa da, suçun yasal unsurlarının oluşmadığı ve delil bulunmadığı gerekçesiyle beraat etti. Ardından aylarca satış listelerinden inmeyen ilk otobiyografik kitabı Siyah Süt'ü yazdı.

2009 yılında yayımlanan "Aşk" adlı romanı, Türk edebiyatının kısa sürede en çok satan edebi eseri oldu. 1 Mayıs 2009 tarihinden itibaren Habertürk gazetesinde yazmaya başladı.

İngiltere'ye göç etmiş Türkiyeli bir ailenin dramını anlattığı İskender 2011 yılında yazıldı.

Mimar Sinan'ın yanında çırak olan birinin gözünden Osmanlı'yı anlattığı romanı Ustam ve Ben 2013 yılında yayımlandı.

Eserleri kırk dile çevrilen Elif Şafak'ın romanları, Viking, Penguin Random House, Rizzoli ve Phebus gibi dünyanın en önemli yayınevleri tarafından yayımlanmaktadır. 2010 yılında Fransa'nın en prestijli ödüllerinden Sanat ve Edebiyat Şövalyesi nişanına layık görülmüştür.

⭐ ALIŞTIRMALAR（练习）

1. Elif Şafak ile ilgili kısa bilgiler derleyerek arkadaşlarınızla paylaşınız.

2. "Tavşan suyunun suyu" deyiminin anlamını açıklayınız.

3. Jeannette'nin evlilik planı Ella'nın asıl derdi mi? Değilse Ella'nın asıl derdini açıklayınız.

DERS YİRMİ ALTI
DÜĞÜMLERE ÜFLEYEN KADINLAR

★ 作品导读

埃杰·泰迈尔库兰（1973—）出生于伊兹密尔，大学就读于安卡拉大学法学院。1993 年，还在读大学的泰迈尔库兰便为《共和国报》撰写新闻报道，开始了她的记者生涯。毕业后，泰迈尔库兰成了一名职业记者，曾先后为民族报、新闻土耳其、美国有线新闻网、英国卫报、法国世界外交论衡等国内外知名媒体撰写新闻报道和专栏文章。泰迈尔库兰十分关注战争和女权，创作了不少与之相关的作品。1996 年，泰迈尔库兰出版了她的第一部作品《所有女人的大脑都是混乱的》。在这

之后，她又陆续出版了《我的儿女、我的国家——被捕的母亲们——从家里到街上》、《内心的声音》、《让我对你说什么》、《香蕉的低语》、《下半场》等十余部作品。2016 年，小说《香蕉的低语》汉译本在中国出版发行，泰迈尔库兰也由此进入了中国读者的视野。

《吹开绳结的女人们》是泰迈尔库兰 2013 年创作的一部长篇小说。小说的主人公是四个女人：感情受挫的莉拉夫人、大学老师玛尔雅姆、热爱舞蹈的阿米娜和"我"——在突尼斯采访的土耳其记者。她们本是素昧平生的陌生人，却因机缘巧合在突尼斯的一家酒店里相识。在得知莉拉夫人被爱人抛弃的悲惨遭遇后，大家都很同情她，并约定一起去找那个负心的男人报仇。就这样，国籍不同、背景和经历各异的四个女人共同开启了一段复仇之旅。从突尼斯到利比亚，再到埃及和黎巴嫩，漫漫的复仇路上她们究竟经历了些什么……整部小说构思巧妙奇特、人物鲜活

生动。作者精于细节描写，善于对人物的心理进行细致的分析，在对女性和女性的情感需求进行剖析的同时也对"男女之间应该如何去爱"进行了深刻的反思。

"DÜĞÜMLERE ÜFLEYEN KADINLAR" ROMANINDAN SEÇMELER

I

Uyumaya kararlıyım. Fakat terliklerin sesini duydum otelin taş merdivenlerinde. Çıplak ayakların deri terliklere yapışıp ayrılırken çıkardığı sesi duydum. Onca düğün patırtısına rağmen üstelik. Tiz zılgıtlar ve havai fişekler arasında. Kadındı muhakkak. Hafif ve gençti. Sonra bir kadın daha tırmandı merdivenleri. Duydum. Onun ayaklarının ne kadar küçük olduğunu duydum. Gecelik giydiklerini, kumaş sesini duydum, ince pamuklu. Geceliklerinin boyunu, adımlarının darlığından etek genişliğini bile duydum ve muhakkak beyaz olduklarını. Fakat hayata bulaşmak istemediğim bir gece. Gazetedeki işimden atılmışım. Tadım yok.

Sadece mağlup değil aynı zamanda açım. Çünkü resepsiyondaki kızın, yanlış yaptığı kayıt işlemlerine gösterdiğim tepkinin intikamını aldığını geç anladım. Gecenin bir vakti "Tabii tabii" dedi, gözlerinde aslında şeytani olduğunun sonra farkına vardığım boş bir bakışla.

Küçük gerilimimizden sonra "Bu saatte Eski Şehir'in içinde açık bir lokanta var mıdır?" diye sormuştum. "Tabii tabii!" demişti kız da. Böylece Eski Şehir'in zifiri karanlık labirentinde kayboldum. Gölgeler çıkıyor her dehlizden. Tanımadığın bir şehre gece vardığında muhakkak yanlış yöne yürüyüp gördüğün türden gölgeler. Sabah kalktığımda, "Tam aksi yöne yürüseymişim şehrin kalbine varacakmışım" diyeceğim, biliyorum. Ama gece yolcusunun kör talihini kandırmak mümkün değil. Adımlarıyla beni nişan alan gölgelerden güçbela sıyrılıp Dar el-Medina Oteli'nin, penceresi kesinlikle yanlış tarafta olan odasına zor attım kendimi. Suudi kanallarında bol Kuran-ı Kerim'li nafile bir gezinmeden sonra, İnternet de çalışmayınca ve odanın içinde vızıldayan tek sivrisineğin de öldürülemeyeceği kesinleştiği için... Uyumaya kararlıyım. İşte terliklerin sesini tam o sırada duydum.

Bir kahkaha. Bir geyik önümden geçti sanki, öyle hop ettirici. Kadınlardan birinin ayağını leylek gibi bacağına dayayışını duydum. Çünkü terliği ayağının altından ileri sürükleyişini duydum. Kesintili konuşmaları duydum. Sonra otelin avlusunu saran sarmaşık yaseminlere dokundular. Bir tanesini koparışlarını duydum, dallar çırpındı. İnsan gecenin seslerini ancak bir maceraya ikna olmak istediği zaman bu kadar uzun dinliyor herhalde. Havaalanından iki taşın arasında aldığım viskiyi sıkıştırdım koltuğumun altına. Üç de bardak taktım parmaklarıma.

Adımlarım yaklaşınca sustular. Eski bir Tunus malikanesinden bozma Dar el-Medina Oteli'nin beyaz, alçak duvarlı terasında, iki kadın, alçak, beyaz duvarlara dayanmış duruyorlar. Kalçalarını geriye doğru çıkarmışlar, dirsekleri alçak beyaz duvarda. Karşılaştığımız anda hepimizin yüzünde, turistlerin yabancılıkları için af dileyen o şapşal gülümsemesi.

Gecelikleri beyazdı. Ve evet, daha kalçalı, daha rahat, daha işveli görüneni bir ayağını bacağına dayamıştı, leylek gibi. "Uyutmuyor gürültü" dedim. Herkesin dünyanın alt tarafından olduğu kesin olmasına rağmen nerenin Arapçası ile konuşulacağı konusunda zorluk çıkarmamak için İngilizce. "Düğün yüzünden, değil mi? Buyrun" dedi kalçalı. "Buyrun" diye tekrar etti öteki. Her ikisi de Arapça. Tek bir kelimede anlaşıldı nereli oldukları. Kalçalı, ufak tefek, şen şakrakça olanı Tunuslu, çünkü dişil ek koymadı sözcüğün arkasına. Diğeri daha sert aksanlı konuşuyor, Mısırlı. Mısırlı olan efeli bir şey, hafif alacakaranlık, esrarlı, erkeksi düz bir vücudu var, uzunca. Tunuslu olan daha tatlı hanımcık, kadınsı. Bir havai fişek patlayınca tanışmanın otomatik gevezeliklerine gerek kalmadı. Bakmak için yaklaşıp beyaz alçak duvarın üzerine koydum bardakları... İkisine de baktım... Evet, herkes viski içiyor.

"Düğün pek görünmüyor buradan" dedi efe Mısırlı.

"Şu tarafta" diye gösterdi şakrak Tunuslu.

Düğünün nerede olduğunu tam göremeyince "Tunus'ta böyle bir acayiplik var galiba" dedim, "hiçbir teras ötekinden görünmüyor mu, ne?"

"Öyledir" dedi, kalçalı Tunuslu, "bizim memlekette böyle bir mimari deha var. Her nasılsa birbirlerinin içinde yaşayıp birbirlerinden saklanmayı başarıyorlar."

İkisinin de yüzüne doğru dürüst bakmadan düğüne bakmaya çalıştım, böylece onlar benim yüzüme bakabildiler. Epey sarkınca, düğün hemen hepsine yukarıdan baktığımız kare ya da dikdörtgen şeklindeki teraslardan birindeydi. Renkli ampullerin kordonlarıyla asimetrik dilimlenmiş bir teras görüntüsünün içinde, dans eden olgun kadınlar ve her zılgıttan sonra utanarak, gülüşerek kınalı elleriyle yüzlerini kapatan bakire kızlar. Gelin, satenden dev tuvaletiyle düşman saflarına inerken gafil avlanmış bir paraşütçü gibi, ümitsizce teslim. Etrafında dans edenler, şölende yiyecek gösterişli bir hayvan bulmuş yerliler kadar mutlular.

"Gelin pek mutsuz. İlk gece korkusu galiba" dedim, laf olsun torba dolsun.

Tunuslu olan bir kahkaha attı. Odadan duyduğumun aynısı:

"Ben de onu söyledim az evvel" dedi, "canı çıkacak bu gece. Şok terapi!"

Mısırlı biraz rahatsız güldü. "Eskiden Tunuslu Yahudiler arasında, gelini gerdek gecesinden önce yirmi gün hiç kıpırdatmadan yedirip içirip şişmanlatmak deneği oradan geliyor olabilir. İlk gecenin zorlu koşullarına direnebilsin diye." Tunuslunun aralarında varmış gibi hissettirdiği samimiyetin var olmadığını belirtmek için de ekledi:

"Biz de şimdi tanıştık." Es verdi. Tunuslunun adını unuttu belki. "Sen neredensin?" dedi ciddiyetle. Tunuslu bu mesafe imasını geçiştirmedi:

"Yeni tanıştık, ama sanki önceden bilirmişiz gibi birbirimizi."

Mısırlı aldırmadı, devam etti bana sormaya:

"Gazetecisin galiba."

"Anlaşılıyor mu gecelikle de?" dedim.

Tunuslu abartılı bir kahkaha ile:

"Yok, sadece iç çamaşırı zevkin anlaşılıyor aslında."

Sustum. İnce bir gerginlik. Sevmiyorum bu müstehcen samimiyeti. Fakat baktım Tunuslunun pek umurunda değil. Daha seviyeli bir samimiyet için Mısırlıya döndüm:

"Öyleydi" dedim, "şimdi işsizim. Yine de Arap baharı üzerine bir kitap yazarım belki diye geldim."

Mısırlıya konuşuyorum sadece:

"Sen de akademisyen olabilir misin acaba?"

O zaman işte, okuldan eve dönerken çok komik bir şey olmuş da gülmüş bir kız çocuğu oldu. Baktım, zayıflığına inat bir kasılması vardı, o dağıldı biraz. Başını öyle bir kalender salladı. Erkeksi ile çocuksu arası, artık tam anlamıyla tanışmışız gibi. "Maryam ben" dedi, "bugün geldim Tunus'a. Ve evet, Kahire Amerikan Üniversitesi, Tarih Bölümü, efendim."

Tunuslunun etli butlu samimiyetine sinirim sürse de ona da bir şans vereyim dedim:

"Sen de akademisyen değilsin herhalde."

Sadece "Ben de bu gece geldim" dedi, "NewYork'tan." Viski bardağına yapıştırıp dudaklarını gülümsedi, meraklı sessizliği uzattı biraz, sonra daha da ballandırmak için kendi açılış sahnesini, sadece ismini neonlu harflerle söyleyip sustu:

"Amira ben."

Bir havai fişek daha patladı. Baktık. Şehir, gökyüzünden siyah ve dikdörtgen terasların oluşturduğu dev bir kare bulmacaya benziyor olmalıydı. Kare bulmacanın beyaz karelerinden birinde, düğünün ilk harfi duruyor, D–Ü–G–Ü–N sözcüğünün tamamlanabilmesi için başka terasların ışıklarını yakması gerekiyordu. Biz üç kadın, kimsenin kafa yormayacağı karanlık karelerden birinde duruyorduk. Bu çakırkeyf kare içinde birbirimizin yüzünü havai fişekler ancak en parlak noktaya ulaştığında bir anlığına görüyor, sonra gökyüzünden yeryüzüne, yüzümüzden karnımıza kadar akan ışıkla omuzlarımıza, göğsümüze, kollarımıza, bileklerimize tanık oluyorduk. Mısırlı Maryam, eğer bir gecelik giymiyor olsa genç bir oğlan çocuğu sanılabilirdi. Ve eğer ağzını açmasa kalın sesiyle insanda nasıl bir kudret hissi yarattığı bilinemezdi. Tunuslu Amira ise geceliğinin içinde balık gibi oynuyordu durduğu yerde. Ne zaman rüzgar esse bir yeri öpülmüş gibi cilveleniyordu. Ben gelmeden aralarında oluşan dengeye göre Maryam buranın erkeği, Amira kadınıydı. Birbirlerine zıtlıkları mizaçlarını belirginleştiriyordu. Çıkmış seyrediyorduk alemi, alemin bizi seyredemediği bir karanlık damda, dev bir bulmacanın siyah karesinde cascavlak saklanmıştık.

Havai fişekler bitince aceleci bir merakla sordum Tunuslu Amira'ya:

"Sen niye otelde kalıyorsun?"

Alaycı, acılı bir gülümseme aralığı verdi. Düğüne çevirdi başını. Büsbütün duygusuz, az önceki kahkahaları atan kadına ait olmayan robotik bir sesle:

"Babam öldü ve devrim oldu. Eve gidesim yok."

Mısırlı Maryam Arapça "Başın sağ olsun" dedi, ben bir şey demedim. Amira, çenesini yukarı kaldırıp kabul etti dileği. Sonra topaç gibi kavrayıp sessizliği savurup döndürdü lafı:

"Böyle de acayip oluyor. Kendi şehrinde turist gibi. Başka biri gibi oluyorsun eve gitmeyip otele gelince. Kendi hayatına. başka bir kapıdan girmiş gibi... İyi böyle..." Başını salladı kendi kendine, "İyi böyle. İyi böyle." O, viskiden lüzumsuz sıklıkta yudumlar alırken Maryam, "Film durmuş da içine girmişsin gibi. Tunus'un Mor Gülü!" dedi. "Dur bakalım. Bu da böyle bir gece" dedim içimden. İlginç adamlarla tanışmak Paris birazdan bombalanacakmış gibi korkutsa da beni, ilginç kadınlarla tanışmak La Strada Operası'nda perde açılıyor gibi bir şükür duygusuyla doldurur içimi. Yine öyle oldu.

Amira, Maryam'e döndü, "Senin burada işin ne?" der gibi.

Maryam, gözlerinde renkli ampullerden minyatür bir düğün ile konuştu:

"Resmi olarak Kartaca'nın kurucusu Kraliçe Dido üzerine çalışmak için buradayım. Ama esasında ben de Kahire'deki kendi filmimden kaçıp geldiğimi itiraf edeyim."

Her ikisi de –Arap kadınlarının Şehrazat ezberinden mi kaynaklanır, bilmiyorum– en meraklı yerinde yarım bıraktılar cümlelerini.

Böylece çekildik karanlık karenin en karanlık noktasındaki masaya. Beyaz gecekliklerimizin askıları tenimize ayrıla yapışa, düşe kaldırıla, güldükçe ay ışığı parça parça başka yerlerinde yüzümüzün, gülüştük. Baldırlarımızdaki pütürlerle uğraştık, epey sarhoşlayarak. Resepsiyonist kız ile ilgili gülüştük, otelin hücre tipi odalarına, düğünde oynayan kadınlara... Arnira, Tunuslu erkekleri taklit etti, ona güldük biraz. Sonra Mısırlı ve Türkiyeli erkeklere. Bu tatlı rabarba deşifre edilip kağıda dökülebilseydi, belki de elimizde küçük bir "Kahkahalı Ortadoğu Erkekleri Ansiklopedisi" olabilirdi. Sonra sustuk nedense bir süre. Amira bütün bu süre içinde ne iş yaptığını söylemedi. Dikkatimi çekiyor bu mesele.

"Eee?" dedi Amira, Maryam'e, "sen Kahire'den neden kaçtın?" Maryam bir anda anlatmaya karar vermiş bir kadın oldu. Kendi kuru akademisyen ciddiyetini Amira'nın gevşekliğine uydurabilmek için hiç kullanmadığı sözcüklerin yakasını acemice açmak gayretindeydi:

"Tatlım ben bir halt ettim. Biriyle yattım. Bu sebeple huzurlarınızdayım!"

Amira, balıketi bir tavuk gibi "Canına değsin hemşire!" diye çınladı.

Maryam'in gövdesi, konuşurken bir erkeğe dönüyor, bir kadına, ikisinin arasında bir hıçkırıkta takılı kalıyor bazen. Anlatırken omuzlarını bir öne alıyor kalender bir erkek gibi, bazen geri atıyor bir kadın gibi. Amira memelerini masaya koydukça Maryam öne, Amira geri yaslandıkça o da aynen geri. Maryam, bu mücadelesinden mecal buldukça konuşuyor, sesleri kazıyor boğazından:

"Yakın zamana kadar kardeşiniz saflığını saklıyordu... Yani şanslı bir adamla ilk gece için... Piyango epey devretmişti anlayacağınız! Ha ha ha..."

Ne bu abartılı argo ne bu kederini yozlaştırma çabası yakışıyor ağzına. Bu laçka cümleler Maryam gibi efeli ve erkeksi bir kadının ağzından çıkınca, dinleyende sadece rahatsızlık yaratıyor. Ama Amira'da başka türlü bir şefkat bilgisi olmalı, derhal tedavi ediyor havadaki kekre tadı:

"Oh! Bizim de bir gelinimiz var yani!"

Amira'nın eli, yanağındaki gülümseme kıvrımını ta kulağına kadar çekti, gevşek, öbür eliyle kadeh kaldırdı. Çangır çungur tokuşturduk kadehleri, Maryam'in, sözüyle tartamadığı için yozlaştırmaya çalıştığı kederi dağıldı böylece. Belli ki dünyayla başa çıkabilen ama kalbiyle başedemeyen bir kadındı. Amira'nın bilinçli bir neşeyle seyrelttiği havaya girdi. Beceriksizce tutturduğu argo rotada devam etmeye karar verdi:

"Otuz altı yaşındayım ahbap! Cambridge'de okudum.

Princeton'da master ve doktora yaptım. Ve bir Müslüman'ım. İbadet eden türden yani. Diyeceğim o ki tatlım, vakit bulamadık bu işlere. Bir de... Tabii... Biliyorsun Mısır tutucu. Tunus gibi değil."

Amira kahkaha attı:

"Hiç girme oraya!" dedi, ama durmuyor kahkahası. Tatsız bir kahkaha. Kurdukları bu hafife alma oyunu giderek zorlaşıyor. Zira belli ki Amira'nın da geçiştiremediği bir şey var ve bu Tunus'la ilgili, çok belli ki tutuculukla da. Maryam birden masadan geri çekildi ve ciddileşti:

"Sonra Tahrir oldu..."

Geceliğin cebinden bir paket sigara çıkardı, devam etti:

"Tahrir olunca... Nasıl diyeyim? Orası... Başka bir şeydi. Büyü gibi... Yani..."

Amira da kendini geri attı, sanki duymak istemedi Maryam'in Tahrir'le ilgili, büyü ile ilgili anlatacaklarını. Oysa ben hikayesini ilk kez anlatırken dikkate alınmayan insanların aniden ölebileceğinden korkarım.

"Bir olmak gibi mi?" diye sordum.

"Aynen. Bir olduk. İnsan kendinden çıkınca... Kadın, erkek, hep birlikte, kardeşçe bir namaz gibi. Yıkanıp dua etmek gibi. Sığınmak gibi" diye devam ediyor Maryam. Başının üzerinde sihirli bir hülya fanusu oluşuyor konuşurken:

"Korku da kalmıyor tabii. Günah kalmıyor... Öyle olunca ben de Tahrir'de, bir gece..."

"Yok artık!" dedi Amira, konunun gevşek kısmına gelince canlandı.

"Evet efendim" deyip birkaç kez başını kalender salladı Maryam.

"Çadırda mı yani?" dedim, sanki ben de aynı şeyi yapmışım da, durumu etraflıca kavramışım tavrıyla. Maryam, öyle çılgınca bir şey yapacak kadın gibi durmuyor aslında, soysan çırılçıplak yine de içinden bir kadın çıkmayacak. Amira yine işin dalgasında, basbayağı taammüden meselenin rafadan tarafında:

"Ee iyi miydi bari?"

Maryam bu kadar cıvıklığa dayanamadığı için bozuldu biraz, cevap vermedi ona. Yaratmaya çalıştığı kabadayılığın mecburi istikametinde ilerleyip gülmeye çalıştı sadece.

Mecburen gerilimin Florence Nightingale'i ben oldum derhal:

"Bakın ne diyeceğim. Birkaç yıl önce bir yıl Beyrut'ta yaşadım ben. Annem de endişeli biraz, meraklı da. Bir ara görmeye gittim, mutfakta konuşuyoruz. Soruyor işte 'Ne yapıyorsun orada? Nasıl yani bu Araplar? Çok mu dinciler?' falan filan. Arap deyince Türkiye'dekilerin aklına ya Körfez Arapları gelir ya da bildiğin Kara Afrika."

"Kara Afrika'nın ne alakası var?" dedi Maryam.

"Öyle işte azizim. Neyse, sonra ben anlatıyorum işte anneme, 'Anne işte bak Beyrut üç aşağı beş yukarı burası gibi. Arap öyle bir şey değil. Arapça ile sadece dua okunmaz, sevişilir, politika yapılır' falan filan. Siyasi durumlardan bahsediyorum, 60'lardan başlayan Arap Sol'u tarihini anlatıyorum vesaire, babam girdi içeri çekirdek yiyerek, 'Tabii canım' dedi, 'çağdaş Araplar da var!'"

Gülmeye başladılar. "Siz de pek çağdaş Araplarsınız arkadaşlar!" deyince daha çok güldü ikisi de. Böylece anlaşıldı ki alttan alta yürüyen kabadayılıklar, laçkalık girişimleri, hafifmeşreplik denemeleri, güç dengesi arayışları bir kenara, herkes uzlaşmak peşinde.

Kahkahalar silikleşirken Amira, yol kenarında saygı duruşuna geçen bir gelincik kadar ani dikti başını havaya:

"Aa! Durun durun! O ne?!"

Nefesimizi tuttuk. Düğün bitmişti, ses yoktu, derken... Amira, sesleri burnuyla kokluyormuş gibi ayağa kalktı. Sesin nereden geldiğine karar verdiğinde, terliklerini düğünün olduğu yere değil, tam tersine sürükledi. Biz de ayakuçlarımızda terliklerimiz, o tarafa. Amira otelin girişinin sol tarafında, binaya bitişik bir evin terasına doğru sarktı, sarktı... "Evet işte orada" dedi.

Yaşlı bir kadın eli, parmağında büyük, zümrüt taşlı bir yüzük, şarap bardağına uzandı. Bardağın yanında eski bir pikap duruyor ve Ümmü Gülsüm'den Aşk Köprüsü çalıyordu. Kadın bardağı her yudumdan sonra ağırdan ve titreyerek geri bırakıyor, el masanın üzerinde bardağı kavrayarak duruyor ve yüzük bardakta ağır ağır ritim tutuyordu.

Amira, şarkının sözlerini tükürüğüyle ağzında İngilizceye çevirerek dilinin üzerinden küçük badem ezmeleri çıkarır gibi tercüme etti:

Gördüm sevenleri... /Başlarına gelecekleri görmeyeceklerini gördüm... /Aşık oluşlarını gördüm... /Anlamadım... /Anlayamadım... /Sonra sen çıkageldin... /Sonra sen...

Aralıktan kadının dirseğinden aşağısı görünüyor sadece, kırmızı ojeli tırnakları. Zümrütlü parmak çakılı kalıyor bardakta, şarkıdaki adam her "çıkageldiğinde." Öyle baktık; Eski Şehir bulmacasının bir siyah karesinden bir başka siyah karesine. Amira, çeviriye devam etti genizlenen sesiyle:

Aşıkları gördüm/Acemilerdi/Ben dedim, "olamam böyle"/Sonra sen çıkageldin... Sonra sen...

Amira aniden bıraktı çeviriyi, derin bir iç geçirdi:

"Ahh... Ümmü Gülsüm... Kimleri kimleri ezdi geçti bu kadın. En çok da Asmahan'a içlenirim. Ne kadındı! Saygı duyulmak için fazla güzel. Erkekleşmiş Ümmü Gülsüm'ü alt edebilmek için fazla zarif."

Maryam şimdi dağılan düğüncüleri izliyordu. Bir tiyatro düzeninde vedalaşan kadınlara, kadınların kendi efe tavırlarına hiç benzemeyen küçük tavuk hareketlerine bakarak konuşuyordu:

"Ümmü Gülsüm'ün başka çaresi yoktu. Erkek olmaktan başka çare bırakmadılar ki ona."

"Nefret ediyorum Ümmü Gülsüm'den!" dedi Amira, belli ki Ümmü Gülsüm'den başka her şeyden söz ediyordu. Maryam ezdi geçti onun kabuğu aniden açılan kalbini, güldü:

"Mısırlı İslamcı bir imam vardı... Mısır'ın İsrail'e Altı Gün Savaşı'nda Ümmü Gülsüm yüzünden yenildiğini söylüyordu. 'Onun şarkıları bütün erkeklerimizi sarhoş edip yumuşatmışken nasıl savaş kazanılır!' diye bir konuşması vardı. Sanki Ümmü Gülsüm'ün o kalın sesi herhangi birini yumuşatabilirmiş gibi!"

Ben de gülünce, feleğin çemberinden geçmiş bir kadından dikkate alınmamış bir kız çocuğuna kaydı Amira'nın sesi:

"Ben Asmahan'ı tutuyorum... Yani seviyorum işte. Herkes kazanan kadını tutacak diye bir şey yok."

Maryam, gülümsemeye uğraştı.

"Erkek gibi kadınların kazandığını mı sanıyorsun tatlım!"

Şarkı ve konuşmamız öyle bir bitti ki, bulutların mehtaptan geçişini duyduk. Gece böyle bitecekti, viski bitmişti zira. Ama işte Maryam, yeniden efeliğini giyinip üzerine, genç ve bıçkın bir sesle, birden bağırdı:

"Madam! Madam! İyi geceler! Afiyet olsun!"

El, bardağı irkilerek kavradı. Düşündü el, şaşırdı, bakındı. Sonra yüz, ele doğru eğilip elin duyduğu, uzaktan gelen sese baktı. Bizi gördü. Belden yukarısı beyaz gecelikli üç kadın, ellerinde üç kadeh, boş. Doğruldu, üç ömrü daha varmış gibi ağır. Belki gülümsedi, ama o kadar kırışıktı ki yüzü, anlaşılmadı. Kadehini kaldırdı bize doğru. Biz de kaldırdık. Elle kolla, sarhoş insanların içtenliğiyle selamladık yaşlı kadını. La Strada tarzı. Sonra "Bir dakika" dedi eliyle, "bir dakika..." titreyerek. Bir plak yerleştirdi. Fikrini duyduk. Tatlı, efkarlı, anlayanın anlayacağı bir espri yapma fikrinin aklından geçtiğini duyduk. Sonra şarkı başladı. Warda söylüyordu:

Ah zaman... Ne zamandır yok aşk!

Güldük. Espriyi anladığımızı anlasın diye yüksek sesle güldük.

İşte her şey böyle başladı. Birbirinde, birbirini yoklayarak ilerleyen, içine sığındıkları bu hikayeden başka gidecek yeri olmayan, üç kadın olduğunu sanan dört kadındık. İlacımızın birbirimizde gizli olduğunu bilmediğimiz gibi, insanlığı kötülüklerden koruyacak merhemi birlikte icat edeceğimizden de bihaberdik. Birazdan anlatacağım tuhaf olaylar aynen anlatacağım şekilde cereyan etti. Umarım olanlara benim bile inanmakta zorlanmam sizi etkilemez.

⭐ KELİMELER (生词注释)

zılgıt	责备	labirent	迷宫，错综复杂的路
malikane	庄园	bozma	蜕变的，变化的
işveli	搔首弄姿的	şakrak	愉快的
dişil	阴性的	gafil avlanmak	措手不及
terapi	疗法	denek	实验品
es	休止符	müstehcen	不知臊的，有失体面的
çakırkeyf	半醉的	cilvelenmek	搔首弄姿
mizaç	性格，气质	cascavlak	光秃秃的
baldır	小腿	pütür	鸡皮疙瘩，癫点子
rabarba	音效	mecal	力量

laçka	无用的，软弱的	kekre	辣的；酸的；苦涩的
seyreltmek	稀释，冲淡	fanus	球形套；灯罩
taammüden	故意地	cıvıklık	放肆，胡闹
kabadayılık	蛮横	hafifmeşrep	荡妇
içlenmek	暗自伤心，惆怅	efkarlı	忧愁的，悲伤的
merhem	治疗方法	bihaber	一无所知的

YAZAR HAKKINDA（作者简介）

Ece Temelkuran, 1973 yılında İzmir'de doğdu. 1991 yılında Bornova Anadolu Lisesi'ni, 1995 yılında Ankara Üniversitesi Hukuk Fakültesi'ni bitirdi. 1993 yılında Cumhuriyet gazetesinde gazeteciliğe başladı. İlk yazıları Patika dergisinde yayımlandı.

Ece Temelkuran, Kadın hareketi, siyasi tutuklu ve hükümlüler, Güneydoğu sorunu üzerine çalıştı, röportajlar yaptı. Almanya'da kadın hareketi üzerine bir araştırma yaptı. Ardından avukatlık ruhsatnamesini aldı ancak bu mesleği henüz icra etmedi. Yurt içinde ve dışında çeşitli dergilerde yazılar yazdı, CNN Türk'te muhabirlik yaptı.

Dünya Sosyal Forum'unu izlemek için 2003'te Brezilya'ya, 2004 yılında Hindistan'a giden Ece Temelkuran, Venezüella'daki sosyalist devrimini ve Arjantin'de ekonomik krizden sonra oluşan halk hareketini inceledi. Bu harekete ilişkin yazıları "Buenos Aires'te Son Tango" adı altında yazı dizisi olarak Milliyet'te yayınlandı. Milliyet gazetesinde "Kıyıdan" adlı köşesinde yazdı. Habertürk TV'de yayınlanan "Kıyıdan" adlı programı hazırlayıp sunan Temelkuran, Habertürk gazetesinde "Kıyıdan" adlı köşesinde yazdı. Bugüne kadar Nawaat, New Left Review, Le Monde Diplomatique, Global Voices Advocacy, Al Akhbar, New Statesman ve Guardian'da makaleleri yayımlandı.

Ağrı'nın Derinliği (Deep Mountain, Across the Turkish–Armenian Divide) ve Kıyı Kitabı (Book of the Edge) isimli kitapları İngilizce'ye, Muz Sesleri kitabı Arapça'ya çevrildi. Muz Sesleri ayrıca yakın zamanda birçok farklı ülkede yayımlanmak üzere çevrilmektedir.

ALIŞTIRMALAR（练习）

1. Ece Temelkuran ile ilgili kısa bilgiler derleyerek arkadaşlarınızla paylaşınız.

2. "Düğümlere üflemek" deyimi ne anlama geliyor?

3. Arap Baharı nedir? İlgili bilgiler toplayarak sunum yapınız.

DERS YİRMİ YEDİ

MEMLEKETİMİ SEVİYORUM

　　纳泽姆·希克梅特（1901—1963），出生于萨洛尼卡的一个贵族家庭。他曾在海军学校学习，毕业后在海军短暂服役，后因健康原因退出现役。伊斯坦布尔被英、法等国军队占领后，希克梅特毅然前往安纳多卢，一边教书一边从事诗歌创作，号召民众抵抗帝国主义侵略。其间，受到土耳其左翼人士和苏联"十月革命"的影响，希克梅特开始从事革命活动，并于1921年前往莫斯科东方大学学习。1924年，希克梅特回到土耳其，从事进步的文学创作，并加入共产党。因遭到政府的迫害，希克梅特曾多次被捕，前后共在监狱里度过了17个春秋。1950年获释出狱后，希克梅特仍然受到政府的监视和迫

害。无奈之下，希克梅特只得流亡苏联。1951年，土耳其政府以"叛国罪"为由开除了希克梅特的国籍。流亡海外期间，希克梅特积极投身反对帝国主义的活动，成为国际知名的社会活动家。1952年，希克梅特应邀访问中国，并写下了七首赞扬新中国革命和建设的短诗。1963年，希克梅特客死莫斯科，终年62岁。2009年，土耳其政府在国内和国际舆论的压力下通过决议，恢复了希克梅特的国籍。

　　希克梅特自幼喜爱诗歌，12岁时便已在杂志上发表诗作。1929年，希克梅特的第一部诗集《835行诗》问世。在这之后，他又陆续创作了不少诗歌作品，其中代表作品有《1+1=1》、《致塔兰达巴布的信函》、《贝特莱丁长老的史诗》、《解放战争史诗》、《我的同胞的群像》等。苏联求学的经历以及苏联世人马雅可夫斯基对希克梅特的思想和创作影响巨大，希克梅特早期的诗作大都以歌颂自由和爱情为主，

而后逐渐转向描写社会生活和人民的苦难。诗体也由传统的格律诗，逐渐转变为更加口语化、更易传播的自由体。本课选取了希克梅特的两首经典诗作——《我爱我的祖国》、《垂柳》，作品打破了传统的格律，清新质朴，饱含深情，体现了希克梅特崇高伟大的爱国主义情怀和坚贞不屈的革命意志。

Memleketimi Seviyorum

Memleketimi seviyorum:
Çınarlarında kolan vurdum, hapisanelerinde yattım.
Hiçbir sey gidermez iç sıkıntımı
Memleketimin şarkıları ve tütünü gibi.

Memleketim:
Bedreddin, Sinan, Yunus Emre ve Sakarya,
Kurşun kubbeler ve fabrika bacaları
Benim o kendi kendimden bile gizleyerek
Sarkık bıyıkları altından gülen halkımın eseridir.

Memleketim:
Memleketim ne kadar geniş
Dolaşmakla bitmez tükenmez gibi geliyor insana.
Edirne, İzmir, Ulukışla, Maraş, Trabzon, Erzurum.
Erzurum yaylasını yalnız türkülerinden tanıyorum
Ve güneye
Pamuk işleyenlere gitmek için
Toroslardan bir kere olsun geçemedim diye utanıyorum.

Memleketim:
Develer, tren, Ford arabaları ve hasta eşekler,
Kavak, söğüt ve kırmızı toprak.

Memleketim:
Çam ormanlarını, en tatlı suları ve dağ başı göllerini seven alabalık
Ve onun yarım kiloluğu

Pulsuz gümüş derisinde kızıltılarla

Bolu'nun Abant gölünde yüzer.

Memleketim:

Ankara ovasında keçiler:

Kumral, ipekli, uzun kürklerin parıldaması.

Yağlı, ağır fındığı Giresun'un

Al yanakları mis gibi kokan Amasya Elması,

Zeytin, incir, kavun ve renk renk salkım salkım üzümler

Ve sonra kara saban

Ve sonra kara sığır:

Ve sonra ileri, güzel, iyi

Her şeyi

Hayran bir çocuk sevinci ile kabule hazır

Çalışkan, namuslu, yiğit insanlarım

Yarı aç, yarı tok

Yarı esir...

Salkımsöğüt

Akıyordu su

Gösterip aynasında söğüt ağaçlarını.

Salkımsöğütler yıkıyordu suda saçlarını!

Yanan yalın kılıçları çarparak söğütlere

Koşuyordu kızıl atlılar güneşin battığı yere!

Birden

Bire kuş gibi

Vurulmuş gibi

Kanadından

Yaralı bir atlı yuvarlandı atından!

Bağırmadı, Gidenleri geri çağırmadı,

Baktı yalnız dolu gözlerle

Uzaklaşan atlıların parıldayan nallarına!

Ah ne yazık!

Ne yazık ki ona

Dörtnala giden atların köpüklü boynuna bir daha yatmayacak,

Beyaz orduların ardında kılıç oynatmayacak!

Nal sesleri sönüyor perde perde,

Atlılar kayboluyor güneşin battığı yerde!

Atlılar atlılar kızıl atlılar,

Atları rüzgâr kanatlılar!

Atları rüzgâr kanat...

Atları rüzgâr...

Atları...

At...

Rüzgâr kanatlı atlılar gibi geçti hayat!

Akar suyun sesi dindi.

Gölgeler gölgelendi

Renkler silindi.

Siyah örtüler indi

Mavi gözlerine,

Sarktı salkımsöğütler

Sarı saçlarının

Üzerine!

Ağlama salkımsöğüt,

Ağlama,

Kara suyun aynasında el bağlama!

El bağlama!

Ağlama!

KELİMELER（生词注释）

kolan vurmak	荡秋千	kubbe	穹顶
alabalık	鲑鱼	pul	鱼鳞
saban	犁	salkımsöğüt	垂柳
nal	马掌	dörtnala	飞快地

YAZAR HAKKINDA（作者简介）

Nazım Hikmet Ran, 20 Kasım 1901'de Selanik'te doğdu; ancak aile çevresinde 40 gün için bir yaş büyük görünmesin diye bu tarih, kendisinin de sonradan benimseyeceği gibi, 15 Ocak 1902 olarak anıldı. Eğitiminde, dönemin ileri düşüncelerine sahip aile çevresinin büyük etkisi olan Nazım Hikmet, Fransızca öğretim yapan bir okulda bir yıl kadar okuduktan sonra, Göztepe'deki Taş Mektep'te (Numune Mektebi) ilkokulu bitirdi. Ortaokula Galatasaray Lisesi'nde başladıysa da, ailesinin parasal sıkıntıya düşmesi üzerine Nişantaşı Sultani'sine geçti. Feryad-ı Vatan adlı ilk şiirini daha 11 yaşındayken yazan Nazım Hikmet, denizciler için yazdığı bir kahramanlık şiirinden (Bir Bahriyelinin Ağzından, 1914) etkilenen Bahriye Nazırı Cemal Paşa'nın yardımıyla Heybeliada Bahriye Mektebi'ne girdi. 1919'da bu okulu bitirdikten sonra Hamidiye kruvazörüne stajyer güverte subayı olarak atandı. Ancak aynı yılın kışında, son sınıftayken geçirdiği zatülcenp hastalığının tekrarlaması ve uzun süren iyileşme döneminin ardından deniz subayı olarak görev yapabilecek sağlık durumuna kavuşamaması üzerine, 17 Mayıs 1920'de, Sağlık Kurulu raporuyla, askerlikten çürüğe çıkarıldı.

1918'de ilk kez Hala Servilerde Ağlıyorlar Mı adlı şiirinin Yeni Mecmua'da yayınlanmasının da etkisiyle hececi şairler arasında genç bir ses olarak oldukça ünlenen Nazım Hikmet, Bir Dakika adlı şiiriyle, 1920'de Alemdar gazetesinin açtığı yarışmada birinci oldu. 1920'nin son günlerinde yazdığı ve gençleri ülkenin kurtuluşu için savaşmaya çağırdığı Gençlik adlı şiiri, İstanbul'un işgal altında olduğu yıllarda Nazım Hikmet'in vatan sevgisini yansıtan direniş şiirlerindendi. İstanbul'un işgaline çok üzülen Nazım Hikmet, milli mücadeleye katılmak üzere Anadolu'ya geçti ve 1921'de Bolu Lisesi'nde kısa bir süre öğretmenlik yaptı. 1921 Martı'nda Ankara Hükümeti'nce, kendisine ve çocukluk arkadaşı şair Vala Nureddin'e, İstanbul gençliğini milli mücadeleye çağıran bir şiir yazma görevi verildi. Bu görevi başarıyla yerine getiren ikilinin şiirleri on bin kopya olarak basıldı ve dağıtıldı.

Şiirin yankıları öyle büyüdü ki, Vala Nureddin ve Nazım Hikmet, İsmail Fazıl Paşa tarafından meclise çağırılarak, Mustafa Kemal Paşa'ya takdim edildi.

İyi bir öğrenim görmek ve dünyada olup bitenleri anlamak isteyen iki genç şair 1921 yılında Batum'a, oradan da Moskova'ya giderek Doğu Emekçileri Komünist Üniversitesi'ne (KUTV) yazıldılar. Nazım Hikmet, ekonomi ve toplumbilim dersleri aldığı üniversite yılları boyunca, içine girdiği yeni dünyanın düşünce ve duygu yükü altında, serbest ölçüyle şiirler yazmaya başladı. İtalya'da Marinetti'nin başlattığı Gelecekçilik (Fütürizm) akımının etkisinde, geçmişi yadsıyarak her şeyi gelecekte gören, devrimci bir bakışla yazdığı şiirleri 1923'te Yeni Hayat ve Aydınlık gibi dergilerde yayınlandı.

1924 Ekim'inde, üniversiteyi bitiren ve çıkışında olduğu gibi, yine gizlice sınırdan geçerek Türkiye'ye dönen Nazım Hikmet, Aydınlık dergisinde çalışmaya başladı. Şubat 1925'te Şeyh Sait İsyanı'nın başlaması üzerine, 4 Mart 1925'te çıkarılan Takrir-i Sükun Kanunu uyarınca birçok gazete ve dergi kapatıldı ve yazarları tutuklandı. Ankara İstiklal Mahkemesi'nin, 12 Ağustos 1925'te gizli örgüt üyesi olduğu gerekçesiyle kendisi adına çıkardığı 15 yıllık mahkumiyet kararını öğrendikten sonra, İzmir'den İstanbul'a gelerek gizlice yurt dışına çıktı. Sovyetler Birliği'ne giden Nazım Hikmet, 1926 Cumhuriyet Bayramı'nda çıkan af kapsamına girdiğini öğrenip, geri dönmek için pasaport istediyse de bir sonuç alamadı.

1928'de Bakü'de ilk şiir kitabı Güneşi İçenlerin Türküsü'nü yayımlatmasından birkaç ay sonra, arkadaşı Laz İsmail ile birlikte, sınırı sahte pasaportlarla ve izinsiz geçme suçundan yakalandı. Yargılanmadan önce iki ay Hopa cezaevinde bekletildi ve uzun süren yargılama sonucu, oy birliğiyle serbest bırakılmasına karar verildi.

1929 yılında yayımlanan 835 Satır adlı ilk şiir kitabı büyük bir ilgiyle karşılandı. Bu kitabını, gene o yıl çıkan Jokond ile Si–Ya–U (Çinli devrimci arkadaşı Emi Siao) ve ertesi yıl çıkan Varan 2 ve 1+1=1 adlı kitapları izledi. 1931 yılında halkı suça teşvik ettiği iddiasıyla tekrar yargılanan ve oybirliğiyle aklanan Nazım Hikmet'in, 1932'de Benerci Kendini Niçin Öldürdü adlı şiir kitabı basıldı. 1931–1932 sezonunda Kafatası ve 1932–1933 sezonunda Bir Ölü Evi adlı oyunları İstanbul Şehir Tiyatrosu'nda (eski adıyla Darülbedayi) sahneye kondu. Bütün bunların ardından, halkı rejim aleyhine kışkırtmaktan hakkında idam talebiyle açılan dava, 31 Ocak 1934'te 5 yıl hapis kararıyla son buldu. Her ne kadar temyiz bu kararı bozduysa da Bursa Mahkemesi 4 yıla indirerek hapis kararında direndi. Cumhuriyet'in onuncu yılında çıkarılmış olan bağışlama yasasıyla bu cezanın 3 yılı indirilince geriye bir yıl kaldı. Oysa Nazım Hikmet bir buçuk yıldır tutukluydu; sonuçta 6 ay alacaklı olarak cezaevinden çıkıp İstanbul'a döndü.

1935'te Taranta Babu'ya Mektuplar ve 1936'da Simavne Kadısı Oğlu Şeyh Bedreddin

Destanı adlı şiir kitapları yayınlanan Nazım Hikmet, bir dizi yargılamanın ardından 29 Aralık 1938'de, Askeri Yargıtay'dan gelen onayla 28 yıl 4 ay ağır hapse mahkum edildi. 1 Eylül 1938'de İstanbul Tevkifhanesi'ne, 1940 Şubat'ında Çankırı Cezaevi'ne, aynı yılın aralık ayında da Bursa Cezaevi'ne gönderilen ve bu üç cezaevinde toplam 12 yıl hapis yatan ünlü şair, yayımlama olanağı bulunmadığı halde sürekli şiirler yazdı. 14 Nisan 1950 seçimlerini kazanan Demokrat Parti'nin çıkardığı af yasasıyla serbest kalmadan önce, uzun süre açlık grevi yaptığından sağlık durumu oldukça kötüleşti. Bu süreçte onun için yurt içinde ve yurt dışında gösteriler, toplantılar düzenlendi, bildiriler dağıtıldı, imzalar toplandı. Nazım Hikmet adında iki sayfalık bir gazete çıkarıldı ve ilgililere sürekli mektuplar yazıldı.

Serbest kaldıktan sonra polis tarafından sürekli izlenen, kitaplarını yayımlatma ve oyunlarını izleyici ile buluşturma olanağı bulamayan Nazım Hikmet, askerliğini yapmamış olduğu gerekçesiyle Kadıköy Askerlik Şubesi'ne çağrıldı. Ne güverte subaylığı yaptığı yıllarda hastalanarak çürüğe çıkarıldığını söylemesi, ne de Cerrahpaşa Hastanesi'nden aldığı, kalbinden ve ciğerlerinden rahatsız olduğunu gösteren raporlar, askerlik yapmasını engelleyen bir durumu olduğunu ispatlayamadı. Ölüm korkusu içinde olan Nazım Hikmet, akrabası Refik Erduran'la birlikte, deniz yoluyla önce Romanya'ya sonra da Moskova'ya geçti. Bunun üzerine 25 Temmuz 1951'de, Bakanlar Kurulu kararıyla Türk vatandaşlığından çıkarıldı.

Birçok uluslararası kongreye katılan, çeşitli ülkelere yolculuklar yapan, pek çok kitabı yayımlanan ve yapıtları çeşitli dillere çevrilen Nazım Hikmet büyük bir ün kazandı. Prag'da Uluslararası Barış Ödülü'ne layık görüldü ve 1952 yılının sonunda Sovyetler Birliği'nin desteklediği Dünya Barış Konseyi'nin yönetici kadrosunda görev aldı. Nazım Hikmet'in aynı yıllarda yazdığı nükleer silahlar ve savaş karşıtı şiirleri bestelenerek, Paul Robeson ve Pete Seeger gibi dünyaca ünlü şarkıcılarca söylendi.

İlk şiirlerini hece vezniyle yazmakla birlikte, içerik bakımından hececilerden oldukça uzak olan ve onların bireyci şiirlerinin tuzağına düşmeden, toplumsal içerikli şiirler yazan Nazım Hikmet, hece ölçüsünün kalıplarını kırdı ve Türkçe'nin zengin ses özelliklerine büyük uyum sağlayan serbest nazma geçti. Bu değişiklikte Mayakovski'nin ve Gelecekçilik'i savunan diğer genç Sovyet şairlerinin etkileri oldu.

Nazım Hikmet, 3 Haziran 1963 sabahı, bir kalp krizi sonucu evinde yaşamını yitirdi. Yazarlar Birliği'nin düzenlediği bir törenle Novodeviçiy Mezarlığı'na gömüldü.

ALIŞTIRMALAR（练习）

1. Nazım Hikmet ile ilgili kısa bilgiler derleyerek arkadaşlarınızla paylaşınız.

2. "Memleketimi seviyorum" adlı şiirin sizde uyandırdığı duyguları açıklayınız.

3. "Salkımsöğüt" adlı şiiri Çinceye çeviriniz.

DERS YİRMİ SEKİZ

YARIN GECE

★ 作品导读

哈伊达尔·埃尔居伦（1956—），出生于埃斯基谢希尔，大学就读于中东技术大学社会科学院。毕业之后，埃尔居伦先后从事过大学助教、广告制作、专栏作家等工作，现为巴赫切谢希尔大学和卡迪尔哈斯大学的客座教授，专门讲授土耳其诗歌以及诗歌创作。埃尔居伦自幼喜爱诗歌，早在中学时便化名"乌姆尔·埃尔坎"在杂志上发表了他的第一篇诗作。1980 年，埃尔居伦出版了他的第一部诗集《无解之问》。在这之后，他又陆续出版了诗集《街头公主》、《小径》、《老裁缝》、《纸箱子》、《忧伤的猫》等。

埃尔居伦是 20 世纪 80 年代后土耳其最具影响力的诗人之一，曾荣获"贝赫切特·内贾提吉尔诗歌奖"、"奥尔宏·穆拉特·阿勒布尔鲁诗歌奖"、"地中海金橙诗歌奖"等诸多奖项。埃尔居伦将土耳其传统诗歌的精髓和现代元素巧妙地融合在一起，创作出的作品独具风格。本课选取的《明晚》等两首诗歌篇幅都不长，但文笔优美，感情真挚，既有离别之殇，也有对生活的反思以及对爱情的向往。

Yarın Gece

Yarın gece gideceğim bu kentten
Bir ırmağa yolcuyum sular çekiyor beni

Yüreğimden başka taşıyacak yüküm yok
Sayılmazsa göğsümden düşen kuş ölüleri

Sözüm yok işte yüzüm işte akşam
Sesimde anıların sessizliği

İçimde acıyla yürüyorum yolları
Çoktandır yolumu ayırdığım bu kentten
Yorulsam da bir daha binmem o trenlere
Kimse karşılamasın istasyonlarda beni

Kuşsuz bir kent gizli uzayan saçlarımda
Aşktan ve anılardan bir avuç külüm şimdi
Ardımda usulca akan küçücük sular
Bir onlar uğurluyor varacağım ırmağa

Sözüm yok işte yüzüm işte akşam
Sesimde anıların sessizliği

Sonunda bir soru gibi kaldım yine kendimle
Kentin kırık aynasında eksildikçe düşlerim
Söyle benim ömrüm bu kente uğradı mı
Sahi ben hiç ömrümü kendime yaşadım mı?

Beni Aşka Terkettiğin İçin Seviyorum Seni

Bir sır– çocuksun, yalnızca aşk açık sende
Ne sen kalıyorsun ne o, aşktan başka
Biri yok, gel, aşk istediği için varsın
Ne onu kurtarıyorsun ne kendini, aşktan başka
Biri yok, git, aşk istediği için yoksun

Ayrılıktan değil, taşıdığı saflıktan konuşursun;
Ayrılık sana dönmektir, yeniden bana

Ruhumuz öpüşür ya, başkasındayken ağzımız

Gövde gözaltındadır, oysa ruhumuz sereserpe

Seni senden beni benden bağışlar birbirimize

Bir sır– çocuksun, aşkla açıyorsun kullandığın herşeyi

Burda değilsin, çoktun çekilmişsin ve seninle

Gitmiş senin olan, her zamankinden çoksun bu evde

Çünkü aşk hepimizden çalışkandır, ben duruyorum

Vefa aşk listesindeki ceza nöbetine

Bu karanlıkta daha iyi görüyorum seni

Aynı tünelden geçiyorsun gelişte ve gidişte

Kavuşmaya, ayrılığa aynı yolu kullanıyorsun

Beni büyüten aşktan söz ediyorum, yolculuğa övgü

Zaman yok ki aşktan başka, uykusuzluğa övgü

Bir sır– çocuksun, baştan çıkarır gibi açığa çıkardın beni

Ayrılık mı; beni aşka terkettiğin için seviyorum seni!

⭐ KELİMELER (生词注释)

kül	灰烬	uğurlamak	送别
sereserpe	舒服地，舒适地	vefa	忠贞

⭐ YAZAR HAKKINDA (作者简介)

Haydar Ergülen, 14 Ekim 1956 yılında Eskişehir'de doğdu. İlkokul ve ortaokulu Eskişehir'de, liseyi Ankara'da okudu. Orta Doğu Teknik Üniversitesi Sosyal Bilimler Fakültesi Sosyoloji Bölümünü bitirdi. Anadolu Üniversitesinde araştırma görevlisi olarak çalıştı. İstanbul'da reklam yazarlığı yaptı. Anadolu Üniversitesi'nde yayımcılık, reklamcılık ve Türk Şiiri dersleri verdi. Halen Bahçeşehir ve Kadir Has Üniversitesi İletişim Fakülesi'nde, Yaratıcı Yazarlık ve Türk Şiiri ve Şairler dersleri vermektedir.

Haydar Ergülen, 1980 sonrası Türk şiirinin önemli isimlerindendir. Haydar Ergülen'in ilk şiiri 1972'de Eskişehir'de Deneme dergisinde "Umur Elkan", ilk yazısı da aynı yıl Yeni Ortam gazetesinde Mehmet Can adıyla yayımlandı. İstanbul'da Üç Çiçek (1983) ile Şiir Atı (1986) dergilerini yayıma hazırlayanlar arasında yer aldı. 1979'dan başlayarak Somut, Felsefe Dergisi, Türk Dili, Yusufçuk, Yarın, Yeni Biçem, Gösteri, ile Varlık dergilerinde şiirler yayımladı. Bir süre Radikal gazetesinde Açık Mektup köşesinde denemeler yazan Haydar Ergülen, Star gazetesi'nde yazmaya başladı. Karşılığını Bulamamış Sorular adlı ilk şiir kitabı 1980 yılında yayımlandı.

Şiirlerinde divan şiiri geleneğinin etkisi vardır. Alevi-Bektaşi kaynaklarından da yararlandı. Klasik ve çağdaş şiirimizin birikimlerini bilinçle, ustaca özümseyip şiirine yansıttı. Gerçeklik ile ironi arasında gidip gelen, duygu yoğunluğu yüksek şiirler yazdı. Şiirleri kadar denemeleri ve şiir değerlendirmeleri ile ilgi uyandırdı.

Şair yumuşak, duyarlı sözcüklerle ördüğü şiirlerinde bize aşkların, yalnızlığın hüzünlü hikayelerini anlatır. Metin Celal'e göre Haydar Ergülen'in şiiri söylenen bir şiirdir. Bütün yazdığı şiirler kendi uyumunu, yapısını da birlikte getirir. Haydar Ergülen, imgeci şiirin yanındadır.

★ ALIŞTIRMALAR (练习)

1. Haydar Ergülen ile ilgili kısa bilgiler derleyerek arkadaşlarınızla paylaşınız.

2. "Yarın gece" adlı şiir sizde hangi duyguları uyandırdı?

3. "Beni Aşka Terkettiğin İçin Seviyorum Seni" adlı şiiri Çinceye çeviriniz.